人力资源管理系列丛书

工作分析与职位评价

方 雯 编著

西安电子科技大学出版社

内 容 简 介

本书以专业、全面、实用为撰写目标，详细介绍了工作分析与职位评价的基本理论和方法，同时将大量案例穿插其中。全书共 10 章，内容包括工作分析概述、工作分析流程、工作分析的基础性方法、以工作为基础的工作分析系统性方法、以人为基础的工作分析系统性方法、工作分析系统性方法的比较、工作说明书的编写、工作设计、职位评价概述以及职位评价实施方法。

本书收集、整理了国内外工作分析与职位评价的理论和实践研究成果，运用案例导入、阅读资料、思考题及案例分析帮助读者学习。为突出应用性，本书以直观易懂的解释说明和表格为主，清楚地阐述工作分析和职位评价的内容及方法。

本书内容翔实、可操作性强，可作为高等院校管理专业学生的教材，也可作为组织内相关人员开展工作分析和职位评价活动的应用参考资料。

图书在版编目(CIP)数据

工作分析与职位评价/方雯编著. —西安：西安电子科技大学出版社，2017.11
ISBN 978 - 7 - 5606 - 4719 - 7

Ⅰ. ① 工… Ⅱ. ① 方… Ⅲ. ① 人力资源管理 ② 职位—评价 Ⅳ. ① F243

中国版本图书馆 CIP 数据核字(2017)第 248972 号

策　　划　戚文艳
责任编辑　高　媛　雷鸿俊
出版发行　西安电子科技大学出版社(西安市太白南路 2 号)
电　　话　(029)88242885　88201467　　　邮　编　710071
网　　址　www.xduph.com　　　　　　　电子邮箱　xdupfxb001@163.com
经　　销　新华书店
印刷单位　陕西华沐印刷科技有限责任公司
版　　次　2017 年 11 月第 1 版　2017 年 11 月第 1 次印刷
开　　本　787 毫米×1092 毫米　1/16　印张 21
字　　数　493 千字
印　　数　1～3000 册
定　　价　41.00 元
ISBN 978 - 7 - 5606 - 4719 - 7/F

XDUP 5011001 - 1

＊＊＊如有印装问题可调换＊＊＊

序

人力资源管理引入我国已有二十多年的历程，对我国的改革开放、经济社会发展起到了推动作用。我国正在从人口大国向人力资源大国、人力资源强国迈进，以人为中心的管理理念已成为实施人力资源管理的基础，合理地配置、利用、开发人力资源，科学地激发人力资源的潜力，是人力资源管理的核心，也是最终的目标。我国改革开放三十多年，经济增长方式的转变、人口结构的变化、社会的发展、农村劳动力的转移、知识型员工队伍的扩大、国际上人才竞争的加剧等，迫使企业管理和社会管理在创新中不得不面对人力资源管理提出的新的问题。尤其是我国人口结构面临老龄化趋势，无论是国家宏观层面上的人力资源管理政策，还是企业、政府、事业单位微观层面上的人力资源管理策略都面临新的挑战。

面对新的问题与挑战，对人力资源管理的重视从关注个体到关注群体，从关注企业到关注政府、事业单位，从关注效率到关注公平，如何更好地实现人力资源与组织战略、组织成长的适应、匹配和一致，是值得我们关注与研究的。彭罗斯曲线的基本原理告诉我们："企业现存的人力资源既刺激了扩张，也限制了扩张的速度。即使通过收购和兼并获得的成长也无法逃脱利用现有的管理资源的投入维持组织的一致性所带来的约束。"可见，无论组织如何变化，人力资源管理始终处于关键地位。

人力资源管理学科兴起和发展于西方发达国家，是改革开放以来引入我国的一门新兴管理学科。如何在引进、借鉴的基础上，紧密结合中国经济发展、企业管理和社会文化背景，实现集成创新和引进消化吸收再创新，是我国人力资源管理领域所面临的一项重大课题。我们在长期的研究、教学和管理实践的基础上，通过大量的调查研究，为了适应人力资源管理教育和培训的新需要，组织相关人员编写了这套人力资源管理专业系列教材。该系列教材由人力资源管理六大模块、五门核心内容构成，即由五个分册组成，分别是《新编人力资源管理概论》、《工作分析与职位评价》、《招聘与人员测评》、《培训开发与职业生涯管理》、《绩效与薪酬管理》。该系列教材的作者都是来自高等院校长期从事人力资源管理教学和研究的专业教师，在人力资源管理理论与方法上有一定的研究和积累，在人力资源管理的咨询、教学和企业培训方面有着丰富的经验，从而为编写这套富有特色的丛书提供了有利的条件和基础。这套丛书具有以下几方面的特色：

一是体系的系统性和重点性相结合。本套丛书的整体策划和分册的设计基本涵盖了这门学科的整个框架，具有系统性；同时，各分册的选题和体例设计中，注重突出人力资源管理学科的核心内容，进行合理选择，力求使人力资源管理各个核心模块内容系统，原理准确，重点突出，方法和技术实用，技能性和可操作性强。

二是原理的一般性与本土实践经验的提炼原创性相结合。人力资源管理作为一门国内外公认的管理学科，它自身基本原理的一般性、共同认可性在编写中必须准确地反映。同时，在案例编写中选择我国背景下的人力资源管理案例，能够体现本国社会和企业的人力资源管理实际，更具有现实感。

三是知识性与实践感、趣味性相结合。本套教材运用统计学知识、测量学知识、数理工具进行人力资源管理的量化分析，注重量化工具的运用和分析能力的培养。同时，在教材中穿插人力资源模拟实训内容和管理游戏内容，提升了学习的实践感和趣味性。

四是体例设计上体现了新的风格。在编写中，我们在各章中按照问题引导、材料阅读思考、原理与方法工具介绍、思考题和案例讨论的顺序进行体例设计。在案例选择上尽可能新颖、典型，使读者在阅读中循着提出问题、分析问题、解决问题、案例讨论、总结反思的逻辑过程做到理论和实际相结合，原理与案例相结合，传授知识和培养技能相结合，讲授与讨论相结合，以此达到学习目标与实践效果的统一。

本套丛书是西安电子科技大学教材立项项目，西安电子科技大学经济与管理学院教授王林雪任总主编，杜跃平教授任顾问，他们对丛书的选题和体例安排提出总体要求与设想，在经过编辑委员会成员讨论通过后，由分册主编负责组织编写。初稿完成后，由总主编对各分册书稿进行审查、修改、定稿。

人力资源管理学科是一门逐渐走向成熟的学科，许多方面还处于研究和不断完善之中，尤其如何结合我国的实际创造性地应用和发展，是值得深入研究的问题。作者在对某些问题的长期思考和研究中已经形成了自己的看法和成果积累，在写作中也有选择性地在内容中有所体现，愿意也希望与读者共同分享和思考，共同促进人力资源管理的发展。

王林雪

2016 年 2 月

丛书编写委员会

顾　问　　杜跃平
总主编　　王林雪
编　委　　杜跃平　宁艳丽　张卫莉
　　　　　邵　芳　方　雯　张　霞

前　言

工作分析与职位评价的思想自古就有，它们在人力资源管理中的地位及重要性已经被越来越多的研究学者和业界人士认可。工作分析的主要任务是：分析工作本身所包含的信息（如工作职责、工作程序、工作环境等）；基于工作信息的分析，来确定对工作者的要求（主要有知识要求、技术要求、能力要求和人格特质要求），亦即，工作分析就是分析"工作"和"工作者"。由此可见，工作分析活动是人力资源管理的基础性活动，工作分析的研究，即对"事"和"人"的分析研究，亦属于人力资源管理系统中的基础性研究。可以说，在对组织内人员进行管理时，如果缺少了工作分析这项基础工作，那么合理、规范的人力资源管理也就无从谈起。工作分析结果的一个重要的应用就是职位评价，即评价组织内各个职位对组织的价值贡献如何。显而易见，职位评价的结果也是组织为员工定薪、定级、定岗、定编的基础。因此，在学习人力资源管理体系中的招聘与选拔、培训与开发、薪酬考核与绩效管理、员工关系管理等若干环节的同时，非常有必要掌握工作分析与职位评价的相关理论知识、分析工具、方法及其具体操作步骤。

本书较全面、系统地介绍了工作分析与职位评价的相关内容，全书共 10 章，各章主要内容概述如下：

第 1 章概述了工作分析的概念及相关术语，明确了工作分析在战略与组织管理，以及在人力资源管理中的作用，介绍了工作分析的结果与表现形式，阐述了工作分析活动的历史及其发展趋势。第 2 章主要介绍了工作分析活动的原则和关键点，阐述了工作分析流程的立项阶段、准备阶段、调查阶段、分析阶段和完成阶段这五大阶段，详细介绍了各个阶段的主要工作。第 3 章介绍了工作分析的基础性方法，如观察法、访谈法、工作日志法等，较全面揭示了各方法的优缺点及其适用范围。第 4 章介绍了三种代表性的、以工作为基础的工作分析系统性方法，分别是关键事件法、职能工作分析法和任务清单分析法。第 5 章介绍了四种常用的、以人为基础的工作分析系统性方法，分别是职位分析问卷法、管理职位描述问卷法、工作要素分析法和临界特质分析法。第 6 章从方法的信度、效度、应用性和实用性四个方面，比较了工作分析系统性方法，旨在为方法的使用者提供有益参考。第 7 章概括了工作说明书的编写内容。工作说明书是工作分析活动的书面结果，它包括工作描述和任职规范两方面的内容。本章从这两个方面，介绍了工作说明书的内容书写及相关格式要求。第 8 章介绍了工作设计的内涵、程序和方法。第 9 章概述了职位评价的含义、作用、原则及步骤，介绍了常用的职位评价四指标，介绍了确定职位评价指标权重，以及给指标各等级分数配分的主要方法。第 10 章是常用的职位评价方法介绍，较全面、系统地介绍了定性（如排列法、分类法）和定量（如点数法、因素比较法、海氏职位评价法）两大类共五种职位评价方法，并揭示了这些方法的优缺点，明确了选择职位评价方法时应考虑的重要因素。

不知不觉间，本书作者为本科生讲授"工作分析与职位评价"课程已经 10 年了，本书就是在课程讲义的基础上编写的。为推广知识、促进应用，在编写内容和体例时，强调以下三点特色：

一是确保综合特性。本书根据全面、系统的编写原则，综合了多位权威研究学者的相关著作，融合了业界和学界对工作分析与职位评价活动的应用见解及理论观点。本书引证翔实，覆盖面宽，集大家之长，希望为读者提供一个全面的工作分析与职位评价知识库。

二是突出应用特性。本书不仅考虑综合全面特性，更注重应用特性，详细描述了工作分析与职位评价各类方法的操作步骤，并绘制大量表格以达到清晰、直观说明的目的，希望为读者提供一些有益的参考，以指导管理实践。

三是具有用户友好型特点。作者在编写本书内容和体例时，从读者的角度出发，各章都由一个简单的案例资料导入，案例与每一章所介绍的内容密切相关，各章中穿插阅读资料和举例介绍，各章后附有思考题和案例分析。希望读者通过对本书的学习，系统地掌握工作分析与职位评价的相关内容。

本书属于西安电子科技大学校级教材重点项目《人力资源管理系列丛书》，由方雯独立编写完成。本书得到了王林雪教授的大力支持、指导与帮助，同时也包含了西安电子科技大学出版社相关工作人员的辛勤劳动，在此谨向有关人员表示诚挚的感谢！

由于作者学识有限，本书难免存在一些不当和疏漏之处，恳请广大专家、读者批评指正，我们将在今后的修订中改进。

方　雯
2017 年 7 月
于西安电子科技大学信远楼

Contents 目录

第1章　工作分析概述

本章知识点

1. 掌握工作分析的概念及相关术语；
2. 明确工作分析的作用；
3. 了解工作分析活动的结果及其表现形式；
4. 了解工作分析的历史和发展趋势。

案例导入

DC公司于2004年11月正式成立，占地32万平方米，资产1.34亿元，主要生产多种气体介质的压缩机系列产品。该公司现有专业技术人员350余人，高级工程师38人，其中享受国务院政府津贴科技人员8人，教授级高工8人。

当前，DC公司人力资源管理存在着若干问题，具体表现在5个方面：

一是人力资源管理观念落后。

长期以来，公司将追求组织领导队伍建设、班子队伍建设及业务骨干培养作为人力资源管理的重心，而忽略了对整个组织现有人力资源的培训和人员配置工作。

二是薪酬体系缺乏激励作用。

公司是由国有企业改制形成的，其薪酬体系仍然沿用原有国有企业的等级工资制度。目前虽然增加了岗位绩效工资，但缺乏各个岗位之间的价值评估，各职位、职级之间的差距不够合理，薪酬待遇有失公平。部分关键岗位员工的工作满意度较低，工作积极性和效率也不高。在对员工的职业生涯规划方面缺乏考虑，特别是对专业技术人员和技术工种，尚未建立起畅通的晋升通道，员工只能追求单一的行政职务发展途径，导致员工对未来存在较大的不确定感。

三是绩效考核缺乏适度的标准。

由于DC公司参照原有国有企业编制和考核模式，因此，人员的职能和工作质量好坏绝大部分由其直接领导主观评价，绩效考核要么倾向"大锅饭"，要么倾向"关系决定成绩"。

四是员工的培训与开发活动缺乏针对性。

公司比较重视员工培训，每年投入大量资金，举办领导干部培训、业务培训及全员的岗位任职资格培训。但这些培训大多针对性和实用性不强，组织内部的人员素质差距逐年拉大。近年加入的新员工较为年轻，学习速度快、适应能力强，部分老员工则受传统教育限制，工作已形成惯性，对新设备、新工具、新技术方法的使用有一定难度。

五是新员工的招聘缺乏科学合理的依据。

由于DC公司的招聘沿用原有的一套流程，即初选、笔试、面试和体检4个步骤。招聘的员工绝大部分为从未有过工作经验的应届毕业生，面试者的个人社会经验及负责招聘的主考官的个人偏好会对面试结果产生很大影响。有的主考官并不十分了解招聘岗位的工作内容，对岗位要求任职者应具备的知识、技能、个人素质等要求也模糊不清。

公司领导层也注意到了如上问题，他们决定从工作分析活动入手，开展公司范围内的工作分析活动，以期解决这些人力资源管理问题。

（资料来源：段辉超. DC公司工作分析的设计与实施. 西南财经大学硕士学位论文，2007年）

由导入案例资料观察，我们不难发现，DC公司没有明确的职位分类，岗位职责不清，缺乏科学的工作分析，对公司进行工作分析势在必行。通过开展工作分析活动，有助于切实有效地解决公司当前面临的人力资源管理问题。

工作分析是确定组织中的职位在执行工作中所需的技能、职责和知识的系统工程，是组织成功运作所必需的所有人力资源管理活动的基石。虽然工作分析是人力资源管理系统中的基础性工作，但是其思想却比人力资源理论的提出要早得多，因此工作分析有着丰富的历史值得学习和挖掘。本章首先介绍工作分析的相关概念及其专业术语，然后明确工作分析在人力资源管理和组织管理中的具体作用，进一步地，介绍工作分析活动的结果及其表现形式，简单概括工作说明书的内容，最后详细归纳并介绍了工作分析的历史及其发展趋势。

1.1　工作分析的概念及相关术语

在对工作分析理论及方法进行系统学习之初，需要先掌握工作分析的基本定义。本节将对工作分析的基本概念及其相关术语的含义进行概括介绍。

1.1.1　工作的定义

大量研究学者和实践管理者对"工作"（Job）这一基本概念进行了界定。广为采纳的定义是埃尔根（Ilgen）和霍伦贝克（Hollenbeck）在1991年提出的，他们将"工作"定义为分配给一位特定个体去执行的一系列任务要素的集合。

从广义角度上看，工作这一术语具有以下5个涵义：

1. 工作是组织最基本的活动单元

工作是组织中最基本的活动单元，它是组织中最小的相对独立体。每一个工作，从本质上来说是不同的，它们具有支撑组织有效达到目标的不同功能。

2. 工作是相对独立的责权统一体

工作是相对独立的职责、职权的统一体。职责和职权都来自于组织的授予，"在职就拥有，离职就失去"。组织中的员工完成任务是履行组织所分配的职责，而职权是其履行职责的保障。

3. 工作是同类职位的总称

严格意义上，工作相当于职务，岗位相当于职位。但是在现实情况下，工作、岗位、职位往往交替使用。工作是同类职位的总称。例如，公司有3位前台接待人员，前台接待员是一个工作,它提供了 3 个职位。

4. 工作是部门、业务组成和组织划分的信息基础

组织的划分与部门业务的分割,往往是以工作的信息为基础的。部门的职责是由具体的工作支持的,业务的划分也是以流程的逻辑相关性或活动的同类性为基础的。因此,工作分析所提取的信息,是管理组织活动的重要基础。

5. 工作与组织相互支持

组织目标是工作分解的基础,工作是构成组织的基本单元。当组织发生变革的时候,工作的分配也将发生改变;同时,随着工作流程的改变、工具与技术的进步,工作的内涵和外延都可能发生变化,而这种变化最终导致组织分工方式和管理方式的改变。

值得一提的是,当今时代,工作之间的界限变得越来越模糊,静态的、个人化的工作越来越多地被角色(Role)和流程(Work)所代替。

1.1.2　工作分析的定义

国内外学者对"工作分析"(Job Analysis)提供了多种多样的界定。根据这些定义,将这些学者分为"过程论"和"方法论"两大派。"过程论"一派的学者所持的主要观点是,工作分析是一个对组织内各层各类工作进行详细描述与分析的过程。"方法论"一派的学者主要观点则是将工作分析看做一种工具、一种技术,或是一类方法。

1. 过程论

美国佛罗里达国际大学加里·德斯勒(Gary Dessler)教授在其编著的《人力资源管理》(2012)一书中认为,工作分析就是组织确定某一工作的任务和性质是什么,以及哪些类型的人(从技能和经验的角度)适合从事这一工作的一种程序。

美国劳工部(2012)对工作分析的界定是:通过对工作内容的系统调查,获得有关工作信息的过程。

中国人民大学石伟教授(2011)认为:工作分析也称为岗位分析、职位分析,是对组织中的各类岗位的性质、任务、职责、工作条件和环境,以及任职者承担本岗位任务应具备的资格条件所进行的系统分析和研究,并制定出工作说明书等人力资源管理文件的过程。

中国人民大学付亚和教授(2009)认为:工作分析实质上是全面了解工作并提取有关工作全面信息的基础性管理活动。

2. 方法论

"方法论"这一派的学者数量相对少于"过程论"。中国人民大学彭剑锋教授(2002)认为:工作分析是一种以战略为导向,以组织为基础,并与流程相衔接的基础性的组织与人力资源管理工具,是对职位信息进行收集、整理、分析与综合的一系列程序、技术与方法。

北京大学教授萧鸣政(2010)指出,工作分析是组织内所有管理人员都应该掌握的一种管理技术,其主旨是科学高效地获取有关组织内各种工作的信息,保障人力资源管理决策的正确有效,保证管理目标的全面实现。在萧鸣政教授主编的《工作分析的方法与技术》一书中,详细介绍了任务分析、人员分析和方法分析等方法。

3. 工作分析的定义

综合上述"过程论"和"方法论"两大学派的观点,本书将"工作分析"定义为:工作分析是组织内、外的工作分析人员采用科学的手段与技术，收集整理、分析比较、归纳综合有关工作和工作者的信息，为组织发展战略、组织规划、人力资源管理以及其他管理活动服务的一种活动。

1.1.3 工作分析的类型

工作分析的类型多种多样，不同类型的工作分析，其分析目的、作用和内容也不尽相同。以下从客体分布范围、目的、分析切入点3个角度，了解多种工作分析类型。

1. 广义工作分析与狭义工作分析

从客体分布范围来看，工作分析有广义和狭义两种。广义上的工作分析，是对整个国家和社会范围内各个工作展开分析的活动；狭义上的工作分析，则是针对某一组织内部各个工作展开分析的活动。一般意义上的工作分析，指狭义的工作分析，即在某一特定组织开展的分析各类工作的全面、系统的活动。

2. 单一目的型工作分析与多重目的型工作分析

从工作分析的应用目的划分，可将工作分析分为单一目的型和多重目的型两种类型。二者主要区别在于所关注的内容，对于单一目的型工作分析而言，如果工作分析目的是为了更好地开展组织培训，那么在工作分析活动中，所关注的内容是工作职责。

值得注意的是，即使工作分析只有单一目的，记下所有的细节也是较为经济的，可以避免日后重复调查。

3. 工作导向型工作分析、人员导向型工作分析和过程导向型工作分析

从工作分析的切入点划分，工作分析有以下3种类型：

（1）工作导向型（Work-oriented）：这一类型的工作分析关注的是工作所涉及的任务和行为。

（2）人员导向型（Worker-oriented）：这一类型的工作分析关注的是能够带来高工作绩效的任职者特征，如专业知识、技能、能力等。

（3）过程导向型（Procedure-oriented）：这一类型的工作分析关注的是组织所提供的产品或服务的流程，从组织流程入手调查，展开流程中各个环节的工作分析活动。

1.1.4 工作分析的相关术语

在工作分析活动中，除了基本概念"工作"、"工作分析"之外，还涉及"任务"、"职责"、"职位"等若干术语。下面对这些相关术语进行详细介绍。

1. 微动作（Micromotion）

微动作涉及人们最基本的动作，比如触及、抓起、安置或放下一个物体。

美国著名的工业管理学家吉尔布雷斯夫妇——弗兰克·吉尔布雷斯（1868 — 1924）和莉莉安·吉尔布雷斯（1878 — 1972）把各种各样劳动中手的动作分解为18种基本动作，分别是：寻找、找到、选择、抓取、夹持、移动、定位、装配、使用、拆卸、检验、预定位、放物、空移、休息、不可避免的耽搁、可避免的耽搁、计划。

2. 工作要素（Job Element）

工作要素指工作中不便再继续分解的最小单位。两个或两个以上的微动作的集合构成一个工作要素。比如，对于秘书职位而言，"接听电话"是一个工作要素，它包括定位和抓取两个微动作。

工作要素是形成职责的信息来源和分析基础，并不直接体现于工作说明书之中。

3. 任务（Task）

任务指工作活动中为达到某一目的而进行的一系列工作要素，是工作分析的基本单位。它常常是对工作职责的进一步分解。

例如：对于教师职位而言，讲课、出卷子、改卷子、提问、答疑是其工作任务；打印员"打印一份英文信件"任务是以下工作要素的集合，即熟悉每个英文单词，在电脑中拼出相应的单词，辨认与修正语法错误，把电脑中打好的英文信印在纸上。

通常，一项任务具有以下5个特点：

（1）具备执行任务所需的前提条件。

前提条件包括主观条件和客观条件。主观条件通常指工作者执行任务的意愿，即"个体愿不愿做？"，客观条件指工作者执行任务的工作物理环境如何，它能否保障任务的顺利执行，即"环境让不让做？"。

（2）有特定的目标。

任何一项工作任务都应有特定的目标，此目标无关大小，只要与组织工作相关即可。

（3）有明确的开端和终端。

任何一项工作任务都应发生在一定的时间区间，即有明确的开端和终端。比如，教师的"讲课"任务，开端是教师开始上课的时间，终端是教师下课的时间。

（4）一项任务可能会被另一项任务中断。

比如，在教师执行"讲课"任务过程中，有学生举手提问，教师需要及时答疑，这样一来，"讲课"任务就会被"答疑"任务中断。

（5）一项任务可能涉及多人。

一项任务的顺利完成，不仅涉及任务执行者本人，而且可能需要上级、下级、同事、客户等多人支持配合。

4. 职责（Responsibility）

职责是指任职者担负的一项或多项相互联系的任务集合。比如：人力资源部经理的职责之一是"监控员工工作满意度"，这一职责由设计调查问卷、进行调查、统计结果、反馈至高层及采取措施5个任务组成；一名商学院教授的主要职责包括教学、研究及为企事业单位作咨询3项。

5. 职权（Authority）

职权是指为了保证职责的有效履行，任职者必须具备的对某事项进行决策的范围和程度。它常常用"具有批准……事项的权限"来进行表达。比如，具有批准预算外5000元以内的费用支出的财务权限。

严格意义上讲，组织中的个人职权与个人权力是两个不同的概念。职权是职务范围内的管理权限，与职位相关，"在职即拥有，离职即失去"。职权是影响决策过程的一种手段，而权力(Power)是一个人影响决策的能力。它包括组织赋予的职权和个人非正式权力(如专长权、信息权等)。可见,权力是比职权更宽泛的概念,在实际工作中,不能混淆二者。

6. 职位(Position)

职位也称为岗位,它是指由一个人完成的一项或多项相关职责组成的集合。职位与任职者是一一对应的关系,组织内职位的数量等于其人员的数量,亦即,组织有多少人员,相应地就有多少职位。

7. 职务(Job)

职务也称为工作,它是主要职责在重要性和数量上相当的一组职位的统称。

在组织内部,职务与人员并非一一对应关系,可能存在着"同一职务,多个职位"的现象。例如,企业副经理这一职务,可以对应生产副经理、财务副经理、行政副经理3个职位。

8. 工作族(Occupation)

工作族也称为工作群。比如,在组织内部,所有从事技术的职位组成技术类工作族,所有从事销售工作的职位组成销售类工作族。

9. 职业(Profession)

职业是由不同组织中的相似工作组成的跨组织工作集合,如教师职业、律师职业等。

"工作"和"职业"的区别主要在于其范围的不同。前者范围较窄,一般是针对组织内部而言的。"职业"则可以跨组织,是针对整个行业而言的。

10. 职业生涯(Career)

职业生涯是指一个人在其工作生活中所经历的一系列职位、工作或职业的集合。

> **阅读资料**
>
> 理解要素、任务、职责、职位、职务、职业
>
> 工作要素:签发薪水支票
>
> 任务:填写表格
>
> 职责:处理薪酬档案
>
> 职位:薪酬政策管理员
>
> 职务/工作:薪酬经理
>
> 职业:薪酬专家

除了以上10个术语外,还有一些术语与工作分析中的职位分类有着密切的关系,它们分别是职系、职组、职门、职级、职等。其中,职系、职组和职门是对工作进行横向划分后的形式,职级和职等是对工作进行纵向划分后的形式。

11. 职系(Series)

职系是指职责繁简难易、轻重大小及所需资格条件并不相同,但工作性质充分相似的所有职位集合。

例如，人事行政、财税行政、保险行政、社会行政各属于不同的职系，每个职系中的所有职位性质充分相似，而工作繁简难易、责任轻重及其任职资格要求并不相同。

12. 职组（Group）

职组也称为职群，它是指若干工作性质相近的所有职系的集合。职组是工作分类中的一个辅助划分，并非工作评价中不可缺少的因素。

例如，人事行政与社会行政可以并入普通行政职组，财税行政与保险行政可以并入专业行政职组。

13. 职门（Family）

职门是指若干工作性质大致相近的所有的职组的集合。

例如，人事行政、社会行政、财税行政可以并入同一个行政职门之下。

14. 职级（Class）

职级是指同一职系中职责繁简、难易、轻重及任职条件十分相似的所有职位集合。

例如：企业中人事行政管理者的纵向职级可分为最高人事行政管理者、中层人事行政管理者、基层人事行政管理者；工程师的纵向职级可分为工程师、高级工程师、资深工程师、高级资深工程师；中学一级语文教师与中学一级英语教师属于同一职级。

15. 职等（Grade）

职等是指不同职系之间，职责的繁简、难易、轻重及任职条件要求充分相似的所有职位的集合。

例如：大学讲师与研究所的助理研究员以及工厂的工程师，均属于同一职等；某企业的保险行政高管与其人事行政的中层管理者属于同一职等。

1.2　工作分析的作用

现代企业的人力资源管理体系越来越强调人力资源管理的战略导向和人力资源管理系统内部整合。工作分析是从战略、组织向人力资源管理过渡的桥梁，也是对人力资源管理系统内在各板块进行整合的基础与前提。

1.2.1　工作分析在战略与组织管理中的作用

工作分析是高层管理者制定组织管理决策的基础，高层管理者要考虑什么样的工作内容与条件才能让员工的潜能和积极性得到发挥，什么样的工作标准与要求才能让员工提供的产品或服务满足组织实现战略目标，更好地满足社会需求。工作分析在战略与组织管理中的作用主要体现在以下 6 个方面：

1. 实现战略传导

工作分析可以帮助企业战略落地，职位是企业组织机构的基本单元，企业战略最终必须要经由每个职位上的个体充分发挥其主观能动性，履行职位职责来实现。在工作分析过程中，就要明确职位和组织战略的相关性，即职位通过什么工作内容来支撑企业战略目标、部门目标的落实，职位能够为企业价值提供什么样的贡献。

2. 明确工作边界

通过工作分析，可以明确界定工作的职责与权限，避免出现职位间职责重叠、交叉或真空。在对部门与岗位工作的界定中，很难让员工本人参与，因此管理者在界定工作的时候即使主观愿望较好，也难免会忽视一些问题。工作分析能够帮助管理者在较短时间内对自己本不了解的工作有一个较准确地把握，为部门与岗位工作的界定提供有效的手段与帮助。

3. 提高流程效率

工作分析可以理顺工作与其流程上下游环节的接口关系，通过系统分析，采取消除不合理职位设置、合并简化冗余环节、改变工作程序等措施，有效提高组织的流程效率。

4. 实现权责对等

通过工作分析，可根据工作的职责来确定权力分配体系，从而在工作层面上实现权责一致。

5. 检查工作效果

通过工作分析，有助于员工本人反省和审查自己的工作内容和行为，以帮助员工自觉主动地寻找工作中存在的问题。

6. 改善工作环境

通过工作分析，可以检查工作中不利于发挥人们积极性和能力的方面，发现工作环境中有损于工作安全、加重工作负荷、造成工作疲劳与紧张，以及影响个人心理的各种不合理因素。有效的工作分析活动，有利于改善工作设计和整个工作环境，从而更好地调动员工工作积极性，使人们在更适合于身心健康的工作环境中执行工作任务。

1.2.2　工作分析在人力资源管理中的作用

人力资源管理是企业管理的重要组成部分，而工作分析则是人力资源管理的基础性工作。只有做好工作分析，理顺企业各部门、各岗位的职责和工作内容，才能有效开展岗位招聘选拔、职业生涯发展规划、绩效考核奖惩以及薪酬收入分配制度建设等人力资源管理活动。工作分析在人力资源管理中的作用主要体现在以下 6 个方面：

1. 为人力资源规划提供必要的信息

人力资源规划的核心过程是对现有的人力资源进行盘点的过程，它是对人员在组织内部和流入、流出组织的行为进行预测并做出相应准备的过程。通过科学的工作分析，可以对企业内部各个职位的工作量进行科学的分析判断，从而为职位的增减提供必要的信息。

此外，工作分析对各个职位任职资格的要求也有助于企业进行人力资源的内部供给预测。一个组织有多少岗位，这些岗位目前的人员配备能否达到工作的要求、今后几年内工作将发生哪些变化、单位的人员结构应做什么相应的调整、几年甚至几十年内人员增减的趋势如何、后备人员的素质应达到什么水平等问题，都可以依据工作分析的结果做出适当的处理和安排。

2. 为招聘、录用员工提供明确的标准

工作分析所形成的工作说明书里已经确定了这个岗位的任职条件，任职条件是招聘工作的基础，招聘工作需要依照任职条件来挑选人员，不满足任职条件的人，不能用。如果组织一定要用也只能降格使用，例如工资等级要下降，或是职务级别要略微下降。

工作说明书将作为员工录用以后签订的劳动合同的附件。企业决定录用员工后，这名员工应该承担什么样的责任，以及要负责到何种程度，这些问题事先在职位说明书里约定好，企业不需要对员工重复说明。

3. 为人员培训开发提供详细的内容

工作分析所形成的工作说明书对各个职位的工作内容和任职资格都做了明确规定，因此，员工被录用以后，工作说明书可以作为入职培训的教材。通过工作说明书的要求，对员工进行上岗前的培训，让他们了解自己的工作。还可以根据员工与任职资格要求的差距进行相应的培训，以提高员工与职位的匹配程度。

4. 为绩效考核提供有效的帮助

绩效考核体系是指一套正式的结构化的制度，用来衡量、评价并影响与员工工作有关的特性、行为和结果，考察员工的实际绩效。绩效考核制度设计的关键，在于绩效考评效标的设计，即评价员工绩效的指标和标准的设计。这些效标都要从工作分析活动结果中获取，如从职位职责中提取结果性效标，衡量员工完成哪些工作任务或产生哪些产品，从职位任职资格中提取特征性效标如沟通能力、忠诚度等。

通过科学的工作分析，每一职位从事的工作以及所要达到的标准都有了明确的界定，这就为绩效考核提供了明确的标准，减少了评价的主观因素，提高了考核的效度。

5. 为薪酬管理提供公平的依据

薪酬体系的建立过程是通过对工作分析所提供职位的复杂程度、难度、责任大小以及任职资格中学历、资历、经验、技巧等内容进行综合评定，获得有效的职位评价从而形成职位分类和职位等级表，并在此基础上建立基于职位的薪酬体系。由此可见，薪酬体系建立所需基础信息都来自于工作分析。

通过科学的工作分析，可优化企业内部的工资结构，提高报酬的内部公平性。报酬通常都是同工作的复杂性、职责大小、工作本身的难度，以及工作要求的任职资格等联系在一起的，而所有这些因素都必须通过工作分析才能得到确定。

6. 为员工职业生涯管理提供实质的指导

通过科学的工作分析，形成了各项工作的基本规范，从而为员工职业生涯的发展提供指引。它一方面为人力资源管理部门提供同类职位间工作内容知识、技能、经验等方面的内在相关性，从而为人力资源管理人员设计员工职业生涯成长通道提供依据，另一方面，帮助员工掌握自身成长通道上相关职位的任职要求，从而为他们有针对性地提供学习、实践、提高自身能力的指导。

图 1-1 从战略与组织管理、人力资源管理两大方面，直观表现出工作分析的作用。

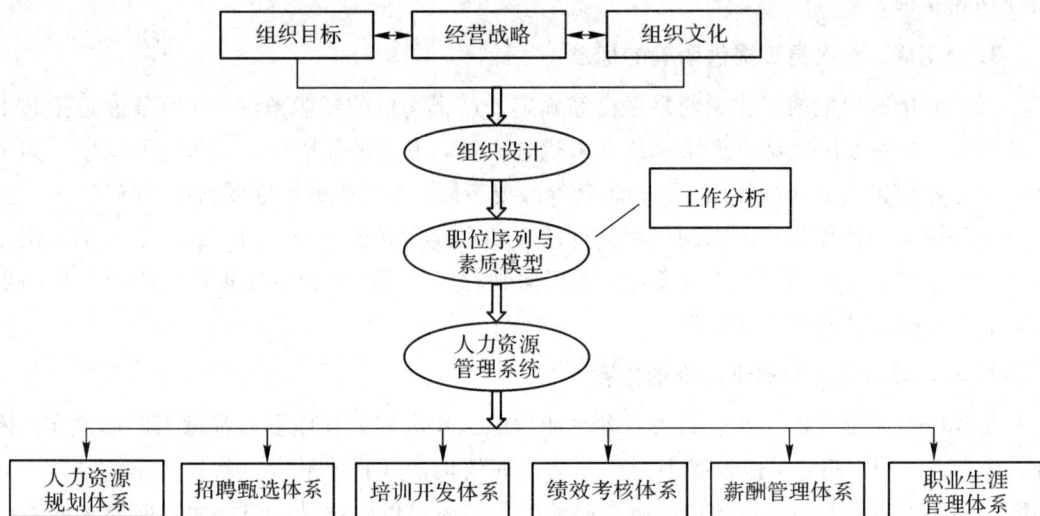

图 1-1　工作分析在战略、组织与人力资源管理中的地位

（资料来源：彭剑锋，等. 现代企业职位分析——理念、技术与案例. 北京：中国人民大学出版社，2002.）

1.3　工作分析的结果与表现形式

工作分析的直接结果是形成一份书面文件——工作说明书。工作说明书既包括对"事"的说明，又包括对做事的"人"的说明。对"事"的说明部分称为工作描述（Job Description），对"人"的说明部分称为任职规范（Job Specification）。

1.3.1　工作描述的简介

工作描述反映某项工作的任务、责任以及职责，主要以事为中心，对工作进行全面、详细与深入的说明。工作描述的主要内容包括工作识别项目、工作概要、工作职责和工作环境。它们的介绍如下所述。

1. 工作识别项目

工作识别项目用以区分该工作与组织中的其他工作。它包括 4 类信息，分别是工作名称、工作地点、工作关系和其他识别标志。

1）工作名称

工作名称是工作识别项目中最重要的项目，指出了该工作的大致领域和工作性质，能够把一项工作与其他工作区分开来。

在确定工作名称时，需要注意以下 3 点：

（1）工作名称应该较准确地反映其主要工作职责。如"保健品设备管理员"、"安全生产主管"等。这样的名称明确指出了这些工作的职责。但是，在实际工作中，经常会出现名称与工作职责不符的情况。

有这样一个故事，曾经有一名毕业生应聘的工作名称是一家主营橡胶轮胎企业的地区服务经理助理，可是他的工作职责不过是把轮胎从卡车上卸下来，检查轮胎表面是否磨损，再把轮胎装到货车上，因此更适合的工作名称应该是轮胎检查搬运员。

（2）工作名称应该指明其在组织中的相关等级位置。例如，"高级项目经理"这一工作名称就指明了其在组织中的位置高于"项目经理"。

（3）工作名称的确会影响任职者的心理状态。一个合适的、经过艺术化处理的名称，如"环卫保洁员"就比未经处理的"卫生工人"好听；"形象设计专家"比"理发师"好听；而"家庭理财顾问"/"美容顾问"比"保险推销员"/"美容产品推销员"好听。

工作名称的美化不仅会增加工作的社会声望，而且可能提高员工的工作满意度。为工作指定一个名称，表面看来不难，但在实践中也会遇到决策困难的情况。下面是4个决策实例：

① 分析程序员　　vs. 程序分析员

② 工程联络员　　vs. 联络工程员

③ 医疗顾问　　　vs. 顾问医生

④ 外卖服务员　　vs. 送餐员

在上面的例子中，哪一个名称更合适，更能准确描述、形象反映该工作的主要内容，让读者一眼就能识别出该工作与其他工作，是由工作分析专家来判断决定的。总体来说，一个好的工作名称应能准确有效地表达出工作的主要目标、工作在组织中的层次，以及工作的相关结果。

2）工作地点（或场所）

工作地点（或场所）指某一岗位在实际中被放置的物理位置。工作地点是非常重要的工作信息，任职者往往会把工作地点作为与工作满意度相关的重要因素来考虑。

3）工作关系

工作关系表明组织中的指挥链，如"所属的工作部门"、"直接上级岗位"、"所管辖人数"等。

4）其他识别标志

除了工作名称之外，工作还需要其他形式的标志，帮助读者识别出该工作。有《职业名称大辞典》中的代码、该工作在职群中的等级、由传统或习惯形成的副标题、替换名称，等等。

2. 工作概要

工作概要紧随标志项目之后，是工作说明书中的必需项目，工作描述中不可缺少的部分。它是对工作内容的简单概括。工作概要通常是一句话，这句话以动词开头，简短直接地描述该工作的主要内容。有时，工作概要也会对工作目的进行归纳。

阅读资料

《加拿大职位分类大典》对"上门推销员监理"和"渔业检查员"两个职位的工作概要描述如下：

工作编号：5130－126　　　　工作名称：上门推销员监理

工作概要：监督和协调上门推销人员的活动。

工作编号：1116－162　　　　工作名称：渔业检查员

工作概要：实施有关捕鱼作业、设备安全及产品质量的法律和条例。

3. 工作职责

工作职责详细描述了该职位的每一项职责。标准的职责说明格式为："行为动词"＋"目的"＋"最终结果"。就大部分职位而言，4～8项主要职责就足以确认与该职位相关的主要工作内容。

普通员工的共性职责有：遵守公司规章制度、完成上级交办的其他工作。部门主管人员的共性职责有：负责组织制度拟订和贯彻执行、负责系统目标制订并组织达成、负责本部门成本控制管理、负责本部门员工的发展管理、负责本部门员工的绩效与薪酬管理、负责本系统例外处理、负责组织规章制度在本部门的贯彻执行、完成上级交办的其他工作。

4. 工作环境

广义上，工作环境是对工作物理环境、安全环境和社会心理环境的书面描述。狭义上，工作环境是对工作物理环境的描述，如粉尘、噪音、温度、湿度、室内、室外等。

1.3.2　工作规范的简介

除了工作描述，工作说明书还有一部分非常重要的内容——工作规范。工作规范也称为任职规范、任职资格条件，英文简写 KSAOs，它包括必备的专业知识（Knowledge）、技能（Skills）、能力（Abilities）、其他个人特质（Other Personal Characteristics）。

通常，工作规范中包含的主要项目有学历要求、知识经验要求、年龄要求、能力要求、兴趣爱好、个性特征、体能要求等内容。

工作规范主要说明任职者需要具备什么样的资格条件、相关素质才能胜任某一岗位的工作。此处的资格条件和相关素质要求是最低的任职要求。工作规范的确定要从组织需要和实际工作需要出发，避免提出不切实际的条件，特别要避免"歧视"。例如，招聘程序员可以测试他/她编写程序的速度和准确度，而不应提出对年龄的要求。

工作规范可以是附在工作说明书上的一部分，也可以是单独的一份文件。如果它作为工作说明书中的一部分，通常把它放在工作说明书的背面。

1.4　工作分析的历史及发展趋势

工作分析作为人力资源管理系统中的基础和重要组成部分，其思想却远远比人力资源理论的提出要早得多，因而工作分析有着丰富的历史内容值得了解、学习。

1.4.1　工作分析的历史

1. 工作分析思想探源

工作分析的思想与活动起源于社会分工。最早论述分工问题的是中国古代政治家管仲。大约在公元前700年，管仲就提出了著名的"四民分业"定居论，主张将国人分为士、农、工、商四大行业，并按专业分别聚居在固定的区域。"士农工商"是我国古代对社会人口的分类，主张不同的人从事不同的工作，这是最原始的工作分析思想。

在西方，工作分析的思想可追溯到公元前5世纪的古希腊时期。当时著名的思想家苏格拉底指出，人具有个体的差异，不同的工作有其特殊的要求，要获得高效率的工作必须使合适的人从事最恰当的工作。苏格拉底的学生柏拉图在《理想国》中指出，人的需要是多样化的，单独的个人是无法满足自己所有的需求的，必须进行社会分工。他将职业分成建筑师、农民、鞋匠、纺织工人等。

亚当·斯密在《国富论》(1776)中，对西方国家某工厂所进行的劳动分工做了如下描述：一个工人抽出铁丝，另一个工人把它弄直，第三个人负责截断，第四个人只管磨尖，第五个人磨其顶部，以备连接，然而，针头的加工还需要三道独特的工序，最后才是装配与镀锡。因此，制造一根大头针，大约有 10 个工序，如果一个工序由一个人操作，那么，生产一根大头针的岗位将有 10 个。

早期的工作分析思想为后来工作分析的发展奠定了基础。尽管早期学者所关注的是整个社会和较大规模的组织，但对于一个希望实现组织高绩效的管理者来说，了解各种不同的工作以及各项工作对任职者的要求，并安排合适的人从事合适的工作，实现工作要求和人员之间的匹配也是非常重要的，这也是当前工作分析所关注的基本问题。

2. 西方国家工作分析的实践活动与贡献

1）百科全书编纂中的工作分析研究

历史上第一次进行大规模工作分析活动的人，是法国著名的启蒙思想家丹尼斯·狄德罗(Denis Diderot)。1747 年，狄德罗受命为一家翻译协会编纂一部百科全书。他提出了一个宏大的编写计划，自己担任主编，并且邀请当时在科学界久负盛名的数学家达朗贝尔担任副主编。一大批著名学者聚集在狄德罗的周围，支持《百科全书》编写工作，撰稿人约有160 人之多，孟德斯鸠、伏尔泰、卢梭等都为《百科全书》写过大量词条。

尽管如此，狄德罗发现有关贸易、艺术以及手工业方面的资料还存在着大量不足。这种情况下，他经过慎重考虑，对贸易、工艺等方面的工作资料进行了重新调查，以详细描述每一种工作的工作流程、特点、人员素质等。他不仅通过观察了解工作的信息，试着自己进行资料图片方面的机器绘制操作，还通过简化工作流程中的环节将收集到的信息系统化。有一次，狄德罗了解到一架织布机由于太复杂，员工不能清楚地描述他们的工作，狄德罗就到现场观看，请熟练工人进行讲解，并亲自操作机器。

这些工作使他在完成资料积累和搜集的基础上，撰写出了一部体现人类知识体系和当时最新科技成就的《百科全书》。狄德罗不仅是最先实践工作分析思想的科学家，也为工作分析提供了基本的方法——通过观察来进行研究。

2）一战前的工作分析研究

在第一次世界大战(1914 年 8 月至 1918 年 11 月)以前，工作分析实践活动经历了 4 次重要的发展历程，包括美国的内政改革、泰勒、芒斯特博格以及吉尔布雷斯的贡献。

（1）第一次历程：美国内政改革中的工作分析研究与贡献。

林肯总统曾多次抱怨政府部门的办事效率低下。他任命卡尔·舒尔茨组织了"政府机关改革委员会"对政府机构的职位进行了广泛的调查，从正反两面收集有关工作效率方面的信息，得出了影响工作效率的关键指标。从解决这些关键指标入手，极大提高了政府的工作效率。

通过采用这次工作分析的成果，纽约市政府每年节约开支 30 万美元，印刷局的人员从1885 年的 1116 人减少到 1888 年的 874 人，印刷量则从 9180 万页增加到 9730 万页。

（2）第二次历程：泰勒的工作分析研究与贡献。

"工作分析"一词在管理学领域最早出现于 20 世纪初。其出现的标志是：1911 年，泰勒(F.W.Taylor, 1856 — 1915)在其著作《科学管理原理》中，将"工作分析"列为科学管理的首要原则。

泰勒明确提出，工作分析是管理者的首要工作，是进行管理活动的基础。他在书中列举了在工作中亲自参与的五个例子：生铁搬运、矿砂铲运、砌砖工作、检验钢珠、切削工作。通过这五个例子，他论证了工作分析对于提高绩效的效果，明确了工作分析的作用。

此外，泰勒还提出了著名"时间-动作"研究(Time - Motion Study)。所谓"时间-动作"研究，就是将工作分解成若干组成部分，并对每一部分进行计时。通过分析，对各种工作活动的时间及其顺序重新进行规划，制订出标准化的工作程序与方法，并在从事该工作的所有工人中进行推广，以达到提供生产效率，科学确定劳动定额与工资报酬的目标。

"时间-动作"研究的主要技术有：① 秒表计时研究。即使用计时装置或用电影、录像实测作业中各动作元素所用的时间，根据测量数据计算该项工作所需的标准时间。② 工作取样。即按随机的时距对作业者进行观察，记录各种特殊作业或空闲的次数，计算其占全部观察次数的百分比，以这个百分比来表示整个工作时间中该项作业或空闲时间所占的百分比，进而计算出该项工作的标准时间。③ 预定时间系统。即做各种作业动作所需的时间。将作业活动分解为基本动作，并确定每个动作所需的标准时间。④ 标准数据系统。即更大工作单元的作业时间数据库。这些工作单元是一些基本作业动作的组块，并与特定的机器与作业相联系。用标准数据系统计算工作的标准时间比预定时间系统使用起来更方便。

（3）第三次历程：芒斯特伯格的工作分析研究与贡献。

德国学者芒斯特伯格(Hugo Munsterberg)是工业心理学的主要创始人，被尊称为"工业心理学之父"。他对工作分析最突出的贡献是，发现工作分析最为重要的活动，是从"内行人"那里获取真实而准确的信息，而不是依据自己的操作体验。

起初，芒斯特伯格与《百科全书》编著者狄德罗一样，认为必须由本人亲自操持工作分析。然而，后来他发现，作为一个心理学家只能很外行地观察到某项工作的要求。

例如，在分析"排版工作"的效率时芒斯特伯格认为排版速度取决于工人手指反应的速度，而工厂的经理(在排版上经理是内行)却认为排版效率高低最根本的决定因素是工人对原文的记忆力。一个按键速度慢但记忆力强的工人，其工作效率要比按键速度快但记忆力差的工人高得多。因为后者在排版时必须不停地翻看原稿，从而浪费了许多时间，大大降低了工作效率。

芒斯特伯格指出心理学家在工业发展中的作用应该是：帮助发现最适合从事某项工作的人；决定在什么样的心理状态下，才能使每个人都达到最高产量；在人的思想中形成有助于提高管理效率的积极思想。可以看出，这些思想实际上已经包含了工作分析的成分。

（4）第四次历程：吉尔布雷斯夫妇的工作分析研究与贡献。

吉尔布雷斯夫妇对泰勒开创的"时间-动作"研究进行了较大改进。丈夫弗兰克·吉尔布雷斯(Frank Gilbrech)是一位工程师，其妻子丽莲·吉尔布雷斯(Lillian Gilbrech)是一位心理学家。他们认为工作分析研究的出发点应该是工人本身，因此工作分析的结果应随着对象的变化而变化。

吉尔布雷斯夫妇用摄影机把工人的动作拍摄下来，利用他们发明的一种计时器和灯光示迹摄影法清晰地看到并记录下每项动作所需的时间。接着，他们把动作划分为多种基本要素，进行更加深入的分析研究。他们在 1916 年出版的《疲劳研究》一书中，探讨了如何解决劳动过程中工人的疲劳问题。此外，他们还试图设计出一种动作最少、时间最省、疲劳程度最小的最佳生产流程。夫妇俩的研究成果被应用到残疾老兵的工作安置上。实践表明，通过对这些老兵进行正确的工作培训，并重新设计工作方法，残疾老兵可像正常的员工一样高效的工作。

吉尔布雷斯夫妇的理论观点是，不同的工人在从事同样的工作时应该结合自身特点，采取不同的工作方法，从而实现工作效率的提高。这也是工作分析的一项重要内容。

3）二战后工作分析研究的发展与应用

受战争影响，一战、二战期间工作分析研究和实践活动都未有重大发展。第二次世界大战后（指 1945 年 8 月后），工作分析研究重新得到了人们的重视。不论是工作分析的理论还是工作分析的方法都得到了长足发展，工作分析在整个人力资源管理系统中的地位更加准确和牢固。二战后工作分析研究发展的重要标志是一些著名的工作分析方法的开发和应用。

（1）职能工作分析方法的开发。

美国劳工部提出了职能工作分析的概念，即通过任职者本人对有关数据资料处理、人员交往与管理、工具的操作水平要求等进行分析，来确定人员的任职资格。悉尼·法因（Sindey A. Fine）在此基础上，于 1950 年开发出了职能工作分析方法（Functional Job Analysis，FJA）。这一方法是对美国劳工部系统方法的一种改进，建构了面向数据资料处理、人员管理，以及工具操作的水平级别标准规范体系。法因还利用职能等级反映工作者处理各种关系时自主决策空间的大小，以及工作者的绩效与技能之间的关系。

（2）职位分析问卷法的开发。

1972 年，美国普渡大学教授麦考密克（E.J. McCormick）、詹纳雷特（P. R. Jeanneret）和米查姆（R. C. Mecham）合作开发了“职位分析问卷”方法（Position Analysis Questionnaire，PAQ）。职位分析问卷包括近二百个题，被公认为是一种标准的工作分析工具。PAQ 方法以严格的工作术语为特征，其内容代表工作的性质、行为、条件、特征，可将宽广多样的工作一般化。

（3）关键事件分析技术的开发。

关键事件分析技术最早由美国心理学家约翰·C·弗莱内根于 1954 年提出。当时，美国军队方面需要心理学专家分析飞行员绩效低的原因。弗莱内根通过调查，列举出了飞行员绩效低的诸多原因，并称之为“关键事件”。这种方法通过确定关键的工作任务以获得工作上的成功。后来他的研究成果由军队转移到工业生产中，取得了显著的成效，并得到广泛的应用。

（4）任务清单分析方法的开发。

任务清单分析方法是一种被广泛使用的工作分析方法，它是一种典型的以工作为导向的工作分析方法。工作分析人员借助一定的手段与方法，对整个岗位的各种工作任务进行分解、分析，找出构成整个岗位工作的各个要素及其关系。任务清单分析系统是由美国空军人力资源研究室的雷蒙德·克里斯托（Raymond Christal）及其助手开发的。其中，“任务”是指任职者能清晰辨别的一项有意义的工作单元。任务清单把岗位工作活动中所有的任务逐个列出，让被调查的人选择并标明前后顺序、重要程度或困难程度等。

以上 4 种方法目前仍被公认是标准的工作分析工具，得到了政府和商业组织的广泛重视和采用，并取得了良好的应用效果。

3. 中国古代的工作分析与应用

许多人认为，工作分析是舶来品，是"洋货"。事实是否如此呢？在比较中外历史的过程中发现，中国古代也有工作分析的思想与应用的历史。

汉朝的王符在《潜夫论·忠贵》中指出："德不称其任，其祸必酷；能不称其位，其殃必大。"在这里，王符提出了"由工作挑选人"的思想，认识到岗位工作对人员资格条件要求的客观性。

北宋时期，李诫是当时著名的建筑工程学家。他通过访谈与现场观察，收集大量资料，于 1100 年编成了《营造法式》一书。全书共 357 篇，包括四个部分：第一部分是关于建筑中有关名词的解释以及对营建的一些规定和数据说明；第二部分是关于建筑工程的标准做法；第三部分是关于人工材料的定额；第四部分是关于各种工程的图样。

宋末元初，黄道婆通过自我操作的方法获取了有关黎族人民的棉织技术资料，然后加以方法分析，对原有的棉纺织工艺技术进行了系统改革。

宋代，毕昇活字印刷术的发明。该发明是毕昇运用观察、体察等工作分析的基本方法，对原雕版印刷技术进行方法分析、经过试验研制成功的。

元代，王祯在观察的基础上用 200 个条幅图样和简明的文字，描述了各种农业生产工具和手工业生产工具的构造和用法。

明朝宋应星认为如果不亲自进行观察和调查，就不能掌握事物的本质。因此，他经常深入实际，通过观察法与访问调查法，分析工农业生产技术，写出了《天工开物》一书。全书共 3 篇，18 卷，并附有 120 个条幅插图，系统地描述了我国古代各种农业、手工业的生产技术和操作程序，这实际上是工作分析的说明书。

1.4.2 工作分析的发展趋向

在当今信息经济时代，无论是传统行业内的企业，还是新兴行业的企业，无一例外都要与"互联网"相接触，由此诞生了众多"互联网＋"企业，这些企业的竞争环境和运营模式亦发生了显著变化。工作分析作为现代组织和人力资源管理的基础，在信息经济时代面临着巨大挑战，这些都给传统的工作分析带来了巨大的、新的挑战。

1. 由着眼于工作的分析，发展成为着眼于流程的工作分析

在工作分析的应用过程中，也有不少学者对其进行了批评。这些学者认为，工作分析是一种"束缚"，它限制了工作的边界，把工作"框"起来了。他们主张用"工作流程分析(Work Analysis)"代替"工作分析(Job Analysis)"。工作分析专家桑切斯(Sanchez)指出，工作分析应首先采取自下而上的方式收集信息，即先分析工作活动和工作流程，根据岗位工作活动的异同，从现实出发确定工作流程以及相应的工作。其次通过自上而下的方式对前一个步骤搜集的信息进行补充。

通过在工作分析中树立流程观念，将流程上下游环节的期望转化该工作的目标与职责，从而帮助组织提高流程的效率与效果，同时，也有利于组织在产品、服务与管理模式上的改进。

2. 从描述性的工作分析，到预测性的工作分析

现代企业的组织设计越来越强调对外部环境的反应能力与灵活性，渐进式的组织优化与挑战逐步成为常态。这种情况下，势必要求工作分析在稳定中保持灵活，在严密中保持弹性，要求企业根据不同职位所受到的组织变化的冲击与影响，来展开分层分类的工作分析。而大多企业在进行工作分析时却无视这一点，不顾职位本身的特点，一律强调工作说明书的描述性，忽视工作说明书的动态管理，从而难以满足持续的组织优化的内在需求，造成组织变革与工作分析的脱节。

未来的工作分析将着力于预测工作在新的环境中的特征，从描述性、稳定性转为预测性、动态灵活性。预测性的工作分析，需要预测出岗位工作职责要求与任职者资格要求在未来的动态发展变化轨迹。

3. 从人工的方法，到计算机网络技术的应用

计算机网络技术，可以应用于工作分析的各个阶段。例如，在准备阶段，工作分析小组可以利用计算机进行资料查阅、资料准备、进度计划和人员安排；在调查阶段，工作分析小组成员可以与被调查人员通过互联网进行交流，组织内部可以通过内部局域网进行联系，对于出差的员工可以进行远程视频通话，完成工作分析访谈，工作分析问卷可以通过内部网电子邮件系统发放和回收；在实施阶段，可以将所获取的本组织的相关工作信息输入数据库，以便进行更进一步的分析；在工作分析结果的检验阶段，计算机更是必不可少的一项工具。它使多元回归统计技术的应用更加可行，使分析的结果更加客观准确。

4. 从基于文本的定性描述，到基于数据的决策分析

随着统计科学的发展，其研究成果广泛应用于工作分析中，形成一系列的系统性工作分析方法，这样一来，工作分析的效度、信度得到提升，并实现了工作分析成果向人员选拔、职位评价等其他人力资源板块的直接过渡。当今著名的国际化公司，如谷歌(Google)，人力资源管理决策都是基于数据和数据分析的，在这一背景下，工作分析活动也逐步转向基于数据的决策分析。

Stetz 等人(2009)采用可视化技术和网络分析技术(Network Analysis Techniques)来分析工作分析活动的数据，其结果是一个简单的图形演示，这有利于快速、有效地将分析结果与部门主管和员工进行沟通。由此可见，基于数据的决策分析，可以为工作分析人员提供有效的方法来把复杂的数据结果呈现给最终用户，并可为最终用户所理解。

思 考 题

1. 工作分析对于组织的管理有什么作用？请举例说明。

2. 工作分析活动的直接成果是什么？它包含哪些内容？

3. 在我国，"工作分析"这一概念及活动是舶来品吗？中国有哪些代表性的工作分析思想和实践活动？

4. 第二次世界大战后，工作分析的理论和方法得到了哪些发展？

5. 日本高端人才招聘网站 BizResearch 与雅虎和美国客户管理平台 salesforce.com 合

作，宣布将开发一种人工智能，通过收集员工的工作数据，完成招聘、员工评价和分配工作岗位等任务。可以预期，在不远的将来，基础事务性的 HR 工作很大程度上将被人工智能取代。面对这一现象，你将如何看待未来的工作分析？

案例分析

洒在地上的液体谁来扫？

一名机床操作工人在工作中，不小心把大量的液体洒在机床周围的地板上，车间主任看到后，要求其将洒落的液体清扫干净。但是，操作工人拒绝执行这一要求，理由是他的工作说明书里没有包括清扫的要求。车间主任顾不上去查工作说明书，就找来一位服务工人去清扫，但是服务工人同样拒绝执行。服务工人的理由是其工作说明书里也没有包括这一类工作。情急之下，车间主任威胁说要解雇服务工人。服务工人这才勉强同意清扫。但是清扫完之后，他又觉得很委屈，于是就向工厂领导进行投诉。

工厂领导者收到投诉之后，审阅了机床操作工、服务工和勤杂工三类人员的工作说明书。机床操作工的工作说明书里规定：操作工有责任保持机床的清洁，使之处于可操作状态，但并没有提及清扫周围场地。服务工的工作说明书里规定：服务工有责任以各种方式协助操作工，如领取原料和工具、随叫随到、即时服务，也没有包括清扫工作的内容。勤杂工的工作说明书中确实包括了各种形式的清扫内容，但是他的工作时间是从正常下班后才开始的。看完工作说明书后，工厂领导者也出现困惑，不知道这种情况该如何处理，以后若出现类似的情况，又该怎么办？

请讨论：

(1) 导致液体无人清扫的主要原因是什么？怎样避免这种现象的发生？

(2) 对于服务工人的投诉，你认为该如何解决？有何建议？

(3) 如果你是车间主任，碰到这样的情况你会怎么做？

第 2 章　工作分析流程

　　1. 明确工作分析的原则；

　　2. 掌握工作分析操作的关键点；

　　3. 了解工作分析模型图；

　　4. 掌握工作分析流程各个阶段的主要工作。

　　W 研究所隶属于某军工集团，主要从事特种陶瓷材料、金属材料、粉体材料及功能材料的研制开发。该研究所从 1984 年成立至 2014 年，形成了集科研和生产为一体的产业格局，年产值上亿元。截至 2014 年，W 研究所共有科技人员 183 人，各类高精尖设备 200 多台(套)。该研究所的总体目标是"建设本领域在国际领先、国内一流的科技引领型企业"。

　　在组织结构上，该研究所设有综合管理部、财务部、研发部、生产部、质检部、科研生产保障部六个职能部门和检测中心、试制中心两个直线部门。

　　W 研究所先后在 2008 年和 2012 年两次编制工作说明书，其中 2012 年的工作说明书编制工作由综合管理部按照集团公司的要求组织开展，编制过程经过了准备阶段、信息收集阶段、定稿阶段和发布阶段。

　　在准备阶段，研究所成立了工作分析项目小组，确定了工作分析目标，制定了工作分析计划。工作分析领导小组由研究所领导组成，同时下设工作分析项目办公室挂靠在综合管理部，办公室成员包括各部门领导、经验丰富的老员工和人力资源管理人员。这样一方面获得高层的支持，另一方面由工作分析项目办公室通过项目管理的方式，确保工作分析按照进度计划有序开展。本次工作分析的主要目的是重新构筑研究所的职位体系，建立和完善各类人才成长通道。

　　在信息收集阶段，首先对目前组织现有职位情况进行梳理，获得职位列表。在这一步，尽可能多地收集、查阅组织相关规章制度。如在综合管理部资料查阅过程中，主要搜集了《W 研究所部门职责》、《W 研究所规章制度汇编》、《W 研究所岗位说明书汇编》、《W 研究所法律风险防范管理标准》、《W 研究所质量管理体系》、《W 研究所安全管理体系》等文件。然后，请职位任职者对现有工作标准进行总结和整理。由员工按照工作说明书模板，自行填写工作说明书。接着由部门领导对员工自己填写的工作说明书进行审核，并对其进行修改、补充，完善成为工作说明书初稿。

　　在定稿阶段，综合管理部组织召开由研究所领导、部门领导和该部门全体员工参加的工作说明书专项讨论会。会后根据专项讨论会的结果，对各部门工作说明书初稿进行修改。组织资深职位任职人员、职位直接上级，以及职位相关工作流程上下游职位任职者，召开工作说明书专家主题会，最终确认工作分析成果。根据主题专家会议的意见，对工作说明书进行再次修改后，将定稿的工作说明书反馈给职位所在部门领导及职位任职者。

在发布阶段，研究所的综合管理部将全所各职位的说明书发布到内部网络平台，供研究所各部门人员查阅、下载。

（资料来源：于淼. W 研究所职位分析流程优化研究. 大连海事大学硕士学位论文，2015。本案例在资料来源上略有修改。）

导入案例中的 W 研究所工作分析流程经历了准备阶段、信息收集阶段、定稿阶段和发布阶段，通过这一流程的系统性工作，形成了工作分析的直接结果——各级各类职位的工作说明书。从形式上看，W 研究所的工作分析活动取得了预期结果。工作分析流程的开发和实施对组织开展工作分析活动而言是非常重要的。只有顺利执行工作分析流程各项主要任务，组织才能从中获得有益的信息内容，在此基础上设计人力资源管理各项管理制度，以切实提高人力资源管理水平，为组织核心能力的提升提供有力支持。

本章首先概括开展工作分析需遵循的基本原则，接着介绍工作分析操作的关键点，并提供工作分析系统模型图。然后，介绍工作分析流程的 5 个阶段，详细介绍这些阶段的重点工作。

2.1　工作分析的原则、关键点及模型图

2.1.1　工作分析的五个原则

在阐述工作分析流程前，需要掌握工作分析过程中的一些基本原则，主要包括以下 5 项原则：

1. 以战略为导向，强调职位与组织和流程的有机衔接

工作分析必须以组织战略为导向，与组织的变革相适应，并与提高流程速度与效率相配合，以此来推动工作描述与任职资格要求的合理化与适应性。

2. 以现状为基础，强调职位对未来的适应

工作分析必须以职位现实状况为基础，客观反映工作现实情况。另一方面，工作分析也必须强调工作对市场环境、战略转型、技术变革、组织与流程再造、工作方式转变等一系列变化的影响，强调工作分析的适应性。

3. 以工作为基础，强调人与工作的有机融合

工作分析必须以工作为基础，以此来推动职位设计的科学化，强化任职者的职业意识与职业规范。同时，工作分析需充分照顾到任职者的个人能力与工作风格，在强调工作内在客观要求的基础之上，适当地体现工作对人的适应。

4. 以分析为基础，强调对工作的系统把握

工作分析不是对任务、职责、业绩标准、任职资格等要素的简单罗列，而是在分析的基

础上对其加以系统的把握。所谓系统把握，是指把握该职位对组织的贡献，把握其与其他职位之间的内在关系，把握其在流程中的位置与角色，以及把握其内在各要素的互动与制约关系。通过对工作的系统把握，从而完成对该职位全方位的、富有逻辑的研究分析。

5. 以稳定为前提，但重视对工作说明书的动态管理

为了保持组织管理的连续性，组织内部的职位设置，以及与此相对应的工作说明书必须保持相对稳定。工作说明书又并非一成不变，而是根据战略、业务与管理的变化适时进行调整。因此需要在稳定的基础上，加强对工作说明书的动态管理。

以上 5 项原则贯穿于整个工作分析过程中，值得引起工作分析操作人员的充分重视，在工作分析的各个阶段都得以体现。

2.1.2　工作分析操作的五个关键点

为了保证工作分析活动的顺利实施，组织在开展工作分析实践活动时，还应注意以下5 个关键点：

1. 事实而非推断

工作分析应从事实出发，谨防主观臆断。工作分析小组成员要客观地收集信息，不能依靠臆想来凭空设计，也不要加入自己的观点和感情，掺杂过多的个人成分容易导致分析过程出现偏差。

2. 深入现场，收集真实信息

工作分析小组要善于聆听任职者和上级领导提供的信息，因为他们是与该职位相关的，提供的信息往往多为第一手资料。与此同时，工作分析小组还要深入工作现场，亲自调查。

3. 分析而非罗列

这一关键点是指，工作分析应强调信息的整合，防止简单罗列信息。工作分析人员将收集到的信息不能平铺直叙地简单罗列出来，这样呈现出来的只是冗杂的信息，没有体系和逻辑性。工作分析小组要对信息进行提炼和归类整理，以规范、结构化的形式表现出来。

例如，针对前台转接电话这一职责，经过分析后应当这样描述，"按照公司的要求接听电话，并迅速转接到相应人员那里"，而不应将所有的活动都罗列上去："听到电话铃响后，拿起电话，放到耳边，说出公司名字，然后询问……"

4. 工作而非人

工作分析应围绕工作特性展开，而不是分析当前工作岗位上的任职者所做的事情，或是当前岗位任职者具备的资格特征。工作分析应避免受到在职者的工作内容、工作状况、个体特征等因素的影响。

5. 注重与员工工作有关的法律问题

近年来，国家为了更好地维护劳动者合法权益，相继出台了各项法律法规。通过多途径的法律法规宣传活动，使劳动者的维权意识增强。因此，组织在开展工作分析时，应注重与员工工作有关的各个方面的法律问题。

1）工作分析与《就业促进法》、《劳动合同法》

我国《就业促进法》第 27 条规定，用人单位招用人员，除国家规定的不适合妇女的工种或岗位外，不得以性别为由拒绝录用妇女或者提高对妇女的录用标准。所以各类组织在编制工作说明书时，特别要注意，除国家规定的不适合妇女的工种或岗位外，不得在工作说明书中规定该岗位只能雇佣男性，或是对女性员工提出更高的任职资格要求。

我国《劳动合同法》第 8 条规定，用人单位招用劳动者时，应当如实告知劳动者工作内容、工作条件、工作地点、职业危害、安全生产状况、劳动报酬，以及劳动者要求了解的其他情况；用人单位有权了解劳动者与劳动合同直接相关的基本情况等。因此，企业对外发布招募信息的内容应与招募岗位的工作说明书内容相一致。

2）借鉴《美国残疾人法案》规定

工作分析的一个重要工作就是分析职位包含了哪些工作职责，以及每项职责所占的劳动时间。

《美国残疾人法案》要求企业确定核心工作职能，也就是工作的基本职责。核心职能一词不包含岗位的附加职能。附加职能是工作的一部分，但对于工作性质和目的来说，只是偶尔发生或仅起辅助作用。

尽管中国现有的相关法律法规没有明确做出类似的规定，但如果按《美国残疾人法》规定，在工作说明书中明确区分出核心工作职能与附加职能，那么企业在日常管理中，无论对于残疾人管理，还是对于非残疾人管理都将更加公平、透明化。

2.1.3 工作分析系统模型图

工作分析实质上是对组织内各层各类工作的信息、工作者的信息进行收集、整理、比较、分析、综合的一个全面、系统的过程。工作分析系统模型图如图 2-1 所示。

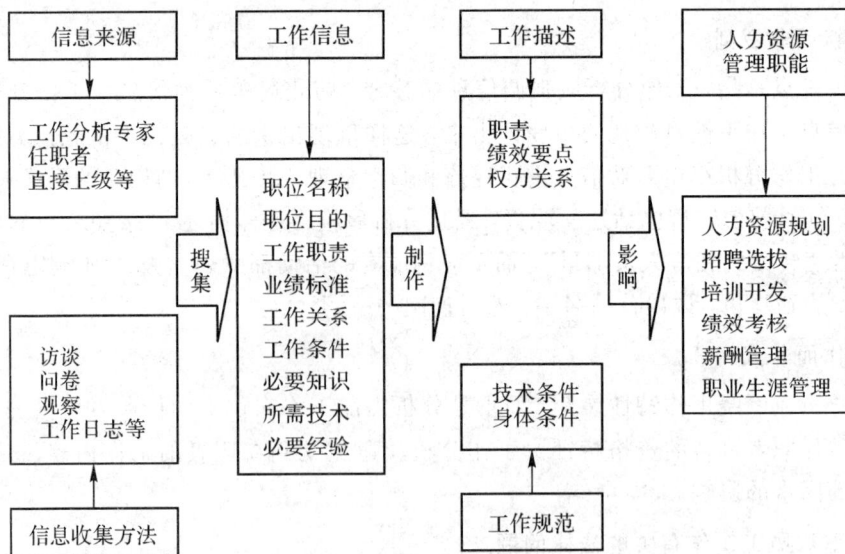

图 2-1 工作分析系统模型图

2.2 工作分析的一般流程

工作分析的一般流程如图 2-2 所示。工作分析流程由 5 个阶段构成，分别是立项阶段、准备阶段、调查阶段、分析阶段和完成阶段。以下对这 5 个阶段进行详细阐述

立项阶段 ➡ 准备阶段 ➡ 调查阶段 ➡ 分析阶段 ➡ 完成阶段

图 2-2 工作分析的一般流程图

2.2.1 立项阶段

在立项阶段，工作分析人员的主要工作是发现工作分析的需求或预兆、确定工作分析的目的，以及成立筹备小组。

1. 发现工作分析需求

组织中工作分析的需求或预兆有着多种形式。有的较为明显，容易被发现、识别，有的需求则比较隐蔽，需要工作分析人员着力挖掘。通常，组织出现下列情况，即表明出现了工作分析的需求或预兆。

组织管理体系、业务流程不畅，造成效率低下；客户的需求提高，而目前的产品和服务无法满足顾客的需求；缺乏明确的、完善的、书面的工作说明，员工对工作职责和要求不清楚；虽有书面的工作说明，但与员工实际工作的情况不符，难以遵照实施；经常出现推诿扯皮、职责不清或决策困难的现象；刚刚进行了组织机构和工作流程的变革或调整；当需要招聘某个职位上的新员工时，发现难以确定用人标准；当需要对员工进行培训时，发现难以制订有针对性的计划；当需要对员工业绩进行考核时，发现没有根据职位确定的考核标准；当需要建立新的薪酬体系时，无法将各个职位的价值进行对比分析。

对上述情况进行归纳，可得到以下 5 条工作分析需求：

一是企业战略进行了调整，发生了变化；

二是部门职能与岗位职责增加或减少；

三是管理体系发生变化；

四是工作流程、工作标准、工作方法、生产组织方式等发生变化；

五是工作中出现责任不清、推诿扯皮等现象。

其中，第一条需求是工作分析需求最重要的一个预兆。企业的战略调整一般是指战略方向或者战略重点、战略目标的变化，这种变化将导致组织结构、绩效管理指标、激励机制和领军人物的调整，这几个方面的调整恰恰是战略转型实施的关键。企业的战略调整要求重新设计激励机制、设计适应新战略的薪酬方案、成功招聘到符合战略需求的高端人才、升级适应新战略的人力资源管理及开发体系。工作分析可以为这些活动提供基础性信息，建立高效的人才选拔体系、支持企业战略目标的实现。

阅读资料

　　TP 人寿保险有限公司成都分公司于 2002 年年初开始正常营业，所有内勤员工加起来不足 30 人，大家的岗位与职责划分不清晰，因此每个人都非常繁忙，大家常常感到手忙脚乱，总在处理紧急的事，使工作缺乏计划性和条理性。同时在少数岗位还存在岗位安排与任职者能力不相适应的问题。

　　比如，由于人手的问题，曾让一名司机监管办公用品与库房，因司机经常出车，造成许多急需的办公用品不能及时领到，导致其他部门的工作不能正常进行。而且由于司机本身的文化层次不高，使整个库房管理较为混乱，在财务要求对办公用品进行盘库和按部门进行费用分摊时，该司机根本无能力完成此项工作。

　　造成上述的混乱，是由于公司中员工的工作职责边界界定不清晰和对工作岗位的任职要求不明确所造成的。为了使 TP 公司的各项工作井井有条，不再发生混乱，有必要进行 TP 公司的工作分析研究。

　　（资料来源：黄梅，"TP 人寿保险有限公司成都分公司工作分析研究"，四川大学硕士学位论文，2003 年。）

2. 确定工作分析的目的

　　在工作分析活动正式开始之前，首先应明确工作分析的目的，进而才能够明确对哪些岗位进行工作分析、分析的内容是什么、采用什么样的方式和方法进行分析、需要获取哪些资料和信息等问题。工作分析目的不同，那么对这些问题的答案也就不会相同。

　　若组织人力资源管理问题存在于招聘与甄选活动中，那么工作分析就需要重点进行任职资格相关信息的获取与分析，其目的就是能够为员工的招聘与甄选提供完善的任职资格信息和岗位基本信息，对招聘信息的准确发布和甄选过程的顺利进行提供保障，使得最终的招聘结果能够满足组织岗位对于人才的需求，达到良好的招聘效果。

　　若组织人力资源管理问题存在于培训与开发活动中，那么工作分析应该偏重于各岗位工作职责的描述和任职员工能力要求的确认，其目的就是能够更加准确地了解员工能力与岗位工作需要之间的差距，从而能够更好地确定培训需求。

　　若组织人力资源管理问题存在于绩效考核中，那么工作分析就需要针对岗位工作的完成标准进行分析，量化和细化完成岗位工作的时间、数量、质量的要求，以及对于流程的贡献要求，其目的就是完善组织的绩效考核标准体系，使得绩效考核能够引导员工更加注重工作中的关键任务，从而使整个工作的效率得以提高。

3. 成立工作分析筹备小组

　　工作分析筹备小组成员包括：人力资源部经理、待分析工作的部门主管、其他相关部门经理（财务部、行政部等）。

　　工作分析筹备小组的主要职责之一，是确定工作分析主体，即确定承担工作分析任务的人员，通俗地讲，是确定谁参加工作分析。参加工作分析的人员通常包括：任职者、部门主管、组织的人力资源管理专员、外部专家。

　　对于工作分析多主体的问题，建议采用综合方式来解决。即：外部专家指导、人力资源部实施、任职者参与、多部门配合、高层领导审批与重视。

2.2.2 准备阶段

1. 组建工作分析小组

组建工作分析小组时可以参考以下 4 项标准。

1）小组成员的稳定性

工作分析小组需要保持人员的相对稳定，这有利于保持分析过程的连续性。如果小组成员的流动性过强，那么工作分析的进度和效果都会受到影响。

2）小组成员的多样性

工作分析小组成员通常由 4 类人员组成：

（1）人力资源管理专家。他们熟悉工作分析原理和方法，能够设计整个工作分析流程，并为工作分析实施提供指导。

（2）组织内部人力资源管理专员。他们具有工作分析具体操作的能力，并且对于组织的基本情况和岗位工作的内容有比较全面的了解，能够协调好组织各岗位任职者和人力资源管理专家的关系。

（3）任职者。他们对本职工作岗位有深入了解，并对本岗位工作在组织业务流程中的位置和作用有深入了解。

（4）组织高层领导。高层领导对组织的战略、工作分析的目标有总体把握的能力，并且有权力对工作分析过程进行监督和管理。

目前，企事业组织在工作分析小组成员的选择方面做得不是很成功。一般人都认为，担任工作分析的人员应该是职级较高的人，并且善于比较分析，有良好的视觉能力、记忆能力、沟通能力，文化水平较高，并熟悉多方面职位的工作、工艺和机器。实际情况并非如此，符合上述条件的人虽然很优秀，但在工作分析实践中不像人们想象的那么有价值。

根据专家实践经验，提炼出工作分析小组成员的相关选择要求，说明如下：

第一，小组成员应对目标岗位熟悉。显然，任职者和管理者符合这一标准。那些曾经是目标岗位的称职任职者，由于有这项工作的第一手材料，因此也是合适人选；

第二，小组成员应是主题专家。主题专家包括人力资源管理人员、工作设计人员、研究人员以及其他具备劳务市场或工作相关知识的专业人员。这些人虽然不一定熟悉所分析的工作，但可以为人员分析带来宽阔的观察视野和相近工作情境的知识；

第三，小组成员应不带偏见。偏见可能来自民族、种族、性别、地域等差别。在选择工作分析人员时，应首先考虑到作为一个工作分析者，不能带有任何先入为主的观念。比如，有些人可能认为女性不适合从事程序员的工作。当然，完全摆脱偏见也是不现实的，尽管如此，我们也要努力减少偏见对工作分析人员的影响；

第四，小组成员应有弱势与少数人团体的代表。在有些国家，让妇女、少数民族和其他少数人团体的代表参与工作分析活动是法律要求。但也要注意，如果这些代表不能客观地提供信息、分析信息，而是单纯地把工作分析作为争取自己团队权益的一个平台，那么这种工作分析的效度就会受到影响；

第五，小组成员应具有一定的理论水平。工作分析要求分析者按照标准的格式来描述工作和工作情境、工作规范。因此，被选中担当这一工作的人对书面语言的理解要具备较好的水平。一名有工作经验但阅读困难的人不适合加入工作分析小组。

3）职责分工的明确性

在成立工作分析小组之后，需要确定小组中每个人的职责。明确的职责说明可以形成"分工负责、权责清晰"的工作小组，避免工作中出现相互推诿的情况。职责的安排由项目组组长负责，主要依据是工作分析的计划书，并对计划书中的各项任务进行细化，再安排到每位小组成员身上。

4）工作行为的规范化

工作分析小组作为一个工作群体，需要有严格的行为标准，对工作分析过程中的访谈、问卷设计、文档管理等业务进行规范。例如，小组制定定期开会的规范，每一期开会都要反馈前一阶段的工作进展情况，要求成员间信息和经验共享，并要求每个成员在工作中保留过程文档。

通过制定并执行稳定的工作规范，一方面可以推进该项工作的有序开展，另一方面可以向组织内其他员工展示职业化的工作行为，增强大家对工作分析小组工作的认可度和支持度。

2. 培训工作分析小组成员

由于工作分析小组成员不是都具备工作分析的理论知识和实践经验，因此需要对小组成员进行适当的培训，培训其掌握工作分析的方法与工具。培训师可以是外部聘请的专家，也可以是组织内部拥有丰富工作分析经验的人力资源部门人员。

在对工作分析小组成员进行培训的过程中，培训师应对工作分析意义、方法与工具的特点进行详细讲解。讲解后，要求小组成员分析一份他们熟悉的但与后期待分析工作无关的工作。这样的话，培训者能了解小组成员对工作分析工具及其使用程序的掌握情况。

3. 制订工作分析的工作计划

工作分析的工作计划指的是根据工作分析目标，对这一过程中的人员配置、活动内容、工作进度、阶段任务等进行的描述与说明。工作分析的计划内容如表 2-1 所示。

表 2-1　工作分析的计划内容

序号	项目内容
1	工作分析的意义和目的
2	工作分析小组的组织结构与人员构成
3	工作分析收集的信息内容
4	工作分析采用的方法
5	工作分析的结果形式
6	工作分析的时间和程序
7	工具与设备准备情况
8	工作分析活动费用的预算

4. 做好其他必要的准备

除了以上准备工作，还有其他一些工作需要在正式开始工作分析之前，提前准备好。比如：由各部门抽调进行工作分析的人员，部门经理要对其工作进行适当的调整，以保证他们有充足的时间进行此项工作；在企业内部对这项工作进行宣传，消除员工不必要的误解和紧张。工作分析前若没有宣传说明，员工就容易产生恐惧心理，往往会把工作分析看做是企业"裁人"的工具。

阅读资料

工作分析专员晓明要负责销售部门各岗位的工作分析，他决定先从普通销售员开始，从下往上分析，把销售经理摆在最后分析。

事实上，普通员工的态度并不如晓明预期的那样配合。"工作分析？干吗用的？你们人力资源部门还真是吃饱了没事干。"资历深厚的直接质疑晓明。"哦，是不是要裁人了？怎么突然要来调查我的工作了呢？"胆小者支支吾吾，疑心重重。"真抱歉，现在忙，过阵子再谈吧。"态度冷淡不配合的更不在少数。一周下来，晓明精疲力竭，却收获寥寥。

诊断：员工对晓明工作或质疑或冷淡，问题并不在晓明身上。员工对工作分析实施者态度冷淡，有抵触情绪其实是员工对工作分析恐惧的一种表现。

这个案例中，员工之所以对工作分析产生恐惧，主要原因就是事先没有作宣传动员。员工不清楚工作分析的流程、目的，心里没底，自然对这项突如其来的工作不配合，对实施者也有不信任感。

处方：事前解释，明确目的。

假如晓明所在的公司管理层决定要进行工作分析。那么就应该在分析工作实施前做好充分的准备与铺垫：成立工作分析小组，制订计划、步骤、目的。工作分析的主要目的，通常是为了设计、制定高效运行的企业组织结构；制定考核标准及方案，科学开展绩效考核工作；设计出公平合理的薪酬福利及奖励制度方案；使得人尽其才。

如果公司的 CEO 能在全体员工大会上，告诉大家工作分析的目的；让他们明白，这是一个客观公正的调查分析，并不是针对个人，要裁员或者降薪。消除了员工的心理障碍，后面晓明的工作也比较好做了。另外，人力资源部也需要把工作分析的执行步骤、方法告诉大家，将流程公开，让员工心中有数。鬼鬼祟祟、神神秘秘容易引起不安。

（资料来源：http://www.labournet.com.cn/caselib/zwfx19.asp）

2.2.3　调查阶段

1. 具体任务

经过准备阶段后，工作分析流程进入到调查阶段。这一阶段的具体任务包括：

1）选择收集信息的方法

调查阶段的重点工作即收集信息，而收集信息需要通过繁复的调查活动来实现。典型的收集信息的方法有：面谈法、问卷法、观察法、实验法、关键事件分析法，等等。本书将在第 3 章对这些方法进行详细介绍。

2）搜集工作的背景资料

在工作分析中，有些信息需要实地去收集，有些现存的背景资料对于工作分析来说也是非常重要的，不能忽视。背景资料指组织内外现有的与工作分析相关的文献资料。内部背景资料有组织结构图、工作流程图、以前制定的工作说明书等。外部背景资料如国家有关机构颁布的职位分类标准、国际职业分类标准。

3）收集有关工作的特征、工作人员必需的特征信息

在调查阶段，工作分析人员要求被调查的员工对各种工作特征、工作人员特征的重要性和发生频率等做出等级评定，以获取详细的有关工作和任职者的信息。

2. 重点工作

调查阶段的重点工作是收集工作的相关信息，可将这些信息概括为"6W1H"方面的信息，详细阐述如下。

1）"做什么"方面的信息／WHAT

"做什么"方面的信息，是指任职者所从事的工作活动，包括：

· 任职者所要完成的工作活动是什么？

· 任职者的这些活动会产生什么样的结果或产品？

· 任职者的工作结果要达到什么样的标准？

2）"为什么"方面的信息／WHY

"做什么"方面的信息指任职者的工作目的，包括：

· 做这项工作目的是什么？

· 该工作与组织中其他工作有什么联系？

· 对其他工作有什么影响？

3）"人员"方面的信息／WHO

"人员"方面的信息指对从事某项工作的工作者的要求，包括：

· 从事这项工作的人应具备什么样的身体素质？

· 从事这项工作的人应具备哪些知识和技能？

· 应接受过哪些教育和培训？

· 应具备什么样的经验？

· 在个性特征上具备哪些特点？在其他方面应具备什么条件？

4）"时间"方面的信息／WHEN

"时间"方面的信息指在什么时间内从事该项工作任务，主要调查：

· 该工作是否有固定时间？

· 该工作的工作频率如何？

5）"工作环境"方面的信息／WHERE

"工作环境"方面的信息指从事工作活动的物理环境和社会环境，包括：

· 该工作的物理环境如何？

- 完成工作所要求的人际交往的数量和程度(社交密度)如何?
- 该工作的沟通形式如何?
- 该工作发生人际冲突的可能性及程度如何?

6)"工作关系"方面的信息/ WITH WHOM

"工作关系"方面的信息包括:

- 与哪些人有工作往来?
- 工作向谁请示和汇报?
- 向谁提供信息或工作结果?
- 可以指挥何人?

7)"如何做"方面的信息/ HOW

"如何做"方面的信息指任职者怎样从事工作活动以获得预期的结果,包括:

- 从事工作活动的一般程序是怎样的?
- 工作中要使用哪些工具?
- 操作什么机器设备?
- 工作中所涉及的文件或记录有哪些?
- 工作中应重点控制的环节是哪些?

3. 信息来源

由上述"6W1H"方面的信息可见,在工作分析调查阶段,需要收集多种多样的信息。这些信息的来源可分为组织内和组织外。组织内信息来源包括组织结构图、工作(业务流程图)、岗位职责说明书等;组织外部的信息来源包括国家职业分类标准、国际职业分类标准、其他组织中相关岗位的职责说明书等。

1)组织结构图

组织结构通常是通过组织结构图直观展现的,即用图形的方式,直观表示组织内部各职能机构、业务部门、工作岗位相互之间的关系。

组织结构图既包括了纵向的报告关系,同时也包括了一些横向的职能职责。组织结构通常包括两个方面:

(1)组织结构的维度。在组织结构中,两个最为关键的维度是"集中化"和"部门化"。"集中化"维度指的是决策权力集中于组织结构图上层的程度,它与将决策权分配到组织结构图较低层次上的做法是相反的。"部门化"维度指的是在多大程度上根据职能的相似性或者工作流程的相似性对各个工作单位进行分类;

(2)组织结构的形式。通常,运用组织结构图,工作分析人员可以了解以下内容:

① 组织中的部门组成、岗位设置情况。

② 部门、岗位与人员等在组织中的位置及相互关系。

③ 组织中的业务流程与信息沟通渠道。

组织结构的形式主要跟随组织战略,组织战略决定了企业的任务,从根本上影响到组织结构的设计与挑战,而良好的组织结构又能够获得保障企业实现战略目标所需的组织效率。著名管理学家艾尔弗雷德·D·钱德勒(Alfred D.Chandler)在其经典著作《战略与结构》中阐明，企业组织结构是随着经营战略变化而变化的。从企业经营战略来分，企业战略可分为单一经营战略和多种经营战略，多种经营战略又可分为：副产品型多种经营战略、相关型多种经营战略、非相关型多种经营战略、相连型多种经营战略。不同的经营战略要求不同的组织结构与之相匹配，归纳如表2-2所示。

表2-2　经营战略与组织结构对应关系

经营战略	组织结构
单一经营	直线职能制
副产品型多种经营	直线职能制
相关型多种经营	事业部制
非相关型多种经营	母子公司制
相连型多种经营	混合制

由表2-2可知，组织结构形式多种多样，既有直线职能制、又有事业部制，还有母子公司制及混合制。在分析、提炼组织结构图信息之前，工作分析人员有必要清楚地了解组织的结构形式，掌握这类组织结构的具体特点。以下对常用的两种组织结构形式——直线职能制和事业部制进行简单介绍。

① 直线职能制组织结构。这一结构形式把管理者和员工分为两类：一类是直线领导机构和人员，按照命令统一原则对各级行使指挥权；一类是职能机构和人员，按照专业化原则从事各项职能管理工作，他们没有直接指挥权。直线职能制优点：既保证了组织统一指挥权，又发挥了专业职能的规模经济。其主要缺点是职能部门之间缺乏横向沟通设置，容易产生不协调的矛盾而降低组织效率、增加组织内部管理成本，同时这种结构对外部环境的反应能力较弱。

② 事业部制组织结构。这是一种高层集权线下的分权管理体制。当企业拥有多产品结构、多元化产业或跨区域经营时，可以根据产品组合、地理分布、商务或利润中心来划分事业部，通常划分为两种类型：产品事业部和地区性事业部。事业部的优点是可以通过分权让高层领导摆脱例行事务，集中精力思考全局问题。同时分权可以发挥各事业单元的经营积极性。这一结构形式的确定是，事业部实行独立核算后容易影响各事业部之间的协作，使跨产品线的整合和标准化难度加大。

2）流程图

组织结构对创造产出的不同个人以及工作单位之间的静态关系提供了一个较为全面的概括，而工作流程设计对于投入转化为产出的动态关系提供了一种纵向的透视。相比较而言，流程图比组织结构图更为详尽，它表明工作之间彼此是如何联系起来的。

流程图是用图形的方式表示企业中某项活动过程，这种过程既可以是生产线上的工艺流程，也可以是完成一项任务必需的管理过程。流程图是了解和掌握企业内部业务逻辑的有效方式。

图2-3是与申请设备相关的流程图。由图可知，管理员在该公司员工申请设备流程中承担着重要的中枢作用，因此，工作分析人员在分析管理员的工作时，要对他所起到的中枢作用予以重视。

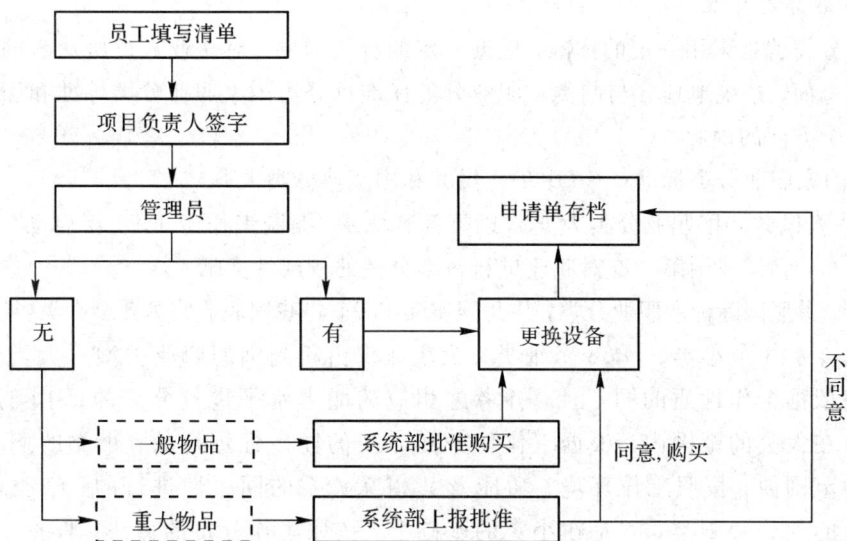

图 2-3　某公司申请设备的流程图

3）部门职责与岗位职责说明书。

部门职责说明书规定了组织中一个部门的使命和职能，包括该部门的管理层级、管理权限、工作内容、工作岗位设置等信息。

表 2-3 概括了一家公司软件开发部的职责，和该部门各个岗位的职责说明书。

表 2-3　某公司软件开发部职责与岗位职责说明书

软件开发部职责	
软件开发部是本公司下设的技术研究和开发部门，主要工作是对内独立承担由公司下达的自选项目、对外承接商业性项目的设计开发任务，同时参加由公司组织的跨部门协作项目。该部门应具备以下功能： （1）用户需求调查和分析； （2）系统分析和方案设计； （3）面向应用的计算机软件的研究开发； （4）基于计算机网络的应用系统研究开发； （5）软件产品的集成和文档编撰。	
岗位设置	岗　位　职　责
部门经理	负责本部门的工作计划，参与项目的前期调查研究、用户需求分析、项目进度管理和人员调度、产品集成和验收、用户培训等工作
项目经理	负责项目的进度管理和人员调度、定期向上级主管汇报项目进展情况；参与项目的前期调研工作、系统设计、项目开发以及调试工作
系统工程师	参与项目的前期调研和用户需求分析、负责项目的系统设计、开发、调试集成、验收以及总体文档编撰工作
软件工程师	负责项目的软件开发、调试、测试以及相关文档编撰工作
程序员	负责项目的编程、调试以及相关文档编撰工作

4) 职业分类标准

职业分类就是采用一定的标准，根据一定的分类原则，对从业人员所从事的各种社会职业进行全面、系统地划分与归类。职业分类标准可分为国家职业分类标准和国际职业分类标准两个方面的内容。

(1) 国家职业分类标准——《中华人民共和国职业分类大典》。

《中华人民共和国职业分类大典》(以下简称大典)编制工作于 1995 年启动，1999 年 5 月正式颁布，它是我国第一部对职业进行科学分类的权威性文献。

《大典》参照国际标准职业分类，从我国实际出发，将我国职业归为 8 个大类(见表 2-4)、66 个中类、413 个小类、1838 个细类，依次体现由粗到细的职业类型。大类层次的职业分类是依据工作性质的同一性，并考虑相应的能力水平进行分类的；中类层次的职业分类是在大类的范围内，根据工作任务和分工的同一性进行的；小类的职业分类是在中类的范围内，按照工作环境、功能及其相互关系的同一性进行的；细类的职业分类即职业的划分和归类，它是在小类的基础上，按照工作分析的方法，根据工艺技术、对象、操作流程和方法的同一性进行分类的。这一分类较为全面地反映了我国社会职业结构现状。

表 2-4　我国职业分类概况

分　类	分类名称
第一大类	国家机关、党群组织、企业、事业单位的负责人
第二大类	专业技术人员
第三大类	办事人员和有关人员
第四大类	商业、服务人员
第五大类	农、林、牧、渔、水利业生产人员
第六大类	生产、运输设备操作人员及有关人员
第七大类	军人
第八大类	不便分类的其他从业人员

我国劳动和社会保障部定期组织有关专家，对《大典》进行增补修订，以不断完善职业分类。2004 年劳动和社会保障部对外发布了 10 个新职业(玩具设计师、网络编辑员、水生哺乳动物驯养师、有害生物防制员、职业信息分析师、呼叫服务员、锁具修理工、汽车模型工、汽车饰件制造工和汽车生产线操作调整工)，这标志着我国正式建立了新职业研究与定期发布制度。《大典》中对各个职业的信息介绍主要包括职业名称、职业定义、主要工作内容等。

表 2-5 列举了《大典》中关于"劳动关系协调员"职业信息介绍。"劳动关系协调员"是我国劳动和社会保障部在 2007 年第四季度发布的新职业之一。

表2-5 "劳动关系协调员"职业信息

职业名称	劳动关系协调员
职业定义	从事劳动标准的宣传和实施管理以及劳动合同管理、集体协商协调、促进劳资沟通、预防与处理劳动争议等工作的人员
主要工作内容	劳动标准实施管理 管理劳动合同 参与集体协商与集体合同管理 进行劳动规章制度建设 开展劳资沟通和民主管理 协调处理员工申诉和劳动争议
职业概况	劳动关系是最重要和最复杂的社会关系,其内容高度敏感,形式复杂多样。在全球化、信息化不断发展的背景下,新型劳动关系大量涌现。由于缺乏成熟的调控机制,我国目前的劳动关系总体上比以前更加脆弱,劳动违法案件和劳动争议案件数量持续增长。为了适应新形势下保持和谐劳动关系的需要,有必要进一步完善劳动关系协调体系,建立劳动关系协调的专业化队伍 劳动关系协调员是用人单位和员工双方利益协调机制、诉求表达机制、矛盾调处机制、权益保障机制的基层承担者。劳动关系协调工作责任重、专业性强,不仅要求从业人员具有认真负责的态度、客观公正的意识,更要具备劳动关系和劳动保障法律方面的专业知识以及娴熟的沟通与交流技能

(2)国际职业分类标准——《职位名称辞典》。

在国际上,由美国政府汇编的《职位名称辞典》最为有名。该辞典包括了与20多万种职业相关的信息和对工作职责的标准化、综合性的描述。这种标准化使不同地区、不同行业的企业能够更精确地将工作要求与工人的技能相匹配。《职位名称辞典》的职业编码由3组数字组成,如"人力资源经理"的职业编号为166.117.018。

随着计算机技术及相关产业的发展,1998年,美国劳工部又开发出职业信息网络。虽然《职位名称辞典》开发出很多职业,但有很多职业是相似的、高度专业化的职业,即它只适用很少的人。与此相比,具有近2000种职业的职业信息网络更小一些,但用起来更加方便。职业信息网络是一个带有每一种职业许多细节内容的数据库。除了叙述性的描述外,职业信息网络中的每一种职业都包括445项数据要素描述的材料。

工作分析人员在进行工作分析时,可以先查阅国内、国际职业分类标准,找到类似职位的描述信息,为后期撰写工作说明书提供辅助参考。

5)任职者提供的信息

任职者提供的信息是非常重要的工作分析信息来源。向任职者收集信息的方法主要有:观察法、访谈法和问卷调查方法。

值得注意的是,通过访谈和问卷来获取信息,被调查者可能会有抵触情绪,害怕说错会受到上级责备,不知道什么该说什么不该说。任职者在描述自己的工作内容和情况时,可能故意夸大其岗位的复杂程度、技术难度以及工作量,从而使工作分析人员获取的信息不准确。

要想了解一个工作岗位到底有什么样的工作内容、工作流程,从事该项工作的员工有什么样的素质和技能要求，工作分析小组需要采取多种多样的方法，收集相关信息。与任职者面对面访谈是工作分析收集信息的主要方法。面谈时工作分析人员需要一定的技巧和方法，提问要具体、细致。像下面阅读资料中的小芬遭遇到的问题就属于大而无当的问题，这样的问题既容易引起员工不安，又得不到有效信息。

阅读资料

"请你谈谈你这份工作对公司的价值。"听到这样的问题，小芬愣住了，该怎么回答呢？当然要说价值很大啦，怎么大呢？思索了半天，她也不知道该如何回答，只能说"我的工作是公司正常运转不可缺少的一个环节"，心里暗想，这回答还真是多余。

不仅仅是小芬，还有不少员工都在面谈中遭遇这样的"宏观"问题。原本以为工作分析，人力资源部在了解情况后会对每个人的工作做个评价；谁知道，上来就让员工自己谈价值。这下可把大伙难住了，说高了，一听就是空话；自谦一下，不等于让人家来炒鱿鱼？只好统一口径，简单几句话把进行工作分析的人打发走了。

采用面谈法的时候，工作分析小组成员应该技巧性地提问，获得的细节越多越好。

比如，让员工描述他工作的典型的一天。假如他回答开会，可以继续询问他和谁开会，开会的目的是什么，开会讨论内容的性质是什么，他是否对会议结果有决策权，等等。通过面谈，也可以了解员工在不同工作上花费的时间。例如，对于销售人员的工作，可以问他有多少时间是和客户打交道，有多少时间在和同事商量销售方法，工作中遇到最大的问题是什么，该问题是如何解决的，解决的时候是否找人帮忙等。除任职者本人之外，还可以与他的同事、主管进行面谈，了解任职者的具体工作、工作时间分配等。

6）上级提供的信息

在此，上级指的是待分析工作的任职者的上级主管，不是工作分析人员的上级主管。任职者的上级也是工作分析的重要信息来源，有时他是效度最高的信息来源。上级能够从全局的角度，提供有关某一岗位在部门中的作用、地位、工作关系等信息。不过，也应看到，由于上级处在管理岗位，可能缺乏对工作难度、复杂度等信息的具体了解，因此需要结合其他信息来源，分析上级提供的信息。

4. 准备必要的物品与文件

在调查阶段，工作分析人员需要准备工作分析必要的物品与文件。

1）准备必要的物品

工作分析过程中涉及的通用物品如表2-6所示。

根据表2-6，可以发现，通用的物品包括文件、工具设备、其他工具等。

（1）文具：如笔、纸、文件夹。这些物品在整个工作分析过程中都会使用。

（2）工具设备：如笔记本电脑、录音机、摄像机、照相机等。这些工具需要根据情况选择使用。比如采取访谈法时，工作分析人员会用到录音笔，采取观察法时会用到摄像机、计时器等。

（3）其他工具：如车辆。如果需要工作分析人员外出调研，那么需要准备车辆。对车辆的使用情况应进行记录、报备。

表 2-6　物 品 目 录

用途：	工作分析				
负责人：	小明				
物品明细					
类别	名称	型号	数量	用途	来源
文具	笔				
	纸张				
	文件夹				
工具设备	笔记本电脑				
	录音笔				
	摄像机				
	照相机				
	计时器				
	存储设备				
其他工具	车辆				

2）准备必要的文件

工作分析过程中涉及的文件通常包括以下几类，如表 2-7 所示。

表 2-7　文 件 目 录

分　类		数　量	负责人/部门
宣传文件	文字材料	1	
	PPT		
工作表单	工作计划		
	访谈提纲	2	
	访谈记录表	2	
	观察提纲	2	
	观察记录表	1	
	调查问卷		
相关岗位与人员信息表			

在调查阶段需要准备必要的文件包括宣传文件、工作表单和相关岗位与人员信息表。

（1）宣传文件。它是介绍工作分析的目的、意义、方法等方面信息的文字材料或者幻灯片。宣传文件可以在与公司高层领导、职能部门、直线经理、员工等群体进行沟通时使用，便于浏览或演示。

（2）工作表单。工作表单包含的内容有工作计划、访谈提纲、访谈记录表、观察提纲、观察记录表、调查问卷。其中工作计划便于工作分析小组成员掌握工作分析内容，调整进度，访谈提纲等是收集工作信息的工具。

（3）相关岗位与人员信息表。该文件包含了待分析工作的岗位和人员的基本信息。工作分析人员在这一阶段要将待分析工作的部门、任职者联系方式等记录下来。

2.2.4 分析阶段

1. 主要工作

分析阶段是工作分析过程的核心阶段，主要是按照既定的标准和方法，对已确认的与工作有关的信息进行描述、分类、归纳和整理，提出与工作有关的信息，剔除不相关信息，并使之形成书面文字。分析阶段的主要工作为整理、审查和分析信息资料。

1）整理资料

将上一阶段（即调查阶段）收集到的工作信息和工作者的信息，按照工作说明书各项要求进行归类整理，看看是否有遗漏的项目，如果有的话返回到上一步骤，继续调查收集。

2）审查资料

对工作信息和工作者的信息进行归类整理后，工作分析小组成员要对这些信息的可靠性和有效性进行审查，确保用于编写工作说明书的信息是可靠的、准确的。

3）分析资料

如果信息准确、完备且有效，那么接下来要对信息资料进行分析，也就是归纳总结工作说明书的必需材料和要素。

2. 工作信息分析的主要内容

通常，对工作信息的收集和分析包括以下4项具体内容：

1）工作名称分析

在工作名称分析中，需要强调的是对工作名称的命名应准确，并符合人们的一般理解。即读者通过工作名称就可以大致了解工作的性质、内容。需要特别指出的是，名称应有美感，切忌粗俗。

2）工作描述分析

工作描述分析具体内容包括：

（1）工作任务分析。包括对工作任务、工作内容、独立性与多样性程度、工作的程序和方法、设备和材料的运用进行分析。

（2）工作责权分析。包括对每项任务的责任与权限的分析。

（3）工作关系分析。包括工作中制约与被制约关系、协作关系、升迁与调换关系等的关系分析。

（4）劳动强度分析。包括劳动定额、绩效标准、工作压力等方面的分析。

3）工作环境分析

从广义上讲，工作环境包含工作的物理环境、安全环境、地理环境，以及社会和心理环境。

（1）工作的物理环境分析。

工作的物理环境具体指工作场所的温度、湿度、照明度、噪声、振动、异味、粉尘、污秽、气压、辐射等，以及工作人员每日和这些因素接触的时间、频率。

物理环境分析主要分析以下五项内容：

① 微气候。微气候是指工作环境局部的气温、湿度、气流速度以及作业现场中的机器

设备、原料、半成品或成品的热辐射，又称生产环境的气象条件。

微气候是影响任职者的工作绩效的重要因素之一，不良微气候会增加作业者的劳动强度和疲劳感，影响作业者的健康甚至造成事故。

因此，在对岗位进行工作分析时，分析人员首先要了解工作场所对人体的危害程度。比如对于高温作业的岗位，就要依据国家标准《高温作业分级》对高温、高湿作业和辐射热进行测定和分级。进而，工作分析人员规定岗位的作业时间以及适合此类岗位的任职资格，将其详细记录在工作说明书中，为任职者和相关人员提供参考。

表 2-8 为国家标准《高温作业分级》(GB/T 4200-1997)，根据 WBGT 指数和接触高温作业的时间，将高温作业分为四级。

表 2-8 高温作业危害程度分级标准表

接触高温作业时间（min）	WBGT 指数(℃，摄氏度)									
	25-26	27-28	29-30	31-32	33-34	35-36	37-38	39-40	41-42	≥43
≤120	I	I	I	I	II	II	II	III	III	III
121-240	I	I	II	II	III	III	IV	IV	—	—
241-360	II	II	III	III	IV	IV	—	—	—	—
≥361	III	III	IV	IV	—	—	—	—	—	—

注：WBGT（Wet Bulb Globe Temperature）是指湿球黑球温度指数。湿球黑球温度（WBGT）指数是用来评价高温车间气象条件的，它综合考虑空气温度、空气湿度、风速和辐射热四个因素。也是综合评价人体接触作业环境热负荷的一个基本参量，单位为℃。

② 噪声。噪声是工业生产中最普遍的有害因素，高强度的噪声可能引发工作者出现头痛、头晕、血压升高、反应能力下降等症状。

如何对处于高噪声环境下的工作进行岗位设置、流程再造以及任职人员的选择等，是工作分析人员必须考虑的重要内容，也是必须在工作说明书中详细注明的关键信息。

例如，生产车间内由于机器设备的运转，使操作人员处于高强度噪声中，在进行工作分析时，工作分析人员首先要对工作场所进行噪声等级测定，了解工作场所的噪声强度，再根据噪声级标准以及人体耐受力，确定工作时间，尽可能减少对人体的影响。表 2-9 为生产车间内允许噪声级标准。

表 2-9 车间内允许噪声级

每个工作日接触噪声时间(h)	8	4	2	1
新建、扩建、改建企业允许噪声级分贝	85	88	91	94
现有企业的允许噪声级分贝	90	93	96	99
最高噪声级分贝	不得超过 115			

③ 振动。振动在生产过程中普遍存在，风锤、风钻、手电钻、汽车、拖拉机等机器都会产生振动，当操作人员靠近、接触或使用这类机器时，振动便会传到人体。

振动对工作环境的影响表现在 3 个方面：首先，振动影响人的视觉。工作者容易出现视觉疲劳、视觉下降；其次，振动影响人的生理机能。例如局部振动作业可引起肢端（手）

血管痉挛、上肢周围神经末梢感觉障碍以及骨关节改变等职业病；再次，振动也会对人的心理产生不良影响，使人感到烦躁不安，影响员工的工作状态。

在工作分析时，分析人员首先在岗位设置上应该尽量避免振动的发生，如果无法避免则应该准确测定工作中发生振动的等级；其次，对于某些受振动影响较大的岗位，根据工作任务的完成需要，规定岗位每日接触振动时间等具体因素，将振动对员工的危害降低到最低程度。

这些具体因素都必须在工作描述中做出严格的界定，并提出相应的评价标准及补偿标准。

④ 照明。照明条件影响工作环境的明亮程度。例如，对于加工精密仪器的岗位来说，由于操作需要较高的精确度，对工作场所的照明条件和员工视力就有很高的要求。因此此类工作任职者需要较好的视力以及对光线的适应能力。

⑤ 粉尘。粉尘是工作环境中涉及面最广、危害最严重的一种污染物，是能较长时间飘浮在空气中的固体微粒，它污染劳动环境、危害劳动者健康、影响劳动者的工作能力和工作效率，所以工作分析人员应该对此引起重视。

例如，造纸厂生产车间的操作岗位是受粉尘影响最严重的岗位之一。空气中的粉尘直接污染环境和人体，同时成为员工情绪不稳定的一个诱因，使人急躁、缺乏耐心，工作效率下降。同时，长期积累的粉尘妨碍照明效果，影响员工对机器设备的准确操作。

受粉尘影响的岗位要求任职人员无粉尘过敏现象，且视力较好，否则将不利于其适应工作环境。

工作分析人员在对涉及粉尘的工作岗位进行分析时，首先应对工作环境进行粉尘浓度的评估，然后将相关信息填入岗位粉尘评估记录表中，再根据岗位粉尘污染程度的不同确定合理、合规的工作条件、工作标准和任职资格等。

（2）工作的安全环境分析。

工作安全环境分析的主要内容包括：可能发生的事故，过去的事故发生率和发生原因，事故对人体的伤害部位和伤害程度，易患的职业病、患病率以及危害程度。

（3）工作的地理环境。

工作的地理环境指工作所在地的地理位置、交通和生活条件等。

（4）工作的社会和心理环境分析。

工作的社会和心理环境分析包括工作孤独程度、单调程度的分析等。

4）任职资格分析

工作任职者的任职资格是指工作对人的要求，即工作本身对承担工作的人的知识、技能和个人特质的要求，主要包括以下5个方面：

（1）必备知识分析。包括最低学历要求，对政策、规则的通晓程度，对设备、工具的掌握等；

（2）必备经验分析。包括过去从事同类工作的时间和成绩、应接受的专门训练的程度等；

（3）必备能力分析。包括从事该职位的工作所需的注意力、创造力、判断力、记忆力、适应性等；

（4）必备心理素质分析。包括工作任职者应具备的耐心、细心、诚实、责任感、情绪稳定等；

（5）必备身体素质分析。包括工作任职者应具备的灵活性、手眼协调性、平衡、旋转、弯腰、举重、耐力、握力、行走、跑步、攀登、站立、感觉辨别等。

2.2.5　完成阶段

在这一阶段，包括编写工作说明书、评价工作分析和修订工作说明书等 3 项工作。编写工作说明书是完成阶段最主要的工作。

1. 编写工作说明书

工作说明书是工作分析活动的直接成果，它是对工作目的、职责、权限、工作关系、工作环境、任职资格等信息的书面描述。具体编写工作说明书的方法详见本书第 7 章，此处不再赘述。

工作分析人员根据资料分析，按照一定的格式要求，形成工作说明书初稿。编写时应注意以下内容：

（1）书写符合逻辑性。比如工作职责应按重要程度依次排列。

（2）内容要完整，尤其是工作职责、任职资格不能遗漏。

（3）语言应尽量通俗易懂，对于不得不使用的专用名称应加以解释。

（4）每份工作说明书格式须统一。

工作分析人员将工作说明书初稿反馈给相关人员核实，意见不一致的地方要重点讨论，无法达成一致的要返回到调查阶段，重新调查，确保所有相关人员对工作说明书内容无异议。

表 2 - 10 是一个工作说明书范例，所分析的工作是"人事部经理"。

表 2 - 10　人事部经理的工作说明书

岗位名称	人事部经理	岗位代码	HR0001	所属部门	人事部
直接上级	副总经理	填写日期	2016.09.01	核准人	李明
职责概要	负责公司人力资源管理的各项工作				
工作内容	协助总经理决定公司劳动人事政策、负责研究贯彻执行公司劳动人事诸方面的方针、政策、指令、决议 就公司重大人事任免事项提供参考意见，负责拟订机构设置或重组方案、定编定员方案的上报 负责拟订每年的工资、奖金、福利等人力资源费用预算和报酬分配方案，上报公司批准后按计划执行 负责审核员工录用、晋升、调配、下岗、辞退、退休、培训、考绩、惩罚意见，并提交总经理决定 负责审核户口调动、职称评定、出国审查、住房分配等重大事项的方案，并提交总经理决定 负责编订和修改公司各项劳动、人事、劳保、安全、保险的标准、定额和工作计划，并及时监督、检查其执行情况 负责指导、管理、监督人事部下属人员的业务工作，改善工作质量和服务态度，做好下属人员的绩效考核和奖励惩罚事项 完成公司临时交办的其他工作				

工作关系	内部关系	上级：副总经理
		同级：其他业务部门的经理
		下级：招聘培训主管、薪酬主管、绩效主管等
	外部关系	劳动保障部门等
任职资格	教育背景	人力资源管理或行政管理、心理学等相关专业大专以上学历
	培训经历	接受过系统的人力资源管理技术、劳动法规、基本财务知识的培训
	工作经验	从事人力资源管理或者人事管理工作5年以上
	工作技能	能独立解决比较复杂的人事管理实际问题，具有较强的计划、组织、协调能力和人际交往能力，能熟练使用办公软件
	工作态度	具有较强的责任心，富有创新精神与团队合作意识
	身体状况	身体健康，仪表端正，性别，身高不限
工作环境	工作地点	办公室，环境舒适，基本无职业病危险
	工作工具	电脑、电话、文具、打印机、复印机等常用办公设备

2. 评价工作分析活动

工作说明书定稿后，工作分析相关人员还需要对整个工作分析活动进行评价，找出成功的经验和存在的问题，有助于今后更好地进行工作分析。对于工作分析效果的评价，工作分析专员可以从以下3个方面展开：前期准备的效果、过程效果以及完成后的效果。

1）前期准备的效果

为评价前期准备的效果，工作分析专员可以收集以下问题的答案：工作分析项目做好足够的人员、流程、记录的准备了吗？确定了工作分析的目标和预期会遇到的问题了吗？与各个部门沟通了吗？工作分析计划大家都知道吗？目前组织的现状你了解吗？通过工作分析你想解决什么问题，能够解决吗？你需要大家配合你做什么呢？

2）过程效果

为评价工作分析过程的效果，工作分析专员可以收集以下问题的答案：工作分析的过程是不是互动的？员工参与度和发言权是多少？编写过程是主管包办的吗？主管有没有提出修正和改进意见？这些意见有没有跟员工沟通，让员工知道？工作说明书出来后，大家是否认同？过程、记录的真实性是否得到监控？

3）完成后的效果

为评价工作分析做完后的效果，工作分析专员可以收集以下问题的答案：员工是否在仔细阅读工作说明书之后，更加明确了自己的职责？工作分析完成后，组织各个岗位间是否还有职责不清晰的地方？员工借此改进了自己的绩效了吗？主管借此改进了部门管理了吗？公司的整体效率和绩效得到提升了吗？

3. 工作说明书的反馈与修订

工作分析小组应在工作说明书的应用过程中，建立明确、畅通的反馈渠道，不断收集反馈信息，并结合反馈信息对工作说明书加以完善。如果由于组织结构、流程、职责分配客观上发生了变化，工作分析人员需要及时根据变化，调整和修订工作描述和任职规范内容。

对于一些不适应实际工作的工作说明书的内容，也需要在使用过程中得到反馈和及时调整。常用的方法是定期对每项工作的组成进行如下检查：

E(Eliminate)，即可以删除吗？

S(Simplify)，即可以简化吗？

C(Combine)，即可以合并吗？

I(Improvement)，即可以改良吗？

I(Innovation)，即可以创新吗？

通过以上 ESCII 五步询问后，若发现该职位在工作内容、方法、流程等方面不尽合理，那么就需要用新的内容、方法、流程代替原有的内容、方法、流程，并将改进后的内容增补至工作说明书中。如此一来，修订后的工作说明书将会更加适应实际工作的需要。

思 考 题

1. 工作分析活动应遵循哪些原则？

2. 请详细阐述工作分析流程中五个阶段的主要工作内容。

3. 表 2-11 总结了工作分析准备阶段、调查阶段、完成阶段容易出现的问题，请你回答应采取哪些措施解决或规避这些问题。

表 2-11　工作分析各阶段容易出现的问题

准备阶段
问题 1：目的不明确
问题 2：工作分析小组成员或被分析的对象不稳定
问题 3：宣传不到位
调查阶段
问题 1：信息来源不准确
问题 2：用来收集信息的问卷针对性不强
问题 3：工作分析没有与企业业务流程优化以及岗位优化相结合
完成阶段
问题 1：为编写工作说明书而编写
问题 2：缺乏专业的工作说明书撰写技术指导和培训
问题 3：将撰写好的工作说明书直接投入使用
问题 4：当使用部门提出修改建议后，编写部门没有尽快对工作说明书进行修改
问题 5：工作说明书在实践中没有得到有效应用。

4. 请以你较为熟悉的工作为例，制作出针对该工作开展工作分析活动的计划。

5. "工作说明书写好了，工作分析就做完了。"这一说法正确吗？为什么？

《案例分析》

案例1

A公司的工作分析

A公司是我国中部省份的一家房地产开发公司。三年前，公司现任总经理看准当地房地产行业的广阔商机和发展前景，多方融资组建了这家公司。近年来，随着当地经济的迅速增长，房产需求强劲，公司有了飞速的发展，规模持续扩大，逐步发展为一家中型房地产开发公司，在当地房地产行业中占有了重要的一席之地。随着公司的发展和壮大，员工人数大量增加，众多的组织和人力资源管理问题逐步突显出来。

1.组织上的问题

公司现有的组织机构，是基于创业时的公司规划，随着业务扩张的需要逐渐扩充而形成的。在运行过程中，组织与业务上的矛盾逐步突显出来。部门之间、职位之间的职责与权限缺乏明确界定，扯皮推诿的现象不断发生；有的部门抱怨事情太多，人手不够，任务不能按时、按质、按量完成；有的部门又觉得人员冗杂，人浮于事，效率低下。这些状况严重制约了公司的业务发展，并在客户中造成了不良印象。

2.招聘中的问题

公司的人员招聘，由各部门提出人员需求和任职条件，作为选录的标准，然后交由人力资源部组织招聘和面试。但是用人部门给出的招聘标准往往笼统含糊，招聘主管往往无法准确地加以理解，使得招来的人大多差强人意。许多岗位往往不能做到人事匹配，员工的能力不能得以充分发挥，严重挫伤了士气，影响了工作的效率。

3.晋升中的问题

公司员工的晋升以前由总经理直接做出。现在公司规模大了，总经理几乎没有时间与基层员工和部门主管打交道，基层员工和部门主管的晋升只能根据部门经理的意见做出。而在晋升中，上级和下属之间的私人感情成为决定性的因素，有才干的人往往不能获得提升。因此，致使许多优秀的员工看不到未来的前途而另谋高就。

4.激励机制的问题

公司缺乏科学的绩效考核和薪酬制度，考核中的主观性和随意性严重，员工的报酬不能体现其价值与能力，人力资源部经常听到员工对薪酬的抱怨和不满，这也是人才流失的重要原因。

面对这样严峻的形势，人力资源部开始着手进行人力资源管理的变革。人力资源部的王经理为此参加了人力资源管理的培训班。在培训班上，王经理了解到工作分析是企业人力资源管理的基础，自己公司的许多问题似乎与此相关。因此，他在和总经理商议之后，决定以工作分析作为变革的切入点。于是，人力资源部以雄心勃勃的王经理为首，加上几个主管，成立起了一个工作分析筹备小组，全权负责工作分析项目的开展。

在设计具体实施方案的时候，工作分析筹备小组出现了不同意见。有的认为，应该从收集基本信息开始；有的认为，应该直接进行访谈调查；有的认为，应该首先与各部门经理做个沟通；有的认为，应该与岗位任职者直接交流。

很快大家陷入了争执中，未能形成对实施方案的一致认识。工作分析活动也陷入了僵局。

请讨论：

（1）该公司为什么决定从工作分析入手来实施变革，这样的决定正确吗？为什么？

（2）假设你是 A 公司的工作分析专员，请你按照正确的工作分析流程，为 A 公司工作分析活动制定出一份实施方案。

（3）你将采取哪些措施统一大家对实施方案的认识，争取同事及组织内部多数员工的支持？

案例 2

职位分析三部曲

很多企业做职位分析，都是以传统职位分析方法为主，都是以对任职者的行为特征和外在工作活动信息进行收集为基础来展开的。这些方法在运用于知识工作的分析时，将难以收集到职位内在的、本质的、核心的信息。

由于阐述具体操作的书籍和资料十分有限，职位分析失败的案例屡见不鲜。为此，笔者把在项目咨询的过程中，经常使用且效果不错的一套操作方法与大家一起分享，这种方法类似访谈法，主要分为 3 个步骤：

第一步，职位梳理。

职位梳理的第一步是对目前各部门的职位现状进行梳理，列出各部门现有的职位以及具体的岗位编制。针对相关工作量，对部门内所有的职位进行重新设计整理。

一般说来，工作负荷低于 30% 的职位可以取消，将其工作并入到其他的岗位中，或者工作负荷太大，则需要进一步进行分解。在民营企业，工作量大部分是饱和的，所以在工作设计方面可以不用考虑太多的时间。

在一些刚起步的企业，职位名称的随意性很强，或者在职位分析时有些新的职位产生，那么就需要对部分职位名称进行规范、更改等，使得职位名称反映该职位工作的主体工作职责，让人看了之后马上就能知道岗位主要从事什么工作。

第二步，部门职责分配表和职位说明书的编写。

在部门职责确定之后，我们需要将部门职责进一步分解到具体岗位，形成部门职责分配表。该表强调的是职位的职责上下左右不重叠，且需要穷尽部门的所有职责。

当然，得出部门职责分配表并不是一件很容易的事情，需要花费大量的时间和精力。先进行职位分析的培训、宣讲，然后由各部门主管领取职位说明书和职责分配表模板。

需要强调的是，职责分配表的填写是部门主管和员工双向沟通的过程，但实际上他们都是各行其是，很少进行沟通，员工编写自己的工作说明书，主管完成职责分配表。

这样的结果会导致职责分配表的岗位职责和职位说明书的职责有很大的出入，甚至出现很多空白地带，出现某项非常重要的职责根本就没有人"认领"，也进一步说明主管和员工并没有就职责这部分达成一致。这时候就要借助外面的专业力量或者人力资源部门扮演资深职位分析师的角色，把任职者及其主管召集到一起，通过多次讨论、沟通及专家的牵引指导，协助任职者和主管完成对职位职责的系统思考，最后使得部门职责分配到具体岗位。

这样，既让员工本人清楚自己的职责，部门主管对下属的工作内容也会有更清楚地了解，就不会存在空白和交叉。

需要注意的是，在讨论过程中，需要遵循与流程相衔接的原则。目前，大多数企业越来越重视通过面向市场的流程再造，来提高为客户创造价值的能力。职责分配表提供了这样的条件，在进行职责分配的时候，可以与流程相呼应。任何职位都必须在流程中找到自身存在的价值和理由，可以根据流程来理顺其工作内容与角色要求。

第三步，职位说明书的评审。

在职位说明书整理之后，我们需要进行评审，根据职位分析的目标导向原则，有针对性地对职位说明书内容进行评审。例如，是要以考核为导向，还是要以薪酬、培训为导向，或者都有等。

在评审过程中有项重要的原则就是不要对应到岗位具体人员，职位说明书只是针对岗位的，如果对应到具体人员，很多事情就很难做出公正的评价。

（资料来源：何志军，深圳市东方大成管理咨询公司.职位分析三部曲.中国人力资源开发与管理，2010.3）

请讨论：

（1）请结合案例资料和本章知识，分析如何做好职位梳理工作。

（2）在部门职责分配表的编写过程中，如何做到部门各个工作岗位的职责与企业业务流程密切衔接？

（3）为了增强工作说明书的有效性和实用性，认为在职位分析过程中应注意哪些方面？

第 3 章 工作分析的基础性方法

1. 掌握工作分析观察法的实施程序；
2. 掌握工作分析访谈法的类型和实施程序；
3. 掌握工作日志法的实施程序；
4. 掌握主题专家会议法的实施程序；
5. 掌握问卷法的类型和实施程序；
6. 了解各种工作分析基础性方法的适用范围；
7. 熟悉各种工作分析基础性方法的优缺点。

案例导入

IMJ 公司是一家大型电子生产制造企业，主要生产消费类电子产品，产品遍及计算机、通信、网络、多媒体等多个领域。公司从一开始单纯的 OEM 代加工，逐步发展到拥有研发、设计、生产、运筹、服务等全方位的组织架构，旧的人力资源管理体制已不能适应当前组织发展的需要，公司领导层决定开展工作分析活动，提高人力资源管理有效性。

IMJ 公司有 13 个职能部门，每个部门按照不同的职能又分成不同的子单位。其中稽核中心、法务中心直属总经理管辖。组织结构图如下：

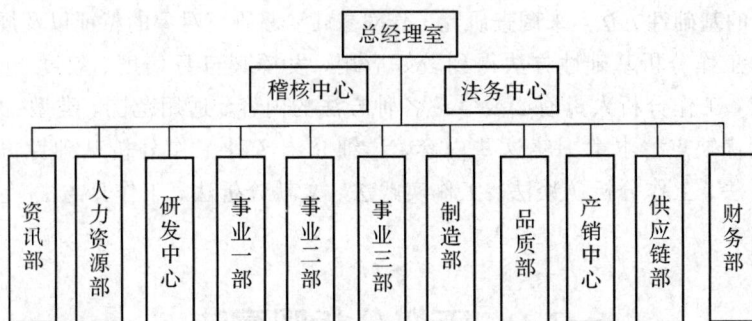

图 3-1 IMJ 公司组织结构图

截至 2008 年，公司在职员工人数总计 1623 人，岗位有 100 多个。职级分为事务类职级、技术类职级两大类，所有与技术有关的岗位职级均属于技术类职级，包括生产线作业人员、厂务电工、采购人员以及司机，其他非技术类岗位均属于事务类职级。公司本科以上学历人员占 19%，管理层员工素质参差不齐，学历水平普遍不高。

在对公司人力资源管理现状进行全面分析后，公司人力资源部成立了工作分析项目小组，小组成员包括各职能部门主管、各部门助理、人力资源部人员。项目小组成员讨论后，决定以问卷调查法为主、面谈法为辅的方式开展工作分析。

1. 问卷调查法

（1）由于公司员工超过 1500 人，岗位有 100 多个，考虑时间因素，为便捷地收集资料，以及避免占用太多员工的工作时间，因此采用问卷法。

（2）参与工作分析的人员学历均在高中以上，所以在工作分析问卷中稍加说明，就不会有太多答非所问的情况出现。

（3）由员工亲自填写问卷后，提交部门主管审核，多一道审核程序，以确保资料的有效性。同时也避免员工不认真配合，敷衍了事的情况发生。

2. 面谈法

（1）主要弥补问卷法资料收集过程中的不足或错误，通过面谈发现问题后，与主管再次面谈确认。

（2）针对各职位所需的工作规范进行二次确认，并与主管讨论员工的晋升发展路径。

采用以上方式调查各职位的工作内容和工作规范，其效果如何？在问卷法和面谈法的实施过程中，能否得到公司内被调查员工的支持？能否在时间压力较大的情况下，收集到准确有效的信息，以形成各职位的工作说明书？编写好的工作说明书能否得到各职位主管和任职者的重视与认可？……工作分析项目小组中的人力资源部专员心中存在着较多疑虑。

（资料来源：杨娜. IMJ 公司工作分析. 天津大学硕士学位论文，2009 年。本案例在资料来源上略有修改。）

导入案例中的 IMJ 公司人力资源部门组织相关人员成立了工作分析项目小组，经讨论决定，采用问卷调查法和面谈法收集工作分析相关信息。问卷法和面谈法这两类方法是工作分析信息收集过程中较为常用的基础性方法。工作分析的基础性方法泛指工作分析人员在信息采集过程中所使用的方法。这些方法应用范围广泛、调查方式多样。工作分析人员采取这些信息采集方面的基础性方法，来调查研究工作对象，掌握研究对象的特征以及规律。

为了使得工作分析基础性方法得到较好应用，发挥其自身信度、效度、应用性和实用性方面的优点，工作分析人员有必要掌握各种方法的内容、适用范围、类型、实施程序，以及这些方法的优缺点。本章围绕这些内容，详细介绍 7 种工作分析基础性方法，分别是：工作分析观察法、工作分析访谈法、工作实践法、文献分析法、工作日志法、主题专家会议法、问卷调查法。

3.1 工作分析观察法

3.1.1 定义、适用范围及分类

1. 定义

观察法又称现场观测法，是指由工作分析调查人员直接到工作现场，通过实地观察、测定并记录某一时期内特定工作活动的内容、方法、形式、工作间的关系、人与工作的关系以及工作环境、条件等信息，并在此基础上分析有关工作要素，达到分析目的的一种方法。

运用观察法时，应选择同一工作岗位上的多名工作者进行观察，因为面对同样的工作任务，不同的工作者会表现出不同的行为方式，相互对比后，有助于消除分析者对不同工作者行为方式上的偏见。对于同一工作者在不同时间与空间的观察分析，也有助于消除工作情景与时间上的偏差。

2. 适用范围

工作分析观察法适合于简单、标准、短时期、重复性强的操作类工作的信息收集。像流水线上的作业人员、档案管理人员、仓库保管人员、门卫所做的工作，就是一些可以运用观察法的很好例子。

观察法适用于外显行为特征的分析，不适合于隐蔽的心理素质的分析，不适合于没有时间规律和表现规律的工作。

观察法的主要作用在于：观察、记录、核实工作负荷及工作条件；观察、记录、分析工作流程及工作方法，找出不合理之处。

3. 分类

1）以观察的目的划分

根据观察目的的不同，可以将工作分析观察法分为描述性观察和验证性观察两种。

（1）描述性观察。它是通过对任职者行为、活动等方面的观察，为后续编制调查问卷、访谈提纲、工作说明书等提供信息支撑。

（2）验证性观察。它是根据观察来验证通过其他方法所收集到的信息的真伪。

2）以对观察过程、记录方式、结果整理等环节事先确定和统一的程度划分

根据对观察过程、记录方式、结果整理等环节事先确定和统一的程度，可分为结构化观察和非结构化观察。

（1）结构化观察。它需要在现有理论模型和对与职位相关的资料进行分析整理的基础上，针对目标职位的特点开发个性化的观察分析指南，对观察过程进行详细规范，严密控制观察分析的全过程。

这种形式的观察特点是：规范、连贯、可信度高。但结构化观察的不足之处是形式较为僵化，容易造成信息缺失的情况。

（2）非结构化观察。这一观察形式只需根据观察的目标定位进行观察，方式灵活，但是指导性较差，分析人员对所收集到的信息整理起来难度较大。

3）以观察对象的工作周期和工作突发性划分

根据观察对象的工作周期和工作突发性的不同，观察法可分为直接观察法、阶段观察法和工作表演法。

（1）直接观察法。它是指工作分析员直接对员工工作的全过程进行观察，适用于工作周期很短的工作。比如，保洁员或餐厅服务生的工作基本上是以一天为一个周期，工作分析人员可以一整天跟随他们进行直接工作观察。

（2）阶段观察法。这一观察形式适用于那些工作周期长且有规律性的工作。为了能完整地观察到工作周期长的工作，有必要分阶段进行观察。比如企业的行政文员，她需要在每年年终时筹备企业总结表彰大会，工作分析人员就可在年终时再对该工作进行观察，这

样才能完整地观察到员工的所有工作。

有的工作由于阶段时间跨度太长，工作分析无法拖延很长时间，这时采用下面的"工作表演法"更为合适。

（3）工作表演法。这一观察形式适用于工作周期很长且突发性事件较多的工作。如保安工作，在保安工作中除了有正常的例行程序外，还有很多突发事件需要任职者处理，像盘问可疑人员等，工作分析人员可以让保安人员表演盘问的过程，而不一定进行该项工作的实地观察。

3.1.2 实施程序

1. 观察目标定位

这一步包含两个程序，一是明确观察的目的，二是明确观察客体的定位。

1）观察的目的

观察的目的通常有两类：描述和验证。描述是指对任职者的个体或群体工作活动、行为和环境等进行客观描述，为后续编制调查问卷、访谈提纲、职位说明书提供信息支撑。验证则是通过对工作活动的实地观察，验证其他方法所收集到的信息的真伪。

2）观察客体的定位

在组织中，观察的客体主要有个体、小组、团队、组织4个层面。层面定位是指将所要观察的工作置于怎样的环境中来观察。

一方面，应根据目标职位的影响范围来确定观察的层面。若目标职位涉及整个组织的运行，则将其置于组织层面，依此类推。例如，流水线主管人员工作活动的观察应置于整个小组的层面，而对于其中某位操作人员的观察定位在个体层面即可。

另一方面，在确定观察客体的层面时，要根据观察的目的（描述或是验证）选择合适的观察客体所处的层面。由于描述性观察法需要收集全面完整的信息，因此应针对上述四层面展开观察；而验证性观察法仅针对所要验证的信息，因此根据所需验证信息涉及的客体进行观察即可。

2. 研究设计与开发

具体地，观察法的研究设计与开发程序包括以下4个子程序。根据时间顺序排序，依次为：

（1）确定观察对象。通常，在观察实践中，选择3至5名绩效水平较高的任职者作为被观察对象。对于选定的对象，应及时告知，切忌采用"暗中观察"的方法。虽然"暗中观察"一定程度上减轻"霍桑效应"给被观察对象带来的影响，但是这种方法是会降低员工对组织的信任感。有必要在告知被观察对象参与工作分析观察时，向其说明观察的目的、作用、操作流程以及最终影响等，消除其戒备心理，力求获取准确、全面的工作信息。

（2）选择观察形式。选择观察形式指的是工作分析人员决定采用结构化观察形式，还是非结构化观察形式。两种形式各有利弊。结构化观察形式的可信度较高，所收集到的信息具有一致性，但形式较为僵化，容易导致信息缺失。而非结构化观察形式灵活，信息收集面较宽，然而对于工作分析人员来说，对所收集到的信息进行整理分析的难度较大。

（3）确定观察时间、地点。在观察时间、地点的选择上，工作分析人员应选择典型、常规的工作时间和地点进行观察。对于周期性工作岗位，观察的时间最好覆盖某一工作周期，对于非周期性的工作岗位，应从多方面收集其主要工作职责发生的时间段。在这些特定的时间段中，对其进行观察。工作分析人员可通过与任职者上司、任职者本人进行沟通讨论，确定典型时间段作为观察时间。

（4）确定所需设备工具。观察过程中可能出现大量信息，需要观察人员及时、快速地记录下来，这样一来，工作分析人员有必要采用一些辅助手段帮助记录。观察过程中常用的设备工具包括：录音机、摄像机、录音笔，等等。在观察过程中，应将各种设备放置于较为隐蔽、任职者视线之外的位置，这是由于过于外显的设备会给任职者造成压力，从而不知不觉中改变自己惯常的行为方式，出现"霍桑效应"。同样，观察人员也应处于不显眼的位置，以免影响被观察对象正常的工作。

3. 观察人员的选拔培训

1）选拔

观察人员的选拔标准一般是选择那些具有公正客观的态度、较强的人际交流技能、良好的文字表达能力和较好的对行为理解把握的能力的组织内部人员。如果需要对某些特殊工作(例如矿工、钻井工)进行观察，还要求观察人员具有较强的体力。

2）培训

对观察人员进行培训的主要内容是培训其熟练掌握观察分析的操作方法与技术，以及如何避免观察过程中的误差和错误。

在观察过程中，观察人员可能出现的误差和错误通常有：

（1）观察者偏差。观察者偏差是一种自我—他人的归因偏差现象，是指观察者自己的动机、期望和先前经验等因素妨碍了观察的客观性。

（2）趋中效应。该效应是错误地将观察对象的工作绩效划为接近平均或中等水平，当趋中效应发生时，所有观察对象的得分均为平均或接近平均的结果，进而不能辨别谁是最佳或最差的工作者。

（3）晕轮效应。晕轮效应又称"光环效应"，是指当观察者对一个人的某种特征形成好或坏的印象后，他还倾向于据此推论该人其他工作方面的特征。本质上是一种以偏概全的认知上的偏误。

4. 观察的实施过程

1）准备观察提纲

表 3-1 和表 3-2 是观察提纲的两个范例，第一个结构化程度较弱，第二个结构化程度较强。

表 3-1　观察记录表

序号	工作任务	工作操作程序与方法	工作权限	工作结果	时间花费	备注
1						
2						
⋮						

表 3-2　操作工工作分析的观察提纲

基本信息	被观察者姓名：		观察日期：
	观察者姓名：		观察时间：
	所属部门：		岗位：

具体问题：

　　什么时候开始正式工作？

　　上午工作多少小时？

　　上午休息几次？

　　第一次休息时间从＿＿＿＿到＿＿＿＿

　　第二次休息时间从＿＿＿＿到＿＿＿＿

　　上午完成产品多少件？

　　记录每件任务的完成情况，并记录每件任务的完成时间，测算平均多少时间完成一件？

　　与同事交谈几次？与工作无关的几次？

　　每次交谈多长时间？

　　有效的工作时间多少小时？

　　室内温度＿＿＿度？

　　什么时候开始午休？

　　出了多少次品？

　　搬了多少次原材料？

　　工作场地噪声分贝是多少？

总述：

　　2）进入观察现场

　　首先，应对任职者承诺：尊重隐私权、保证匿名性、授予拒绝参与权和结果知情权。

　　然后，简要介绍观察目的，过多的介绍可能会束缚任职者的行为。

　　再开始安装观察记录设备，设备应放置于较隐蔽的位置，同时观察人员也应处于不显眼的位置。

　　3）进行现场记录

　　现场记录质量的好坏对观察效果的影响极大，因此在观察过程中，工作分析专员要严格遵守观察记录的流程要求，本着严肃、敬业的态度完成对目标职位每个环节的记录工作。

　　（1）保持距离。即以不影响任职者的工作为前提；

　　（2）结合面谈。观察后不要忘记与观察对象面谈以补充信息。必要时，也可以选择一名主管或有经验的员工进行面谈，因为他们比较了解工作的整体情况以及各项工作任务是如何配合起来的。

　　5．数据整理

　　观察结束后应对收集的信息数据进行归类整理，形成观察记录报告。数据整理根据采用的方法有不同的整理要求。对于结构化的观察结果，应按照计划要求，对收集的数据进行编码、录入计算机，以便分析；对于非结构化调查，则应按照一定的逻辑顺序（如发生时间）进行整理排列，补齐观察过程中的缩写，形成一份描述性的报告。

6. 数据分析及运用

在数据分析方面，工作分析专员可采用描述性统计和推断性统计方法进行统计分析。若是选择结构化观察方法，则对结果的分析相对容易。结构化观察表的示例请参考附录1。附录1为对某操作工的工作进行观察而制定的结构化观察表。

3.1.3　操作注意事项

观察法实施过程中，以下事项值得工作分析人员注意：

（1）观察的工作应相对静止，即在一段时间内，工作内容、工作程序、对工作人员的要求等不会发生明显的变化。

（2）要注意工作行为样本的代表性。

（3）观察人员要尽可能避免引起被观察对象的注意，至少应不干涉被观察对象的工作。

（4）观察前要有详细的观察提纲和行为标准。

（5）观察法常常与面谈法结合使用，以避免重要工作的遗漏。

（6）在使用观察法时，工作分析人员应事先准备好观察表格，方便需要时及时记录。有条件的企业则可以使用摄像机等设备，将员工的工作内容记录下来，以便进行分析。

3.1.4　优缺点

1. 优点

（1）真实性。观察法可为工作分析提供最直接的第一手资料，利用该法所收集到的信息也可以用于检验利用其他信息收集方法所获信息的准确度。

（2）深入性。从观察法中获得的有深度的工作行为，不仅可以用于描述任职者做什么，而且可以描述他是如何组织自己的行为以达到工作目标的，能够获得丰富的关于工作外在特征方面的信息。

（3）有效性。观察法有助于工作分析者对具体的工作步骤有更深的了解，加深其对待分析工作的术语、行话的理解，在以后的访谈调查和问卷调查中，便于工作分析人员与调查对象进行交流。

2. 缺点

（1）观察时间长。工作分析人员若想通过观察法获得完整的工作信息，则需要进行至少一个工作周期的观察。也即观察所需时间较长。对于时间压力比较大的工作分析活动来说，这种情况下运用观察法收集信息就不太合适。

（2）分析难度大。通过观察所收集到的信息量比较庞杂，这些信息较难量化。被观察对象执行了较多任务活动，但是这些任务活动的效果如何，工作分析人员却不好判断。

（3）易受"霍桑效应"影响。由于被观察对象很可能将观察结果与自己的绩效考评结果相联系，因此工作分析观察过程中，被观察对象的行为表现会出现跟平时不一致的情况，即出现"霍桑效应"。在任职者看来，观察法必然带有分析师主观评价成分，在受到观察的压力下，任职者可能会表现出超常的工作绩效，甚至从事职责外的工作，"展示"出错误信息，由此导致信息失真的后果。研究表明，并不是所有任职者在观察下发挥超常。经研究，若是任职者从事简单的工作，其容易出现超常反应（即工作效率和效果高于平常），若是任职者从事复杂的工作，则容易出现失常反应（即工作效率和效果不如平常）。

（4）表面性。这是由观察法的性质所决定的。工作分析观察法只能用于收集任职者外显行为特征的信息，对任职者内在心理活动如计划、思考、规划等无法观察到。

这一缺点也使得观察法不适用于对中高层管理职位的工作分析，而是较适合用于简单、标准、短时期、重复性强的操作类职位的工作分析。

（5）成本较高。观察法成本较高的主要原因是耗时长，并且该法在观察分析人员的选聘和培训上花费较多。出于客观公正角度考虑，观察分析人员通常应由组织外部专业人士担任，这样一来，其费用成本就较高。如果从组织内部选拔、培训观察分析人员，则需较长的培训时间。

3.2 工作分析访谈法

3.2.1 内容及其适用范围

访谈法又称面谈法，它是通过工作分析人员与任职者、主管等人面对面的谈话来收集相关工作信息的一种工作分析方法。面谈的程序可以标准化，也可以非标准化。通常，使用面谈法时应以标准化面谈格式记录，目的是便于控制面谈内容及对同一职务不同任职者的回答进行相互比较。

访谈法是工作分析方法中应用最为广泛的方法之一。它可对任职者的工作态度和工作动机等深层次的内容进行详细的了解，如态度、价值观、信仰、个性等方面。该方法既适用于短时间内可以把握的行为特征的分析，又适用于长时间才能把握的心理特征的分析。

访谈法的主要作用有二：一是获得观察法所不能获得的资料，二是对已获得的资料加以证实。

3.2.2 基本要素和类型

1. 基本要素

1）访谈参与者

通常，工作分析访谈的参与者为两人：访谈者和访谈对象。访谈者为工作分析专员，访谈对象一般包括：

（1）上游供给者：业务流程中的上游工作者对下游工作职责、任职资格的要求。

（2）下游接收者：业务流程中的下游工作者对上游工作的建议和意见。

（3）直接上级（主管）：指挥链中的上级对待分析工作的职责期望和任职资格期望。

（4）同事：提供与工作分析相关的信息，如何更好地提高效率，促进交流。

（5）下级：期望上级扮演的角色。

（6）同一工作的不同任职者：要求任职者应是从事该工作6个月以上的组织内正式工作人员。

2）访谈者的角色定位

（1）消极的信息记录者。作为记录者，其主要职责是根据访谈提纲收集信息，追求信息的完备性。

（2）积极的思维引导者。作为引导者，其主要职责是根据任职者提供的线索深入追问，追求信息的深度和有效性。

2. 类型

1）按照访谈的结构化程度划分

按照结构化程度划分，可将访谈法分为结构化访谈和非结构化访谈两种类型：

（1）结构化访谈。结构化访谈是对访谈内容、程序进行详细规定，严格按照访谈提纲提问的方法。通过结构化访谈能够搜集到很多目标岗位的信息，但不利于访谈对象充分发挥、畅所欲言。

（2）非结构化访谈。结构化访谈是大体界定访谈内容后，由访谈者根据实际情况掌握谈话进程的方法。非结构化访谈可以比较灵活地搜集各种信息，但容易偏离主题，造成所得信息缺乏完备性。

在访谈实践中，往往将结构化访谈和非结构化访谈结合起来，以结构化访谈问卷作为访谈一般性指导，访谈过程中，根据实际情况就某些关键领域进行深入探讨。

2）按照访谈对象的类型划分

按照访谈对象的类型划分，可将访谈法分为个人访谈、集体访谈和管理人员访谈 3 种：对任职者进行的个人访谈，与集体访谈和管理人员访谈相比，耗时长、成本较高；对做相同或相近工作的员工群体进行的访谈，相对而言省时、成本较低；管理人员访谈指的是对了解待分析工作的主管人员进行的面对面访谈。

由于有些工作主管和现职人员的说法不同，工作分析人员必须把双方的资料合并在一起，予以独立的观察、证实和权衡。这不仅需要运用科学的方法，还需要具有较强的人际关系技能。通过综合使用多种面谈形式，可以较全面、深入地掌握工作分析的信息。

3.2.3 工作分析访谈程序

通用的工作分析访谈包括准备、开始、主体、结束、整理 5 个阶段，下面对这 5 个阶段进行详细描述。

1. 访谈准备阶段

1）制定访谈计划

访谈计划的目的主要是明确以下内容：

① 明确访谈目标。即收集哪类信息。

② 确定访谈对象。

③ 选定访谈方法。即明确访谈的结构化程度。

④ 确定访谈时间。以不影响被访者正常工作为宜。

⑤ 确定访谈地点。访谈场所应保持安静、整洁、方便。

⑥ 准备材料和设备。如录音机、录音笔、摄像机等。

2）培训访谈人员

培训访谈人员的内容包括：

① 访谈原则、知识、技巧。

② 针对本次访谈的专项培训，传达访谈目的和计划。

③ 准备详尽的访谈提纲，弥补经验不足的缺陷。

3）编制访谈提纲

表 3-3 列出了常用的工作分析访谈提纲。

表 3-3　常用的工作分析访谈提纲

岗位目标
此岗位的工作目标是什么？
此岗位最终要取得什么结果？
从公司角度看，这个岗位具有什么意义和作用？
为这项工作投入经费会有多少收益？
岗位地位
公司上级对此岗位作用的评价如何？
此岗位在公司中的位置及地位如何？
此岗位一年所需的各种经费（比如：经营预算、销售额、用于员工本身的开销）是多少？
此岗位的主管能否为部门或机构节省大笔开支？能否保持岗位的业绩？
此岗位直接为哪个部门或个人效力？
哪些岗位与此岗位同属一个部门？
内外关系
你依据怎样的原则、规章制度、先例和人事制度办事？
此岗位的行为或决策受哪个部门或个人控制？
在公司内，此岗位与哪些部门或个人有最频繁的工作联系，有哪些联系？
你是否需要经常会见上司商讨或者汇报工作？
通常，你需要与上司讨论什么问题？
你有下属吗？若有，哪些职位由你管辖？有多少人？分别是谁？
在公司外，此岗位与哪些部门或个人有最频繁的工作联系，有哪些联系？
此岗位需要出差吗？频率如何？经常去哪里出差？为什么出差？
工作中的问题
你认为此工作对你最大的挑战是什么？
你对此工作最满意和最不满意的地方分别是什么？
此工作需要解决的关键问题是什么？
你面临的问题是否各不相同？不同之处表现在哪些方面？
处理问题时有无指导或先例可参照？有哪些处理依据？
你在工作中遇到的问题，在多大程度上是可预测的？
你对哪些问题有自主权？
哪些问题你需要提交上级处理？
你是否经常请求上司的帮助，或者上司是否经常检查或指导你的工作？
你的上司如何指导你的工作？
你是否有机会采取新方法解决问题？

工作成果
你在工作中能够取得什么成果？其中最重要的成果是什么？ 　通常可以用什么标准衡量你的工作成果？ 　上司对工作任务的完成情况是否起决定性作用？

岗位要求
此岗位要求任职者具备哪些专业技术，请按重要程度列出，并举出工作中的实例来说明。 　通过脱产培训还是在职培训来掌握这个岗位所需的专业技术？ 　此岗位要求任职者具备哪些知识，请按重要程度列出，并举出工作中的实例来说明。 　此岗位要求任职者具备哪些能力，请按重要程度列出，并举出工作中的实例来说明。 　此岗位对任职者的职业道德要求是什么？

根据实际需要，还可以使用结构化程度较高的访谈提纲（参见附录 2），或是半结构化的访谈提纲（参见附录 3）。

以下提供一份工作分析访谈问题设计样本：

_____先生/女士：

首先感谢你来参加工作分析面谈。工作分析的目的是要解决两个问题：弄清楚企业中每个职位都在做什么工作，明确这些职位对员工有什么具体的从业要求。选择你来参加面谈是因为你有长期和丰富的本岗位各种经验，你的配合是我们获得必要信息的重要保证。同时，我们将对本次谈话内容做必要的记录，它们只用于工作分析，请你不必顾虑，如实回答。好，我们现在开始：

你的岗位名称、岗位编号是什么？

你在哪个部门工作？你的部门经理是谁？你的直接上级是谁？

你主要做哪些工作？请举例说明。

请你尽可能详细地讲述你昨天一天的工作内容。

你对哪些事情有决策权？对哪些事情没有决策权？

请你讲讲你在工作中需要接触哪些人？

你需要哪些设备和工具来开展你的工作？其中哪些是经常使用的、哪些是偶然使用的？你对目前的设备状况满意吗？

你在人事审批权和财务审批权方面有哪些职责？请举例说明。

你认为做好这项工作需要什么样的文化水平？需要哪些知识？需要什么样的心理素质？

如果对一个大专学历层次的新员工进行培训，你认为需要培训多长时间才能正式上岗？

你觉得目前的工作环境如何？是否需要更好的环境？你希望哪些方面得到改善？

你觉得该工作的价值和意义有多大？

你认为怎样才能更好地完成工作？

你还有什么需要补充的吗？

你确保你回答的内容是真实的吗？

面谈到此结束，谢谢你的合作！

2. 访谈开始阶段

在这一阶段，帮助访谈对象建立平和、互信的心态非常重要。在有些访谈实践中，由于开始阶段处理不当，往往会造成访谈对象对访谈产生怀疑甚至敌意的态度，以致对整个访谈过程不配合或是不能准确地提供与工作有关的信息。

（1）营造气氛。工作分析专员在访谈开始时，应营造轻松、舒适的访谈气氛，例如，可以使用生动、幽默的开场白，适度赞扬访谈对象。

（2）介绍程序。工作分析专员应向访谈对象介绍本次访谈的流程以及对被访谈者的要求。如果在访谈过程中，需要使用笔录、录音等辅助记录手段的，应向访谈对象事先说明。

（3）强调要素。工作分析专员应重点强调本次工作分析的目的及预期目标、所收集信息的用途以及本次工作分析相关技术性问题的处理方法。

（4）做出承诺。有必要向访谈对象说明，本次访谈已经征得其上级的同意，但是参与访谈的全部人员将保证访谈的内容除了作为分析基础外，将对其上级和组织中的任何人完全保密。

3. 访谈主体阶段

1）寻找切入点

访谈的切入点问题通常可以是询问访谈对象所在部门与其他部门的关系，或者是目标工作与部门内外的联系，再或者是工作环境。

随着访谈的逐步深入，所谈内容应逐渐趋于具体和详细，主要询问任职者的工作目标、工作范围、工作性质、工作责任等一系列工作任务的投入、行动及产出。

访谈的切入点通常体现在以下4点：

（1）工作目标：组织为什么设立这一职务，根据什么确定职务的报酬。

（2）工作内容：任职者在组织中有多大的作用，其行动对组织产生的后果如何。

（3）工作的性质和范围：这是面谈的核心内容，包括该工作在组织中的关系，其上下级职能的关系，所需的一般技术知识、管理知识、人际关系知识，需要解决的问题性质以及自主权。

（4）所负责任：这一切入点涉及组织、战略政策、控制、执行等方面。

2）获取"主干"

询问工作任务时，访谈人员可以根据事先准备好的任务清单，与访谈对象就清单上所列项目逐条讨论与核对。询问内容可从以下问题出发：

（1）我们对这项工作任务的表述是否清晰？

（2）我们对这项工作任务的描述所用术语是否正确，是否还有其他更为专业的表述？

（3）任务清单是否包括了你全部的工作内容？

（4）各项任务表述是否相互独立？

（5）哪些内容可以合并或需要拆分？

（6）整个任务清单是否有逻辑混乱和矛盾的地方？

如果访谈前，访谈人员没有准备任务清单，则可通过下列问题引导访谈对象，以获取信息主干。

（1）你的工作主要有哪些板块？各板块包括哪些任务及职责？

（2）你每天的工作任务发生顺序是怎样的？

3）探索"枝叶"

该程序即掌握待分析的工作的任务细节。访谈人员需要从投入、行动、产出三个角度，收集工作的 6W1H 信息，具体包括：WHY 此项工作的主要目的、WHAT 主要的工作内容、WHEN 工作时间、WHERE 工作地点、WHO 工作承担者、FOR WHOM 工作的服务对象、HOW 完成工作的方法、程序、技术及手段。

4. 访谈结束阶段

一次访谈的时间不宜超过 3 个小时，时间过长将使得访谈对象感到疲倦。在结束访谈时，访谈人员应注意以下几点：

（1）允许访谈对象提问。

（2）重申工作分析的目的与信息的用途。

（3）追问细节，与被访者确认信息的完整性和真实性。

（4）如果以后需要继续访谈，那么告知被访者下次访谈内容。

（5）邀请访谈对象在需要的时候与工作分析小组联系。

（6）感谢访谈对象的合作。

5. 访谈整理阶段

这是整个访谈过程的最后一个环节，由工作分析专员整理访谈记录，为下一步信息分析提供清晰、有条理的信息记录。

3.2.4 对访谈者的要求

在工作分析访谈法的实施过程中，访谈者必须掌握提问设计和访谈技巧这两种基本技能。

1. 提问设计

提问设计这一技能用在访谈提纲的形成过程。由于访谈提纲主要是由一系列问题构成，所以问题的质量直接影响到访谈效果。设计问题成为一名合格访谈者必须具备的重要技能。下面是关于问题设计的一些建议：

（1）保持设计问题的热情。在设计问题之前，可先自我提问：我想知道的是什么？为什么？哪些东西适合于要调查和访谈的问题？

（2）只选择那些与所调查资料直接相关的问题。

（3）把问题按一定的逻辑顺序排列，将那些容易的、没有挑战性但又必要的问题排在前面，遵循由浅入深，由简到繁的原则。

（4）使问题的回答选择化。尽量设计含有 3 个选项（及以上）的选择题。

（5）不能将两个问题合并为一个。比如，"您和您下级工作的工作量是否饱满？"这个问题其实可以分解为两个问题："您的工作量是否饱满？"和"您下级的工作量是否饱满？"

（6）问题不宜过长，语言不宜过于繁杂，应以简短的语言表达想要说明的意思。如果问题过长，且难以阅读理解，会使被调查者失去耐心。

（7）提问要防止诱导，避免倾向性。比如，"您认为在工作中需要运用专业知识和专业技能吗?"答案必定是肯定的。又如,"专家小组认为您所从事的工作体力要求较低,您同意吗?"由于通常人们会认同权威人士的观点,此时所提问题便失去了意义。

阅读资料

职位分析问卷法(简称 PAQ)的提出者之一——美国普度大学(Purdue University)麦考密克教授于 1979 年提出了访谈时的一些标准,它们是:所提的问题要和工作分析的目的有关;工作分析人员语言表达要清楚、含义准确;所提问题必须清晰、明确,不能太含蓄;所提问题和谈话内容不能超出被谈话人的知识和信息范围;所提问题和谈话内容不能引起被谈话人的不满或涉及被谈话人的隐私。

---

2. 访谈技巧

在访谈实践中,已经形成了以下访谈技巧,可供工作分析访谈人员参考:

(1)事先清晰地说明访谈的目标和方法。向访谈对象阐明访谈内容(即访谈什么),访谈目的(为什么访谈),访谈程序(即如何访谈)。

(2)选择适当的访谈对象以满足所寻求信息的性质的要求。若是做观点、价值观、态度等情感变量的调查,需要大量的访谈对象;若是做工作方法、过程和环境等客观特征的调查,只需选择少数人作为访谈对象即可。

(3)用清楚易懂的语言进行访谈。

(4)在面谈中要掌握谈话的方向,但是不能与员工进行争论,不要介入员工的抱怨。

(5)在所讨论的问题上不要显示任何偏好。不要表现出对员工工资待遇等方面的兴趣,应保持中立的立场。

(6)在整个访谈过程中要有礼貌和谦恭,不要高人一等地对待访谈对象。

(7)记下意外的重要信息。

3. 访谈技术的运用

访谈中常用的技术是指自我介绍技术、提问技术、倾听技术、回应技术、资料记录技术和其他技术。

1)自我介绍——访谈的第一步

访谈人员在正式访谈开始之前所作的自我介绍不能使被访者感到压力。访谈人员不必强调自己的职务或职称。下面是一个自我介绍/开场白范例:

你好,我叫王海,是本公司人力资源部工作分析师。想必你的上司已经和你沟通过,我们将通过访谈等方式对你的职位——证券分析员进行工作分析,确定该职位的工作职责及任职资格。本次项目选取了公司证券投资部五个核心职位作为标杆进行分析,证券分析员这一职位我们选取了公司五位职员进行访谈,你是我们访谈的第二位。通过本轮访谈收集的信息将与工作分析问卷一同作为工作分析的信息基础,最后的成果在正式提交前,我们会再次和你沟通确认。当然对于本次访谈的内容,我们会予以保密。在访谈开始前,你有问题需要向我们提出吗?

2)提问——访谈成功的关键

尽管访谈人员提前设计好了访谈提纲,即已经形成了一些问题,但是,在访谈过程中,访谈人员具体提问时,还需注意以下几点:

（1）提问要清楚明确，要自然流畅。

（2）要维持被访者的兴趣，在提问过程中如果发现被访者对问题不感兴趣，不愿回答或不愿深入回答，则需要访谈人员适当对访谈问题进行调整。

（3）提问后，被访者提供了"意外"的信息，这些信息虽然没有被列入访谈人员需要收集的信息表单中，但是它属于工作和工作者的重要信息，这时，访谈人员应适时追问，获取更多、更丰富的信息内容。

（4）不要对被访者的回答给予任何评价。访谈人员在被访者提问后，适当的重复、追问是可以的，但是应避免对回答予以好、坏的评价，以免给被访者带来心理压力。

（5）访谈人员应时刻注意身体语言，注重与访谈对象的非言语交流。比如在肢体动作上，不要环抱胳膊，表现出高高在上的姿态。

3）倾听——访谈的基本功

访谈人员在倾听被访者回答问题时，需要遵循以下 3 个原则：

（1）不要轻易打断被访者的话。如果非要打断，应先说声"对不起"。

（2）容忍沉默，让被访者有足够的时间思考。对于沉默这一反馈形式，访谈人员需要重视，并思考：被访者是个别问题上沉默，还是所有问题都沉默？是个别被访者的沉默，还是大多数被访者的沉默？不同的沉默形式隐含着不同的信息。

（3）亲疏一致。在条件许可的情况下，访谈人员在选取访谈对象时，尽量找一些不熟悉的人。心理学认为，一定的陌生感会使被访者获得一种心理上的安全距离，觉得访谈人员不会过多地涉入自己的生活世界，容易对访谈人员产生信任感，从而吐露自己内心的声音，而不是用套话来敷衍。

4）回应——访谈不可缺少的环节

在访谈过程中，访谈人员常见的回应方式有：认可、重复、追问、微调和鼓励对方。

追问的做法是：让被访者举例或具体说明。访谈人员可采用附和式提问进行追问。比如，"像你刚才所说的工作压力具体包括哪些呢？""像你刚才谈到的你们部门与设计部的关系，你能详细地说一说吗？""刚才我听你提到了关于营销部的领导方式的问题，你能说得再详细些吗？"

微调是对在访谈中出现偏离目的情况的处置技术。在访谈的实践中，我们会发现个别被访者，避而不谈个人的看法和感受。这时访谈人员要及时采取"帮助被访者明确访谈目的"、"消除顾虑"、"舒缓心理压力"等处置技术进行微调。

5）资料记录——访谈中的难点

受时间限制，访谈人员在访谈过程中简要记录被访者提供的信息，访谈后再对所收集信息进行整理分析。为了保证信息的全面性，访谈人员事先可征求被访者的意见，使用录音笔，摄影仪等机器，如此一来，方便访谈者事后回顾访谈内容，记录下全面的信息资料。

6）其他技术

在访谈中，还有一些其他技术值得访谈者注意：

（1）时间。如果被访者很忙，那么不应打扰他的正常工作，建议安排下班后的空余时间。

（2）地点。通常选择方便、安静、安全的物理环境进行访谈。

（3）刹车。"刹车"指的是在访谈过程中的及时终止。如被访者可能会自觉或不自觉地打探访谈人员对公司工作的看法，为保证公正、客观，访谈人员对此话题要马上刹车。又比如发现被访者有不耐烦的情绪时，访谈人员要及时变更话题或者结束访谈。

（4）保密承诺。保密承诺指的是访谈人员在访谈开始前向被访者所做出的承诺，保证其个人的合法权益不受损害，使其能知无不言、言无不尽。访谈人员与被访者的关系应该是信任而不亲密的关系。

（5）致谢。在访谈结束前，要诚恳地对被访者的支持表示谢意。

（6）汇总。访谈结束后，访谈人员在汇总信息时，应本着客观的态度来对待被访者提供的每一条信息。

3.2.5 工作分析访谈的优缺点

1. 优点

根据工作分析专家的使用经验，发现访谈法是目前在国内企业中运用最广泛、最成熟、最有效的职位分析方法。并且，该法唯一能够适用于各层各类职位的职位分析方法，且是对中高层管理职位进行深度职位分析效果最好的方法。访谈的成果不仅仅表现在书面上，在整个访谈过程中，任职者对职位所进行的系统思考、总结与提炼也具有十分重要的价值与意义。工作分析访谈具有以下优点：

（1）通过访谈双方当面交流，可深入、广泛地探讨与工作有关的信息，如工作的特征，任职者的态度，价值观和信仰，以及语言等技能水平；

（2）工作分析员能对所提出的问题进行及时的解释和引导，避免因双方书面语言理解的差异导致收集的信息不准确；

（3）由任职者亲口讲出工作内容，工作分析者可以随时提问，对有关问题加以澄清，有利于提高工作分析的效率；

（4）有助于与员工的沟通，缓解其负面情绪，调整其心态。对有抵触情绪的访谈对象，可通过工作分析员的沟通、引导，最大限度地使其参与其中。

2. 缺点

访谈法本身有一些缺点，值得工作分析人员重视，在实践过程中采取相应措施进行规避。工作分析访谈的主要缺点有：

（1）访谈法容易受到个人偏见的干扰。受访者的个人特征往往会影响访谈者对工作信息的判断，继而影响其所收集信息的准确性；

（2）访谈人员在口舌上的工作消耗较多，费力、费时，工作成本较高；

（3）访谈通常不是匿名的，这样访谈对象容易产生不诚实或自利行为，会夸大或弱化某些职责，搜集到的信息往往扭曲、失真；

（4）需要专门的技巧，需要受过专门训练的工作分析专业人员。

3.3 工作实践法

3.3.1 内容及其适用范围

工作实践法是指工作分析人员通过直接参与某项工作来深入细致地体验、了解所分析工作的特点和要求的方法。

工作实践法适用于工作内容较简单、无需复杂培训就能胜任的工作，如打字员、服务员等。但该方法不适用于需要进行大量训练、危险的、复杂的工作。

3.3.2　实施程序

工作实践法的实施程序大体可分为准备阶段、主体阶段和结束阶段 3 个阶段。对这 3 个阶段的主要工作概括介绍如下：

1. 准备阶段

在准备阶段中，工作分析人员主要从事以下工作内容：

(1) 进行工作实践之前，阅读目标职位的相关资料，比如：《员工操作手册》、《工作计划》、《工作说明书》等；

(2) 与目标职位的上司沟通，确定工作实践的具体时间、地点；

(3) 与目标职位的任职者沟通，说明工作分析调查的目的及意义，最大限度地获得目标职位任职者的理解和支持。

2. 主体阶段

工作分析员将通过直接从事目标工作获得所有与目标职位相关的信息。在参与工作的同时，工作分析员应注意运用 6W1H 原则，观察整个工作流程并进行详细的记录，有疑问的地方需要及时与任职者及任职者的上级主管进行沟通。

3. 结束阶段

工作实践结束后，工作分析员要分析整理所搜集的信息，并与事先搜集的相关资料进行核对，从而确定该工作的实际流程及相应的工作职责。

3.3.3　操作注意事项

工作分析人员运用工作实践法进行分析调查时，应注意以下两个问题：

(1) 若目标职位技术性要求较高时，要事先对参与实践的工作分析员进行培训；

(2) 采取工作实践法时，要获得管理者的支持，与他们协调工作实践的具体时间。

3.3.4　优缺点

1. 优点

尽管工作实践法在实际工作分析信息收集过程中应用较少，但是它也具有一些优点，值得工作分析人员了解并重视。该方法主要优点体现在：

(1) 工作分析人员通过亲身实践工作能获得第一手资料，可以准确了解工作的实际过程，以及该工作在体力、知识、经验等方面对任职者的要求。

(2) 当一些有经验的员工，由于不善于表达或者并不了解自己完成任务的方式等原因，无法提供有效的工作分析信息时，工作分析者的亲自参与可以获得第一手的工作分析信息。

(3) 工作实践法可以确保所收集信息的真实性和全面性。

2. 缺点

工作实践法的缺点是显而易见的，它适用范围狭窄，对于一些危险的、高度专业化的工作，工作分析者往往不具备从事工作的知识和技巧，因此无法参与实践。所以这种方法对工作分析人员的要求较高，需要分析人员具备目标工作的实际操作能力。

3.4 文献分析法

3.4.1 内容及其适用范围

文献分析法也称资料分析法，是一种通过现存的和工作相关的文档资料进行系统性分析，来获取工作信息的一种经济有效的方法。

文献分析法是一种非常普遍、通用的方法，一般用于收集工作的原始信息，编制任务清单初稿。在采用这种方法收集信息时，工作分析人员需注意，还要采用其他信息收集方法对所收集到的信息进行验证。

3.4.2 实施程序

文献分析法的实施程序主要包含两个步骤：

1. 确定信息来源

文献资料分析的信息来源包括内部信息和外部信息。

内部信息主要有：《员工手册》、《公司管理制度》、《岗位职责说明》、《绩效评价》、《公司会议记录》、《作业流程说明》、《ISO 质量文件》、《分权手册》、《工作环境描述》、《员工生产额纪录》、《工作计划》、《设备材料使用与管理制度》、《行政主管、行业主管部门文件》、《作业指导书》，等等。

外部信息是指外部企事业单位相关的工作分析结果。

2. 整理、分析信息

对于文献资料中的信息，可采用以下 4 种方式进行整理和分析：

（1）寻找。进行文献分析时，需要快速浏览大量文献，从中寻找有用的信息；

（2）标记。当发现有用的信息后，可根据收集信息内容的不同，使用各种符号进行标示，或者采用不同的颜色标示，以便以后快速查找。例如，对于文献中有关工作任务的信息可使用"T"（即 task 的首字母大写形式）表示，有关管理活动的信息可使用"M"（即 management 的首字母大写形式）表示，有关任务活动的信息来源可使用"I"（即 information 的首字母大写形式）表示。

（3）标出。针对文献中信息不完整或缺乏连贯性的情况，应及时标出，在编制问卷和访谈提纲时，作为重点问题提出；

（4）挖掘。对于文献中隐含的工作内容、绩效标准、任职资格要求等信息，应深入挖掘，在以后的分析中积极求证。

3.4.3 操作注意事项

1. 甄别信息

工作分析人员对企业现有文献的分析，要坚持所收集的信息的"参考"地位，采取批判吸收的态度，切忌先入为主，以旧的、过时的、不适用的信息作为标杆来评价新信息。

2. 做好阅读标记

工作分析人员按照既定标准，记录信息，切忌走马观花，流于形式。

3. 适度运用文献

工作分析人员在面对大量文献资料信息时，应时刻提醒自己不要因陈旧信息的大量堆积，而影响到对工作和工作任职者的分析判断。

3.4.4　优缺点

1. 优点

运用文献分析法收集信息的成本较低，它是一种较为经济、方便使用的信息收集分析方法。

2. 缺点

文献分析法的缺点主要是，运用该法所收集到的信息不够全面。由于小型企业或管理落后的企业可能没做过系统、规范的职责分解工作，因此这些企业往往无法收集到有用的信息。同时资料本身的真实性和全面性决定了工作分析活动的科学性。

3.5　工作日志法

3.5.1　内容及其适用范围

工作日志法就是由任职者本人按工作日志的形式，详细记录自己在一定工作周期内（通常是一个工作日）的工作内容、消耗的时间，以及责任、权利、人际关系、工作负荷等，然后在此基础上进行综合分析，以实现工作分析目的的一种方法。

工作日志法要求，任职者每天按时间顺序记录自己所进行的工作任务、工作程序、工作方法、工作权限以及各项工作所花费的时间等，一般要连续记录 10 天以上。

工作日志法的基本依据是：工作者本人对所从事工作的情况以及对人的要求最为了解。它的主要用途是：搜集原始工作信息，为其他工作分析方法提供信息支持。当缺乏工作文献时，它的优势就表现得非常明显。

例如，有一家公共关系公司有几十名业务员，他们每天管理某一方面顾客的业务，对其进行工作分析时，采用面谈法所得到的结果及其他调查结果经常高估其主要工作，人力资源部门建议采用工作日志法。一开始大多数业务员拒绝执行，后经说明，同意试行一个月。结果不仅人力资源部门获得了所需信息，业务员们也了解到工作时间是怎么分配的，从而找到了改进工作的方向。

3.5.2　实施程序

通用的工作日志法实施程序包括三个阶段：准备阶段、日志填写阶段、信息分析整理阶段。详细介绍如下：

1. 准备阶段

1）设计工作日志表

工作日志表通常包括 3 项内容：前言、工作日志基本信息和工作日志表格。

（1）前言。前言也称为工作日志填写说明，它是对工作日志的使用目的及其说明进行介绍。

（2）工作日志基本信息。这一部分包括工作职位的基础信息。

（3）工作日志表格。这一部分信息是工作日志的主体部分，包括：序号（记录工作活动发生的时间顺序）、活动名称（用简短、明确的词语概括工作活动）、开始时间（即一项工作活动发生的开始时间）、结束时间（即一项工作活动结束的时间）、工作活动内容（用简洁明了的语句概括该项活动）、工作来源（该工作活动涉及的信息、人员、物品等）、工作成果（该项工作活动的直接成果）、备注（一些需要补充的信息，如该项活动在员工每日的正常工作时间内出现的频率，该活动的性质，该活动的重要程度等）。

工作日志的范例参见附录 4。

2）目标定位

（1）若目标职位的任职者较少，那么目标职位的所有任职者都需要填写工作日志；

（2）若目标职位的任职者较多，出于经济性考虑，可选择 5 至 10 位绩效水平较高的任职者来填写。

3）培训填写日志的任职者

在选定需要填写日志的任职者后，工作分析人员应该对其进行相关的培训，向他们说明工作分析的目的、流程，以及最终的影响等，消除其抵触心理。

4）确定工作日志填写周期

（1）填写的时间间隔。确定填写工作日志的时间间隔原则是，在尽可能不影响日常工作的前提下，记录完整准确的工作信息。每口填写时间间隔以半小时为宜。若间隔时间过长，容易导致任职者记忆偏颇，记下的信息可能就不准确，若间隔时间过短，又容易打乱任职者的工作节奏，影响其正常工作。

（2）填写总时间。对于能划分完整工作周期的职位，比如，教师的工作周期通常为一学期；售货员、公交车司机工作周期通常为一天，可以选择一个工作周期作为填写工作日志的总体时间跨度。对于不能划分完整工作周期的职位，比如公司的管理者，一般选取一个月到一个半月的时间作为工作日志总填写时间。

2. 日志填写阶段

工作分析人员可以通过中期讲解、阶段成果分析、工作分析交流会等方法，对任职者填写日志进行过程监控，督促任职者填写好工作日志。

特别要注意的是，有些任职者往往不是在当时当日填写日志，而是在工作日结束时，甚至是过了几天之后才慢慢回忆前几天所做的工作，这种情况需要及时发现并制止，因为这很可能导致信息失真。

3. 信息分析整理阶段

通过工作日志法收集到的信息量是巨大的，因此在信息分析整理阶段，需要有专业的工作分析员对日志信息进行统计、分类、提炼，以形成较完整的工作活动序列。

　　1）提炼工作活动

　　从工作日志内对日常工作活动的描述中，提炼目标职位的主要工作活动内容。

　　工作分析人员用言语提炼工作活动时，可采用标准的动词形式，将其划分为大致的活动板块，例如，"文件起草"、"手续办理"、"编制报表"等。

　　2）工作职责描述

　　根据日志内容尤其是工作活动中的"动词"，确定目标职位在工作活动中扮演的角色，结合工作对象、工作结果、重要性评价等形成任职者在各项工作活动中的职责。

　　3）工作任务性质描述

　　这一步是区分工作活动的常规性和临时性。对于临时性的工作活动，应在工作描述中加以注明。需要注意：临时性的工作活动通常不列入工作职责中。

　　4）工作联系描述

　　工作分析人员将存在着相同或相似工作联系的工作活动进行归类，并按照联系频率和重要性加以区分，在工作说明书中的工作职责相应部分进行填写。

　　5）工作地点描述

　　工作分析人员对目标工作的工作地点进行统计分类，按照出现频率进行排列，对于特殊工作地点应详细注明。

　　6）工作时间描述

　　工作分析人员可采用相应的统计制图软件（例如甘特图），制作出工作的"时间—任务序列"图表。

3.5.3　操作注意事项

　　由于工作日志法是由工作者本人按工作日志的形式详细记录有关工作信息的，因此工作分析人员在实施工作日志法时，应注意以下 3 个方面的问题：

　　（1）对于组织中核心、关键岗位，其职责或是重大，或是稳定性差（例如公司的高层管理者的工作），则工作日志法不宜作为收集此类岗位信息的主导方法。

　　（2）工作日志法所获信息相当繁杂，后期信息整理工作量极大。因此，在工作日志填写表格设计阶段，工作分析人员要设计出结构化程度较高的表格，以控制任职者填写过程中可能出现的偏差和不规范之处，减少后期分析的难度。

　　（3）在日志填写过程中，工作分析人员应积极为任职者提供专业帮助与支持，同时也可组织中期讲解、工作分析研讨会等形式跟踪填写全过程，力图在日志填写阶段减少填写偏差。

3.5.4　优缺点

1. 优点

　　工作日志法的优点主要是：成本低、所需费用少，相对其他信息收集方法，工作日志法更容易为工作分析人员操作、控制以及分析。

2. 缺点

　　工作日志法的不足之处主要体现在：

　　（1）工作分析人员无法对日志填写的全过程进行监控，任职者填写的活动详细化程度可能会与工作分析员的预期有差异。

（2）任职者可能不会按照规定的填写时间，及时填写工作日志，导致事后填写的信息不完整。

（3）日志法的应用需要占用任职者较多时间。

（4）工作的部分任务发生频率低，但是影响重大，是本工作的核心职能，可能在日志填写的时间区间内没有发生，这样会导致重要信息的缺失。

（5）由于工作者一般有夸大自己工作数量和难度的倾向，因此通过工作日志法所收集到的信息的准确度还有待检验。

为了更好地规避以上缺点，工作分析人员可采取以下措施：做好动态跟踪，及时回答工作日志填写中出现的疑问，着重提醒填写者按规定时间区间填写日志，获取任职者直接上级的支持，结合后期访谈以补充工作核心职责的信息，后期结合其他方法验证所收集信息的真伪。

3.6　主题专家会议法

3.6.1　内容及其适用范围

主题专家会议法就是将主题专家(Subject Matter Experts，简写为 SMEs)召集起来，就目标职位的相关信息展开讨论，以达到收集、验证数据、确认工作分析成果的目的的方法。

主题专家会议的成员主要包括：组织内部成员、组织外部成员。组织内部成员主要有：任职者、直接上级、曾经任职者、内部客户（即业务流程中的下游）、其他熟悉目标职位的人；组织外部成员主要有：咨询专家、外部客户、其他组织标杆职位任职者。

主题专家会议法适用范围较广，它除了有收集信息的用途之外，还担负着最终确认工作分析成果，并加以推广应用的重要职能。

3.6.2　实施程序

1. 确定会议主持人

主题专家会议法的主持人扮演着十分重要的角色，一般由组织内与目标职位相关的中层管理者担当。这样做的原因，一是中层管理者通常有较强的人际关系协调能力，二是中层管理者较熟悉组织结构及工作流程。选定主持人后，工作分析专员还需对其工作职责进行指导和培训。会议主持人职责如表 3-4 所示。

表 3-4　主题专家会议主持人职责

主要职责	职责范围
召集会议	按照会议计划，协调并召集相关人员参加会议
控制会议进程	主持人根据会议议程，逐步展开讨论，确保会议秩序
提出议题	根据会议提要，提出讨论范围和讨论内容，并及时调整会议议题
决议	根据与会者讨论结果，对目标职位各项特征做出最后判定
提供资料	准备并分发会议所需的相关资料、表格、问卷
复核	对讨论过程中的分歧问题进行会后调研复核，并将结果反馈给相关人员

2. 选择参加会议的人员

为了提高会议效率，会议的人员规模应加以控制，人数以 5 至 8 人为宜，因此 SMEs 会议的参与人必须有所选择。

通常根据会议的主要目的确定到会的专家，若主要目的是工作设计，则参加会议的专家应为任职者的直接上级、咨询专家、外部客户、其他组织标杆职位任职者等；若主要目的是确定任职资格，则与会者主要是任职者、任职者的直接上级、外部熟悉目标职位的专家等。

在主题专家的选择上，应注意需要有外部专家的加入。Ash 等人（1982）研究认为，小样本的外部专家即可以提供与大样本任职者同样有效的工作信息。

3. 准备会议相关材料和设施

会议主持人应事先准备好相关书面材料或其他媒体材料。例如，需确认的工作分析初稿、问卷、访谈提纲等。

4. 会议组织与安排

组织者进行会场布置以及后勤准备工作，将会议时间及会议须知提前通知与会者。若有必要，可将相关工作和工作者的资料提前发给与会者。

以下是某公司以编制工作说明书初稿为目的的主题专家会议议程表，如表 3-5 所示。

表 3-5　专家会议过程示例

日　程	会 议 内 容	时 间
第一天	开场白	8:30
	会议简介	8:45
	讨论具体目标及相关用途	9:00
	讨论目标工作	9:15
	目标工作任务陈述并提供相关实证	9:30
	会议休息	10:30
	讨论工作结果及影响	10:45
	介绍并讨论工作任务列表	11:45
	午饭	12:00
	逐项评价并修订任务列表	13:00
第二天	填写与目标职位相关的调查问卷	8:30
	集中分析问卷数据	10:30
	午饭	12:00
	讨论与各项任务项对应的 KSAOs 要求	13:00
	最终定稿	14:30

3.6.3　实施中的注意事项

为了发挥主题专家会议法的优点，在其使用过程中，应注意以下 4 点：

（1）由于主题专家会议法的主要目的是为了征求各方面意见，因此应注意营造平等、互信、友好的会议气氛，与会人员应抛弃层级观念，就目标工作的方方面面进行平等、深入地讨论。

（2）主题专家会议往往承担着最终确认工作分析成果的重任。组织者应在会议前进行周密的计划安排，提供相关书面材料、协调与会人员的时间、做好后勤保障等工作。

（3）主题专家会议应有专人记录，对于会议未形成的决议，会后要有专人负责办理。

（4）注重成果反馈。工作分析人员要将通过主题专家会议法获取的分析成果及时反馈给与会人员，在反馈基础上，对分析成果进行补充、修订。

3.6.4　优缺点

1. 优点

主题专家会议法的优点主要有：

（1）经济有效。主题专家会议操作简单、成本低，适合各类组织开展。经专家实践经验，发现该方法是目前国内运用最广泛的、有效的工作分析信息确认方法之一。

（2）适用范围广。主题专家会议法可以运用于工作分析的各个环节中，即不仅可用于工作分析的信息收集阶段，还可用于工作分析的完成阶段。

2. 缺点

主题专家会议法的不足之处主要体现在：

（1）结构化程度低。以主题专家会议法收集到的信息结构化程度较低，工作分析人员在分析信息时期，需要对信息进行大量整理分析。

（2）易受参会人员水平制约。主题专家会议法的使用效果会受到参会专家的知识水平及其相关背景的制约，如果工作分析人员在选取主题专家时出现失误，那么利用该方法所收集到的信息的准确性和有效性就值得怀疑。

3.7　问卷调查法

3.7.1　问卷调查法概述

1. 定义及适用范围

问卷调查法简称问卷法，它是以书面的形式、通过任职者或其他职位相关人员单方信息传递来实现的职位信息收集方式。它是工作分析中最常用的信息收集方法之一，几乎所有的结构化工作分析方法在信息收集阶段均采用问卷调查的形式。

问卷调查法可用于组织内各层各类工作的工作分析，具有广泛的适用性。

2. 特征

问卷调查法具有以下 4 个基本特征：

（1）标准性。问卷调查法采用标准的调查形式，按照统一设计的问卷进行调查。

（2）间接性。问卷调查一般是间接调查，即调查者不与被调查者直接见面，而由被调查者自己填写问卷。

（3）书面性。问卷调查是书面调查，问与答的活动均以书面的形式进行。

（4）抽样性。问卷调查一般是抽样调查，即被调查者是通过抽样方法选取的。

3. 类型

根据问卷的结构化程度，可将问卷分为 3 种类型：结构化问卷、非结构化问卷、半结构化问卷。它们的具体说明如下：

1）结构化问卷

结构化问卷是在相应理论模型和假设前提下，按照结构化的要求设计的相对稳定的工作分析问卷。分析结果可通过对信息的统计分析加以量化，形成对工作的量化描述或评价。

结构化问卷最大的优势在于，问卷经过大量实证检验，通常具有较高的信度与效度，便于职位之间相互比较。

结构化问卷问题设置都是封闭式回答，即设计者设计好答案选项，被调查者不能自由发挥。

2）非结构化问卷

经专家调查，非结构化问卷是目前使用较多的工作分析问卷形式，其特点在于，可对工作和工作者进行全面、完整的信息收集，适用范围广泛，能根据不同的组织性质、特征进行个性化设计。

与结构化的问卷相比，非结构化问卷存在信息分散、精度不够、随意性强等缺陷，但是非结构化问卷也有适应性强、灵活高效等优势。非结构化问卷不仅是一种信息收集工具，而且包含了任职者和工作分析专员的信息加工过程，因此其分析过程更具互动性、分析结果更具智能性。

非结构化问卷中仅有少数几个比较宏观的问题，要求被调查者发挥主观能动性，自己填写答案。

3）半结构化问卷

半结构化问卷要求被调查者做选择、适当填空，不会占用被调查者很多时间，同时也便于整理和定量分析。

半结构化问卷问题设置既有结构化问卷中的追寻细节的选择题，又有非结构化问卷中的允许宽泛回答的填空题。

在工作分析的实践活动中，考虑到结构化问卷可能过于僵化，非结构化问卷可能过于灵活，因此较好的方法是设计半结构化问卷进行问卷调查。

以下是一份半结构化问卷中的问题节选：

本职位的工作时间是（　　　）。

A. 白天正常班　　　B. 倒班　　　C. 昼夜轮班

（1）如果属于倒班制，那么倒班的形式为_____。

（2）加班的频率为_____次/周，加班的时间约为_____小时/月。

（3）加班的原因为_____。

3.7.2 实施程序

1. 问卷设计

1）问卷的整体架构

问卷的整体架构应包括职位基本信息、工作目的、工作职责、绩效标准等内容。具体介绍如下：

（1）职位基本信息。职位基本信息包括职位名称、所在部门、任职者姓名、工号、学历、所学专业、工作经历、工龄、年龄、薪资水平（月平均收入）等。

（2）工作目的。通常用一个简短的、具有高度概括性的语句，来揭示一个职位在一个组织中存在的目的和作用。

它的书写格式是：工作依据＋工作内容＋工作成果，即根据××，做××，以达到××目的。

"工作依据"的格式："根据××"。比如：根据法律、法规、原理、政策、战略、指导、指示、模型、方法、技术、体系、做法、程序、条件、标准等。

"工作内容"的格式："谓语加上宾语"。

例如，某公司办事处系统部的客户经理职位设置的目的是：根据公司有关客户服务的规章制度和公司战略发展的需要，拓展本系统客户关系，确保本系统销售目标的完成和客户关系的提升。

（3）工作职责。工作职责是指职位任职者担负的一项或多项相互联系的任务的集合。对工作职责的书写通常是按照工作任务的重要性程度排列。需要注意的是，投入时间多的工作职责不一定是最重要的职责。

（4）绩效标准。绩效标准指的是各项工作职责需达到的业绩标准，包括工作结果的数量、质量、时限，以及对组织的影响等。

（5）工作联系。工作联系指的是目标工作与部门其他工作岗位、本组织其他部门以及组织外部相关工作之间稳定的、长期的工作联系。

（6）组织架构。组织架构图的设计可参考图 3-2。

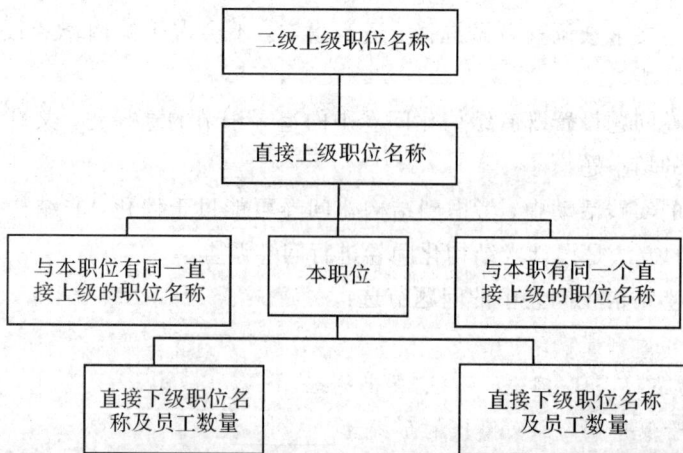

图 3-2　组织架构图

（7）工作特征。主要从工作时间、工作环境、出差比重、工作负荷、危险程度等角度刻画工作特征。

（8）任职资格。工作对任职者学历、工作经验、知识结构、工作技能、综合素质等方面的要求。

（9）所需培训。培训的目标、内容、时间、频率及培训的考核方式。

（10）职业生涯。在职业生涯部分，询问内容是：哪些职位经过何种培训后可晋升到本职位，本职位经过何种培训后可晋升到何种职位，以及可轮换的职位。

2）回答的方式

在设计问卷时，对回答方式的设计有两种形式：开放式回答、封闭式回答。

（1）开放式回答。所谓开放式回答，是指对问题的回答不提供任何具体答案，而是由被调查者发挥主观能动性，自由填写答案。

例 1：你认为胜任该职位需要具备哪些能力？

例 2：本岗位的工作有哪几个大项目，请分别列出。

例 3：在一般情况下，遇到什么事情向本岗位的主管汇报？

例 4：在日常工作中，是否出现过由于处理杂事而影响了本岗位工作的情况？这种冲突发生的频率如何？

开放式回答的优点是：充分的灵活性，有利于发挥被调查者的主动性和创造性，使他们能够自由表达意见。它的缺点则是：可能搜集到一些无价值的信息，对信息的整理和分析比较困难，并且它要求被调查者有较强的文字表达能力。

（2）封闭式回答。所谓封闭式回答，是指将问题的几种主要答案，甚至一切可能的答案全部列出，然后由被调查者从中选取一种或几种答案作为自己的回答，而不能作这些答案之外的回答。

封闭式回答的方式多种多样，常用的有以下 3 种：

第一种为两项式，即只有两种答案可供选择的回答方式。如，是或否、有或无、需要或不需要。

第二种为选择式，即列出多种答案，由被调查者自由选择一项或多项的回答方式。

例 1，基本胜任本职位的工作至少应具备（　　　）学历；承担本职位的最佳学历为（　　　）。

A. 高中、职高、中专、技校

B. 大专或同等学力

C. 本科或同等学力

D. 硕士

E. 博士

F. 其他（请注明）

例 2，您所处理的各项任务彼此是否相关？

完全不相关（　　）大部分不相关（　　）一半相关（　　）大部分相关（　　）完全相关（　　）

例 3，在工作中是否需要灵活地处理问题？

不需要（　　）很少（　　）有时（　　）较多（　　）非常多（　　）

第三种为顺序式，即列出若干种答案，由被调查者给出各种答案的排列先后的回答方式。

封闭式回答优点有：

① 它的答案是预先设计的，能够节约回答时间。

② 有利于对回答进行统计和定量研究。

③ 有利于询问一些敏感问题。被调查者对这类问题往往不愿写出自己的看法，但对已有的答案却有可能进行真实的选择。

封闭式回答缺点有：

① 它的回答方式没有弹性，不易发挥被调查者的主观能动性。

② 由于它的填写比较容易，被调查者可能对自己不懂甚至根本不了解的问题任意填写，从而降低了回答的真实性。

2. 问卷测试

在正式进行问卷调查之前，要先选取部分职位的任职者填写问卷初稿以测试问卷，针对测试中的问题及时修订和完善。

3. 问卷发放及回收

工作分析人员可通过组织内部通讯渠道发放调查问卷，扩大样本范围，提高回收率。

在针对某一特定岗位进行分析时，如果任职者较少，3人以下，可将全体任职者作为调查对象；如果任职者较多，可从中抽取部分进行测试，一般抽取5名绩效较优的任职者为宜。

提高问卷回收率可从以下几个方面努力：

（1）要争取知名度高、较权威的机构支持。

（2）要挑选恰当的调查对象，即挑选那些能达到标准绩效者、有一定的文字理解与表达能力的对象。

（3）提高问卷的设计质量。

（4）要选择回收率较高的问卷调查方式。

4. 问卷处理及运用

首先剔除填写不规范、不合格的问卷；然后，将相同岗位的调查问卷进行比较分析，提炼出完整的工作信息，为工作说明书的撰写奠定基础。

3.7.3 问卷调查法的操作注意事项

为了保证问卷法最大限度地发挥其优点，工作分析人员在操作该方法时应注意以下4个方面的注意事项：

1. 问卷设计的质量

问卷法的实施效果主要取决于问卷设计的好坏。根据专家实践经验，一份好的问卷必须具有系统完整的结构、标准化的格式，同时给出详细的填写说明和填写范例，使被调查对象能够准确地把握填写的标准。

2. 问卷调查前的辅导

问卷法的实施效果还取决于被调查对象对调查的合作态度以及他们对问卷题目的理解

程度。因此，在开展正式调查前，应对调查对象进行问卷填写辅导，通过面对面的沟通与讲解，向他们说明各个题目的含义，统一工作分析人员和被调查对象对问题的理解。

3. 问卷调查过程的控制

问卷调查不是一个简单的发问卷、收问卷的过程。工作分析人员需要严密控制调查过程，及时与被调查对象进行沟通，提高反馈效率和效果。

4. 问卷调查信息的确认

为确保问卷所收集信息的真实性与准确性，在回收问卷之前，有必要将问卷反馈到被调查职位的直接上级处，请他们对问卷中的信息进行确认、修正，并签字背书。

3.7.4 问卷调查法的优缺点

1. 优点

问卷法的主要优点可概括为，可系统地收集大量相关信息，并容易定量地对信息进行概括分析。其优点具体体现在：

（1）速度快。它能在短时期内收集大量的信息。工作分析人员可以通过电子邮件等通讯方式，发放大量的问卷。

（2）适用范围广。问卷法是国内目前应用最广泛的工作分析方法之一，很多经典的问卷无需大幅修改就可用于不同组织中各层各类工作的工作信息收集阶段。经专家实践经验，发现问卷法与访谈法二者结合使用，是目前国内工作分析的主流方法。

（3）可在被调查者业余时间进行，不影响其正常工作。与观察分析法、访谈法相比，问卷调查法不会较多地占用任职者的工作时间。

（4）得到的信息易于整理。这一点在结构化问卷中体现得尤为明显。

（5）匿名性。通常会采取匿名填写方式，要求工作分析对象填写问卷，这样可在一定程度上保证信息的真实度。

（6）可接触到平时难以接触到的人。由于组织内的中高层管理者工作忙碌，或是一些职位的工作活动性质较为特殊（如外科医生），若是采用观察法或访谈法收集信息，可能不太现实，而问卷法则可通过远程调研的形式获取信息，因此通过这种方法，能够接触到平时难以接触到的人。

2. 缺点

（1）问卷编制的技术要求较高，成本费用较高。制作一份科学的结构化问卷需要耗费大量的人力、物力。因此，对于一般的工作分析人员而言，最好参照、借鉴经典的问卷，以此为基础来设计问卷。

（2）容易产生理解上的偏差。问卷调查法不像访谈法，能面对面地、及时地向调查对象解释问题。因此在实际运用中，工作分析人员应对问题提供详细的说明。

（3）只能获得书面的信息，不能了解到生动、具体的情况。

（4）调查者难以了解被调查者是认真填写还是随便敷衍，是自己填写还是请别人代劳。

（5）只适用于有一定文字理解和书面表达能力的调查对象，而不适用于文盲和半文盲，这也是问卷调查法难以克服的局限性。

（6）有些问卷非常长，比如有一百多道问题，包括几个评定量表，这样的问卷容易导致填写者疲乏，可能使得他/她所提供的信息不可靠、不准确。

3.7.5 一个示例——以薪酬设计为导向的职位信息问卷

本小节介绍由美国管理学者开发的，专门用于以薪酬设计为目的的工作分析问卷——职位信息问卷(Position Information Questionnaire，PIQ)。PIQ问卷的设计是按照四个维度来收集目标职位与薪酬有关的信息，包括：从事该职位所运用的技能/知识、职责的复杂性、职位对企业的影响、工作环境。通过该问卷所获得的职位信息可以为大多数职位评价方案提供有效的支持。该问卷形式如下：

职位信息问卷(PIQ)

导论

职位信息问卷(PIQ)是工作评价过程的关键组成部分之一。工作评价涉及公司一系列工作的相互比较，采用这种系统化的方法有助于公司的管理者准确地区分工作及相应的报酬水平。

职位信息问卷旨在搜集您所从事工作的有关信息，它包含了公司所认定的每项工作中最重要的成分。职位信息问卷将向您询问以下问题：

—从事该职位所运用的技能/知识

—职责的复杂性

—职位对企业的影响

—工作环境

填写职位信息问卷要花上一些时间，但有助于公司和员工的长远发展。因为公司需要搜集信息以便准确地理解您的工作及其职责。您的上司将会在正常工作时间内给您足够的时间来填写职位信息问卷。

1. 工作综述

·工作概要：您所从事工作的主要目标是什么？（它为什么存在，该工作在公司中起什么作用？）

例如：通过执行办公室和行政职责为本部门提供秘书支持。

以最小的成本采购产品和服务以满足特定的需求。

从事涉及计算机运用的开发、安装维护工作的系统分析。

提示：在回答该问题之前可以先列出工作职责。

_____

_____

·您所从事工作的主要职责是什么？

在下面的空白处列出您的工作中最重要/最常见的五项职责。然后，在右边相应的位置上注明您在每一项职责上所花费的时间。

	所花费时间比例
工作职责	（总计不得超过100%）

(1) _____

_____

(2) _____

(3) _____   _____

(4) _____   _____

(5) _____   _____

2. 所运用的技能/知识

· 正规培训或教育：为开始您的工作需要什么样的正规培训/教育水平？

例如：高中毕业，两年数据处理的技术背景，化学学士学位等

_____

为开始您的工作，还需要什么样的培训、资格认证、执照？

例如：注册会计师培训，锅炉工国家资格证书等

_____

· 工作经验：除了您前面说明的正规培训/教育或者相关经验以外，为开始您的工作，还需要多少个月（或年）的相关工作经验？

月：_____   年：_____   不需要_____

· 技能/能力：为完成您的工作需要哪些重要的技能和能力？（请就您所确认每一项给出两个例子）。

A 协作技能（例如计划活动，组织/维持纪录）

需要协作技能吗？□需要   □不需要   如果回答需要，请列出所需的两项特定技能。

例1：_____   例2：_____

B 行政技能（例如监督财务纪录，解释政策和程序）

需要行政技能吗？□需要   □不需要   如果回答需要，请列出所需的两项特定技能。

例1：_____   例2：_____

C 分析技能（例如从统计数据中得出结论，考察备选方案等）

需要分析技能吗？□需要   □不需要   如果回答需要，请列出所需的两项特定技能。

例1：_____   例2：_____

D 工程技能（例如确认过程控制需求，界定资本装备需求，设计产品测试系统等）

需要工程技能吗？□需要   □不需要   如果回答需要，请列出所需的两项特定技能。

例1：_____   例2：_____

E 沟通技能（例如处理询问，撰写标准信函等）

需要沟通技能吗？□需要   □不需要   如果回答需要，请列出所需的两项特定技能。

例1：_____   例2：_____

F 影响技能（例如介绍项目构思，协商谈判合约，说服他人，直接和客户打交道等）

需要影响技能吗？□需要   □不需要   如果回答需要，请列出所需的两项特定技能。

例1：_____   例2：_____

G 计算机技能（例如系统分析、软件开发、计算机硬件性能评价等）

需要计算机技能吗？□需要   □不需要   如果回答需要，请列出所需的两项特定

技能。

例1：＿＿＿＿＿＿＿＿＿＿　　　　例2：＿＿＿＿＿＿＿＿＿＿

H 创造技能（例如撰写特别报道，开发可视产品，设计包装，评价创造性工作等）

需要创造技能吗？ □需要　　□不需要　　如果回答需要，请列出所需的两项特定技能。

例1：＿＿＿＿＿＿＿＿＿＿　　　　例2：＿＿＿＿＿＿＿＿＿＿

I 其他特殊技能

请列出从事您的工作所需的其他任何特殊技能和才干。

＿＿＿＿＿＿＿＿＿＿＿＿＿＿＿＿＿＿＿＿＿＿＿＿＿＿＿＿＿＿＿＿＿＿＿＿＿＿

最重要的技能：在您所列出的所有技能中，哪些技能对于您所从事的工作来说是最重要的？根据重要性程度依次列出技能代码。

例如：1 C　2 P　3 B　4 R　　　分别表示分析、数学、行政和软件/字处理技能。

3. 职责的复杂性

· 工作的结构和变化：您工作中的流程和任务是如何决定的，您是如何进行工作的，这些对于了解您在公司所从事的工作来说至关重要。

请描述出您的工作流程。仔细考虑一下您工作中的关键点或者您花时最多的工作活动。

（1）您是从谁/哪里（头衔而非人名）获得这份工作的？

＿＿＿＿＿＿＿＿＿＿＿＿＿＿＿＿＿＿＿＿＿＿＿＿＿＿＿＿＿＿＿＿＿＿＿＿＿＿

（2）为了完成这项工作，您需要执行哪些过程或者任务？

＿＿＿＿＿＿＿＿＿＿＿＿＿＿＿＿＿＿＿＿＿＿＿＿＿＿＿＿＿＿＿＿＿＿＿＿＿＿

（3）您的工作产出是什么？

＿＿＿＿＿＿＿＿＿＿＿＿＿＿＿＿＿＿＿＿＿＿＿＿＿＿＿＿＿＿＿＿＿＿＿＿＿＿

· 问题解决与分析：从事公司的每一项工作都会碰到问题，但是每项工作发现和解决问题的方法又是各异的。请在下面列出您在日常工作中（如，每天、每周、每月）需要解决的三个问题。

（1）＿＿＿＿＿＿＿＿＿＿＿＿＿＿＿＿＿＿＿＿＿＿＿＿＿＿＿＿＿＿＿＿＿

（2）＿＿＿＿＿＿＿＿＿＿＿＿＿＿＿＿＿＿＿＿＿＿＿＿＿＿＿＿＿＿＿＿＿

（3）＿＿＿＿＿＿＿＿＿＿＿＿＿＿＿＿＿＿＿＿＿＿＿＿＿＿＿＿＿＿＿＿＿

请您列出一个在工作所遇到的特别棘手的问题。

＿＿＿＿＿＿＿＿＿＿＿＿＿＿＿＿＿＿＿＿＿＿＿＿＿＿＿＿＿＿＿＿＿＿＿＿＿＿

为什么会产生这个问题？

＿＿＿＿＿＿＿＿＿＿＿＿＿＿＿＿＿＿＿＿＿＿＿＿＿＿＿＿＿＿＿＿＿＿＿＿＿＿

这个问题发生的频率如何？

＿＿＿＿＿＿＿＿＿＿＿＿＿＿＿＿＿＿＿＿＿＿＿＿＿＿＿＿＿＿＿＿＿＿＿＿＿＿

为解决这样的难题需要哪些特殊的技能或者资源？

＿＿＿＿＿＿＿＿＿＿＿＿＿＿＿＿＿＿＿＿＿＿＿＿＿＿＿＿＿＿＿＿＿＿＿＿＿＿

在您的工作单位中，有人能够帮助解决这个问题吗？请说明。

＿＿＿＿＿＿＿＿＿＿＿＿＿＿＿＿＿＿＿＿＿＿＿＿＿＿＿＿＿＿＿＿＿＿＿＿＿＿

· 创造性和创新性：您所从事工作的哪一部分具有创造性和创新性，从而使得我们能够找到做好工作的新思想和更好的方法？请详细举例说明。

例如：为现有产品找到新用户，修正追踪信息的方法，改变程序削减公司的运输成本等。

_____

_____

_____

4. 职位对事业的影响

· 工作绩效评价的性质/独立性：工作评价可以以不同的方式出现，例如，通过直接监督，通过客户

谁（头衔而非人名）对您的工作进行评价？

_____

评价者对工作绩效的哪些方面做出评价？

例如：工作的准确性，及时性，具体项目的结果等。

_____

您全部的工作绩效都被评价吗，还是说评价更多地关注于最终结果？请解释。

_____

当您碰到不符合现有的政策、程序和做法的情况时，您是如何处理的？

例如：把它交由上司处理，请教有经验的同事，先决断后报批。

_____

· 决策类型：请列出三类您在工作中通常所做的决策。

例如：把电话转给他人，决定新报告的内容，分配您所监督的工作，批准计划等。

(1) _____

(2) _____

(3) _____

如果您在工作中的决策不正确，会产生什么样的错误？

例如：不准确的计算结果，文件存档错误，丢失数据等。

_____

类似这样的错误会产生什么样的结果？

例如：存货成本过高，时间损失严重，拖延生产，丧失客户。

_____

为了改正这些错误需要做哪些工作，都涉及哪些人？

_____

· 限制信息：您在工作中看到或者了解到了公司的哪些限制信息？

例如：商业秘密，与人力资源有关的信息等。

_____

您看到或者使用这些信息的频率如何？

□定期　　□偶尔　　□很少　　□根本没有

在您日常的工作当中，泄漏限制信息的概率有多大？

□定期　　□偶尔　　□很少　　□根本没有

举例说明在什么情况下可能泄漏限制信息。

_____

_____

如果限制信息被泄漏将会造成什么样的影响？

例如：对一个重要的部门目标造成损害，内部不满意等等。

_____

· 和他人共事：这一部分所要了解的是您在工作当中与他人接触的状况和目的。在描述您接触他人的目的时，请尽量用诸如给予、接受、交换信息、讨论、解释、说服或劝说这样的词汇。

内部联系

请列出在您的直接工作之外与您有定期业务联系的工作名称。描述这些联系的性质和目的。

名称　　　　　　　　　　　　　　　　　　目的/性质

例如：部门会计，采购员　　　　　　　讨论价格政策，解释发票价格差异

外部接触

请列出在公司之外与您有定期业务联系的公司/机构名称，描述这些联系的目的。请根据类别而非个人姓名列出这些顾客的名称。

名称/公司/机构　　　　　　　　　　　　　　　目的

例如：顾客，　　　　　　　　　　　　　解释产品特征

· 财务责任：公司中的某些工作对资金管理负责——无论是收入，支出，资产，或者其他组合。这些工作通常和领导、监督以及管理责任有关。

注意：为了帮助您决定是否填写这一部分，问自己一个问题："我对产生收入、控制支出、管理和保护资产负有直接责任吗？"如果你的回答是"否"，那么请在"影响力量表"下选择第 4 选项，即"无责任"，否则的话，请继续。

您的工作是如何直接影响公司的收入、支出或者资产的？

说明：

（1）估计您每年负责的资金数量。

（2）采用影响力量表来描述您的责任度。

（3）在相关的空白处简要描述您财务责任的性质。

例如：建议和监督广告预算花费，批准满足需要的存货水平，使得应收账款中的投资最小化。

影响力量表

· 全面控制或者管理责任（设立目标，批准活动）

· 在有效管理中起重要作用（自主实施被批准的活动）

· 在计划/实施过程中起参与或咨询作用

· 无责任

注：如果您不负责任何资金数量，那么您也可以同时选择影响力量表中的第 4 选项，即"无责任"。

	年度资金	影响	描述
收益			
支出			
资产			

· 工作指导：本部分只是为那些对他人工作负责的职位填写。

□ 如果您的工作中没有这样的责任，那么在方框中划"√"，然后转向另一部分。否则的话，请继续。

工作指导的类型   人数

（1）直接监督他人

（执行业绩评价，做出招聘决策）

工作名称：_____

（2）对那些没有直接报告关系的员工进行指导

（安排或者分配工作，监督企业或者部门计划）

工作名称：_____

（3）经常性的团队领导（任务组或者项目组）

工作名称：_____

（4）对非本公司员工的经常化直接监督

工作名称：_____

5. 工作条件

这个项目考察每项工作的体力要求和环境因素。

· 工作位置：您每天在以下位置上所花费的时间比例是多少？您的回答总计应得 100%。

非限制坐立（可以随意走动）_____%

限制性坐立（不能随意走动）_____%

站立或者走动 _____%

匍匐、爬、攀援或者其他的非站立、非坐立姿势 _____%

· 活动概述：您大概把多少时间花在以下活动中（全部相加不需要等于 100%）：

A 部分活动：（1）手指/手操作 _____%

               （2）举/带/推/拉 _____%

B 部分活动：（1）思维集中 _____%

               （2）视觉集中 _____%

· 危险暴露：描述任何在工作中可能暴露的危险或者可能受到的伤害。说明在假定采取了正常的安全防护措施的条件下，您在每个工作日内可能暴露危险的比例。如果会发生暴露危险，请说明可能产生的后果。

危险描述或者可能的结果   需要的防护

_____ □ 日常关注

_____
_____

☐安全规则，培训或者保护设施
☐特殊技能/高度警觉

·环境舒适程度：描述所有噪音、气味、气流、粉尘、极端温度等等与您所从事工作有关的不适因素。说明您每天大概暴露在这些因素下的比例。

_____ _____%
_____ _____%
_____ _____%

6.总体评价

·总评：您觉得本文件涵盖了实际工作职责的多大比例？

☐0—25%　　☐26—50%　　☐51—75%　　☐76—100%

您所从事工作的哪些方面还没有被本问卷覆盖？

_____
_____

重要事项：

检查一下您的职位信息问卷，以便确认没有忽略重要的信息。

当您完成以后，请将职位信息问卷送到您的上司/经理那里。他/她将会与您讨论任何可能需要做的改动。最后，您和您的上司在阅读下面一段话后在相应的位置上签名。

"我们共同检查和讨论了针对这份问卷所填写的内容，确认它们代表了所描述的职位。"

员工签名：_____　　　　　　　　　　日期：_____
监督者/管理者签名：_____　　　　　　日期：_____

注：如果职位信息问卷是由监督者/管理者为一个新设立的职位而填写的话，无须员工签名。

思 考 题

1.请对各种常用的工作分析基础性方法进行系统评价，举例说明它们的用途。

2.简述访谈法的类型，说明它们的适用情况。

3.工作日志法的缺陷有哪些？如何规避这些缺陷？

4."问卷调查方法适合于各层各类工作的工作分析活动。"这一说法是否正确，为什么？

5.假设你是某高校的工作分析人员，根据高校的特点，你觉得应该采取哪些基础性方法对高校教师工作和行政管理人员工作进行信息收集，为什么？

案例分析

案例1

公共宣传部经理的访谈

在国内某大型家电集团公司的工作分析活动中，工作分析专员小凯采用访谈法，对公关宣传部经理职位进行调查分析。下面就是对该职位的任职者刘经理进行的访谈。

第一步：介绍和了解基本背景

小凯首先用诚恳、简洁的语言，向刘经理介绍自己及本次访谈的目的，消除刘经理的顾虑，建立良好的访谈关系。

小凯：您好！我想您已经知道了公司现在正在进行的工作分析工作，今天与您交谈的目的是为了了解一些有关您这个职位的信息，因为您是最了解这方面信息的人。希望您能够配合！

刘经理：好的。

小凯：您在这个职位上干了多长时间？能简单介绍以下您的工作经历吗？

刘经理：我大学毕业就被分配到本公司的前身××冰箱厂做了一名秘书，两年后被调到宣传科工作，做了 5 年，后来成立了集团，我就一直在集团办公室做公关和宣传工作，5 年以后，也就是前年被提升为部门经理。

小凯：看来您是从基层一步一步做到今天这个位置的，您的实践经验一定很丰富，而且您在公司工作时间这么长，各方面情况也一定非常了解。对今天的谈话我们可能要录音，以方便回去整理笔记。我们会对您所谈的内容进行保密，不知您是否同意？

刘经理：好，没问题。

第二步：获得与工作描述有关的信息

小凯：请您介绍一下您的工作职责。

刘经理：我的工作职责分两个部分：公关和宣传。公关，就是与相关的一些单位建立良好关系。我们的业务发展需要与政府部门、新闻媒体、供应商、客户等建立良好的关系，使他们支持我们的业务。宣传，包括对内和对外。对外宣传最主要的有广告，其次还有我们的刊物《万家灯火》，另外也时常举办一些活动来扩大企业的知名度。对内宣传主要就是让员工了解公司、认同公司的文化。

小凯：据我所知，客户服务中心也负责与客户建立良好的关系，供应商的关系主要由采购部来处理，那么您这里与他们是怎么分工的呢？

刘经理：涉及业务方面的客户、供应商关系都是由相应的部门来处理的，非业务性往来，则主要是由我这边来负责。超过 200 元的活动经费需要我审批确认，超过 1000 元的需要集团办公室主任批示。

小凯：在对外宣传方面，您讲了很重要的内容就是广告。您能详细说明对外投放广告的工作大致是怎样的程序吗？

刘经理：每年年初我们都以招投标的形式决定广告代理商，包括电视广告、网络广告、户外广告等。每年这个招投标会都由我组织。年度代理商确认后，我们将统一对其进行相关知识和背景的培训，使他们了解我们公司的理念，这样他们的创意能够更加符合我们的需要。公司品牌和形象宣传的广告由我们这里牵头，综合各部门的意见提出计划，产品有关的广告主要由市场部做计划，我们要审核是否符合公司形象，最后计划由领导批准，然后让代理商进行设计。与代理商的沟通都是通过我们这里进行的，必要的时候我会邀请市场部的人或相关领导参加。广告投放之后，我们联合市场部对广告效果进行评估。例如，对销售额的影响、对客户满意度的影响等。

小凯：除了广告之外，其他还有哪些宣传推广活动？

刘经理：我们的市场推广活动主要有公司级别的重大事件的对外发布及展示、与产品和服务相关事件的对外发布及展示，以及分公司在当地的推广活动。受众类别分为：面向大众的发布与推广活动、面向新闻界的发布与推广活动、面向主要客户的发布与推广活动；按主要采用的形式分为：大型展览会、新闻发布会、记者招待会、酒会、研讨会等。比如最近我们正在准备大型广场晚会，会邀请一些著名的歌手、演员，在晚会上还有现场抽奖，奖品就是我们公司最新推出的产品。

小凯：这样的活动你们多长时间举办一次？

刘经理：一年五六次。

小凯：这么大的工作量，您有几名下属，是怎样分配工作的呢？

刘经理：广告这一块主要是两个品牌管理专员负责，一人负责形象广告，另一人负责产品广告。公共关系这一部分就一个人，协助我处理一些常规的公共关系事务。对外宣传主要是由一个人负责大型活动，一个人负责外部刊物，对内宣传由一个人负责内部刊物。

小凯：您在工作中应该是向办公室主任汇报的吧？那么有哪些事是您能做主的，哪些是必须请示上级的呢？

刘经理：是的，像广告，500万元以上的公司形象广告一定要行政副总审批，200万元以上的由集团办公室主任审批，200万元以下的基本上我可以审批。各地分公司的广告基本上我可以审批。大型活动都得主任审批。宣传的刊物基本已经定型，每一期我这里通过就可以了，除非有一些特别重要的稿件再请主任审批。

第三步：获得与工作规范有关的信息

小凯：您觉得要干好您的工作，至少需要哪些知识、技能、能力？

刘经理：知识面要广，因为接触的是方方面面的人。要善于处理人际关系，掌握沟通技巧。要懂一些广告知识、公共关系知识，另外要有较好的文笔。此外处理事情要灵活，善于应变，具备一定的抗压能力。

第四步：结束访谈

小凯：本次访谈到此结束，谢谢您的配合，再见！

（资料来源：MBA智库文档，官方网址：http://doc.mbalib.com/view/4dcfd4937561f248a7b863a4062d8f79.html。本案例在资料来源基础上略有修改。）

请讨论：

（1）通过本次访谈，小凯收集到哪些工作内容和工作者任职资格要求的信息？关于工作内容的调查，是否还有遗漏的地方？如果有，请补充。

（2）在第三步"获得与工作规范有关的信息"方面，小凯没有收集公关宣传部经理工作经验的信息。您认为经验对于该职位重要吗？如果想获取关于工作经验的信息，您将如何设计访谈问题？

（3）在本次访谈中，小凯结束访谈的方式是否妥当？您是否有更好的方式来结束访谈？

（4）请设计出一份结构化问卷，对公关宣传部经理的工作进行调查。

案例 2

分厂厂长的工作分析访谈

为有效进行 A 市 FZ 机械有限公司的分厂厂长的工作分析，工作分析人员决定采取访谈调查法，分别对该公司生产部部长、车间职工、人力资源部主管进行访谈，访谈问题及答案汇总如下。

1. 对生产部部长进行访谈调查

问题 1：你对分厂厂长的教育程度有什么看法？

答：分厂厂长的教育背景很重要。教育程度的高低决定了他对新鲜事物的接受能力，较高学历的人学习能力较强，对新东西的掌握速度较快，并且，拥有比较好的学习经历证明他们拥有比学历低的人有更好的学习和成长环境，整体素质较高。

问题 2：你对分厂厂长的工作经历有什么要求？

答：分厂厂长作为车间的主要管理者，位置十分关键，对车间生产起着举足轻重的作用。作为一个贯穿企业整体运作和车间生产的关键点，必须拥有丰富的生产车间管理经验。因为培养一个合格的生产分厂厂长需要一个很长的过程，如果招聘到的人员经验不足，不仅会影响正常的生产，还会浪费时间和金钱对其进行培养。

问题 3：你对分厂厂长一职的专业知识有什么要求？

答：分厂厂长作为在生产一线的生产主管，首先要有基本的管理学知识，掌握生产管理相关知识，懂得制造企业的企业运作管理，拥有和我厂生产的产品相关的产品知识更好。

问题 4：你对分厂厂长一职的技能有什么要求？

答：应该清楚了解产品生产流程各个环节及操作标准，清楚了解原材料的特性及用途，能够准确的制定出生产计划，能够清晰地根据生产计划进行组织分配，能够根据工期制定出合理的进度控制计划，对突发问题能够做出灵活应变，清楚了解车间各个岗位人员的工作职责，能够合理地进行选拔与配置。

2. 对车间职工进行访谈调查

问题 1：你认为分厂厂长应该具备哪些能力？

答：应该有较好的沟通协调能力，和我们保持良好的人际关系；应该具备应变能力，能够帮助我们解决生产中由于我们的失误造成的突发事件；应该有创新能力，我们希望车间一直是一个进步的车间，有良好的绩效使得我们的收益也增高，但是如果一个分厂厂长照本宣科，我想这个目标很难达到；应该有决断力，作为我们的直接领导，我平时都是听厂长的指挥，是我们的精神领袖，我希望我们的分厂厂长对待问题应该做出果断决定，敢于对决定承担后果。

3. 对人力资源部主管进行访谈调查

问题 1：你觉得在面试时对应聘人员的身心素质方面有哪些要求？

答：第一，五官端正、衣着整洁、端庄大方、精神饱满，能够让人感受到亲和力，并对对方的健康状况进行判断；第二，沟通表达能力较好，语言流畅、能清楚生动地表达自己的思想，巧妙附和对方，同时，耐心倾听别人讲话，并做出适当反应；第三，通过情景假设，设置问题，在回答问题的过程中必须表现出自信、乐观、责任心和事业心等。

（资料来源：刘家晨. 基于工作分析的人才辨识方法研究——以邯郸 FZ 机械有限公司招聘为例. 河北工程大学硕士学位论文，2013。本案例在资料来源基础上略有修改。）

请讨论：

（1）案例中的访谈问题质量如何？请你对本次访谈的问题设计进行评价。

（2）请你通过案例资料提供的相关访谈记录，总结出分厂厂长的任职资格要求。

第4章 以工作为基础的工作分析系统性方法

本章知识点

1. 掌握关键事件法内容、关键事件编写原则及获取方法；
2. 明确职能工作分析法的要点；
3. 掌握职能工作分析法分析框架和实施程序；
4. 掌握任务清单分析法中任务清单内容；
5. 掌握任务清单分析法的实施步骤。

案例导入

　　AC公司是从事可燃、有毒、有害气体报警控制产品及相关领域楼宇智能监控产品的研制、生产、销售和服务的高科技公司。公司自2008年成立以来，从只有几个人的小公司发展到现在拥有55人的股份制企业，经历了从初创期到成长期的过渡。公司战略目标是五年内进入国内气体探测专业公司前三名，年销售收入超过亿元。

　　公司目前有七个职能部门，分别是：总经办、品管部、财务部、生产部、技术服务部、营销部、研发部。为顺应公司发展，实现公司战略目标，公司聘请外部人力资源咨询机构开展工作分析。人力资源咨询小组进入AC公司后，通过问卷调查、广泛地访谈和对公司原有相关资料的分析，发现该公司原来的工作分析活动存在着以下问题：没有一套完整的工作分析管理体系、工作分析与企业战略目标联系不紧密、工作分析的参与者较为单一、没有有效地采用工作分析方法、工作分析的结果没有得到应用。

　　人力资源咨询小组决定采用任务清单分析法，依据组织战略目标的分解，明确公司内各个岗位职责与任务，合理界定各岗位的权限与内外部工作联系。首先，明确各部门的工作职能，建立部门工作职能表，表4-1概括了其部分内容。

表4-1　部分部门的工作职能

研发部
a.负责新产品的设计、开发的策划，编制设计和开发活动计划
b.明确设计任务中的各项技术要求，并组织实施
c.负责组织实施各阶段的设计评审、设计验证和确认工作
d.负责设计更改评审和审批工作
e.负责制定技术工艺文件，并对其执行情况进行监督
f.负责数据分析、处理与传递

g. 负责组织对体系产品持续改进的策划，并跟踪验证实施效果
生产制造部
a. 负责制定本部门质量目标及相应措施，并组织实施
b. 负责基础设施和工作环境的管理与维护
c. 负责生产和服务控制，并做到安全文明生产
d. 负责标志和可追溯性的控制
e. 负责产品搬运、防护的实施
f. 负责不合格品的处理
g. (合同有要求时)负责到客户处进行设备的安装和调试

再根据部门职能表，细化部门内各项工作任务。在所形成的部门任务表的基础上，编写半结构化调查问卷，获取各职位具体的工作任务及要求等信息内容。考虑到工作任务清单可能会遗漏一些重要的工作任务信息，因此，人力资源咨询人员在问卷问项后增加一道问题："请用您自己的语言描述您的主要工作职责和任务"。

进一步地，人力资源咨询小组对收集到的工作信息进行审查确认，逐条列出岗位的相关内容，为后面编写工作说明书打好基础。比如，公司生产副总经理的工作任务有：负责组织制定生产战略规划，对生产战略规划的正确性负责；负责组织制定、实施生产战略规划；参与制定公司年度经营计划、预算方案；参与公司重大财务、人事、业务问题的决策；负责掌握了解公司内外动态，及时向总经理反映，并提出建议。为顺利完成这些工作任务，其应具备的工作权限有：公司重大决策的建议权；在产值权限内，对生产计划制定的审批权；对生产计划、生产作业计划、外包生产计划的执行情况的监督检查权；对直接下级人员的调配、奖惩建议权和任免的提名权；对直接下级工作争议的裁决权。

(阅读资料：王岩. ACTION 公司工作分析研究. 四川大学硕士学位论文，2004。)

导入案例中的 AC 公司聘请外部专业咨询机构开展工作分析活动，外部机构通过对公司的现场调查，决定采用任务清单分析法对公司内现有工作进行全方位的工作分析活动。通过应用这一方法，收集了关于工作内容、工作权限等方面的重要信息。任务清单分析法是一种典型的以工作为基础的工作分析系统性分析方法。本书在第 3 章中介绍了工作分析的基础性方法，本章和下一章将详细阐述两类工作分析系统性方法。

工作分析系统是指在完成组织战略的制定，并明确了各个职能部门以及职位的功能和目标之后，以工作分析的基本方法为基础，从实施过程、问卷量表使用、结果表达运用方面都体现出高度结构化的特征，通过量化的方式刻画职位特性的工作分析方法。两类工作分析系统性方法分别是：

(1) 以工作为基础的工作分析系统性方法。该类系统以工作为出发点，是一种重点分析工作本身特点的工作分析方法，侧重描述完成工作任务所需的活动、绩效标准以及相关任职条件(KSAOs)等。该方法的关注点是准确详尽地描述履行工作任务的前期投入、中期过程和后期产出。在实践中，主要有以下几种以工作为基础的职位分析系统：关键事件法

(Critical Incident Technique，CIT)、职能工作分析法(Functional Job Analysis，FJA)、任务清单分析法(Task Inventory Analysis，TIA)。

(2) 以人员为基础的工作分析系统性方法。该类系统从任职者行为的角度描述职位，侧重于任职者在履行工作职责时所需的知识、技术、能力以及其他行为特征；对特定专业技术人员，如会计、律师等进行工作分析的时候，往往采用此类方法。实践中应用较多的以人员为基础的工作分析系统有：职位分析问卷法(Position Analysis Questionnaire，PAQ)、工作要素分析法(Job Element Method，JEM)、临界特质分析系统(Threshold Traits Analysis，TTA)、能力需求量表法(Ability Requirement Scales，ARS)。

本章详细介绍 3 种代表性的以工作为基础的工作分析系统性方法——关键事件法、职能工作分析法和任务清单分析方法。希望通过对这些方法的阐述，让读者对以工作为基础的分析方法有一个较为全面的系统性认识。

4.1 关键事件法(CIT)

4.1.1 关键事件法概述

1. 关键事件

"关键事件"是指在工作的过程中，给工作带来显著影响、对工作的结果起决定作用的事件。它一定与工作绩效维度相关。若不相关，即使该事件有显著后果，也不能称之为关键事件。

以下提供两个职位的关键事件示例，如表 4-2 所示。

表 4-2 两个职位的关键事件

推销员工作的关键事件：
推销员从顾客那里收到了某种型号的产品质量的抱怨。他未能对事件加以调查和协调，致使劣质产品被退到了批发商或零售商处，顾客耿耿于怀。 大批顾客对我们的产品质量加以抱怨并决定购买我们竞争对手的产品。公司证实了抱怨的原因并决定采取新的营销方案。推销员向顾客宣布了这一新举措并答应将在下一个订单中实施。但是，他并未与批发商及时协调，致使顾客订单下达时，批发商仍按原方案执行。 推销员在街头看到一辆卡车上的设备可能会用到自己公司的产品，便尾随卡车找到了设备的使用地点，从而促成了一份新订单的签订。
打字员工作的关键事件：
能够觉察出信件或报告上的用词不恰当并修改 能将草稿装订得四边整齐，看上去如同一册印刷品 辨别顾客通讯录上的正误 不能按常规归档图表和信件 用打字机打出关键信息，比如尺寸、位置和由于不小心而排错了的数据 从来不在意拼写，不查字典 由于打字错误和过分的歪扭不齐而不得不重打第 600～800 页

2. 关键事件法

关键事件法(CIT)是指工作分析人员、目标工作的任职者或与目标工作有关的人员，在大量收集与工作相关信息的基础上，将工作过程中能反映员工业绩好坏的"关键事件"详细记录，对岗位特征和要求进行分析的一种方法。

该方法由美国学者弗拉纳根(J. C. Flanagan)在 1954 年首先提出，它能有效提供任务行为的范例，因而频繁地被应用于绩效评估、培训和工作任务设计方面。

关键事件法是对脑力工作者如开发人员、设计人员等进行的工作分析中最为常用的方法之一。

阅读资料

在英语里，Critical 与 Criticism 是同一个词根，都有批评的意思。对大部分职业来讲，这个词隐含了负面的含义，可能会引起一些抵触情绪。例如，在核电工业里，Critical 和 Incidents 均有特定的令人不太愉快的意义，所以在使用"关键事件"这个术语时，核电工业的工作人员会拒绝进一步讨论相应的工作行为。为了解决这些问题，国外会使用"行为范例"或"绩效范例"这样的中性词组，来替代"关键事件"的表达。使用替代词后，参与者会更积极地合作。

4.1.2　实施程序

1. 编写关键事件的规则

一个完整的关键事件描述应具备以下特征：特定而明确，集中描述工作所展现出来的可观察到的行为，简单描述行为发生的背景，并且能够说明行为的结果。

1) 明确

关键事件所描述的行为应是特定而明确的。它的判断标准是行为是否单一。如果描述的行为是单一的，称之为明确的行为。若事件描述的是工作者做的几件不同的事情，那么它就是不明确的。

比如："消防队员进入一栋居民大楼，开始搜索上面的楼层，但是他没有发现在床边和墙壁之间蜷缩着一个失去知觉的伤者。在沿着楼梯下来时，消防队员发现了另外一个被热浪袭倒的同伴，把他拖到外面后，回到受伤的同伴的位置，继续帮助灭火。"

上面是一个描述消防员关键事件的失败的例子。原因是，它对消防员关键事件的描述不是单一的事件，而是对在一段时间内几个事件的描述。

2) 行为导向

行为导向即关键事件所描述的行为应是工作中可观察到的行为。

在描述事件时，可将任职者作为句子的主语，尽可能描写可观察到的、外在的动作，而不是内在心理活动或疏漏之处、未做到的工作。

在编写消防员关键事件中，非行为导向的描述举例："在湖边，水泵被安置在传动装置上，抽入 15 英尺的湖水。"将其改为行为导向的描述，应该是："消费队员停在湖边后，将水泵安置在传动装置上抽水，加快转速，在水箱中抽入 15 英尺的湖水。"

3) 背景描述

在关键事件描述里，应简单概括行为发生的背景。这样做的目的是让读者判断行为是否有效，或让读者能迅速想象出行为发生的场景。

4）行为结果

除了行为发生的背景及具体行为之外，在关键事件描述里，还应说明该行为造成的结果。完整的事件描述需要包括对结果的描述。

例如："火势蔓延到其他未受损的建筑"，"防止烟雾扩散到其他房间"，"使得其他消防队员快速到达现场"。

值得注意的是，行为结果是在任职者控制范围内的。如"解救人质"这一行为结果就不能作为警察的关键事件。这是因为人质获救受多种因素影响，罪犯、人质、其他警察、围观群众的反应都会影响这一结果。

2. 获取关键事件的方法

工作分析人员为整理能够体现工作绩效与行为的范例，广泛采用的 3 种典型方法是：工作场所会议、访谈和问卷。这些方法的目的在于帮助工作人员整理能体现工作绩效与行为的范例。产生结果的过程应该结构化和简单化，这样使得回忆和整理的过程尽量容易。

1）工作场所会议

工作场所会议也称关键事件讨论会议，它是最常用的确定关键事件的工具。其实施程序如下：

（1）确定与会人员。与会人员包括主持人和参与者。主持人通常由熟悉关键事件编写流程的专家担任，由他来主持会议。参与者包括 6 至 12 位工作主题专家。

主题专家应熟悉目标工作，有充分的机会去观察完成工作中较差的和特别出色的行为表现。通常选择有工作经验的管理者，或有足够经验和观察力的工作者。

（2）确定会议的方向。由主持人向大家介绍要分析的工作是什么，为什么要编写关键事件，如何编写，以及它们如何应用。

接下来，给出两三个编写较好的和编写较差的关键事件的例子，让大家充分进行讨论，讨论其是否满足关键事件编写的四个原则，即是否明确、行为导向、有背景描述和工作结果的描述。再要求大家试写一两个例子，集体讨论是否符合以上标准，纠正其中的不当之处。主持人要确定大家都能清楚知晓为什么要做改动。

（3）选择记录关键事件的方法。在会议讨论时可以用结构化和非结构化两种方法来记录讨论的事件。

在实践中，应用较多的是结构化方法，由主持人事先设计好规范化表格，以书面形式发给参会者，让大家按照要求填写，示例如表 4－3 所示。

表 4－3　关键事件记录表

关键事件记录
请以您多年的工作经验，回忆工作者在工作中有哪些显著、典型的行为，能够反映出不同水平的工作绩效：非常有效，非常无效，适中。
引起这个行为范例的环境是什么？（背景描述）
请详细描述那些能够反映出不同水平的工作绩效的显著的行为。（行为导向）
这些行为的后果是什么？（工作结果）

如果采取非结构化方法，工作分析人员必须准备一份简要而全面的说明书，包括每一件事所包含信息的轮廓。会议主持人可以引导大家就行为范例进行讨论，把大家的发言录

下来，然后再按照要求整理成文字。

另外，工作分析的目的不同也会诱导主题专家回忆与整理过程的方法不同。最早应用关键事件方法的时候，主要是确定能够将最好的和最差的工作者同其他人区分开来的行为，所以引导方法是自由发散的，影响主题专家回忆与整理过程的主要因素是行为的显著性，这是一种非结构化的方法。但是，如果工作分析的目的是要对工作进行全景描述，即完全覆盖工作和工作者的所有内容，那么就必须要对所有的绩效等级进行分类说明，为大家提供一种结构化的分层分类方法，这样可以使大家回忆与整理出更多的范例。

2）面对面访谈

与个人进行面对面访谈也可方便获取关键事件。除了访谈者做文字工作这点不同之外，其实访谈法的实施程序与关键事件讨论会议非常相似。一般而言，如果信息提供者的口头表达能力要比书面表达能力强的话，那么使用访谈的方法更为适宜。

在访谈过程中，访谈者一开始向访谈对象介绍收集关键事件的目的，展示一些关键事件范例，解释这些范例是如何产生，如何进行编辑，如何转化为标准格式的。

访谈对象在描述关键事件所涉及行为的环境、反应及结果时，访谈者应进行详细的记录。必要时可以询问一些探索性问题来获取补充的信息。避免以"你是否"的方式提问，回答者只能回答是或否，过于简单，尽量用"怎样"、"为什么"的提问方式，比如"为什么这一行为产生高绩效，或中等绩效、差绩效？"让访谈对象提供更加详细的信息。

利用访谈来获取关键事件范例也与其他大多数两个人的交流一样，需要在一定的物理环境下才能有效进行。访谈的环境要求是保密、不被打断，方便访谈的。

访谈对象应感觉舒适、不被威胁，应被给予足够的时间，按照关键范例的要求思考和回忆他们的工作。

在访谈次数上，建议分两次访谈，第 1 次访谈安排 1 个小时，讨论工作分析的目的和关键事件方法的性质，记录下两到三个显著典型的范例。3 至 5 天后安排第 2 次访谈，请访谈对象对他提起的范例作详细记录，时间为 1 至 2 个小时。

采用访谈法收集关键事件要花费分析人员大量的时间和精力。经研究比较，访谈法在每个关键事件的收集上平均要花费 10～15 分钟，而在 10 人参加的工作会议中，每个关键事件的收集平均仅花费 5 分钟。

采用访谈法收集关键事件的优势是，能让工作分析人员同访谈对象有更充分的接触和交流，获取的信息会更加全面和深入，特别是一些访谈对象不愿意写下来的东西。例如，被访者说道："我请财务总监说服了会计主任"，仅有这一信息不足以证明被访者是否具有相关的胜任能力。访谈者需要马上追问："你是怎么想到请财务总监做说服工作的？请他帮助时你是怎么说的？"被访者回答："因为财务总监对这个项目很了解，并且在成本控制的灵活度方面有更大的决策权，我相信他会理解并支持我们的建议。他从财务的角度更能够和会计主任沟通并达成共识。当时我是这样说的……"访谈者随即把回答记下。

以下是工作分析人员对技术研发岗位关键事件的访谈示例：

第一步：介绍和解释（2 分钟）

介绍自己：您好，我叫于明，是本公司工作分析专员，很高兴您能接受访谈，这是我的助理小李。

强调工作分析的研究性质，打消被访者顾虑：很高兴能对您进行这次访谈！在这个过程中，我们要进行录音并做适当的记录，我们保证录音材料只是用来研究所用，严格地进行保密。在此过程中，如果有些内容不想被录音，请您告诉我们，我们会马上关掉录音。

第二步：关键事件访谈（40~50 分钟）

请您回顾一下，您在近几年的工作中经历了哪些成功的事件和不成功的事件？请各列举三件。请您先从成功的事件谈起。您可以参考以下提示：

是什么事情？

在什么情境下发生这件事，说明该事件发生的直接原因与间接原因。

这件事情让您感到困难的是哪些方面？

您当时的想法或感觉是怎么样的？是什么原因使您产生这样的想法或感觉？

您当时采取了什么具体措施或行动来应对这件事？

这件事最后结果是怎么样的？您对这个结果的感受是怎么样的？

事情过去后，感受如何？有什么经验和想法？

第三步：了解胜任这份工作的素质要求（7 分钟）

最后，请您谈谈做好您目前的工作需要怎样的知识、技能、能力和素质？如果由您现在来训练或招聘一位和你从事同样工作的员工，您要找什么样的人？

3）问卷调查法

采用问卷调查的方法收集关键事件，能节省分析人员的时间和精力。然而，它对调查对象有较高的要求。他们不仅要有较好的书面表达能力，语言组织要高度结构化，而且对这项活动本身要有责任感，要认真地回答问题。这种方法适用于对律师、经纪人、经济学家等专业人士的工作分析。

3. 编辑关键事件

在关键事件范例收集好后，必须对其进行编辑加工，形成完整的关键事件。编辑程序是：

（1）纠正拼写和语法错误。

（2）检查每个范例内容是否完整。

（3）检查每个范例的书写格式是否统一。

（4）要考虑范例的长度，范例必须要有合适的长度才能保证提供必需的信息，太长会对阅读者带来困难，太短又不能保证信息量。

（5）要考虑读者的认同感，技术语言、职业行话、俗语应该被保留。

关键事件确定以后，工作分析人员就要考虑关键事件技术所要达到的目的。关键事件技术最大的用途就是用来建立能力分析量表（如行为等级量表），亦即，某一职位的能力可以用实践中的关键事件来推断。例如，对于打字员来说，其主要工作要求是工作的精确性、条理性。根据这些关键事件，工作分析人员可以制定出相应文秘职位的能力评价指标。

4.1.3 操作注意事项

1. 成功和失败的事件都应加以分析

在收集关键事件范例中，工作分析人员不能有所偏颇，只收集成功的或失败的事件。

带来高绩效的成功事件和导致低绩效的失败事件都属于关键事件，值得工作分析人员重视。

2. 对关键事件进行调查的期限不宜过短

在工作分析过程中，为了节省时间的考虑，有的工作分析人员匆匆对任职者或其直接主管进行关键事件访谈后，就形成了若干关键事件，并应用到后期工作说明书编写中。这一做法是不值得提倡的。对关键事件的调查期限过短，将无法保证收集信息的准确性和可靠性。

3. 所形成的关键事件数目不能太少

工作分析人员通过关键事件讨论会议、访谈、问卷等工具，获取关键事件的数目通常应在 3 个以上。若少于 3 个关键事件，则无法对该工作的主要职责、工作环境提供详细描述，对后期编写工作说明书没有帮助。

4. 关键事件一定是那些任职者能够控制的工作中的行为事件

在获取关键事件范例后，工作分析人员要判断任职者能否支配或控制关键行为的后果，如果不能控制，就不能作为目标工作的关键事件。

4.1.4　优缺点

1. 优点

关键事件法这一信息收集工具在工作分析中应用较为普遍，它具有高信度和高效度的优点。

(1) 工具信度较高。由于关键事件都是实际工作中的范例，因此能帮助工作分析人员获得真实可靠的资料，这一信息收集工具信度较高。

(2) 工具效度较高。通过在编写工作说明书中应用关键事件范例，能使建立的行为标准更加准确。这是由于关键事件法能对影响工作结果的关键事件进行具体、准确地描述，这一工具的效度较高。

2. 缺点

尽管关键事件法具有高信度、高效度的优点，但它也存在一些不足之处，值得工作分析人员重视，并在实际工作中采取相关措施予以避免。

(1) 耗时长。收集与整理关键事件范例，需要花费工作分析人员大量的时间和精力。

(2) 对关键事件的编辑要求较高。关键事件法要求工作分析人员熟悉目标工作，具有丰富的专业知识和熟练的技术，如果满足不了这些要求，就会使关键事件法运用起来相当困难。

(3) 它对工作的描述不完整。关键事件并不对工作提供一种完整的描述，如此一来，工作者的某些基本行为可能会被忽略，尤其是在要求工作分析人员全面描述工作时。

(4) 平均工作水平难以确定。由于关键事件法重视的是工作好、坏两极情况，因此对中等绩效的员工关注不够，难以确定任职者的平均工作水平。

4.2 职能工作分析法(FJA)

4.2.1 职能工作分析法概述

职能工作分析法(FJA)又称功能性工作分析法,其分析方向集中于工作本身,是一种以工作为基础的工作分析系统性方法。FJA 主要是针对工作的每项任务要求,分析完整意义上的工作者在完成各项任务的过程中应当承担的职能,以获得相关技能的信息。

FJA 方法最早起源于美国"培训与职业服务中心"(现更名为美国劳工部)制定的职业分类系统。该方法以工作者应发挥的职能为核心描述对象,对工作的每项任务要求进行详细分析,对工作内容的描述非常全面具体,一般覆盖所能包括的全部内容的 95% 以上。

4.2.2 分析要点

任何工作的完成都有一定的标准,而工作者要完成某项任务,都要求具备一些通用技能和特定技能,并且要具备适应其工作环境的能力以满足工作中的需求。这三种技能(通用技能、特定技能和适应性技能)必须要达到某种程度的统一,工作者才能以满意的标准完成工作任务。因此,只有具备这三种技能的工作者才能称之为完整意义上的工作者。为了能够获取与三种技能相关的信息,工作分析者有必要掌握 FJA 分析方法的一些要点。

(1)分析要点 1:工作描述中语言的控制。

工作者要完成什么以及通过什么行为来完成,明确区分工作结果与工作行为。

(2)分析要点 2:工作者的职能。

FJA 方法认为,所有工作都涉及工作者与数据、人、事三者的关系,因此工作者职能可以分为事物职能、数据职能和人员职能 3 种。

FJA 方法的核心即分析工作者的职能。其对职能的分析是通过分析工作者在执行工作任务时与数据、人和事的关系来进行的。

(3)分析要点 3:完整意义的工作者。

FJA 方法认为,完整意义上的工作者是指同时拥有通用技能、特定技能和适应性技能的工作者。

(4)分析要点 4:工作系统。

FJA 方法认为,工作系统由工作者、工作组织和工作本身组成。

(5)分析要点 5:任务。

任务是 FJA 方法的分析单元。在 FJA 方法中,工作分析基本单位是"工作任务"(Tasks)而不是"工作"(Job)。这是因为,工作的名称经常改变,包含的任务也不固定,但是相同的任务却在多种工作中反复出现,因此,"任务"应是我们进行工作分析最基本的分析单元。

工作分析员需要获取足够的信息来完成"任务陈述图",如图 4-1 所示。

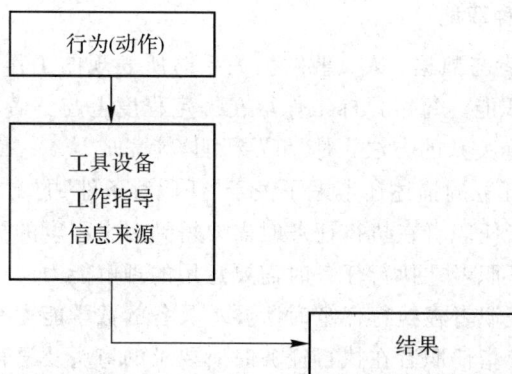

图 4-1　FJA 任务陈述图

根据图 4-1，工作分析员制作任务陈述表，形式如表 4-4 所示。

表 4-4　FJA 任务陈述表（以"打印任务"为例）

行　　为	打印/誊写
行为的目的	形成信件
信息来源	通过记录提供
指导的性质	标准的信件形式 特定的信息 按照现有的操作规范操作，但为了文字的清楚和通顺可以调整标准格式
机器设备	打字机和相关的桌面设备
工作结果	待寄的信件

从表 4-4 中可以得到有关"打印任务"的任务陈述，即"打印/誊写标准格式的信件，信息来源于记录所提供的特定信息，依据形成信件的标准程序操作，但为了文字的清楚和通顺可以调整标准格式，目的是准备待寄的信件。"

（6）分析要点 6：SMEs(Subject Matter Experts)是基本的信息来源。

FJA 方法强调通过主题专家来获取工作的基本信息，这样能保证所收集到的信息具有一定的可靠性和准确性。

4.2.3　分析框架

FJA 方法的分析框架包括以下 4 个方面：

1. 分析工作结果与工作行为

在进行职能工作分析之前，工作分析人员往往对目标工作完成什么（即工作结果）和做什么（即工作行为）这两个概念区分得不清楚，其结果是导致工作结果和工作行为这两个方面容易被混淆，并直接导致工作者实际的工作行为和需要他们来完成的工作行为被混淆。

在职能工作分析中，每项任务描述必须以能描述工作者行为的特定动词开始，比如，打印、誊写、阅读等，并以"目的是"、"为了"等类似描述工作结果的词语作为任务描述的结尾。只有同时具备工作行为和工作结果，一项工作任务描述才算完整。

2. 分析工作者的三种职能

FJA方法认为工作者与数据、人、事发生关系时所表现的工作行为，可以反映工作特征、工作目的和人员的职能。每个目标工作均在一定程度上与三者相关。对"数据"要用思考处理，对"人"要用人际关系的方法，对"事"要用体能完成。

此外，FJA方法对任务的描述还考虑了关于"任职者条件"的4个因素，如下所述：

（1）工作者指导：指任职者在执行任务时需要得到多大程度的指导。

（2）理解能力：指任职者在执行任务时需要运用的理解能力应达到什么程度。

（3）数学能力：指任职者在执行任务时所要求具备的数学能力有多高。

（4）语言开发能力：指任职者在执行任务时所要求的口头及语言表达能力如何。

工作分析人员制作出工作者职能的水平等级和取向表，形式如表4-5所示，以确定各项工作任务所需的"工作者职能"和"任职条件"的相关等级。

表4-5　打印任务的工作者职能水平等级和取向

数据—3B"编辑"：大约70%的工作用于编辑
人员—1A"给予指导/提供帮助"：大约5%的工作涉及人
事物—2B"操作/控制"：大约25%的工作用于操作/控制
工作者指导—等级2：投入、产出、工具和设备以及工作的程序都是指定的，但工作者选择工作程序和方法来完成工作任务时有少许自由
理解能力—等级3：一般情形中工作涉及一些具体的变量时，具备一般的理解能力去执行指令
数学能力—等级1：简单的加减，阅读、抄写或记录数字
语言开发能力—等级4：起草日常的商务信函。同申请工作者面谈确定最适合他们能力和经验的工作，在服务机构的帮助下与雇主联系。能阅读和领会技术手册、书面指导或图示

3. 分析完整意义上的工作者

工作者完成工作职能时必须具备三种技能：通用技能、特定技能、适应性技能，它们的具体定义如下：

1）通用技能

通用技能也称职业技能，指的是个体依据个人偏好和能力水平综合形成的处理事务、数据、人际关系的技能。它包括：维修和操作机器，比较、编制和分析数据，请教或指导他人时的信息沟通等。

通用技能是使人能够将人、事、数据有机联系在一起的技能，受个人偏好和个人能力（理解、算术、语言、人际交往能力）的影响，联系的程度存在差异。它是在受教育、培训和岗位上获得的，并可在特定工作情境中得到强化。

2）特定技能

特定技能指的是个体根据业务需要的标准，来从事某一特定工作的技能。这种技能一般是在大学或研究院，或是从大量的从事某项工作的经验，又或是从先进的培训中获得的。

3）适应性技能

适应性技能指的是个体根据工作中遇到的身体上的、交往上的、组织安排上的变化情况，灵活处理相关问题的技能。它包括自己与上司之间的关系，冲动的控制，与他人的亲近、疏远、抵触，时间的掌握（即守时和自我作息习惯的调整），理财时的细心，衣着（式样和修饰)。

适应性技能源于气质,是在家庭环境和与同辈交往中形成,并在学校生活中得到强化的。

FJA 方法认为,一名工作者在工作中能否成功地运用其通用技能,很大程度上依赖于他的适应性技能在何种程度上使他接受和融合了特定技能的要求。

4. 分析工作系统

工作系统包括工作者、工作组织和工作本身。工作系统中的每个部分都有自己的规则和语言。工作者可以通过任职资格和技能组合来描述。工作组织可以以目标来描述。工作可以以工作者行为、工作指南和绩效标准来描述。

4.2.4 职能等级

由于员工在工作中要与数据、人、事三种要素发生关系。因此,相应地有三种工作者职能,这些职能的描述如表 4-6 所示。这些职能从复杂到简单进行排列,在数据职能上,最简单的是比较数据,最复杂的是综合数据。在人员职能上,最简单的是服务,最复杂的是顾问。在事物职能上,最简单的是照管,最复杂的是精确操作。

表 4-6 FJA 职能等级表

数据(信息)		人		事物	
号码	描述	号码	描述	号码	描述
高					
6	综合	7	顾问	4A	精确操作
5A	创新	6	谈判	4B	装配
5B	协调	5	管理	4C	操作控制 2
中等					
4	分析	4A	咨询	3A	熟练操作
3A	计划	4B	指导	3B	操作控制 1
3B	编辑	4C	处理	3C	开动-控制
		3A	教导	3D	发动
		3B	劝导		
		3C	转向		
低					
2	抄写	2	信息转换	2A	机械维护 2
1	比较	1A	指令协助	2B	机械维护 1
		1B	服务	1A	处理
				1B	移走
				1C	照管

以下是工作者职能每个等级对应的标准定义。

1. 数据职能等级

数据职能等级中的"数据"是指工作行为涉及的数字、符号、概念、思想等信息,与数据发生工作关系的行为包括综合、协调、分析、编辑、抄写、比较等。

数据职能等级分为1~6个等级:

等级1:比较——选择、分类或排列相关数据,判断这些数据已具备的功能、结构或特性与已有的标准是类似还是不同。

等级2:抄写——按纲要和计划召集会议或处理事情,使用各种操作工具来抄写、编录和邮寄资料。

等级3A:计划——进行算术报告;写报告,进行有关的预定和筹划工作。

等级3B:编辑——遵照某一方案或系统去搜集、比较和划分数据;在该过程中有一定的决定权。

等级4:分析——按照准则、标准和特定原则,在把握艺术和技术技巧的基础上,检查和评价相关数据,以决定相关的影响或后果,并选择替代方案。

等级5A:创新——即在整体运行理论原则范围内,在保证有机联系的条件下修改、选择、调整现有的设计、程序或方法,以满足特殊要求、特殊条件或特殊标准。

等级5B:协调——在适当的目标和要求下,在资料分析的基础上决定时间、场所和一个过程的操作顺序、系统或组织,并且修改目标、政策(限制条件)或程序,包括监督决策和事件报告。

等级6:综合——基于人事直觉、感觉和意见,从新的角度出发,改变原有部分,以产生解决问题的新办法,来开发操作系统;或脱离现存的理论模式,从美学角度提出解决问题的办法或方案。

2. 人员职能等级

人员职能等级中的"人员"是指在工作中与之发生关系的其他人,如上级、同事、下属、客户等,与人发生工作关系的行为包括指导、谈判、指示、监督、劝说、通告、服务、接受指导或帮助等。

人员职能等级分为1~7个等级:

等级1A:指令协助——注意管理者对工作的分配、指令或命令;除非需要指令明确化,一般不必与被管理者作直接的反应或交谈。

等级1B:服务——注意人的要求和需要,或注意人们明显表示出的或暗示出的希望,有时需要直接做出反应。

等级2:信息转换——通过讲述、谈论和示意,使人们得到信息;在既定的程序范围内明确做出任务分配明细表。

等级3A:教导——在只有两个人或一个小组人的情况下以同行或家庭式的关系关心个人,扶助和鼓励个人;关心个人的日常生活,在教育、鼓励和关心他人时要善于利用各种机构、团体与私人的建议和帮助。

等级3B:劝导——用交谈和示范的方法引导别人,使别人喜欢某种产品和服务或赞成某种观点。

等级 3C：转向——通过逗趣等方法，使听众分心，使其精神放松、缓和某种气氛。

等级 4A：咨询——作为技术信息来源为别人提供服务，提供相关的信息来界定、扩展或完善既有的方法、能力或产品说明（也就是说要告知个人或家庭诸如选择学校和重新就业等目标的详细计划，协助他们做出工作计划，并指导他们完成计划）。

等级 4B：指导——通过解释、示范和试验的方法给其他人讲解或对他们进行培训。

等级 4C：处理——对需要帮助的人进行特定的治疗或调节；由于某些人对规定的反应可能会超出工作者的预想范围，所以要系统地观察在整个工作框架内个人行为的处理结果；必要时要激励、支持和命令个人使他们对治疗和调节程序采取接受或合作的态度。

等级 5：管理——决定和解释每组工人的工作程序；赋予他们相应的责任和权限（规定性说明和详细的工作内容）；保证他们之间和谐的关系；评价他们的工作绩效（规定的和详细的）并促使他们提高效率，在程序的和技术的水平上做出决策。

等级 6：谈判——作为谈判某一方的正式代表与对手就相关事宜进行协商、讨论，以便充分利用资源和权力，在上级给定的权限内或在具有完整程序的主要工作中"放弃和接受"某些条件。

等级 7：顾问——与产生问题的人们进行交谈、劝导、协商或指导他们按照法律、科学、卫生、精神等专业原则来调节他们的生活；通过问题的分析、论断和公开处理来劝导他们。

3. 事物职能等级

事物职能等级中的"事物"是指工作中涉及的机器设备等工作客体，与之发生工作关系的行为包括装配、精确操作、运行控制、驱动、操纵、照料、保养和简单手工操作等。

事物职能等级分为 1～3 个等级：

等级 1A：处理——工作对象、材料和工具在数量上很少，而工人又经常使用；精确度要求一般比较低；需要使用小轮车、手推车和类似工具。

等级 1B：移走——为自动的或需要工人控制和操作的机器设备安插、扔掉、倒掉或移走物料；具有精确的要求，大部分要求来自工作本身所需的控制。

等级 1C：照管——帮助其他工人开、关和照看启动的机器和设备时，保证机器精确地运转，这需要工人在几个控制台按照说明去调节机器，并对自动机信号作出反应，包括所有不带有明显结构及结构变化的机器状态；在这里几乎不存在运转周期短、非标准化的工作；而且调节是预先指定好的。

等级 2A：操纵——当有一定数量的加工对象、工具及控制点需要处理时，加工、挖掘、运送、安排、放置物体或材料。包括工作台前的等待、用于调换部件的便携动力工具的使用，以及诸如厨房和花园工作中普通工具的使用等。

等级 2B：操作-控制——开动、控制和调节被用来设计产品结构和处理有关资料、人员和事物的机器设备；这样的工作包括打字员、转动木材等使用机器运转的工作或负责半自动机器的启动、熄火的工作；控制机器和设备包括在工作过程中对机器和设备进行准备和调整；需要控制的机器和设备包括计量仪、表盘、阀门开关及其他诸如温度、压力、液体流动、泵抽速度和材料反作用等方面的仪器；包括打字机、油印机和其他的在准备和调节过程中需要仔细证明和检查的办公机器（这一等级只用于一个单元里设备和机器的操作）。

等级 2C：运转-控制（控制机器的操作）——为了便于制造、加工和移动物体，操作过程必须被监视和引导；规范的控制行动需要持续的观察并迅速地做出反应（在使用工具时，即使工作只涉及人或物，也应遵循这一原则）。

等级 3A：精确工作——按标准工作程序加工、移动、引导和放置工作对象或材料，在这里，对工作对象、材料和工具处理的精确度应符合最终完成工作时的工艺要求（这一原则主要适用于依靠手工操作和使用手动工具的工作）。

等级 3B：装配（安装机器设备）——插入工具，选择工装、固定件和附件；修理机器或按工作设计和蓝本说明使机器恢复功能；精度要求很高；可以涉及其他工人操作或自己负责操作的一台或数台机器。

除了以上 3 项职能，FJA 还提出"任职者条件"的相关等级，描述如下：

4. 工作者指导等级

工作者指导等级反映了工作者在执行工作时需要得到指导的程度。

与工作者指导相关的活动可以分成以下 1～8 个等级：

等级 1：投入、产出、工具和设备以及工作的程序都是指定的，所有工作者需要了解的东西几乎都包含在他的工作任务当中，工作者被期望能在标准的时间单位内（每天、每小时）提供指定的产出。

等级 2：投入、产出、工具和设备以及工作的程序都是指定的，但工作者选择工作程序和方法来完成工作任务时有少许自由，所有工作者需要了解的东西几乎都包含在他的工作任务当中，工作的产出以每周或每天为单位来衡量。

等级 3：投入和产出是指定的，但工作者在选用工具和设备、选择工作程序和控制工作时间时有相当的自由，在这过程中可能要参照利用某些渠道所提供的信息（如工作手册、表格等），完成特定产品的时间是给定的，但是可以上下浮动几个小时。

等级 4：工作产出（产品或服务）是指定的（就工作任务而言），工作者必须自己选择恰当的方式来完成工作，包括工具和设备的选用、操作顺序的选择以及信息渠道的选取，工作者或是自己独立执行工作，或是为他人制定工作标准或由他人完成工作程序。

等级 5：与等级 4 相同，需要补充的是，期望工作者能够运用各种知识和理论，通过这些知识和理论，使工作者在处理问题的时候能够知道各种可选择方案的由来，从而可以独立从中做出选择。工作者必须要阅读专业资料来获得这种能力。

等级 6：工作产出（产品或服务）有多种形式，能满足技术或者管理的需要。工作者必须仔细研究各种可能的产出，并依据绩效特点和投入需求做出评价，这通常需要工作者能够创造性地运用理论知识，而不仅仅是参考资料。对投入、工作方法和操作顺序等没有特别规定。

等级 7：工作投入、产出、工具和设备（是变化多样的）如何确定尚有疑问。为了描述、控制、研究各种变量的行为，以形成可能的产出和绩效特征，工作者必须多方面咨询各种不确定的信息来源，进行各种调查和调研获取数据来进行分析研究。

等级 8：工作投入、产出、工具和设备都是变化多样的。工作者必须听取下属关于处理这些问题的方法的报告和介绍，需要协调各种组织和技术的信息，从而做出决策。

5. 理解能力等级

理解能力等级反映了执行工作时需要运用的理解能力应达到什么程度。

理解能力等级分成 1~6 个等级。

等级 1：有普通的理解能力，在高度标准化的情形下能执行简单的只有一到两个步骤的工作。

等级 2：有普通的理解能力，在一般的情形下，当工作涉及一些具体/特定的变量时能执行详细但不复杂的指令。

等级 3：有普通的理解能力，在一般的情形下，当工作涉及一些具体/特定的变量时能执行指令。

等级 4：了解由相互联系的程序构成的系统。运用知识来解决每天遇到的实际问题，在只有有限的标准化程序的情形下处理多种具体的变量。阐述各种形式的规程，如口头的、书面的、图表的等。

等级 5：了解某个研究领域(工程、文学、历史、工商管理)的知识，能立即解决实际问题。描述问题，搜集信息，确认事实，在可控的情形下得出有效的结论。处理一些抽象但大多数是具体的变量。

等级 6：了解某个最为抽象的研究领域(数学、物理、逻辑等)的知识，使用公式、方程式、图表等非语言的符号，理解最为深奥的概念。处理大量的变量，在需要时采取恰当的措施。

6. 数学能力等级

数学能力等级反映了完成工作所要求具备的数学能力的高低程度。

数学能力等级分为 1~5 个等级。

等级 1：会简单的加减，读、抄写或记录数字。

等级 2：会所有数字的加减乘除，会读刻度，会使用电动仪器进行测量。

等级 3：会进行分数、微积分和百分比的运算，能够依照仪器说明书进行操作。

等级 4：在标准的应用程序中，进行代数、算术和几何运算。

等级 5：了解高等数学和统计技术，如微积分、因素分析和概率统计。工作中会遇到多种理论数学概念，要创造性地运用数学工具，例如，微分方程式。

7. 语言开发能力等级

语言开发能力等级反映了执行工作时所要求的口头及语言表达能力如何。语言开发能力等级分为 1~6 个等级。

等级 1：不能听写，但是能遵从简单的口头指令；能签名，通过别人解释可以理解日常的、例行的合同，如租房合同、劳动合同；能阅读表格、地址和安全警告。

等级 2：可以阅读简短的句子和一些简单的具体的词汇，掌握一些不存在复杂的衍生词义的单词；可以同服务人员交流；可以精确无误地抄写书面材料。

等级 3：能理解某个技术领域的口头表达的专业术语；能阅读类似《读者文摘》水平的材料，能阅读和理解报纸等媒体上的新闻报道，涉及不复杂的词汇和句子，更加关注事件本身而不是对事件的分析；抄写书面材料，能发现语法错误；会填写各种表格，如医疗保险表等。

等级 4：起草日常的商务信函；同申请工作者面谈，确定最合适他们能力和经验的工作，在服务机构的帮助下与雇主进行各种工作上的联系；能阅读领会技术手册、书面指导或图示。

等级 5：为生产线上的各道工序编写指导手册；编写如何正确使用机器的指导手册和工作说明书；起草广告；为报纸和电视等媒体报道新闻；准备并在非正式的场合为寻求信息的听众发表演说，如有关艺术、科学或是人文学科的演说。

等级 6：为科技期刊或是高级文学批评期刊发表报告、编辑文章。

4.2.5 实施程序

FJA 实施程序由以下 9 个步骤构成。

1. 工作分析人员回顾现有的工作信息

工作分析员在同主题专家(SMEs)会谈前，通过文献分析法熟悉目标工作的相关信息。每一份工作都有其独特的语言，因为其处在特定的组织文化和技术环境中，必然带有特殊的烙印。

现有的工作信息，包括工作描述、培训材料、目标陈述等，它们能使工作分析人员了解工作语言、工作层次、操作程序及其产出。

工作分析人员应尽可能准备一些在 FJA 格式下可得的信息，如果不能准备所有信息，也可以达到两个目的：其一是说明在哪些方面需要补充信息；其二可以以这些得到的部分信息向主题专家们演示。这个步骤通常会花费 1～3 天时间，主要取决于可得的信息量以及时间的压力。在此花费的精力会减少小组会谈的时间和精力。

2. 安排同 SMEs 小组会谈

工作分析人员同 SMEs 即主题专家小组会谈通常要持续 1～2 天时间，所选择的主题专家从范围上要尽可能广泛地代表熟悉目标的人。

会议室要配备的必要设备有：投影仪、活动挂图等。投影仪用于放映演示图表，活动挂图用于记录主题专家提供的信息。会议室的选址要远离工作地点，把对工作的影响减到最小。

3. 分发欢迎信

工作分析人员自我介绍后，向与会人员分发一封欢迎信，解释小组会谈的目的，尤其是要说明参与者是会议的主体，要完成大部分工作，而工作分析人员只是作为促进者的角色存在，引导大家提供信息。

4. 确定任务描述的方向

由工作分析人员向与会人员展示任务陈述的格式。工作分析人员事先准备好 3 张演示图表，在会上反映并说明。第 1 张图表给出任务的结构，第 2 张图表给出一个工作任务的例子，第 3 张图表则提供例子中的工作者职能等级和任职条件。这个过程大概会花费 20～30 分钟。

5. 列出工作产出，得到工作结果

让 SMEs 小组将工作的产出列出来。这一步大概需要 15 分钟，小组就能以他们自己的语言将工作产出列出来。

工作分析人员通常会问专家们这样一些问题："你认为任职者应该要提供什么产品或

服务？工作的主要结果是什么？"

工作产出的类型包括：

(1) 物（各种类型的实物）。

(2) 数据（报告、建议书、信件、统计报表、决议等）。

(3) 服务（对人或是动物）。

工作产出一般是 5、6 条，不超过 10 条。工作分析人员将这些产出整理好后，写在活动挂图上。

6. 列出任务，得到工作行为

让 SMEs 从任何一个工作产出着手，请他们描述通过完成哪些任务才能得到这个工作结果。

工作分析人员可以以这样的提问来激发大家的思维："工作是以工作说明或是指示开始的吗？工作是日常例行的，不需要特殊指导的吗？任职者个人需要主动干些什么？首先干什么？你是怎么知道该这么干的？"

这项工作一直要持续到小组达成一致意见，所列出的任务应能覆盖工作所包括的 95% 以上的工作任务，并要确信没有遗漏重要的任务项。中间可以灵活安排几次休息时间，保持工作的良好节奏。

每项任务列出后，工作分析员将其写在活动挂图上。由于这个过程有多人参与，很可能还要进行字句上的斟酌和替换，因为每个人描述任务的方式可能不同。

值得注意的是，在开始时，主题专家们常常直接给出工作的最终结果，将其作为工作行为，即"工作任务是完成什么"，而不是"应该做什么，才能完成这项工作任务"。此时就需要工作分析人员进行指导，帮助小组成员总结出工作中的行为。

主题专家通常会以"决定"或是"推荐"这样的词汇来开始描述任务。实际上，"决定"和"推荐"一般是分析行为的最终结果。"决定"是分析和协调行为的最终结果，"推荐"是数据处理和咨询这样行为的结果。

例如，主题专家最初提供的句子是这样的："决定雇员填补空职所必须具备的资格。"

经工作分析员询问是什么导致"决定"行为后，将上面的句子改为："分析工作说明书中的任职资格数据，目的是决定雇员填补空职所必须具备的资格。"

7. 推敲任务库

每一个工作产出对应的任务都被写出来后，工作分析人员会发现一些任务会在几个工作产出中重复出现，例如"沟通"、"协作"。在某些情形下，同样的任务会在信息来源或是最终结果上有细微的差别，工作分析者需引导大家对任务做一定的细化。

8. 产生对任职者技能的要求

这一步的主要任务是请主题专家列出为了完成任务，任职者需要具备的技能。

工作分析人员一般使用下面的问题来引导小组进行分析："大家可能注意到我们只是整理和分析了工作行为、工作结果、信息来源、指导以及工作设备，而没有涉及需要具备什么素质才能做好工作。可以设想如果我们是某个工作的管理者，我们需要为这个工作寻找一个合适的雇员，你将以什么标准来进行甄选？请大家考虑素质和特点的时候，尽量同任务尤其是任务对应的行为联系起来考虑。"工作分析人员可能会得到很多一般性的东西，比如：具备计算机应用能力、外语能力等，有必要进一步分析，最好能让主题专家举出例子。

工作分析人员可以提问，如"外语技能以什么方式在何处体现出来？"这时，如果目标工作是"项目协调员"，那么主题专家可能回答"在项目协调员的负责召开视频会议的任务中，需要具备良好的英语听说能力"，如果目标工作是"秘书"，那么主题专家可能回答："在秘书写外文报告的任务中，需要专业的英文写作能力。"

通常很多任务都需要相同的素质特征，工作分析人员应该请主题专家进一步说明其中哪些素质特征是比较重要，而哪些是最为关键的。同样在分析这些素质特征赖以成长的经验时亦是如此。完成这项工作后，小组会议就可以结束了。

9. 编辑任务库

工作分析人员将活动挂图上的信息收集起来，对信息进行整理。活动挂图上的信息有：5、6条工作结果，每条工作结果的若干任务，以及为顺利执行任务，工作者需具备的条件。

工作分析人员用前面所述的格式进行任务库的编辑。在编辑时，需要认真斟酌用词，特别是动词的运用。

在任务库初稿完成后，工作分析人员需反馈给主题专家，请他们对任务库进行补充、修订。

4.2.6 应用举例

1. FJA方法在工作分析上的应用

FJA方法的典型用途即用在工作分析活动中。具体地，可将其"任务陈述"内容用到工作说明书中的"工作描述"编写中。可将其对"工作者指导水平、理解能力水平、数学能力水平、语言开发能力水平"等方面的描述信息用到工作说明书中的"工作规范"编写中。

2. FJA方法在培训和绩效评估上的应用

除了工作分析活动，FJA的分析结果还可以应用到其他人力资源管理职能中去，比如培训和绩效评估等。以表4-4所示的打印员"打印任务"为例，来说明FJA方法在培训和绩效评估两方面的应用。

对打印任务进行清晰地陈述后，进一步确定工作者完成该任务应当承担的职能的对应等级，这些职能包括数据职能、人员职能和事物职能等，其对应的等级如表4-7所示。

表4-7 任务分析

数据	人员	事物	数据	人员	事物	工作者指导	理解能力	数学能力	语言能力
工作职能水平			工作职能取向			等级	能力水平		
3B"编辑"	1A"指令协助"	2B"操作、控制"	70%	5%	25%	2	3	1	4
任务：打印/誊写标准格式的信件，信息来源于记录所提供的特定信息，依据形成信件的标准程序操作，但为了文字的清楚和通顺可以调整标准格式，目的是准备待寄的信件。									

根据以上FJA方法对工作任务的分析，可以提炼出该任务的绩效标准和培训要求，如表4-8所示。

表 4 - 8　FJA 分析结果在绩效评估和培训上的应用

绩　效　标　准
描述：
以合理的速度和准确性打印
信件的格式正确
调整方式正确
数字表示：
在_____时间内完成信件
每封信件均无打印、调整的错误
每封信件低于_____个信息遗漏错误
培　训　内　容
职能性的：
怎样打印信件
怎样誊写材料，纠正机械错误
怎样把多份书面信息整理成一份
特定的：
如何获得记录，并从中寻找信息
依照标准信件格式的现行标准操作程序的相关知识
信件所需信息的知识
如何使用提供的打印机工作

　　以上关于 FJA 在绩效评价和培训中的应用所举的只是个很简单的例子，对于比较复杂和难度比较大的工作而言，同样可以用这种分析结构，当工作任务用这种方式表达出来时，我们就能够直接得到该项工作任务的绩效标准、培训内容和产生满意绩效所必需的通用和特定技能，而不必进行推断。

3. FJA 方法在职位评价上的应用

　　数据职能、人员职能和事物职能这三种职能的工作行为可基于表 4 - 6"FJA 职能等级表"，按难易程度或复杂程度列出等级序列，如表 4 - 9 所示。

表 4 - 9　工作行为评价点数分配表

数据(α)			人(β)			事物(γ)		
等级	描述	点数	等级	描述	点数	等级	描述	点数
0	综合	αQ	0	指导	βQ	0	装配	γQ
1	协调	$\alpha Q - d$	1	谈判	$\beta/\alpha(\alpha Q - d)$	1	精确操作	$\gamma/\alpha(\alpha Q - d)$
2	分析	$\alpha Q - 2d$	2	指示	$\beta/\alpha(\alpha Q - 2d)$	2	运行控制	$\gamma/\alpha(\alpha Q - 2d)$
3	编辑	$\alpha Q - 3d$	3	监督	$\beta/\alpha(\alpha Q - 3d)$	3	驱动	$\gamma/\alpha(\alpha Q - 3d)$

数据（α）			人（β）			事物（γ）		
等级	描述	点数	等级	描述	点数	等级	描述	点数
4	计算	$\alpha Q-4d$	4	转向	$\beta/\alpha(\alpha Q-4d)$	4	操纵	$\gamma/\alpha(\alpha Q-4d)$
5	复制	$\alpha Q-5d$	5	劝说	$\beta/\alpha(\alpha Q-5d)$	5	照料	$\gamma/\alpha(\alpha Q-5d)$
6	比较	$\alpha Q-6d$	6	通告	$\beta/\alpha(\alpha Q-6d)$	6	保养	$\gamma/\alpha(\alpha Q-6d)$
			7	服务	$\beta/\alpha(\alpha Q-7d)$	7	简单手工操作	$\gamma/\alpha(\alpha Q-7d)$
			8	接受指导	$\beta/\alpha(\alpha Q-8d)$			

在表4-9中，等级数字越大，表示工作行为越简易。

以数据、人、事为评价因素，对职位进行评价，具体步骤如下：

（1）确定评价因素（数据、人、事）总的评价点数（用Q表示）。一般来说，需要评价的职位越多，总点数就越大，这样才能比较清楚地反映各职位之间的价值差异。

通常，大企业的总点数设置为2000点，中型企业的总点数设置为1000点，小型企业的总点数设置为500点。

（2）确定各评价因素在对职位价值的贡献中所占的权重，分别用α、β、γ表示。

很明显，除了所占用的工作时间外，数据、人、事三个评价因素对职位价值的贡献大小因质的不同而无法进行比较。

因此，较好的做法是用其占用的工作时间与相应职位总的、正常的工作时间之比作为各自所占的权重。

（3）确定各评价因素每一等级工作行为所应获得的评价点数。对不同评价因素之间同一等级的工作行为，按评价因素所占的权重分配评价点数；对同一评价因素内部不同等级的工作行为，根据等级差异按等差数列的方式分配评价点数。各评价因素每一等级工作行为的评价点数情况如表4-9所示。

（4）确定统一公差d。为实现定量比较和分析，我们将表4-9内三个职能的最低等级的点数赋值为1，即有下列三个方程：① $\alpha Q-6d=1$；② $\beta/\alpha(\alpha Q-8d)=1$；③ $\gamma/\alpha(\alpha Q-7d)=1$，对它们分别求解后所得到的三个方程解中，选择一个最小值，这样就使得每一个具体职位都有一个相应的最小值。

然后，从这些被选择的一列数值中再选择一个最小值作为统一公差。之所以要选择一个统一公差，是因为公差的不一致，必然要导致评价标准的不一致，进而影响评价结果的准确性。

（5）进行职位评价。对某一待评价职位，按照表4-9要求计算各工作评价因素分别所获得的评价点数，并对评价点数求和。我们将被评价职位的评价点数之和作为该职位的相对价值，用V表示。

例如：某企业接待员职位和车工职位，接待员职位在数据、人、事三个方面工作行为的等级分别为8、10、9。所占用的工作时间的比例分别为50%、40%、10%。车工职位在数据、人、事三个方面工作行为的等级分别为4、8、1。所占用的工作时间的比例分别为15%、5%、80%。

假定确定总的评价点数为 500，公差 d 为 9，则有：

$$V(接待员)=(\alpha Q-8d)+\frac{\beta}{\alpha}(\alpha Q-10d)+\frac{\gamma}{\alpha}(\alpha Q-9d)=(50\%*500-8*9)+\frac{40\%}{50\%}$$

$$(50\%*500-10*9)+\frac{10\%}{50\%}(50\%*500-9*9)=339.8$$

$$V(车工)=(\alpha Q-4d)+\frac{\beta}{\alpha}(\alpha Q-8d)+\frac{\gamma}{\alpha}(\alpha Q-d)=(15\%*500-4*9)+\frac{5\%}{15\%}(15\%*$$

$$500-8*9)+\frac{80\%}{15\%}(15\%*500-1*9)=392$$

可见，车工职位要比接待员职位高出 52.2 个价值单位，或者说车工职位的相对价值是接待员职位相对价值的约 1.2 倍。

4.2.7 小结

以下对 FJA 方法进行总结评价：

· FJA 方法非常清楚地阐述了组织内部关于工作与人的一些理论，必须对工作者的工作行为(做了什么)和工作结果(需要做什么)做基本的区分。

· 工作者在工作范围内所做的主要是处理和数据、人员、事物之间的关系，所有的工作都要在一定程度上要求工作者处理这些关系。

· 对应这三种基本关系，工作者的职能体现在不同方面：处理与数据的关系，工作者主要运用智力因素；处理与人员的关系，工作者主要使用交际能力；处理与事物的关系，工作者主要是利用身体方面的能力。

· 尽管工作者的行为或任务可以用多种方法来描述，但在本质上，每个职能对工作者特征和资格的要求种类和程度都落在一些狭窄和具体的范围内。

· FJA 方法的不足之处主要在于操作相对复杂。

4.3 任务清单分析法(TIA)

4.3.1 任务清单分析法概述

任务清单分析方法(TIA)是一种典型的以工作为基础的工作分析系统性方法。

1. 来源及定义

TIA 方法是由美国空军人力资源研究室的雷蒙德·克里斯托(Raymond E.Christal)及其助手开发成功的。它的研究始于 20 世纪 50 年代，通过从 10 万多名雇员那里搜集试验数据进行验证，前后经历了 20 年时间才趋于成熟完善。

这种方法要求主题专家们(SMEs)概括出在履行一个职位的工作职责时所需要完成的各种工作任务的目录清单。一旦这份清单被整理出来，主题专家们就会根据下面一些维度来对每一项工作任务进行评估：在工作任务上所花费的相对时间的长短、执行工作任务的频率、工作任务的相对重要性、工作任务的相对完成难度，以及在工作中学会完成这些工作任务的相对速度的快慢。然后,主题专家们再通过 CODAP 计算机程序来对这些工作任务进行归纳和总结,将其划分到各种不同的维度中,在每一个维度中都包括一些类似的工作任务。

2. 调查对象

工作任务清单的调查对象一般是某一职业领域的任职者及其直接管理者。

1) 任职者

由任职者填写"背景信息"部分,并在"任务清单"中选择符合他所做工作的任务项目并给予评价,评价维度如任务执行与否、相对时间花费和执行频率等。

2) 任职者的直接上级

任职者的直接上级通常是提供有关工作任务特征的信息,如任务的难度、对工作绩效的影响等。

3. 内容

任务清单方法一般由两个子方法构成:一是用于搜集工作信息的一套方法的技术;二是与信息搜集方法相匹配的,用于分析、综合和报告工作信息的计算机应用程序软件。

第一个子方法实际上是一种高度结构化的调查问卷,一般包括两大部分:背景信息和任务清单。

1)"背景信息"部分

背景信息部分包括两类问题:传记性问题和清单性问题。

(1) 传记性问题。传记性问题是指那些可以帮助工作分析员对调查对象进行分类的信息,如姓名、性别、职位序列号、职位名称、任职部门、服务期限、教育水平、职业生涯意向、工作轮换愿望等。

(2) 清单性问题。清单内容可能包括:所用的工具、设备,所要培训的课程,对工作各方面的态度等。清单性问题是为了更加深入地了解有关工作方面的背景信息而设计的问题。它为调查对象提供了一套包括问题和答案选项的清单。

问题的格式有多种形式,如"填空"、"单选:选择能最恰当地描述你(工作)的选项",或者"多选:选择所有符合你(工作)的选项"等。

2)"任务清单"部分

任务清单部分是把工作任务按照职责或其他标准以一定的顺序排列起来,然后由任职者根据自己工作的实际情况对这些工作任务进行选择、评价,最终理顺并形成该工作的工作内容。

如果任务清单构建得成功,那么在该职业范围内每个调查对象都可以选择清单中的某些任务项目,将它们按照一定标准组合在一起,从而准确地描绘他的工作。

任务清单可以来自:

① 对工作的观察或工作日志。

② 另外的任务清单,如某部门的任务清单或某工作族的任务清单。

③ 借助 SMEs 进行的任务描述。"任务"的描述方式通常是描述一项行动、行动的目标以及其他必要的限定(工作地点、工具等)。

以技术研发岗位为例,该岗位的任务描述清单如表 4 - 10 所示。

表 4 - 10　技术研发岗位任务描述清单

任务主体:技术研发岗
制订年度产品开发计划
组织新产品立项
设计新产品方案
拟订产品开发费用预算
绘制产品设计图纸
测试研发阶段的新产品
解决新产品测试中出现的问题
总结产品研发经验
制定新产品性能参数标准
编写新产品技术文件和培训教材
组织新产品试生产
对销售部进行新产品相关培训
对客户进行新产品培训
参与公司项目招投标中的技术支持工作
参与公司项目合同签订前的技术支持工作
解答客户提出的销售部无法解决的技术问题
参与解决售后维修中的技术问题
参与新产品开发项目可行性研究
提出专利申请建议
编写专利申请技术文件
更新技术资料
对公司新产品的开发提出建议
收集并研究国内外同行业新技术新工艺的相关资料
参加技术研发培训
参加技术交流活动
管理科研档案
完成上级交代的其他任务

(资料来源:张盛兰. 基于胜任力模型的技术研发岗位工作分析. 湖南工业大学硕士学位论文,2015.)

在 TIA 方法中,"任务"被定义为"任职者能够清晰辨别的一项有意义的工作单元"。任务评价常用的维度有:相对时间花费、执行频率、重要程度、困难程度等。维度评价的尺度可以是 5 级、7 级或 9 级。

4.3.2　实施程序

本部分以"人力资源部及其所包含的工作岗位"为例,说明如何利用 TIA 方法对人力资源部门的职位进行分析。TIA 方法的实施程序可概括为:构建任务清单,利用任务清单搜集信息(对象是本部门的工作人员),分析任务清单所搜集的信息,利用所搜集的信息编制工作说明书。

1. 构建任务清单

1）方式

任务清单的构建有多种方式，可以来自于对所研究工作的观察或工作日志，也可以来自于另外的任务清单，如某部门的任务清单或某工作族的任务清单，还可以借助于 SMEs 进行任务描述。

在此，选择从"部门任务清单"来形成用作调查的任务清单。

2）方法

对人力资源部门的任务清单的构建可以采用"目标分解"的方法，具体步骤如下：

首先，明确人力资源部的部门目标（Objectives），再由部门目标导出部门职能（Functions），然后把部门职能分解为必须要做的工作（Jobs），接着把工作逐步分解，直至分解为各个任务项目（Tasks）。最后，把各个任务项目按一定的逻辑顺序编排起来，就形成了用作问卷的人力资源部门的任务清单（Tasks Inventory）。

3）两个步骤

第一步，部门目标的确定。

通过资料分析和实践的调查研究发现，人力资源部的部门目标是"通过建立、维持与发展有效的人力资源管理方法，以实现组织的目标。"

具体地，它要实现三个主要目标：高工作效率、高员工满意度和合理的人工成本。这三个方面是衡量人力资源管理有效性的主要标准。

第二步，部门职能的确定。

人力资源部主要通过履行以下 5 个方面的职能来实现部门目标。即参谋、辅助、指导；协调、控制；人工成本管理；战略决策的制定和实施；推动组织和管理创新。

（1）参谋、辅助、指导。人力资源部的目标能否真正实现取决于人力资源部能否通过参谋、辅助和指导，使直线经理理解、掌握、接受并正确执行人力资源管理的方针、政策、制度、程序与方法。

直线经理指的是职能部门经理，诸如财务部经理、生产部经理、销售部经理等。每一位直线经理都是一个管理者，肩负着完成部门目标和对部门进行管理的职责。

如果人力资源部不能对直线经理发挥有效的参谋、辅助、指导职能，人力资源部将失去存在的价值。

人力资源部的参谋、辅助、指导职能还表现在与一般员工（即除管理者之外的普通员工）的关系上。人力资源部应当为一般员工提供诸如绩效考核、薪酬福利、职业生涯规划等各方面的人力资源咨询和服务，使一般员工能从中获益，感受到人力资源部的价值。

人力资源部的"参谋、辅助和指导"职能体现在人力资源管理的各个方面，包括：例行的日常管理活动（如人员的甄选、绩效考核、薪酬管理、劳动合同管理、人事纠纷处理等）；

维持并发展组织与员工关系的管理活动（如制定人事政策、人力资源规划、组织规划设计、工作设计、工作分析、人力资源培训与开发、员工职业生涯规划和管理等）。

（2）协调、控制。人力资源部负责协调部门之间、上下级之间、个人与组织之间的关系，维护人力资源管理流程的规范性。

人力资源部通过人力资源政策的制定、监督检查等控制的手段，发挥对整个人力资源管理方法的控制职能。

（3）人工成本管理。人力资源管理的许多环节都涉及人工成本管理问题。

a. 报酬管理：如何确定薪资水平、福利水平。

b. 招聘：招聘本身的成本是相当巨大的，再加上由于招聘不当而造成的间接成本就更难以估量了。人力资源部可以通过有效的招聘程序和方法，为组织节约大量成本。

c. 培训与开发：培训开发成本往往很高但又难以衡量效果，因此，建立有效的培训效果预测与评估体系，对控制培训开发成本的意义是深远的。

d. 人力资源规划：人力资源规划对预测中、长期的人工成本有重要的作用。

（4）为企业战略决策的制定和实施提供支持和服务。通过研究人力资源部门地位和作用的变迁，可以发现一个变化趋势，即人力资源部从毫无战略意义到为战略实施提供支持再到成为组织的战略伙伴。

人力资源部可以通过人力资源培训开发、人力资源规划、员工职业生涯开发和管理、提倡员工参与管理、促进公平管理和畅通沟通渠道、推动企业文化建设等工作来为企业提供高素质的、有奉献精神的、忠诚的人力资源，从而为企业战略决策的制定和实施提供支持和服务，并为自己赢得战略决策伙伴的地位。

（5）推动组织发展与管理创新。人力资源部在人力资源管理中应始终站在理论和实践的前沿，扮演"创新者"的角色，人力资源部应负责为企业提供有关管理最新发展动态的信息。

例如，在企业再造工程、员工职业生涯设计、组织结构扁平化、团队合作工作方式等管理新课题方面，人力资源部必须站在潮流的前面加以引导，向企业介绍、分析新理论和方法的优势和不足，以及对企业现实的适用性，推动组织管理创新。

4）假设

需要说明的是，以上所构建的企业人力资源部任务清单是基于以下 4 个研究假设：

（1）规模大：企业的规模较大，人力资源部是一个独立的部门。

（2）任务全面：人力资源部的工作任务涉及现代企业人力资源管理的全过程，包括组织规划设计、工作分析、人力资源规划、招聘录用、薪酬管理、人事考核、培训开发、工作时间管理、员工异动管理（辞职、辞退、人事任命、晋升晋级、降职降级、轮岗等）、人事档案管理等。

（3）目标：人力资源部的部门目标是"通过建立、维持和发展有效的人力资源管理方法，来实现组织的目标。"

（4）职能：人力资源部能够发挥上述五项职能。即参谋、辅助、指导、协调、控制，人工成本管理，战略决策的制定和实施，推动组织和管理创新等职能。

在以上假设的基础上，根据现代企业人力资源管理的理论与实务，并结合对国内十个企业人力资源部的调查研究，按照 TIA 方法的要求，构建出企业人力资源部的部门任务清单，参见附录 5。

2. 利用任务清单搜集信息

任务清单实质上是一个高度结构化的调查问卷。在列出任务清单的基础上加上评价尺度，便成为用于搜集信息的工具。

在利用任务清单搜集信息的过程中，需要注意以下 4 个方面：

1）调查范围与对象的确定

在调查范围与对象的确定上，有如下 3 种选择方案可供选择。

第一种方案：选取两个以上行业的多家企业的人力资源部的专职工作人员。

这样可以搜集到大量数据，借助计算机进行数据处理后，得到有关人力资源部门工作任务的最为全面的信息。

通过这种方式所得的结论最具有一般性意义，而且可以对调查所用的任务清单进行较大的修正完善。

第二种方案：选取一个行业的多家企业的人力资源部的专职工作人员。

这样可以搜集到你所关注行业的企业人力资源部工作任务的大量数据，所得结论具有行业特点。

第三种方案：只对一个企业的人力资源部的专职工作人员进行调查。

这样可以对该企业人力资源部的实际工作任务有全面方法的了解。选择哪种方案取决于调查研究的目的、时间压力、经费限制等。

2）调查方式的选择

调查方式可选择集体调查和单独调查。

（1）集体调查。集体调查即把被调查者集中到一起同时进行调查，可以由调查实施者本人发放、回收问卷。

集体调查的优点是：

① 有机会做广泛、直接的指导，解释调查的目的，回答有关提问；

② 保证回收率；

③ 保证被调查者有充分的时间提供有用的信息。

（2）单独调查。单独调查即由被调查者本人选择应答的时间和地点，通过正式的组织渠道发放、回收问卷。

如果有保密的需要，可以随附信封，问卷填好后装入信封，密封以后再收上来。需要强调的是，应该运用一定的控制方式以保证回收率，否则，有些被调查者就会随手丢弃问卷，或是敷衍作答。

3）选择适当的信息源

一般而言，有关工作执行与否、时间花费的信息最好由工作任职者本人来提供；而一些任务评价信息，如工作的重要程度、困难程度、工作失误后果的严重程度等信息最好由本工作领域经验丰富的管理者来提供，或至少参考他们的意见。

4）遵循填写任务清单的一般步骤

填写任务清单的一般步骤如下：

第一步，被调查者以填空或选择的方式回答"背景信息"部分的所有问题。

第二步，被调查者阅读"任务清单"上的所有描述，并在属于其正常工作范围内的任务描述旁边作标记。

第三步，被调查者在另一张空白纸上写出没有被包含在任务清单中但属于其正常工作范围内的所有任务描述。

值得说明的是，临时的、特殊的并且以后再也不会重复了的任务可以被认为不属于正常的工作范围。相反，如果某项任务近几个月来没有执行过，但按照工作本身的要求，可以预期将来肯定要执行该任务,那么就应当认为该任务属于正常工作范围。

最后,被调查者重新回到任务清单起点,逐一对其所选定的任务(属于其正常工作范围内的任务)进行评价。

按照 TIA 方法的要求,被调查者需要两次浏览"任务清单",一次是找出被调查者本人所执行的各个工作任务,另一次是对所找出的工作任务进行评价。

在实际应用中,通常会出现这样一种情况,即被调查者总是倾向于将绝大多数任务评价为"重要的"或者"需要花费大量时间",但实际上,任职者的工作精力和时间是有限的,不可能完成那么多重要的任务,因此,这类评价结果有失准确性。

为了避免这种情况发生,调查人员在进行调查说明时,要督促被调查者慎重考虑对工作任务的评价,并要强调相对的概念,对于一项工作而言,必定有一部分任务不是那么重要或者只需花费很少的时间,以及不一定都包含了任务清单上的所有任务。

3. 分析任务清单所搜集的信息

任务清单搜集的信息,绝大部分是量化的,可以应用计算机程序进行统计分析。较为成熟的任务清单方法有自己的应用软件,如 TIA 通常运用"综合职业数据分析方法"(即 CODAP 方法,它是美国空军人力资源研究室建立的一套计算机应用程序)进行分析。

如果无法获取专门的分析软件,可以借助一些普遍应用的软件,如 SPSS 软件、EXCEL 软件等进行统计分析。

统计分析方法是任务清单方法最常用的分析方法。对于大多数工作分析的目的而言,最普通的"描述统计"就可以满足需要。此外,有时也会用到"推断统计"方法。以下对分析实践中,经常使用到的统计方法进行介绍。

1)描述性统计方法

(1)百分比及其分布。任务清单信息的基本统计分析就是一系列百分比统计,比如,执行某一任务的人数占被调查者总人数的百分比、执行某一任务的时间占总工作时间的百分比、认为某一任务是关键任务的人数的百分比等。这些百分比数值往往用作区分各个任务的指标。那些被认为是最经常执行的、最困难的或最关键的任务,才会被重点分析,用作人员甄选或绩效考核等人事职能运作的重要参考。

(2)集中趋势测量。任务清单分析结果报告中必不可少的项目,就包括任务评价的均值或中位数。比如,每一项任务困难程度的均值(Mean)/中值(Median)、关键程度的均值/中值、时间花费均值/中值等。这些数值是评价目标工作的重要指标,是进行各种人力资源活动决策的参考依据。

(3)离散趋势测量。方差或标准差的测量,可以用来揭示信息的信度、执行同类任务的各个员工之间的差异等。方差计算公式:

$$V(X) = \frac{\sum (X - \bar{X})^2}{N - 1}$$

方差等于离均差平方和除以$(N-1)$。

标准差计算公式:

$$S(X) = \sqrt{\frac{\sum (X - \bar{X})^2}{N - 1}}$$

（4）相关程度测量。相关程度测量可以揭示各个任务或各个工作之间的相似程度，可用于工作分类、建立回归预测模型等。

相关程度测量在 TIA 方法中的运用，最常用的是有关"任务重叠度"的测量，示例如表 4 - 11 所示。

表 4 - 11　任务重叠度测量方法示例

Ⅰ.任务重叠度计算公式 　　$PO(A, B) = [2X/(N1+N2)] \times 100\%$ 　　在本公式中， 　　$PO(A, B) =$ 工作 A 与工作 B 的任务重叠百分比 　　$X = A$、B 共有的任务项目数 　　$N1 = A$ 的任务项目数 　　$N2 = B$ 的任务项目数
Ⅱ.范例 工作 A：1，2，3，4，5，6，7，8，9，10，11，12，13； 工作 B：2，3，4，5，6，7，9，11，12，13，15，16，20； 工作 C：1，9，11，12，13，15，16，17，18，19，20，21，22，23，24，25。 　　$PO(A, B) = [2 \times 10/(13+13)] \times 100\% = 77\%$ 　　$PO(A, C) = [2 \times 5/(13+16)] \times 100\% = 34\%$ 　　$PO(B, C) = [2 \times 7/(12+16)] \times 100\% = 50\%$ 　　注：这里的数字代表工作所包括的各个任务项目

如表 4 - 11 所示，工作 A、工作 B、工作 C 一共涉及 25 个互不相同的任务项。工作 A 包含 13 个任务项，工作 B 包含 13 个任务项，工作 C 包含 16 个任务项。工作 A 与工作 B 的任务重叠度是 77%，即工作 A 与工作 B 有 77% 的任务是相同的；工作 A 与工作 C 的任务重叠度是 34%，即工作 A 与工作 C 有 34% 的任务是相同的；工作 B 与工作 C 的任务重叠度是 50%，即工作 B 与工作 C 有 50% 的任务是相同的。总体来看，工作 A 和工作 B 任务重叠度高，可以在工作分类时将它们归为一类。

2）其他分析方法

主成分分析、聚类分析、单变量统计推断等数据统计方法常用来对工作进行比较、分类，为制作工作文件做准备。

（1）主成分分析。主成分分析是一种降维处理技术，将关系密切的数个解释变量缩减为几个独立的主成分，这些主成分可以以最大的变异量解释原先多数自变量，进而用萃取后的主成分作为新的解释变量。

该法可用来对职位进行分类和确定重要的工作维度（职能）。如我国公务员的职位类别可分为综合管理类、专业技术类和行政执法类三大类。

（2）多元回归分析。在实际分析过程中，可以把工作任务信息与人员甄选、绩效考核、培训内容设计、工作执行标准、工作满意度等结合起来，分析它们之间的关系，并建立回归模型，为管理决策服务。

需要注意的是，工作的比较、分类一般不能单纯依赖于统计分析的结果，而要结合实际，否则将会出现虽然统计上有意义但无实际价值的结果。

4. 利用任务清单编制工作说明书

利用任务清单得出的分析数据，通常很容易得到目标工作的工作描述和工作规范两部分信息，有助于工作分析人员后期撰写工作说明书。

1）工作描述的编制

工作描述的主要内容包括：

（1）工作概要。工作概要简明概括了目标工作的性质与主要职责。

（2）重要的工作维度。工作维度是比任务更广泛的概念，比如职能。

（3）重要的任务。这是任务清单分析结果的直接运用。工作分析人员组织专家组对清单内所有任务进行排序。任务排序通常分为两个维度：任务难度和关键度。

任务难度是指与完成其他任务相比，完成某项任务的难度。按难度由低到高依次为：最简单的任务之一、比大多数任务简单、任务难度适中、比大多数任务难、最难的任务之一等五个等级。每名专家独立填写"任务清单难度评分表"，如表 4-12 所示。为统计方便，评分均用 Excel 表格在电脑上完成。

表 4-12　任务清单难度评分表

任务	任务难度等级				
01	□简单的任务之一	□比大多数任务简单	□任务难度适中	□比大多数任务难	□最难的任务之一
02	□简单的任务之一	□比大多数任务简单	□任务难度适中	□比大多数任务难	□最难的任务之一
03	□简单的任务之一	□比大多数任务简单	□任务难度适中	□比大多数任务难	□最难的任务之一
……	……	……	……	……	……

工作分析专员将任务难度信息进行汇总、整理，并按照难度程度对任务进行排序。

关键度是指不良工作所带来的影响，或者错误的工作行为可能会导致的负面影响的严重程度。关键度由低到高划分为五个等级：几乎没有影响、有一定的负面影响、后果比较严重、后果严重、后果很严重。每名专家独立填写"任务清单关键度评分表"（见表 4-13），由工作分析专员统计汇总评分结果，进行排序。

表 4-13　任务清单关键度评分表

任务	任务关键度等级				
01	□几乎没有影响	□有一定的负面影响	□后果较严重	□后果严重	□后果很严重
02	□几乎没有影响	□有一定的负面影响	□后果较严重	□后果严重	□后果很严重
03	□几乎没有影响	□有一定的负面影响	□后果较严重	□后果严重	□后果很严重
……	……	……	……	……	……

需特别注意的是，对任务难度和关键度的评价，都要着眼于工作，而不是工作岗位的任职者。

2）工作规范的编制

工作分析员利用任务清单编制工作规范文件之前，要进行"任务—知识、技术、能力(KSAs)矩阵"研究，即将"任务"与一些可能需要的"KSAs"组成矩阵，用数值表明两者之间的相关程度。其形式可用表 4-14 表示。

表 4-14 任务—KSAs 矩阵

1＝相关度极低，2＝相关度低，3＝平均值，4＝相关度高，5＝相关度极高							
任务	知识、技术、能力(KSAs)						
	A	B	C	D	E	F	G
T1							
T2							
T3							
……							
TN							

注：A-G 是指某项知识、技术或能力。

编制出任务—KSAs 矩阵后，工作分析人员就可以找出对单个任务而言最重要的知识、技术、能力，从而进一步确定对整个工作而言所需要的知识、技术、能力类型与程度，为编制工作规范提供依据。

下面提供一个示例(见表 4-15)，关于工作分析人员在利用任务清单工作分析方法进行分析后，所得到的人力资源管理信息员这一岗位的任务清单和 KSAOs 要素清单，以供参考。

表 4-15 人力资源管理信息员岗位任务清单和 KSAOs 要素清单

任务主体：人力资源信息管理员		
职　责	任务工作清单	KSAOs 要素
人力资源信息方法建设	建立方法管理制度 方法管理制度的修改 划分方法使用责任 实现方法内招聘 实现方法内办理劳动合同签订手续 实现方法内办理人事异动手续 实现方法内考勤 实现方法内薪酬发放 实现方法内绩效考核 实现方法内发布培训计划 建立方法内各项等级表	书面表达能力 了解方法相关政策 掌握方法软件建设方法 熟悉人力资源管理的相关流程 熟悉人力资源管理的相关制度 了解人力资源管理各项管理工具的使用方法 了解人力资源管理的各种表格 分析能力

人力资源信息方法维护工作	分配方法账户账号 划分方法账户权限 维护方法各项构建指标 编写方法内机构编码 方法内组织机构维护	协调能力 掌握账户建立方法 掌握账户权限划分方法 掌握方法指标建立方法 掌握方法编码规则 了解公司组织机构
人力资源信息方法实际应用	人力资源信息的录入 核实方法的录入信息 人力资源基本信息变更与维护 人力资源信息的整理 方法内招聘 方法内办理劳动合同签订手续 方法内办理人事异动手续 利用方法提供各类登记表 提供方法分析数据 利用方法提供各类报表	熟练应用办公软件 较快的文字录入速度 信息校对能力 掌握信息维护方法 掌握招聘相关知识 人际沟通能力 熟练招聘相关程序 掌握招聘技巧 熟悉国家人力资源的法律与法规 掌握劳动合同签订流程 掌握人员调动程序 了解人员调动文书 熟悉人力资源数据分析方法 掌握各类报表填报方式
人力资源信息方法培训工作	撰写或制作方法培训材料 培训人力资源管理人员掌握信息管理方法 指导人力资源管理人员应用方法 组织项目劳资员方法使用培训 指导项目劳资应用方法 组织员工方法使用培训 指导员工应用方法 方法使用问题解答	语言表达能力 组织能力 讲解能力 熟悉不同类别人员的操作内容
人力资源信息方法应用的改进	学习方法使用说明书 接受上级对方法使用的指示 反馈方法使用过程中出现的问题 对项目劳资方法使用情况进行检查	学习能力 理解能力 问题洞悉能力 掌握方法使用情况并检查方法
其他任务	方法内发布公告信息	读写能力

（资料来源：张奇.4C 公司内的人力资源信息管理员工作分析研究.首都经济贸易大学硕士学位论文，2014.）

4.3.3 小结

TIA 方法是一种较为常用的工作分析系统性方法。南佛罗里达大学评价研究中心发表的一份研究报告曾对常用的 7 种工作分析方法进行了比较研究。该研究的调查对象是世界范围内 93 位具有丰富经验的工作分析专家，由他们对职位分析问卷（PAQ）、职能工作分析方法（FJA）、关键事件法（CIT）、任务清单分析方法（TIA）、临界特质分析方法（TTA）、能力分析量表（ARS）和工作要素法（JEM）这 7 种常用工作分析方法进行比较和评价。

评价的指标有两大类：一是对实现组织目标的有效性；二是现实可用性。评价结果显示，在对 11 项"有效性"指标的评价中，TIA 方法在工作描述、工作分类、工作设计、人员培训、人员流动、人力规划、法律要求七个方面的有效性都获得了最高评价，在其余四个方面的评价也较高。

同时，在对"现实可用性"的 11 项指标的评价中，TIA 方法在标准化程度、信度、职业适应的广泛性、分析结果的质量、操作性五项指标上均名列前茅，其余指标除时间花费外，也均超过了平均数。

由此可见，工作分析专家们对任务清单分析方法的评价很高。通过对任务清单获得的数据进行分析，其分析结果可以应用于人力资源预测、人员招募甄选、绩效考核、薪资管理、培训开发、工作分类以及工作设计等许多方面。

1. 优点

（1）信息可靠性较高，适用于确定相关的工作职责、劳动强度等方面的信息；

（2）应用过程中所需费用较少；

（3）任职者填写的难度较小，容易为任职者所接受。

2. 缺点

（1）对"任务"的定义难以把握，导致任务的划分缺乏明确具体的标准。有时，有些任务描述只代表一件非常简单的活动，有的任务描述却包含丰富的活动；

（2）适用范围较窄；只适用于工作周期较短、工作内容比较稳定的工作；

（3）整理信息的工作量大，归纳工作比较繁琐；

（4）任职者在填写时，容易受到近期工作的影响，而忽略其他时间进行的重要工作任务。

思 考 题

1. 请你根据关键事件的编写原则，评价下面两个关键事件，并对它们进行修改。

（1）消防队员被指导完成两节培训，但是他缺乏天赋，浪费了两星期的培训时间。

（2）警官迅速对火势采取措施，使用灭火器将火扑灭。虽然随后的爆炸造成了相当的破坏，但是警官的反应避免了更严重的伤亡和破坏。

2. 请你编制一份访谈提纲，调查你所熟悉的某一岗位的关键事件。

3. 简述职能工作分析方法的分析框架。

4. 谈谈如何基于以工作为基础的工作分析系统，对技术研发岗位进行工作分析。

5. 任务清单分析系统所使用的信息收集工具是什么？其基本结构是怎样的？

县级行政机构人员的工作分析

某县财政局拟开展一次工作分析活动。该局下属机构16个，机构名称分别是：办公室、综合计划股、税政条法股、预算股、国库股、行政政法股、教科文股、经济建设股、社会保障股、企业股、会计股、采购管理办公室、国有资产管理股、监督股、农业股、乡财政管理股。财政局具体职责如表4-16所示。

表4-16　财政局职责说明书

编写时间：2014-5-10			
下属机构（单位：个）	16	行政编制人数（单位：名）	28

部门的主要职责：

参与拟定全县各项宏观经济政策，拟定和执行全县财政、税收的发展战略、方针政策、中长期规划、改革方案及其他有关政策；提出运用财税政策实施宏观调控和综合平衡社会财力的建议，拟定和执行财政分配政策。

拟定全县财政、财务、会计管理及行政事业单位国有资产管理等基础管理的规章制度。

编制年度全县预决算草案并组织执行，管理各项财政收入，管理预算外资金和财政专户；管理有关政府性资金；深化部门预算改革，组织制定经费开支标准、定额，负责审核批复部门的年度预决算。

确定全县财政税收收入计划。

负责政府非税收入管理，负责政府性基金管理及预算编制，按规定管理行政事业性收费，管理财政票据。

贯彻执行国库管理制度、国库集中收付制度，推行县级财政国库集中收付制度并进行监督管理，指导全县推行财政国库集中收付制度工作。负责审核和编制汇总全县财政总决算和部门决算，负责管理财政银行账户和全县预算单位银行账户。

贯彻执行国家有关政府采购的政策，拟定和执行全县政府采购政策，负责管理和简单政府采购工作；管理县级财政公共支出；根据国家规定的开支标准和支出政策，制定需要全县统一规定的开支标准和支出政策。

拟定并组织实施全县行政事业单位国有资产及其收益管理规章制度，建立行政事业单位国有资产配置、整合、调剂、共享、共用机制，负责管理行政事业单位国有资产及其收益，审核批复行政事业单位国有资产配置、处置、产权界定等事项。

办理和监督全县财政的经济发展支出、政府性投资项目的财政拨款，参与拟定全县建设投资的有关政策，拟定基本建设财务制度，负责有关政策性补贴和专项储备资金财政管理工作。指导全县农业综合开发工作，指导和推动全县农村综合改革工作。

拟定全县社会保障资金的财务管理制度；会同有关部门管理全县财政社会保障和就业及医疗卫生支出，组织实施对社会保障资金使用的财政监督。

观察执行国家关于国内债务和政府外债管理的各项方针、政策、规章制度和管理办法；参与外国政府贷（赠）款的管理、监督工作；负责地方彩票市场的监管工作。

管理和指导全县会计工作；监督和规范会计行为，监督执行会计规章制度、《企业会计准则》，监督执行政府总预算、行政和事业单位及分行业的会计制度；指导全县注册会计师、会计师及审计事务所的业务；指导和管理全县社会审计。

监督财税方针、政策、法律、法规的执行情况，检查、反映财政收支管理中的重大问题；提出加强财政管理的政策建议。

制定全县财政科学研究和财政教育规划；组织全县财政人才培训；负责财政信息和财政宣传工作。

承担县人民政府交办的其他事项。

财政局行政编制人员28名，其中局长1名，副局长3名，具体行政编制人员岗位及制作如表4-17所示。

表4-17 财政局行政编制人员主要职责

序号	职 位	主 要 职 责
1	局长	主持财政局全面工作，主管预算股、国库股工作，协调审计、税务、金融工作
2	副局长1	分管乡财政管理股、监督股、国有资产管理股、采购管理办公室工作
3	副局长2	分管经济建设股工作、税收条法股、行政政法股、综合计划股相关工作
4	副局长3	分管社会保障股(社保科、社低保、医疗)、教科文股、农业股、企业股工作，协管预算股、国库股工作
5	纪检组长	分管办公室，联系工会、共青团、妇联工作
6	办公室主任	负责综合协调局机关日常政务，起草、审核综合性文稿，管理印章等工作
7	总会计师	兼任会计股股长，负责全局内所有财产规划、审核、监督工作
8	综合计划股股长	主持综合计划股的全面工作，审核、汇总全县预算外收支决算，综合性财政统计和分析工作
9	综合计划股副股长	协助综合计划股股长主持股内全面工作，负责研究编制全县综合财力计划，负责市政设施和重点工程项目的档案管理工作
10	税政条法股股长	全面掌控行政审批制度改革和审核规范性文件合法性，推进依法行政工作、指导行政政法单位编制预算、监督管埋财政供养人员档案等
11	预算股股长	负责预算股全面工作，预决算管理，体制、财力测算，资金调度，指标、计划终审，财税库协调等工作
12	预算股专干	编制全县财政收支旬报、月报，分析并报告全县财政预算执行情况编制年度全县财政预算草案，汇总全县财政年度预算
13	国库股股长	定期向局长汇报国库股所有工作事项，并全面掌控股内所有事项
14	国库股副股长	负责预算内财政收支决算，审核预算内会计事项，协助与采购进行有关工作的沟通
15	国库综合业务岗	负责预算内总会计账务、收支报表、执行分析、汇编部门决算、财政供养人员信息表等工作
16	国库预算执行分析岗	汇总编报财政收支旬报、月报，汇总编报预算内财政收支决算，汇总预算内会计实行

序号	职　位	主　要　职　责
17	教科文股股长	负责全县教科文事业单位的经费拨付工作；负责办理全县教科文事业单位的经费追加或核减工作
18	经济建设股股长	全面掌控该股审定县级财政专项资金投放项目，统一管理专项资金项目库工作，负责与县发展和改革局等有关部门在财政投资领域的政策协调和项目安排，对专项资金追踪问效
19	农业股股长	管理各项支农资金和各项事业费，健全完善农业资金支出效益反馈制度和效益档案制度，负责支农资金整合等工作
20	农业股专干	核定农口各单位财政收支计划，记录核算各项支农资金和各项事业费，筛选、申报项目等工作
21	社会保障股股长	定期与副局长进行工作汇报，监督全县财政社会保障和就业、医疗卫生支出、下岗再就业、低保等资金的专项管理，管理全县救灾、优抚经费工作
22	企业股股长	全面监督该股承办全县规模以上工业、国有商业、物资、粮食、城市公用企业、地方金融企业单位的财务管理、拨付粮食直补及退耕还林等工作
23	会计审核专干	负责全县会计人员《会计从业资格证书》的发放及年检工作，负责会计系列职称等考试工作
24	采购管理办公室主任	负责采购办全面工作，政府采购监督管理，政府采购会计、国资双控账户出纳等工作
25	国有资产管理股股长	负责全县行政事业单位国有资产及其收益的监督管理，制定全县行政事业单位资产配置标准和有关费用标准等工作
26	监督股股长	负责该股的全面工作，监督该股拟定财政稽查制度，财税法规、政策的执行情况，年度预算编制的核查工作，监督处理系统干部违纪问题，处理群众来信和来访工作
27	乡财政管理股股长	负责乡财政管理股全面工作，定期与副局长进行工作汇报，负责监督乡财县占用税征收、管理、核算、会计管理等工作
28	乡财政管理股专干	负责涉农补贴信息化"一卡通"审核、发放，农村综合配套改革联络协调，街镇指标录入、原始凭证审核、结算专户的核算，全局网络管理

　　为顺利开展工作分析活动，在应用工作分析工具之前，根据财政局各职位的工作特点、性质进行分类，具体分类情况如表 4-18 所示。

表 4-18　财政局职位分类情况

职位分类	分类说明	具体职位名称
全局统筹类	处理掌控全局的全面工作	局长
股科管理类	处理掌控本股或者本办公室的全面工作	综合计划股股长、副股长 税政/行政政法股股长 预算股股长 国库股股长、副股长 教科文股股长 经济建设股股长 农业股股长 社会保障股股长 采购办公室主任 国资股股长 监督股股长 乡财政股股长
业务分管类	分管某个或者机制股室的工作	副局长 纪检组长 总会计师
业务操作类	主要开展进行某一方面的业务工作	预算股专干 国库股专干 农业股专干 会计审核专干 乡财政专干

（资料来源：申伟. 工作分析在县级行政机构人员编制中的应用研究. 华北电力大学学位论文，2015.）

请讨论：

（1）结合本章知识，采用任务清单分析系统，对财政局的职位实施任务清单分析。并构建出一份任务清单，用来描述财政局的工作任务。

（2）在构建好的财政局"任务清单"基础上，选择财政局某一职位，编写该职位的工作说明书。

（3）针对财政局各职位工作特点，使用职能工作分析法做进一步的工作分析研究。并以某一职位为例，编写职位功能分析任务说明书。

第5章 以人为基础的工作分析系统性方法

1. 掌握职位分析问卷法基本内容、评价量表及其等级;
2. 掌握职位分析问卷法操作过程;
3. 了解职位分析问卷法优缺点;
4. 掌握管理职位描述问卷法内容及评价尺度;
5. 掌握管理职位描述问卷法的管理工作维度;
6. 掌握工作要素分析法实施步骤;
7. 掌握临界特质分析系统的特质内容。

案例导入

K公司是以食品冷链物流、肉类经营、仓储、现代分销、专业市场及肉类屠宰加工为主业的大型国有企业,总资产2.7亿元,占地面积12.2万平方米,在职员工700余人。

K公司工作分析项目小组由某知名高校人力资源研究所项目团队和K公司领导层、公司人力资源部组成。高校团队主要负责工作分析项目计划的制订、项目的具体实施、工作分析成果实施指导、工作分析培训等工作。K公司领导层的相关人员负责对项目各个阶段的监督和指导。K公司人力资源部主要负责项目组与公司各部门、各岗位任职者的联系和协调工作。

项目组进驻K公司后,首先收集了必要的公司文件资料,包括公司员工的花名册、电话表、工资表、薪酬制度、原有工作说明书等,并对这些资料进行了分析和整理,形成了员工整体和各部门年龄结构分析图和问题分析、工龄结构分析图和问题分析、学历结构分析图和问题分析、职级结构分析图和问题分析、各项制度合理性分析、原有工作说明书问题分析等成果。接着采用调查问卷法和访谈法,进行了人力资源管理问题诊断,发现该公司在原有工作说明书、招聘和培训模块上的问题较为突出,项目组决定大幅度修改原有的工作说明书,尤其是将岗位工作职责和任职资格的修改作为重点。

项目组经讨论,确定采用职位分析问卷法(PAQ)进行工作分析,获得有关各个职位的工作职责和任职资格信息。这是由于PAQ有较高的信度,可靠性较好,并且PAQ问卷的职位取向为讨论不同工作的分析结果的间接效度和合成效度奠定了基础。综合其优良性能,并与其他工作分析系统相比较后,项目组决定将PAQ问卷作为问卷改造的蓝本。

高校团队组织了多次专家、管理人员和技术人员、在读研究生、MBA学员等人员讨论,最终定出了PAQ问卷的初步改造方案。改造方案分两步进行。

第一步,在工作元素上"延":改进后的问卷保留了原有结构,工作元素仍分为6大类,但是在工作投入要素、工作积极性、工作成果的产出方面，补充了 8 个题项，归入"与其他人员关系"部分。工作元素的增加，主要是为了探索组织内的知识工作者和非知识工作者在工作激励方面的异同。

第二步，在各个元素所考察的指标维度上"拓"：PAQ 问卷中，针对每一个工作元素，通常只考察一个指标。对于普通体力工作而言，较少的指标可以满足调查需求。对于知识工作而言，指标的数量应有所增加。

改进后的 PAQ 问卷针对不同类型的工作元素，添加了更全面的考核指标，工作元素的测量同样采用 5 点量表形式打分。改进后的指标包括：

（1）频率、重要性：该元素在工作中发生的次数和周期，在一定程度上也反映出其对工作的重要程度。

（2）程序性、创新性、自主性、结构化程度：按规定的工作程序或借鉴先例进行，还是更多地要靠自主决定，发挥创造力。

（3）重复性：该元素在岗位中的内容而非时间的重复或变化的程度。

（4）教育、经验、培训：教育指标按照岗位的基本学历要求，经验和培训按照所需的年数长短，进行分级划分。

（5）复杂性：工作元素本身或其步骤、数量和内容的复杂程度。

（6）比例：该元素占整个工作过程的大致比例。

（7）时间长度：任职者执行该工作元素所需要的时间长度。

在对原始 PAQ 问卷进行上述"延"和"拓"之后，最终形成了《公司工作分析 PAQ 调查问卷》，对公司内 85 个岗位进行了调研和分析。调研分析充分考虑岗位的具体形态差异，对涉及的元素知识含量、知识应用、技能、结构化程度、重复性、复杂性、时间长度、自主性等指标值进行计算，根据指标值进行聚类分析，导出了公司各职位的重要工作职责和任职资格要求。

（阅读资料：(1)戴昌钧，傅磊. 职务分析问卷(PAQ)的知识化改造[J]，现代管理科学，2003(12)：7-8；(2)刘鹏. 工作分析理论与实践研究——以 RK 公司为例. 北京交通大学硕士学位论文，2010 年。本案例在资料来源上有所修改。）

根据导入案例，不难发现采用经典的职位分析问卷法是一种较为流行、有效的工作分析方法。案例中的 K 公司工作分析项目小组发挥能动性，在经典的 PAQ 问卷基础上，结合公司特点，对 PAQ 问卷进行了一定改造，使之更加适用于该公司的工作分析活动。上一章介绍的以工作为基础的工作分析系统性方法侧重于分析提供产品和服务所需要的任务和行为。本章的以人为基础的工作分析系统性方法则强调成功完成工作任务和行为所需的个体任职者的知识、经验、技能、能力、天赋和性格特征等。

当组织满足以下条件之一时，可采用以人为基础的工作分析系统性方法开展工作分析活动：

（1）组织内的工作结构化程度较低，受人为因素影响较大；

（2）组织所处产业是知识性产业，对外界变化极为敏感；

（3）组织输出的结果是小批量、个性化的，输入向输出的转化是多样化的；

（4）组织价值观中，对人的假设是"社会人"和"自我实现人"，即假设员工是主动的、有能力的、愿意承担责任的。

本章详细介绍4种代表性的以人为基础的工作分析系统性方法,分别是:职位分析问卷方法、管理职位描述问卷法、工作要素分析法、临界特质分析方法。不仅详细阐述这些方法的基本理论知识,还从应用的角度,充分描述了这些方法的操作过程及优缺点,旨在让读者对这些方法在实际工作情境中的应用有一个较为全面、准确的认识。

5.1 职位分析问卷法(PAQ)

5.1.1 职位分析问卷法概述

职位分析问卷法(PAQ)是由美国普度大学(Purdue University)工业心理学教授麦考密克(E.J. McCormick)、詹纳雷特(P. R. Jeanneret)和米查姆(R.C. Mecham)在1972年设计开发的。他们选择了2200种工作(Jobs)以代表美国的整个劳动力队伍,使用因素分析法,得到了45个工作维度(Job Dimensions,包含32个分区维度/Divisional Dimensions和13个总体维度/Overall Dimensions),用来描述整个工作世界的特征。

研究学者(Dunnette和Borman,1979)认为,它不仅是一种得到了最为广泛的应用,同时也是被研究得最为透彻的以人为基础的工作分析系统性方法之一,是工业组织心理学上的15个里程碑之一。

PAQ方法的产生是为了实现当时社会上亟待实现的两个目标:

(1)确定任职资格:开发一种通用的、量化的方法,用以准确确定工作的任职资格,以淘汰传统的测评方法;

(2)开展职位评价:开发一种量化的方法,用来估计每个职位的价值,进而为制定薪酬提供依据。

经过几十年的实践运用与改进,PAQ方法不断得到实践者们的青睐。它所提供的数据同样可以作为其他人力资源功能模块的信息基础,如人-职匹配、工作评价、职业生涯规划、培训、绩效测评等。这些运用范围的扩展表明PAQ方法可以运用于"建设企业职位信息库,以整合基于战略的人力资源信息方法",在国外,PAQ方法的这种战略用途已经得以证明,并取得了很好的效果。

5.1.2 基本内容

PAQ方法是以标准化、结构化的问卷形式来搜集工作信息的一种以人为基础的工作分析方法。具体地,它搜集以下有关工作活动的六大类信息:

(1)信息来源(Information Input):也称信息输入,指任职者从哪里以及如何获得执行工作所需的信息。

(2)智力过程(Mental Process):也称脑力运用,指任职者在执行工作时所需要完成的推理、决策、计划以及信息处理活动。

(3)工作产出(Work Output):指任职者在执行工作时所发生的身体活动,以及所使用的工具、设备。

(4)人际关系(Relationships With Others):指任职者在执行工作时需要同他人之间发

生的关系。

（5）工作背景（Job Context）：指任职者执行工作时所处的物理环境和社会背景。

（6）其他职位特征（Other Job Characteristics）：除了上面所描述的同该职位有关的各种活动、条件以及特征。

其中，前3类信息被认为是与传统的行为模式相对应的，即行为过程由刺激（S）、机体（O）和反应（R）组成。如图5-1所示。

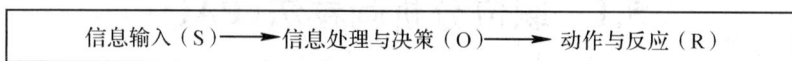

$$信息输入（S）\longrightarrow 信息处理与决策（O）\longrightarrow 动作与反应（R）$$

图5-1 传统的行为模式图解

因此，PAQ问卷中的要素所描述的是包含在工作活动中的"人的行为"，诸如工作中人的感觉、知觉、智力发挥、体力消耗和人际活动等。但是，工作中人的行为是相当丰富的，要想将所有行为都以要素形式描述出来，必然会导致要素的数量众多。也因此PAQ问卷的题项较多，形式较为复杂。

在实际操作中，PAQ方法的结构包括194个工作要素（表现在问卷中，为194个题目），其中，187个问项被用来分析员工"工作活动（Work Activity）"，另外7个涉及薪酬问题。这些问题代表了从各种不同职位中概括和提炼出来的各种工作行为、工作条件以及职位特征因素。

关于PAQ结构的详细说明和工作要素举例如表5-1所示，PAQ方法具体的维度和子维度如表5-2所示。PAQ问卷参见附录6。

表5-1 PAQ的结构

类别（维度）	说明	工作要素举例	工作要素个数
信息来源	任职者在哪里以及怎样获得工作时所使用的信息	数据材料的使用	35个
智力过程	工作中包含哪些推理、决策、计划和信息处理活动	决策水平	14个
工作产出	在工作中从事何种体力活动、应用哪些工具和设备	设备的控制	49个
人际关系	工作过程中与其他任职者的关系如何	代码交流	36个
工作背景	工作在何种物理和社会背景下进行	空气污染程度	19个
其他职位特征	和工作相关的、又不属于上述任何类别的活动、条件或特征还有哪些	着装、资格许可、工作时间表、职务的关键性、工资收入	41个

表 5 - 2　PAQ 的维度及其子维度

维 度	子维度
信息来源	工作信息来源 感觉和知觉活动 推测过程
智力过程	决策、推理、计划、安排 信息加工活动 运用已获得的信息
工作产出	工具和设备的运用 手工活动 全身活动 运用体力的水平 身体定位/姿势 操作/协调活动
人际活动	交流 各种人际关系 个人接触的数量 个人接触的类型 监督和协调
工作背景	物理工作条件 工作危险 个人和社会因素
其他特征	着装 资格许可 工作时间表 工作要求 责任 工作结构 职务的关键性 工资/收入

5.1.3　评价量表及其等级

1. 评价量表

在 PAQ 方法中，用于决定问题范围的量表是与所研究职位相关的，即可以根据实际情况选择不同的量表。有 6 种不同类型的量表可供工作分析人员选择：

（1）使用的范围（U）：被调查分析的工作应用该工作元素的程度。

（2）时间长度（T）：该工作元素的持续时间。

（3）对职位的重要性（I）：该工作元素对于被调查工作的重要性。

（4）出现的可能性（P）：该工作元素发生身体伤害的可能性程度。

(5) 可应用性(A)：该工作元素是否存在于被调查工作。

(6) 专用代码(S)：用于 PAQ 中特别项目的专用量表。

2. 评价量表的等级

每个量表都包括 6 个等级。例如，第一个"使用的范围"的量表由下列评价点组成：

N(0)＝不使用

(1)＝很小

(2)＝低

(3)＝平均

(4)＝高

(5)＝非常高

表 5-3 给出了与"工作产出"相关的 6 个 PAQ 问题及其评价量表。

表 5-3　PAQ 问卷中与"工作产出"相关的部分题目及其量表

	评价量表：使用的范围
3　工作产出 3.1　方法和设备的使用 3.1.1　手持工具或者仪器在该类别中考虑哪些用于移动或者修改加工件、材料、产品或者物体的机器。在此不考虑测量性的工具。	等级： N 不使用 1 很小 2 低 3 平均 4 高 5 非常

手动的

50_____ 精密的工具/仪器(也就是说，使用者进行非常准确或者精密的操作的时候所使用的工具或者仪器。如雕刻师的工具、钟表匠的工具、外科仪器的使用等)。

51_____ 无精密要求的工具/仪器(使用者用于执行不需要非常准确或者精密的操作时所使用的工具，如锤子、扳钳、刀子、剪刀、凿子、油灰刀、加固器、手持加油枪等。在此不包括长柄工具)。

52_____ 长柄工具(如锄头、耙子、铁锹、镐、斧头、扫帚、拖把等)。

53_____ 手持设备/工具(如夹子、长柄勺、勺子、镊子等，用于移动或者传递目标或者材料；在这儿不包括防护性设备，诸如石棉手套等)。装有动力的(手工操作或者利用诸如电、压缩空气、燃料、液压机液体等能源控制设备，其中完成修正的部分是手动的，诸如牙医的钻孔器、焊接设备等，以及小得足够用手完全握住的设备)。

54_____ 精密的工具/仪器(执行要求非常准确或者精密的操作时使用的手握动力工具或者仪器，诸如小型牙医钻孔器，或者用于特别精确或者精巧作业的实验室设备)。

55_____ 无精确要求的工具/仪器(手持的、能源驱动的工具或者仪器，用于执行不要求非常准确或者精密的操作，如普通动力锯、大型磨砂机、大剪刀、绿篱整顿器等，以及相关的设备，诸如电焊熨斗、喷射枪或者喷嘴儿、焊接工具等)。

5.1.4　实施程序

PAQ 方法的实施程序包含以下 6 个步骤：

(1) 明确工作分析的目的。

毋庸置疑，工作分析本身并不是目的，即实施 PAQ 方法或者完成若干份 PAQ 问卷都不是组织对工作进行工作分析的目的所在，而"将工作分析结果应用于实现某些人力资源管理的职能"，诸如进行工作评价、建立甄选或晋升标准、确定培训需求、建立绩效评价方法或设计职业生涯发展规划等，才是工作分析的最终目的。

当然，使工作分析服务于多重目标，需要投入大量的时间和精力。如利用 PAQ 分析得到的数据可以用于绩效评价，但是用于绩效评价需要对数据进行加工和处理，提取出绩效指标。如果"绩效评价"被确定为进行工作分析的目标，那么将 PAQ 与其他方法（如关键事件法）结合起来使用将会取得更好的效果。

（2）赢得组织的支持。

熟悉组织环境并赢得组织管理层的支持，对使用任何一种方法进行工作分析都是必不可少的。对于 PAQ 方法来说，有它需要特别注意的地方。

首先，要明确组织的环境和文化。针对不同的组织文化，选择不同的数据搜集方式能提高效率。有的组织在数据搜集过程中，倾向于尽量少地接触任职人员。有的组织则希望任职人员能全面参与到工作分析过程中来。虽然两种情况下都能运用 PAQ 进行工作分析，但是明确组织的倾向是正确使用 PAQ 的前提。

其次，对一些组织而言，还需认真考虑的重要因素有：

① 确定工作分析是从高级职位往下展开，还是从低级职位往上推进。

② 是否需要在大范围开展工作分析前进行预测试？

③ 是否存在普遍受到认同的部门，以便从它开始进行信息搜集？

然后，工作分析员制订具体方案供组织管理人员审阅并得到他们的支持。并且，需要向管理人员强调，用 PAQ 方法进行工作分析是从"行为"的视角，而不是从某位任职人员的"实际绩效"角度对工作进行分析。即对"工作行为"进行分析而非对"工作绩效"或对某一任职人员的"工作能力"进行分析。

（3）确定信息搜集的范围与方式。

· 信息的搜集者

在 PAQ 方法的信息搜集过程中 3 人组成的小组比较有利。成员为：工作分析专业人员（组织内部的工作分析专员或组织外部熟悉 PAQ 的人，如人力资源专家、管理咨询公司的专家）、任职人员、该工作的主管。

· 信息的提供者

PAQ 信息的提供者，通常是拥有丰富工作经验的任职人员。他们应该是：① 在目前的工作岗位上至少任职六个月；② 至少是职位称职者；③ 有较强的阅读能力和文字/口头表达能力。

· 信息搜集方式

PAQ 信息的搜集方式有两种：

第一种方式是，工作分析专业人员填写 PAQ 问卷、任职人员和（或）直接主管提供工作信息的方式。一般而言，样本量通常是任职人员的 30% 或者更多，当任职人员超过 100 名时，通常 10%～20% 的样本量就够了。

第二种方式是，任职人员和（或）主管直接填写 PAQ 的方式。采用这种方式时，需要注意以下 3 点：

① 如果有多位任职者从事同一工作，明智的做法是选择至少三位任职者独立完成PAQ。虽然有的组织要求更多的任职者填写调查问卷，但实践证明增加 PAQ 问卷的填写数量无助于提高分析结果的准确性。因此，如果要增加填写 PAQ 问卷的任职者，需要权衡这样做的收益和成本。

② 实践表明，如果由该工作的直接主管也填写一份问卷，将有助于提高管理层对分析结果准确性的信任程度。

③ 提供给问卷填写人员较多的指导，帮助他们理解 PAQ 各个因素的含义及评价尺度，这样将有助于提高分析结果的准确性。

经验表明，最有效的数据搜集方式是：由工作分析专员对任职者和直接主管进行工作内容方面的访谈，然后由这些专员填写 PAQ 问卷。

这种方式不仅能通过访谈的形式来搜集充分的信息，而且在对 PAQ 各项目及评价尺度的理解和选择上能保持一致性。只有保证这种一致性，利用 PAQ 分析结果对工作的相对价值进行比较才有意义。

（4）培训 PAQ 分析人员。

无论采用什么样的数据搜集方式，对分析人员进行正式培训是必不可少的。培训时间2～3 天为宜。

培训的原因：培训 PAQ 分析人员的一个考虑因素就是"节约时间成本"。PAQ 方法是为了分析一系列广泛的职位而开发的，题目非常多，问卷很长，没有受过训练的分析人员完成 PAQ 信息搜集的时间是每个职位 2～4 个小时；而受过训练的分析人员，能很快看出跟目标工作相关的项目（实际上仅有 1/3～1/2 的项目适用于大多数职位），因此完成一个职位的 PAQ 信息收集活动所需的时间较短，可能不到 1 小时。

培训的主要内容：首先，让工作分析人员熟悉 PAQ 问卷的内容及操作步骤；其次，培训分析人员搜集数据的技巧，尤其是如何倾听任职人员的描述等；在熟悉理论知识后，通常会让工作分析人员利用 PAQ 问卷分析一份工作，就实际操作过程遇到的问题进行讨论，以加深分析人员的理解，提高他们的操作能力并统一所有分析人员对 PAQ 项目及评价尺度的认识。

需要强调的是，当使用任职人员作为分析人员的时候，建议除了上述正式的培训之外，还要召开一个"小组会议"，会议邀请一位对 PAQ 问卷内容熟悉的咨询人员作为老师，他能对具体的 PAQ 题目进行解释。

（5）与员工沟通整个项目。

沟通可以由组织管理人员进行，也可以由人力资源管理专家进行，还可以通过组织常用的沟通渠道，比如公告栏、员工会议等进行。

需要传递给员工的基本信息包括：工作分析的目的、时间规划以及数据搜集过程的注意事项等。其中，工作分析目的通常是为了理顺工作职能，提高工作效率。时间规划包括整个项目的时间计划以及分析结果的反馈时限等。

关于数据搜集过程，以下信息需要与员工共享：首先要向员工说明的是，运用 PAQ 分析的内容是工作内容，而不是员工的绩效，也就是说，PAQ 问卷并不是关于工作知识的试卷，而是理顺工作内容的工作，以便消除员工的顾虑。然后要向提供工作信息的任职者说明，需要他们考虑的是为了完成工作任务和职责，他们需要"做什么"以及需要运用到什么工具和信息。

（6）搜集信息并编码。

在确定信息搜集策略，培训工作分析人员以及与员工进行必要的沟通之后，便进入了实际的信息搜集阶段。

需要指出的是，步骤 3 中所确定的信息搜集范围与方式，在很大程度上决定获取 PAQ 信息的具体方法，诸如访谈法、直接填写问卷法等。如果步骤 3 确定的是由工作分析专员填写问卷，任职者和(或)直接主管提供工作信息的方式，那么搜集信息的方法就是访谈法。

就访谈法而言，由于 PAQ 问卷中的措词大多比较晦涩，通常在访谈之前，工作分析小组根据 PAQ 的结构以及目标职位的实际情况，设计一个新的工作分析表格，利用这个新的分析表格实施结构化访谈。在访谈结束后，将访谈结果直接对应到 PAQ 的各项目中。

分析 PAQ 结果：研究表明，利用主成分分析，通过 PAQ 问卷可以测定 32 项具体的、13 项总体的工作维度，如表 5-4 所示。通过这些维度可以对任何一项工作进行评分，所有的评价维度得分均采用标准分的形式(Z 分数)，标准得分直接反映目标职位与 PAQ 提供的样本常模在该维度上的差异，标准得分的另一种表现形式——百分比，直观地说明目标职位在评价维度上的相对位置，便于不同职位之间的相互比较。

表 5-4　PAQ 问卷中的工作维度

具体维度（32 项）
类别 1：信息来源：从何处以及如何获得工作所需的信息
知觉解释：解释所感觉到的事物
信息使用：使用各种已有的信息资源
视觉信息获取：通过对设备、材料的观察获取信息
知觉判断：评价/判断所感觉到的事物
环境感知：了解各种环境条件
知觉运用：使用各种感知
类别 2：智力过程：或脑力处理，工作中有哪些推理、计划、信息处理等脑力加工活动
决策：做出决策
信息处理：加工处理信息
类别 3：工作产出：或体力活动，工作中包含哪些体力活动、需要使用什么工具设备
使用工具：使用各种机器、工具或设备
身体活动：工作过程中的身体活动(坐、立除外)
控制机器/流程：操作控制机械、流程
技术性活动：执行需要技能的技术性活动
手工活动：执行手工控制的/相关的活动

续表

使用设备：使用复合(各种各样的)设备/仪器
执行处理和/或相关的活动
身体协调性：身体一般性协调
类别4：人际关系：工作中需要与哪些人发生何种内容的工作联系
信息互换：相互交流相关信息
一般私人接触：从事一般性私人联络和接触
监督、协调：执行监督/协调相关的活动
工作交流：与工作相关的信息交流
公共接触：公共场合的相关接触
类别5：工作背景：也称为工作环境，工作的自然环境和社会环境如何
潜在压力环境：工作环境中是否存在压力和消极因素
自我要求环境：对自我严格要求的环境
工作潜在危险：工作中的危险因素
类别6：其他职位特征：其他活动、条件和特征
典型性：日常工作安排和非典型的工作安排
事务性工作：从事事务性工作
着装要求：自我选择着装与特定要求着装的比较
薪资浮动比率：可变薪酬与固定薪酬的比率
规律性：有规律的工作时间和无规律工作时间的比较
强制性：在环境的强制下工作
结构性：执行结构性和非结构性的工作
灵活性：敏锐地适应工作活动、环境的变化
总的维度(13项)： 拥有决策、沟通以及一般性的职责；操作机器和/或设备；执行文职的和/或相关的活动；执行技术性的和/或相关的活动；执行服务性的和/或相关的活动；日常工作安排 vs.其他工作安排；执行常规的/重复性的活动；意识到工作环境；从事身体活动；监督/协调其他人；进行公共的和/或顾客相关的接触；在不愉快的/危险的/费力的环境下工作；拥有非典型的时间表/随意的服饰风格

　　对 PAQ 问卷中各问题的评分还能够用于对任职资格进行直接评估，进而用于开发任职资格测试和其他甄选技术上。表 5-5 是一个应用范例，提供了 3 位专家对有关元素的人员特征评价结果的处理结果(节选)。

表 5 - 5　运用 PAQ 问卷对人员特征进行评价的处理结果(部分)

PAQ 问卷题项	人 员 特 征					
	(1) 词语理解		(2) 听觉		(3) 手指灵活性	
	平均值	中位数	平均值	中位数	平均值	中位数
分析资料	4.73	5.00	0.00	0.00	1.39	1.00
决策	4.55	5.00	1.33	0.00	0.46	0.00
装置操纵	0.27	0.00	0.56	0.00	3.85	4.00
机动车驾驶	1.09	1.00	2.89	3.00	3.15	3.00
谈判	4.46	4.50	4.22	4.50	0.69	0.00
信号处理	2.55	3.00	4.11	4.50	2.77	3.00
指挥	4.36	4.00	3.78	4.00	0.69	0.00
冒险	0.00	0.00	1.89	0.00	1.31	0.00
工作结构	3.36	3.50	0.89	0.00	0.46	0.00

根据表 5-5,可结合第一列中各个问卷题项,总结出词语理解、痛觉、手指灵活性 3 种人员特征的得分。较高的得分表示此工作元素与相对应的特征有着较大关联。从表 5-5 可知,高水平的词语理解能力对分析资料、决策、指挥这些项目来说是必需的、高水平的听觉对谈判、信号处理项目来说是必需的、高水平的手指灵活性则对装置操纵来说是必需的。

5.1.5　关键控制点

在利用 PAQ 方法进行工作分析的实际操作中,可以根据需要灵活安排上述七个步骤。但是无论如何安排,都必须注意控制操作过程中的关键点。具体地,有以下 4 个关键点,值得工作分析人员重视:

(1) 对工作分析人员进行培训时,要让所有参与工作分析的人员认识到必须从完成一项工作所需要的"行为"角度出发搜集信息,而不是从某一任职者的能力或工作表现(绩效)角度出发进行工作研究。

(2) 工作分析人员在访谈任职者或其主管之前,应准备一份与 PAQ 问卷的结构和要求相适应的访谈大纲,以方便对 PAQ 问卷中的各要素进行解释。

这份访谈大纲可以由工作分析小组在信息搜集前,根据企业的特点以及所分析工作的层次讨论制定。

(3) 在访谈之外,还应辅之跟踪观察,包括对任职者工作场所的观察,以及对任职者一项或多项工作活动的观察,以得到关于工具、材料、产品、工作规划以及工作环境的准确信息。

(4) 在关于某工作的访谈和观察结束后,要尽可能快地完成其 PAQ 问卷,不要等到多个工作的信息搜集结束后,再集中进行。

5.1.6　应用情况

由于 PAQ 方法是工作者导向的,不是基于与某一特定工作相关的特定任务的,因此工作成分，即 PAQ 中的工作维度能被广泛应用到各项职业中。PAQ 方法是一种定量化的工作者导向的工作分析工具，能够提供关于工作的行为和环境信息。

PAQ 方法可以应用到人力资源管理的多个领域，包括：工作评价、绩效评估、人员培训等。在此，详细介绍 PAQ 方法在确定任职资格、工作评价两个领域中的应用。

1. PAQ 方法在确定任职资格中的应用

PAQ 最初的研发目的就是，开发一种一般性的、可量化的工具用以准确测量工作的任职资格，从而代替传统的测试程序。因此，与其他工作分析方法相比，PAQ 在确定工作的任职资格方面具有其独特之处——它有助于工作分析人员建立能力模型。

由于 PAQ 的题目为界定重要的任职人员的特征提供了有用的信息，因此，当得到多份关于同一职位的 PAQ 问卷之后，题目的平均得分就可以用来界定该项工作的任职资格。

PAQ 公司强大的数据库，已经把职位在某些既定维度上的得分与"通用能力测试问卷"（GATB）中的一些子问卷的测试得分联系在了一起。因此，只要知道了某个职位在某一维度上的分数，我们就能够大体确定，为了履行这一职位上的职责，任职者需要具备的能力类型是什么。

具体的，以下介绍如何利用 PAQ 方法为"高级运输和收报职员"职位确定任职资格：

首先利用 PAQ 方法对职位进行分析，然后，从 PAQ 中找出获得最高评价值的题目，如表 5-6 所示。

表 5-6　对"高级运输和收报职员"的任职资格确定一个重要的 PAQ 题目

PAQ 题目编号	PAQ 题目名称	评价值
9	职位信息的可见资源：未被改变的材料（当在仓库中的物品或材料等被检测或处理时，未被转变或调整的零件、材料、物品等是信息的资源）	5

注：该项以一个 5 级的评价量表为基础：1＝名义上的/极少，2＝偶尔，3＝一般，4＝相当多，5＝非常多。

在表 5-6 中，"高级运输和收报职员"在第 9 个题目"职位信息的可见资源：未被改变的材料"上，被评价为 5（非常多），说明该职位的员工从"未被改变的材料"那里获得信息，同时也表明"通过视觉观察被检测或存储的资料而获得信息"的能力对于该职位而言是重要的，即可将其作为该职位的任职资格。

2. PAQ 方法在工作评价中的应用

PAQ 方法的主要提出者，麦考密克（1977）认为，与其他的工作分析方法相比，PAQ 方法最有效的应用领域是工作评价。对于一份特定的工作，只要得出 PAQ 各个维度的分值，就能通过一套公式换算成工作评价的点值，进而得出该工作的薪资水平。

詹纳雷特（1980）选择了 29 个小时工作、10 个一般职位和 26 个管理职位作为样本，用 PAQ 对它们进行了评价，并将得出的分值转化为工作评价的点值。通过与现实情况的对比，可以看出分析结果准确地反映了所分析工作之间的相对价值。

表 5－7 列出了 9 个有代表性的工作分析结果。可以看出，第 3 栏的点值反映了该工作的价值。

表 5－7　利用 PAQ 方法得到的工作评价结果

职位类型	工作名称	利用 PAQ 得到的工作评价点值
小时工作	保洁员	308
	机械操纵员	370
	初级维修员	539
一般职位	办公室服务员	295
	打字员	381
	客户服务代表	452
管理职位	值班主管	611
	维修主管	694
	控制间主管	781

研究学者认为，PAQ 方法的分析结果可以很好地应用于各种组织的工作评价中，无论是公有还是私有企业，也无论是营利的还是非营利的组织。而且，PAQ 的结果对分析初、中级管理职位和高级技术职位都很有效，但对于高级管理人员效果并不是太好。

5.1.7　PAQ 方法的优缺点

1. 优点

（1）为搜集职位诸多方面（工作活动、工作背景、任职资格）的量化资料提供了一种标准化工具。标准化有助于确保不同的职位以相似的方式得到评估。尤其是在计算机技术高度发展的今天，计算机可以对标准化的信息进行分析，并对不同职位的工作分析结果进行处理以及职位间的比较。

（2）提供了可靠的、有效的职位资料。PAQ 方法的信度和效度普遍受到认可，即这一工具可靠、结果准确。在进行工作分析时所搜集到的 PAQ 信息资料，能够很好地反映实际情况。

（3）操作性强，其使用面相当广泛。PAQ 方法可以对雇员任职资格进行估计，对于建立有效的"人力资源甄选和开发"项目是非常必要的。

（4）相对于其他工作分析方法，PAQ 方法被认为是花费较少且所需时间较少的工作分析工具。值得注意的是，对 PAQ 方法分析人员的培训很重要，如果他们不熟悉 PAQ 的结构和问题的含义的话，则花费时间较多。

2. 缺点

以下 5 个缺点使得 PAQ 方法的应用受到了限制：

（1）PAQ 方法对使用者的文化程度要求较高，尤其是要求其具有较强的阅读能力。PAQ 问卷长达 28 页，对作答者的阅读能力要求较高。根据怀勒·卡塞欧（Wayne Cascio）的研究，PAQ 问卷的指导语和项目描述以及评价尺度所需的阅读能力为大学水平，而低于大学水平的人员则很难读懂问卷内容，这无疑限制了使用者的类型范围。因此，PAQ 问卷的使用建议是，让那些在如何使用这种职位分析问卷方面经过培训的专业工作分析人员来填写这份问卷，而不是让任职者或其直接上级来填写。

（2）不能精确区分不同的工作。由于 PAQ 问卷的设计是针对所有工作的，虽然项目数繁多（189 或 194 个），但毕竟有限，而且其评价的是"基本工作要素"（Basic Job Elements）而不是"具体的工作任务"（Specific Job Tasks），因此，不能精确区分不同的工作。

根据阿维和贝格拉（Arvey 和 Begalla，1975）的研究，警察局的工作概况与家庭主妇类似，因为这两项工作的活动都是随麻烦排除和危机处理而发生变化的。

（3）由于 PAQ 不关注任务活动，所以在进行工作分析时，仅运用 PAQ 是不够的。在使用 PAQ 进行分析时，还要求使用工作分析的其他方法来共同开发工作说明书。

（4）由于其维度的局限性，PAQ 只能对组织中层管理者及以下职位进行分析。由于PAQ"智力过程"维度只有决策和信息处理两项，因此该方法不适用于分析高水平的认知过程，如抽象思维和战略规划，亦即，不适用于对高层管理者职位进行工作分析。对于高层管理者职位，研究学者指出，可用的分析工具有"管理岗位描述问卷法"（Management Position Description Questionnaire，MPDQ）和"专业和管理类职位问卷"（Professional and Managerial Position Questionnaire，PMPQ）。

（5）有研究表明，不论分析者对所分析工作熟悉与否都能产生相同的结果。一方面，说明了 PAQ 问卷的信度较高，但这也令人产生对结果的怀疑。Smith 和 Hakel（1979）的研究发现，专业的工作分析人员填写的 PAQ 与大学生填写的 PAQ 结果高度相似，相关系数达到 0.91。原因可能是他们对所分析的工作拥有共同的刻板印象，他们对工作有关要素的评价基本相同。这在一定程度上表明，让工作分析专家填写 PAQ，不比让门外汉填写能得到更多的信息。显然这给 PAQ 的使用带来了严重问题。但是，美国南卡罗莱纳大学的学者认为，专家使用 PAQ 方法的结果与大学生（只告知职位名称）使用 PAQ 的结果不具有可比性。根据他们的研究，PAQ 问卷仍应由专业的工作分析人员填写。

5.2 管理职位描述问卷法（MPDQ）

5.2.1 管理职位描述问卷法概述

管理职位描述问卷法（MPDQ）最早产生于 1974 年，美国著名的工作分析专家亨普希尔（Hemphill）、托纳（Tornow）、平托（Pinto）等人为对 Control Data 公司的管理职位进行分析，而开发出的一种以人为基础的工作分析系统性方法。

MPDQ 方法是应如下需求而产生的：

（1）能明确并量化不同管理岗位工作内容的差别；

（2）能评价不同管理职位的价值和等级；

（3）能有效分析和评价各种环境下的管理职位，包括不同地理和文化环境下的管理职位；

（4）能提供准确、全面的工作信息，为企业人力资源管理其他职能服务。

经过四十多年的发展，MPDQ 方法逐渐成熟，它广泛应用于企业管理职位的工作分析过程，它是一种结构化的、以人员为基础的工作分析方法，其分析对象是管理型职位，问卷填写由任职者完成，工作分析人员将调查数据输入数据库，通过电脑对数据进行分析研究。

MPDQ 方法能够提供关于管理职位的多种信息，如工作行为、工作联系、工作范围、决策过程、素质要求，以及上下级之间的汇报关系等。因此，其分析结果可应用到工作描述、工作比较、职位评价、管理人员培训与开发等人力资源管理活动中去。

5.2.2　基本内容

MPDQ 问卷问项从因素分析的角度，将题目分为 15 个部分，274 项工作行为。每个部分都包含一定量的相关题目。MPDQ 结构概要如表 5-8 所示。

表 5-8　MPDQ 方法的结构

内　容	题　目　数　量	
	描述工作行为的题目数	其他内容的题目数
一般信息	0	16
决策	22	5
计划与组织	27	0
行政	21	0
控制	17	0
督导	24	0
咨询与创新	20	0
联系	16	0
协作	18	0
表现力	21	0
监控商业指标	19	0
综合评定	10	0
知识、技能和能力	0	31
组织层级结构图	0	0
评论和反应	0	7
总　计	215	59

MPDQ 问卷由管理者个人填写，主要用来收集与职位相关的信息。问卷各部分内容的简要描述如下：

（1）一般信息（General Information）。一般信息部分内容包括：任职者的姓名、头衔、所调查岗位的职能范围、所调查岗位的人力资源管理职责、财务职责以及其他主要职责、管理人员下属的数量和类型、管理人员每年支配的财政预算等。

（2）决策（Decision Making）。决策部分内容包括两个要素，即决策背景与决策活动。前者描述与决策相关的背景因素，反映决策的复杂程度，可以为职位评价提供依据；后者反映整个决策过程中涉及的重要行为，可为工作描述和职位评价提供信息。

（3）计划与组织（Planning and Organizing）。计划与组织部分描述的内容是战略计划的制订和执行情况。

（4）行政（Administering）。行政部分主要对管理者的文件处理、写作、记录、公文管理等活动进行评估。

（5）控制（Controlling）。控制部分内容包括跟踪、控制和分析项目运作、财务预算、产品生产和其他商业活动。

（6）督导（Supervising）。督导部分描述的是与监督、指导下属相关的活动和行为。

（7）咨询与创新（Consulting and Innovating）。咨询与创新部分包括的内容属于技术性专家的行为，比如律师、工业心理学家的行为通常属于这一部分。

（8）联系（Contacting）。联系部分内容包括：内部联系和外部联系。收集的信息主要有联系对象和联系目的。

（9）协作（Coordinating）。协作部分内容描述当工作存在内部联系时的行为，这种合作行为多存在于矩阵式组织和以团队作业为主的组织。

（10）表现力（Representing）。表现力部分内容描述的行为通常发生在营销活动、谈判活动和广告宣传活动中。

（11）监控商业指标（Monitoring Business Indicators）。监控商业指标部分包括监控财务指标、经济指标、市场指标的行为。这些行为多属于高级经理人的职责。

（12）综合评定（Overall Ratings）。综合评定部分根据上述各部分，将管理活动分为 10 种职能，要求问卷填写者估计这 10 种职能分别占整个工作时间多大比重，以及它们的相对重要程度。

（13）知识、技能和能力（Knowledge，Skills and Abilities）。这部分内容要求问卷填写者判断高效完成工作所需要达到的知识、技能和能力的熟练程度，包括对 31 种素质范围的评定。本部分还要求问卷填写者回答他们是否希望接受培训，如果希望接受，愿意接受哪一方面的培训。

（14）组织层级结构图（Organization Chart）。组织层级结构部分给出了一般性的组织层级结构图，让问卷填写者填写他们的下属、同级、直接上级和上级的上级等职位。这部分的信息有助于薪酬专家快速确定某任职者在组织中的位置。

（15）评论和反应（Comments and Reactions）。问卷的最后一部分要求问卷填写人员反馈对问卷的看法。他们首先要回答的问题是估计自己的工作有多大比例的内容被本问卷涵盖。其次，填写者评定问卷总体、题目以及问卷模式的质量和使用的难易程度等。然后，填写者回答他们完成问卷所花费的时间。最后，填写者回答是否存在本问卷没有涉及的重要活动，并且说明是什么活动。

5.2.3　评价尺度

MPDQ 方法所使用的评价尺度是 5 级评定。针对每个题目所描述的活动，问卷填写者需要评定该活动相对于该职位工作包含的所有其他项目的重要程度以及发生频率。

"重要性"评价尺度如表5-9所示。

表5-9 MPDQ方法"重要性"评价尺度及其说明

尺 度	说 明
0	该活动与本工作完全无关
1	该活动只占本工作的一小部分且重要程度不高
2	该活动属于本工作的一般重要部分
3	该活动是本工作的重要组成部分
4	该活动是本工作的关键部分或者说至关重要的部分

除了"重要性"评价尺度之外，MPDQ方法还用到其他一些尺度，如"计划与组织"部分，不仅用到了"重要性"尺度，还用到了"决策权限"的评价尺度。这类评价尺度如表5-10所示。

表5-10 MPDQ方法"决策权限"评价尺度及其说明

尺 度	说 明
0	不适用：我不参与这项活动的决策
1	为决策提供一般性服务：我记录和分析各种候选方案和它们带来的可能后果
2	有建议权：我要向我的主管提出建议或提供制定决策需要的各种基本信息
3	共同决策权：我和其他人共同决策，并且不需要经过直接主管的审核
4	独立决策权：我有权独立做出决策，并且不需要经过直接主管的审核

MPDQ问卷示例如表5-11所示。

表5-11 MPDQ问卷示例(部分)

第五部分：控制(Controlling)
第一步：评定重要性 请指出以下每项活动对您职位的重要程度，然后按0~4分计分(标准如下)，将分数写在每个题目前面的空白处。请记住，在评定时需要考虑该活动和其他职位活动相比重要程度和发生的频率
"0"——该活动与本工作完全无关 "1"——该活动只占本工作的一小部分并且重要程度不高 "2"——该活动属于本工作的一般重要部分 "3"——该活动是本工作的重要组成部分 "4"——该活动是本工作的关键部分或者说是至关重要的部分

审阅需要提交的机会，使之和组织的目标与策略保持一致

追踪并调整工作活动的进度，以保证按时完成目标或合同

为项目、计划和工作活动制定阶段目标、最后期限，并将职责分派给各人

监督产品的质量或者服务效率

对部门的发展和效率制定评估标准

在工作计划或项目结束后，评估其效果并记录在案

每个月至少进行一次工作成效的分析

分析工作报告

控制产品生产或服务质量

监督下属完成部门目标的工作进程

监督在不同地区的部门的工作进程，并调整它们的活动以达到完成组织目标的要求

解释并执行组织的安全条例

第二步：评论

在下面的空白处请写下您认为对您的职位，该部分还应该包括的其他工作

5.2.4 管理工作维度

之所以开发 MPDQ 方法，其初始目的是为了利用它来辅助实现人力资源管理的多种职能，如实现职位评价、绩效评估的职能等。为了达到这个目的，需要把通过 MPDQ 收集而来的工作描述性信息进行转化，以满足不同的人力资源管理的需要。

为实现不同的人力资源管理职能，人们往往从不同的角度来看待工作，从不同角度对工作进行分析、研究和描述。比如，薪酬管理人员往往从"报酬因子"的角度来分析和描述工作，培训与开发专员往往从"胜任力"角度来研究工作和任职者，绩效评价主管往往从"绩效维度"角度来分析工作，定岗定编人员和工作设计人员则往往从"工作因子"角度来描述工作。

MPDQ 方法是在综合这些角度的基础上产生的，它试图从这类因子出发来设计问卷，以满足人力资源管理不同职能的需求。学者经过大量调查研究，发现 MPDQ 方法实现了这样的目标，它从管理工作因子、管理绩效因子和管理评价因子等 3 种有关管理职位的因子出发，对工作进行分析。这 3 种管理因子都属于管理工作维度，下面对这些管理因子进行详细介绍。

1. 管理工作因子

管理工作因子是一组描述工作内容的要素组合。根据不同职位工作内容的异同，对管理职位进行描述，可以使工作描述更容易。管理工作因子包含 8 个要素，如表 5 - 12 所示。

表 5 - 12　管理工作因子

决策
评定各种信息和各种候选方案。
计划与组织
制订长期和短期计划,包括制订长期目标、长期战略规划、短期目标以及短期日程安排,比如对产品或服务的设计、发展、生产和销售进行计划等。
行政
负责文件和档案的整理和保管、监控规章制度和政策的执行、获取和传递信息。
控制
控制和调整人力、财力和物力的分配,调拨材料、机器和服务资源,建立成本控制体系。
咨询和创新
应用高级技术解决疑难问题,为决策者提供关键信息和咨询,开发新产品和开拓新市场,密切关注技术前沿动态。
协作
与其他团体合作实现组织目标,在不能实施直接控制的情况下,能团结他人、整合力量、协商组织资源的使用,必要时能有效处理矛盾与分歧。
表现力
与个人或团体沟通交流。如客户、供应商、政府和社区代表、股东和求职者,促销组织的产品和服务,谈判并签订合同。
监控商业指标
监控关键的商业指标。如净收入、销售额、国际商业和经济趋势、竞争者的产品和服务。

　　管理工作因子通常被薪酬管理人员和招聘人员所使用,使他们能很快地从总体上把握工作的内容,同时也有助于管理者从整体上理解自己的职位与其他职位的不同之处。

2. 管理绩效因子

　　管理绩效因子是指为了评价管理者工作的绩效而选取的工作要素,也就是说,从这些要素对管理工作的绩效进行评价有助于发展和提高管理业绩。

　　这类因子能够用来区分管理绩效优秀者和绩效一般者。在确定管理绩效因子的过程中,通过管理者和人力资源专家进行讨论,以及利用 MPDQ 问卷数据进行统计分析,最终选出了 9 个管理绩效要素,对它们的描述如表 5 - 13 所示。

表 5 - 13　管理绩效因子

工作管理
管理工作执行情况和资源使用情况，监控和处理各种信息，确保产品和服务按时完成。
商业计划
为达到目标，制订并实施商业计划与商业战略。
解决问题/制定决策
分析技术上或商业上的问题与需求，做出决策，选择适当的方案或进行创新。
沟通
高效、全面、准确地进行沟通，正确地分享或交换信息。
客户/公众关系
代表组织与客户、预期客户及其他公共群体打交道。
人力资源开发
通过有效的工作分配、指导、培训和绩效评价等措施来开发下属员工的潜能。
人力资源管理
监督和管理下属员工，提供指导和领导。
组织支持
有归属感，能得到其他管理者的支持来共同实现个人、团队和组织的目标。
专业知识
具备实现既定绩效目标所需要的技术知识。

　　表 5 - 13 的 9 个管理绩效因子主要有两种用途：（1）帮助上级主管评价和指导管理者的绩效；（2）帮助上级主管和培训专家明确对管理者的培训需求。

3. 管理评价因子

　　管理评价因子是用来评价管理类工作相对价值的维度，即用来衡量某一管理工作（职位）相对其他工作（职位）而言对组织的贡献有多大。管理评价因子包含 6 项要素，如表 5 - 14 所示。

表 5 - 14　管理评价因子

决策
制定决策的权限有多大，考虑决策的性质、影响范围、复杂程度以及需要付出的努力程度。
解决问题的能力
为解决所出现的问题，需要投入的分析与创造性思考属于哪种等级，考虑问题的性质、所涉及的范围以及解决方案所需要的创造性。
组织影响力
对组织的影响范围有多大，包括职位对实现组织目标，对开发或销售产品（服务），对制定战略或执行计划，对制定政策或工作流程，对实现销售收入、利润或其他业绩指标的重要程度。

人力资源管理职能
监督和指导职能的大小，可以通过下属员工的等级和数量，以及所提供指导的负责程度来衡量。
知识、经验和技能
职位所需要的用来解决关键性组织问题的知识、经验和技能，以及在多大程度上需要将这些知识、经验和技能应用于解决实际问题。
联系
内部联系与外部联系的范围和程度，可以从联系对象、联系目的以及联系的频率等方面进行考虑。

　　管理评价因子在多家大企业经过了精炼和检验。首先，Control Data 公司的 26 名薪酬专家使用修订过的德尔菲法，为公司界定了一套合理的管理评价因子；接着，这些因子被薪酬专家们应用到其他两家企业中进行修正和检验；最后，通过不断地精炼和修正，这些因子不再仅仅适用于某几家企业，而具有了广泛的适用空间。

5.2.5　信息输出内容

　　MPDQ 方法作为一种成熟的管理类职位的工作分析方法，主要是通过形成工作分析报告，以为人力资源管理决策提供支持信息。表 5 - 15 是对 MPDQ 所形成的 8 份工作分析报告的具体说明。

表 5 - 15　工作分析报告汇总表

分析报告名称	说明	信息来源	主要用途
《管理职位描述》	对管理职位的细节性、描述性的总结归纳。包括： 财务人事职责权限 工作活动重要性排序 工作联系 决策情景特征 知识技术能力要求	MPDQ 问卷的"一般信息部分"	服务求职者的工作描述 上岗指引 面试基础信息 工作设计 薪酬结构
《管理工作描述》	类似于管理职位描述报告，主要针对一组管理职位工作内容的综合性的、平均水平的描述	MPDQ 问卷的"一般信息部分"	用于构建管理职位描述常模
《群体比较报告》	6 组对照群体工作内容的主要异同点的对比分析表，区分共有活动和特有活动，按照出现频率进行归类，然后针对各种活动进行重要性评价	MPDQ 问卷中涉及的工作活动	工作分类 职位评价 工作设计 培训开发设计
《个体职位剖析》	在管理工作要素的各个评价维度上将目标职位与所选同职等的职位进行比较与分析，形成该职位在管理评价要素上的得分以及加权得分	管理工作要素和管理评价要素	确定工作价值 确定职位等级 薪酬设计 制定培训开发计划

分析报告名称	说　明	信息来源	主要用途
《群体职位剖析》	类似于个体职位剖析，主要对相同的一组管理职位在管理工作要素和管理评价要素上的平均水平的相关比较分析		
《多维度群体绩效剖析》	是管理绩效要素各维度对于所选同组管理人员的平均重要性程度的综合报告，由此确定各评价要素的权重	管理绩效要素和 MPDQ 问卷中的"知识技能"部分	确定绩效评价要素权重 用于人员甄选录用 通过与个体绩效对比，确定培训开发计划
《多维度个体绩效剖析》	类似于多维度群体绩效剖析，主要对个人的管理绩效要素的重要性评价进行分析，以及个体的知识、技能、能力水平进行分析，通过与群体水平的对比，对绩效改进和培训开发提供指导		
《职位绩效评价表》	适用于特定管理职位的绩效评价体系和雇员开发计划，对管理绩效 9 个要素进行深度定义剖析，加以操作化，并附加若干代表性的绩效活动示例	管理绩效要素和多维度群体绩效剖析	绩效评价 人员开发

5.2.6　优缺点

MPDQ 方法是所有工作分析方法中最具针对性的一种方法，其研究对象非常明确，即专门研究管理人员的工作。

它与 PAQ 方法的区别主要体现在以下两个方面：

（1）MPDQ 方法针对性比较强，而 PAQ 方法则旨在为所有类型的职位服务。

（2）MPDQ 方法的问卷由任职者自己完成，而 PAQ 方法的问卷一般由专业人员操作。

1. 优点

MPDQ 方法的优点在于：

（1）适用于不同组织内管理职位的工作分析，具有很强的针对性。

（2）为培养管理人才指明了培训方向，也为正确评估管理工作提供了依据。

（3）为管理工作的分类和确定管理职业发展路径提供了依据。

（4）为管理人员的薪酬设计、选拔程序以及提炼绩效考核指标奠定了基础。

（5）通过计算机程序，MPDQ 方法在某种程度上降低了主观因素的影响，同时其最终报告大量以图表形式出现，信息充足，简单易懂，提供了组织人力资源管理的效率。

2. 缺点

MPDQ 方法的缺点在于：

（1）由于管理工作的复杂性，难以用其深入分析所有类型的管理工作。

（2）相对其他工作分析方法而言，MPDQ 方法的成本较高，投入较大。

（3）MPDQ 方法的各个分析维度是在对国外管理人员的实证研究基础上形成的，应用于本土管理人员工作分析时，需要结合本土管理人员自身特点进行修正。

5.3　工作要素分析法（JEM）

5.3.1　工作要素分析法概述

工作要素分析法（JEM）是一种典型的、开放式的以人为基础的工作分析系统性方法。它最早是由美国人事管理局（OPM，U.S. Office of Personnel Management）普利莫夫（E.S. Primoff）研究并开发出来。普利莫夫认为，对于工作本身来说，最简单的分析方法就是研究组成该工作的各种要素或成功完成该工作所需具有的人员特征。JEM 方法的目的就在于，确定对成功完成特定领域的工作有显著作用的行为及此行为的依据。

作为一种开放式的工作分析方法，JEM 方法的开放性就在于，它所研究的行为或行为的特征要素与其他工作分析方法所研究的有所不同。JEM 所研究的行为及其特征要素，是由主题专家们来确定与这一工作相适应的若干个性化的要素，并对他们进行描述、界定以及评估。

JEM 方法所关注的工作要素非常广泛，包括知识、技术、能力、愿望、兴趣和个性特征等。这些工作要素通过目标工作的任职者、同事、直接上级和其他主题专家来收集并确定。通常，JEM 方法所设计的工作要素包括以下 5 类：

（1）知识——如专业知识的掌握程度、外语水平、知识面的宽窄等。

（2）技能——如计算机运用、驾驶技术、机器操作技术等。

（3）能力——如口头表达能力、判断能力、管理能力等。

（4）工作习惯——如对工作的热爱程度、承担超负荷工作的意愿、工作时间不规律等。

（5）个性特点——如自信、主动性、独立性、外向、随和性、尽责性、经验开放度等。

需要特别说明的是，只有那些对分析目标工作有重要影响的要素才能被列入考虑之中，而不是所有与工作相关的要素都要加以考虑，这也是 JEM 方法与 PAQ 方法的主要区别。

5.3.2　实施程序

JEM 方法的实施步骤一般分为 3 步，如下所述：

1. 收集影响目标工作实现的工作要素

在这一过程中，通常由主题专家小组采用头脑风暴法，列举出对目标工作的实现有显著影响的要素，并对这些工作要素进行反复推敲。工作要素的提出应该以完成目标工作所需的知识、技能、能力和个人特质为根据，每个被提到的要素都是和这个工作相联系的。同时，主题专家们在提出工作要素时，应该从工作的各个方面反复地进行考虑，以确保这些工作要素可以完全覆盖目标工作的要求。

2. 对收集来的工作要素进行整理

将主题专家组成员通过头脑风暴法收集而来的工作要素资料进行归类和筛选。对工作要素进行归类，就是将相同或相近的工作要素整合在一起，为每一个类别赋予相应的名称，并根据该类别所包含的工作要素的内容和特点，对该类别进行明确的界定和解释。通过对资料进行归类和筛选，形成初步的工作分析维度与子维度。

在本阶段结束时，工作分析人员将得到一个工作分析要素类属清单。

3. 划分工作分析维度

在本阶段中，工作分析人员——可以是主题专家小组成员，也可以是对目标工作有所了解的非主题专家组成员——组成焦点小组，小组成员数量一般为 6 人。焦点小组成立后，有必要对小组成员进行培训。培训的主要内容有：

1）介绍工作要素表的结构

工作要素表如表 5-16 所示，其中：第 1 列是各个要素的名称，接下来的 4 列要求小组成员针对每个要素，分别从 4 个方面进行 3 级评估；最后的 4 列是数据处理区，数据处理区不要求成员填写。

表 5-16　工作要素表

要素名称	评估区				数据处理区			
	B	S	T	P	IT	TV	TR	标注
创新能力								
激励能力								
冲突处理能力								
…								

填表说明如下：

· B 代表最低评估要求，指的是勉强合格的员工都需要具备的工作要素，是所有在此类岗位的员工都应该具备的最低限度素质。这一方面的评估分为 3 级，即"0"、"1"、"2"，分别表示"几乎无人具备"、"部分人具备"、"所有人都具备"。

· S 代表对优秀员工的要求，指的是在甄选优秀员工过程中该项工作要素的重要程度，这些要素是否能够作为区分优秀员工的重要特征。这一方面的评估分为 3 级，即"0"、"1"、"2"，分别表示"无区分性"、"有价值"、"非常重要"。

· T 代表评估问题或麻烦出现的可能性，是指如果忽略此工作要素，出现问题或麻烦的可能性有多大。这一方面的评估分为 3 级，即"0"、"1"、"2"，分别表示"无影响"、"有一些问题或麻烦"、"有很大的问题或麻烦"。

· P 代表工作要素在实际实施过程中的可能性，是指对于该项工作要素，在岗位出现空缺的情况下，以该工作要素作为招聘标准时能否补充空缺的岗位。这一方面的评估分为 3 级，即"0"、"1"、"2"，分别表示"无法填补空缺岗位"、"可填补一些空缺岗位"、"可填补所有空缺岗位"。

· IT 代表此工作对任职人员的一般能力要求的大小。

· TV 代表对任职者综合能力的要求，用来判断某一工作要素对该类工作的求职者是否存在区分的价值。

· TR 代表优秀员工所具有的，但求职者或勉强合格员工不具备或很少具备的工作要素，这些要素即便不具备也不会引起太大的问题或麻烦，但不具备这些要素很难达到优秀员工的标准。

2）介绍评估指标的含义

对于每一个维度或子维度，将采用"最低要求"、"优秀员工的要求"、"问题或麻烦出现的可能性"、"实际可行性"等 4 个指标对其进行评估。这些评估指标的相关含义、各等级说明如表 5 - 17 所示。

表 5 - 17　评估指标及其等级

指标名称	指标含义	等级	等级说明
最低要求	指那些可以以最低可接受限度被接受的员工都具有的要素	+	代表所有勉强合格的员工都具备该要素
		/	代表有些勉强合格的员工具备该要素
		0	代表勉强合格的员工中几乎没有人具备该要素。
优秀员工的要求	指那些可以作为区分优秀员工的重要特征，也就是该要素在区分优秀员工特征上的重要性	+	代表该要素是区分优秀员工的非常重要的特征
		/	代表该要素是区分优秀员工的有价值的特征
		0	代表该要素不能作为区分优秀员工的特征
问题或麻烦出现的可能性	指如果不考虑这一要素，问题或麻烦出现的可能性将有多大	+	代表不考虑该要素将会带来很大的问题或麻烦
		/	代表不考虑该要素将会带来一些问题或麻烦
		0	代表不考虑该要素也不会有问题或麻烦
实际可行性	指如果有类似的职位空缺，以该维度的要求作为对求职者的甄选标准时，是否能够使这些空缺的职位获得填补	+	代表如果以该维度的要求作为甄选标准，将有足够的候选者来填充职位
		/	代表如果以该维度的要求作为甄选标准，则满足要求的求职者仅能填充部分职位
		0	代表如果以该维度的要求作为甄选标准，则求职者中几乎没有人可以达到该职位要求

3）举例说明评估过程

在此以"司机"工作为例，对于该工作"安全驾驶"这个维度，如果几乎没有勉强合格的司机能够安全驾驶，那么就在第一个指标上标"0"，如果仅仅有些勉强合格的司机能够做到安全驾驶，那么在第一个指标上标"/"，如果所有勉强合格的司机都能够做到安全驾驶，那么第一个指标的标志就是"＋"。如果安全驾驶是区分优秀司机的非常重要的指标，则在第二个指标上标"＋"，如果安全驾驶的要求被忽视，将会带来很大的问题或麻烦，那么就在第三个指标上标"＋"，如果有足够多的司机能达到安全驾驶的要求，那么同样在第四个指标上标"＋"，其他情况依此类推。

焦点小组成员接受培训后，每位成员独立评估，除了允许对要素的含义进行讨论之外，应当把互相间的讨论降低到最低程度，应强调每位成员都以自己的判断为基础来形成评估结果。

将焦点小组成员评估结果进行汇总，并对汇总结果进行数据处理，得到初步的维度和子维度。再通过焦点小组成员的讨论，对不恰当的维度名称进行修正，删除或修改明显不科学的维度以保证各维度称谓的科学性和可理解性。

5.3.3　优缺点

JEM 方法是一种基于员工行为的、以人为基础的工作分析系统性方法，用工作要素概括出工作中对绩效有显著影响的行为，同样的要素可能跨越不同的任务和不同的工作。它为招聘选拔、培训、绩效评估等提供了有效的支持。与其他工作分析系统性方法一样，JEM 方法同样有着自身的优缺点。

1. 优点

（1）JEM 方法的开放性程度高，可以根据特定工作提取个性化的工作要素，并能够比较准确、全面地提炼影响某类工作绩效水平的工作因素。

（2）与其他工作分析方法相比，JEM 方法的操作方法和数值的标准化过程具有一定的客观性。

（3）JEM 方法在招聘过程中的人员甄选以及确定培训需求方面具有很高的应用价值。其分析结果中的选拔性最低要求要素为人员甄选提供了可靠的依据，同时得出的培训要素也为企业确定员工培训需求找到了重要的来源。

2. 缺点

JEM 分析方法有其固有的缺点，工作分析人员在运用该方法进行工作分析时，应对这些缺点予以重视，采取必要措施进行规避。

（1）在初步确定目标工作的工作要素时，过于依赖工作分析人员对工作要素的总结。由于工作分析人员对工作的看法不同，导致大量工作要素的出现，而其中有些工作要素对于目标工作来说并不重要，或者只是一些几乎适用于所有工作的要素。在正常的情况下，这些要素最终会被剔除掉。这无疑会导致许多无用工作，浪费时间和人力。

（2）评分过程比较复杂，需要强有力的指导与控制。

（3）焦点小组成员在评价工作要素时，容易偏向于提供肯定回答，认为这些要素都重要，难以取舍。这主要是因为焦点小组成员所进行的工作要素评价只是他们的一种主观判断，并没有客观标准作为基础。这样一来，所得出的分析结果如最低要求要素、培训要素等数量太多，难以突出重点，大大降低了工作分析结果应用在其他人力资源管理职能中的操作性和最终效果。

5.4　临界特质分析法（TTA）

5.4.1　临界特质分析法概述

临界特质分析法（TTA）是一种以个人特质为导向的工作分析系统性分析方法。其设计目的是为了提供标准化的信息，以辨别人们为基本完成和高效完成某类工作至少需要具备哪些品质、特征。TTA 方法称这些品质和特征为临界特质（Threshold Traits）。

皮瑞恩和罗兰(Prien & Ronan)在对工作分析的文献进行研究时指出,"长期以来,人们试图研究出一种分类,它能涵盖所有工作的某方面特征,而且可以提供一种标准,按照这种标准,可以对工作进行比较。"TTA 方法正是在这样的目标基础上发展起来的。研究者通过探讨工作分析专家普利莫夫、麦考密克等人的研究成果,得出以下 3 点结论:

一是,每个工作都具有两方面的特征:

(1) 任职者必须完成的工作任务和活动。

(2) 为了完成这些工作任务需要满足的条件。一份完整的工作说明书必须包括与这项工作相关的所有活动、任务及要求。

二是,为了实现人员甄选、配置、开发和激励,一份工作说明书必须明确任职者完成工作职能所需要具备的特质。

三是,为了便于辨别工作对任职者特质的要求,有必要开发一种特质库,这种特质库能用有限的特质,描述所有工作对任职者的要求。

5.4.2　TTA 基本内容

著名的工作分析专家罗派兹(F.M.Lopez)将工作范畴分为 5 类:身体特质、智力特质、学识特质、动机特质和社交特质,并定义了 12 种工作职能、33 种特质因素。这些特质力图涵盖从事任何一项工作所需要的所有特质。

表 5-18 提供了 TTA 方法的特质内容。

表 5-18　TTA 方法特质表

工作范畴	工作职能	特质因素	描　述
身体特质 (Physical)	体力	力量	能举、拉和推较重的物体
		耐力	能长时间持续地耗费体力
	身体活动性	敏捷性	反应迅速、灵巧、协调性好
	感官	视力	视觉和色觉
		听力	能够辨别各种声响
智力特质 (Mental)	感知能力	感觉、知觉	能观察、辨别细微的事物
		注意力	在精力不集中的情况下仍能观察入微
		记忆力	能持久记忆需要的信息
	信息处理能力	理解力	能理解口头表达或书面表达的各种信息
		解决问题的能力	能演绎和分析各种抽象信息
		创造性	能产生新的想法或开发新的事物

续表

工作范畴	工作职能	特质因素	描　述
学识特质 （Learned）	数学能力	计算能力	能解决与数学相关的问题
	交流	口头表达能力	口头表达清楚、简练
		书面表达能力	书面表达清楚、简练
	行动力	计划性	能合理安排活动日程
		决策能力	能果断选择行动方案
	信息与技能的应用	专业知识	能处理各种专业信息
		专业技能	能进行一系列复杂的专业活动
动机特质 （Motivational）	适应能力	适应变化的能力	能自我调整、适应变化
		适应重复的能力	能忍受重复性活动
		适应压力的能力	能承担关键性、压力大的活动
		对孤独的适应能力	能独立工作，忍受较少的人际交往
		对恶劣环境的适应能力	能在炎热、严寒或嘈杂的环境下工作
	控制能力	对危险的适应能力	能在危险的环境下工作
		独立性	能在较少的指导下完成工作
		毅力	能坚持一项工作任务直至完成
		主动性	主动工作并能在需要时承担责任
		诚实	遵守常规的道德与规范
		激情	有适当的上进心
社交特质 （Social）	人际交往	仪表	衣着风貌达到适当得体的标准
		忍耐力	在紧张的气氛下也能和人和睦相处
		影响力	能影响别人
		合作力	能适应团队作业

（资料来源：Lopez F M, Kesselman G A, Lopez F E. An empirical test of a trait - oriented job analysis technique[J]. Personnel Psychology, 1981，34(3)：479 - 502.)

　　TTA 方法对每个特质的含义都进行了严格的界定，对每个特质都列出了若干等级，并对每个等级进行了描述（描述示例见表 5 - 19），以供分析人员判断选择。

表 5-19 "解决问题的能力"特质因素各等级描述

所属工作范畴：智力特质 所属工作职能：信息处理能力			
工作职能的内容		任职者必须做到	
信息处理：对信息进行处理，得到特定的解决方案或得到某个问题的答案；处理信息，能对别人的建议提出正确的评价和修改意见		对信息进行分析，并通过演绎推理，提出正确的结论和解决方案	
等级	等级描述	等级	对任职者的要求
0	工作任务需要解决一些细小的问题，提出简单的解决方法	0	任职者必须能解决细小的问题并给出简单的解决方案
1	需要解决一些包含的问题（如诊断机器故障或解决客户投诉等）	1	任职者必须能解决包含有限个已知因素的问题
2	需要解决一些包含许多已知因素的问题（如投资可行性分析等）	2	任职者必须能解决包含许多已知因素的问题
3	需要解决一些复杂的、抽象的且包含许多未知因素的问题（如设计或研究某套方法的改良方案等）	3	任职者必须能解决复杂的、抽象的且包含许多未知因素的问题

仔细分析 TTA 方法的特质，可以看出，人的特质分为两类：一类是能力因素，即"能做什么"，另一类是态度因素，即"愿意做什么"。身体特质、智力特质和学习特质这 3 类特质属于能力特质，而动机特质和社交特质属于态度特质。能力特质又可以进一步分为两个子类：发展性能力和熟练能力。发展性能力是员工通过培训，能掌握或达到一定级别的能力；熟练能力是指员工已经掌握的知识或技能。它又可以分为一般性知识技能和特殊性知识技能。前者指在一个人的成长早期通过社会的正式教育，而获得的知识和技能，如阅读能力、口头表达能力。雇主在选拔求职者时，通常都希望他们较好地具备这些能力；而后者是在工作中或专业的培训中获得的知识和技能，如服装设计的能力等。雇主通常都愿意为员工获得或发展这方面的能力提供支持。这种分类和定义看起来较为理论化，但是在将来分析结果的应用，以及求职人员的评价与选拔上会很有好处，比如，通过了解这些分类和定义，雇主在甄选过程中可以判断哪些能力求职者必须具备，哪些能力求职者若不具备也能接受。

5.4.3 TTA 评价维度

TTA 方法所使用的评价维度有等级、实用性和权重，以下对它们进行概括介绍。

1. 等级（Level）

等级描述的是特定特质的复杂度要求或强度要求，如表 5-19 所示的"解决问题的能力"特质因素有 4 个等级。

2. 实用性（Practicality）

实用性是指针对等级评价而言，即对某一个工作而言，要任职者达到该工作需要的等级是否具备可行性。亦即，实用性描述的是：在求职者当中，有多大比例的求职者能够具备这一特质并达到评定的等级。

如果预计 10% 以上的求职者能达到评定的特质等级，则被认为这一评定是实用的；如果预计只有 1%～10% 的求职者能具备评定的特质等级，则被认为是基本不实用的；如果预计不到 1% 的求职者能达到评定的特质等级，则被认为这一评定是不实用的。这一维度的最终评定将反过来影响等级的最终评定。例如，对某一管理岗位工作，其"解决问题的能力"被评定为需要达到第 3 等级，而在任职者，只有不到 1% 的人员能达到第 3 等级的要求，那么这一评定会被认为是不实用的，可以将其从任职资格要求中剔除。

3. 权重(Weight)

权重表示的是与目标工作相关的特质对工作绩效的影响程度。权重值对于甄选计划、评价不同工作的相对价值以及设计培训需求计划等都具有重要的参考价值。

5.4.4　TTA 实施程序

完整的 TTA 方法包括 3 个子系统：临界特质分析子系统、工作要求与任务分析子系统、技术能力分析子系统。临界特质分析子系统是整个分析系统的核心，它是必不可少的内容。在实践运用中，并不要求工作分析人员同时使用 3 个子系统对每个工作进行分析。例如对于经理层以上的工作岗位，工作要求与任务分析可能并不适用。

1. 临界特质分析子系统

在进行临界特质分析时，要由直接主管、其他主题专家成员或任职者评价 33 种特质的等级、相关性、实用性，即评价在该工作岗位上达到可接受的或优秀的绩效水平与哪些特质相关，需要达到哪种等级，这种要求是否切合实际等。

在每位分析人员独立完成自己的评定之后，由主持人按照一套标准化的统计方法对所有数据进行统计分析，得出最后结果。亦即，为了完成这份工作，任职者需要具备哪些特质、至少需达到该特质的哪个等级，以及对于总体绩效而言，每个相关特质的贡献度(权重)有多大等。

2. 工作要求与任务分析子系统

临界特质分析是对任职者(Worker)进行分析，而工作要求与任务分析是对工作本身(Work Itself)进行分析。工作要求与任务分析技术是利用工作描述问卷，如任务清单等，对目标工作所包含的任务和要求进行分析。问卷由具有代表性的任职者进行填写，问卷要求任职者判断问卷中每项工作任务或职责的重要性，及其在整个工作中所占的比重。将问卷结果输入电脑进行汇总分析，从而确定哪些是目标工作的关键性工作任务和职责。

3. 技术能力分析子系统

技术能力分析子系统适用于分析对技术知识和技能有重要要求的工作。其分析目的在于明确完成技术性的工作职能需要具备的各种能力。

技术能力分析的前期工作和工作要求与任务分析相同，即收集资料、问卷设计、问卷填写和问卷分析。主要的不同之处在于问卷的内容以及问卷中的所有描述都对应于一项工作职能，即特定信息或技能的应用。其分析步骤如下：

1）确定最低要求

直接主管或其他主题专家小组成员各自独立地完成目标工作关键知识和技能的评价，评价尺度为：是否是员工刚上任就需要用到的知识或技能、是否需要员工在没有指导的情况下完成。专家们的评价结果将被综合平均，最终确定哪些知识和技能是需要新员工具备的，并能在没有指导的情况下独立完成相关的工作任务。

2）确定培训需求要素

主题专家还可以确定某项知识和技能要求在任职者工作的某个阶段就必须具备，选择项包括以下几项：在上岗前必须具备、在上岗后 6 个月内必须具备、在上岗 6 个月后才能具备。

在上岗后 6 个月内必须具备的知识和技能要求，将成为新员工培训的重要组成部分，在上岗 6 个月后才能具备的知识和技能要求，则可成为企业将来培训的选择。

3）形成技术能力说明书

技术能力分析的直接成果即形成技术能力说明书。该说明书包括以下内容：一是对目标工作的实现有着重要意义的技术、知识和技能；二是新员工需具备并能在没有指导的情况下独立应用的知识和技能；三是要对新员工进行培训的知识和技能等。

5.4.5　优缺点

当 TTA 方法被正确应用于现实的人力资源管理中时，它的价值就会显现出来。其主要优点是：分析结果相对准确，适用范围广泛。它可广泛应用于各种类型的组织中，如银行、保险公司、零售企业、制造型企业、公共服务型企业以及政府部门。同时，这种工作分析方法适合被用来分析各种类型的职位，如管理者、工程师、技术人员、服务人员等。

TTA 方法也有一些不足之处，在实践运用中，工作分析人员应对其不足予以重视，并采取相关措施规避这些缺点。

（1）实用性不强。许多人力资源从业人员表示该方法的引进和实施需要大量的人力和财力支持，容易超出企业的实际能力。他们认为花费大量的人力和财力去实施这一项目是不现实的，因为有许多比它更重要和更迫切的事情需要占用这些有限的资源。只有当 TTA 方法能解决组织长期以来形成的、直接影响企业可持续发展的大难题时，才被认为是有价值的。而且，在 TTA 成功引入之后，还需要有持续的监测与不断的完善才能充分发挥作用，这无疑将增加企业的负担。

（2）过于精确。部分人力资源管理者倾向于使用传统的工作分析方法，因为他们认为 TTA 的分析结果限制了他们的自由，即人为修改工作分析结果的自由。如果管理者试图将某工作岗位的薪酬水平确定在根据 TTA 得到的薪酬水平之上，他们只能修改该工作的特质要求，但这个过程可能会导致一些任职者达不到任职资格。

（3）过于复杂。TTA 方法的技术背景、方法内部的逻辑性以及它所依据的理念都大大超过了大部分人力资源专家和一线管理者的能力范围。TTA 方法是一套很复杂的分析方法，它的复杂性体现在它的理论以及所用的工具和技术上，组织者需要大量细致的研究才能保证该方法的正确运用。

思 考 题

1. 北京大学萧鸣政教授主编的《工作分析的方法与技术》(第三版)教材中,将 PAQ 的总体设计思路概括如下:(1)制定职位分析问卷,在问卷中,可以用各种不同性质的工作元素来勾勒工作者相应的人员特征;(2)筛选出与工作密切相关的人员特征;(3)对每一个工作元素,评判它在相关特征上的等级;(4)针对问卷中的每个工作元素,计算各个特征等级的平均值或中位数,进而得出每个工作元素的特征分布情况(由所有特征等级的平均数或中位数组成);(5)使用职位分析问卷对给定的职位加以分析;(6)对每一职位,依据其在各个工作元素所对应的特征值,累加结果,计算出职位的综合特征值。

请你根据以上 PAQ 的设计思路,结合本章相关内容,制订出一份针对大学校园里快餐店工作分析的 PAQ 实施方案。并且,说明在利用 PAQ 系统进行工作分析的实际操作中,需要注意哪些关键点。

2. 管理人员职位描述问卷包括哪些内容? 其评价尺度又有哪些?

3. 请你采用一种以人为基础的工作分析系统,探讨如何对知识型员工的工作进行工作分析。(提示:知识型员工的工作特征有:工作具有很高的创造性和自主性,工作过程难以实现直接监控,工作成果不易直接被测量和评价,工作选择的高流动性。)

4. 简述应用工作要素分析法分析工作的具体程序。

5. 临界特质分析系统中的特质指什么? 特质内容有哪些?

§ 案例分析 §

技术创新中心主任的工作分析

A 公司由国有企业改制形成,于 2004 年 11 月正式挂牌经营。公司占地 32 万平方米,资产 1.34 亿元,拥有专业技术人员 350 余人,高级工程师 38 人,其中享受国务院政府津贴科技人员 8 人,教授级高工 8 人。公司主要生产多种气体介质的压缩机系列产品。

为促进 A 公司薪酬体系的完善、使员工的培训更具有针对性,以及帮助员工开展职业生涯规划,公司领导层拟开展工作分析。以技术创新中心主任职位为例,工作分析人员采用文献资料法、现场观察法和访谈法,得到关于该职位工作内容和工作规范的一些信息,概括如下:

技术创新中心是 A 公司的重要部门,担任着企业新产品开发和产品设计工作等,其内部运转是否正常直接关系到公司现在及将来的发展方向。目前中心设有压缩机开发室、摩托压缩机设计室、塑料机械设计室等 3 个产品开发室,设有计算机中心一个、产品配套电仪设计组一个、产品配套辅机设计组一个、描图组一个、资料组一个。技术创新中心主任的直接上级是公司总工程师,下级是各设计室主任。

中心主任的工作时间是每日早上八点至中午十二点,下午两点至六点。上下班时间随业务要求发生变化,所从事的工作忙闲不均。最忙时往往发生在新产品开发过程,以及对具体客户进行改型设计确定方案的时候。省内、外出差都主要是拜访客户,对项目进行技术支持，有时也会参加一些行业会议。

技术创新主任的工作岗位主要目标是：根据组织战略规划，制定企业中长期产品发展规划，使公司产品适应市场发展需要。

技术创新主任的工作岗位活动内容主要有：组织贯彻落实公司有关规章制度，完善部门各项管理措施及部门、岗位职责，确保部门工作的正常开展；负责组织部门工作计划的编制、分解、落实，保证部门工作的有序进行；拟定发展新产品与改造老产品技术建议书；组织实施新产品技术鉴定；组织产品科研项目及产品开发工作，推广应用新材料、新技术、新工艺；组织参与合同技术谈判；经常性地与总工程师进行沟通，及时了解并掌握公司整体发展规划与思路，有针对性地制定并调整部门计划。

技术创新主任工作岗位的工作失误有可能给组织带来巨大经济损失，甚至影响到公司的生存。

技术创新主任工作岗位的工作联系：在工作中频繁联系各分公司、各分厂、质量部门、销售部门，也经常与兄弟单位、客户接触。

技术创新主任工作岗位的监督、指导：在工作中对中心内部各室、组有分配工作、监督指导、考核的责任。直接接受总工程师的指导。

技术创新主任工作岗位的工作基本特征：对总工程师负责；分配工作任务时，根据任务情况，结合本中心实际情况自行决定分配，工作结果受总工程师审核；其工作效果和成绩对公司的发展影响较大；工作所需资料主要来源于行业调查分析、技术标准、客户资料等技术数据；工作中接触的资料部分属于不可向外公开的资料。

技术创新主任的工作岗位工作中主要使用的设备与工具是：电脑、传真机、电话、打印机及复印机等。

技术创新主任的工作岗位任职资格要求：最低学历要求是大学本科，高级工程师职称，并有8年以上新产品开发或产品设计经验；具备深厚的压缩机、塑机方面的理论水平，熟知压缩机、塑料加工行业技术现状及发展前景；具备行政管理的理论与实践知识；熟练掌握办公软件和CAD软件的使用方法；经常修改把关下属起草的技术文件、产品设计图纸资料等；为适应将来业务发展需要，提高部门员工素质，本岗位还需要进行管理知识培训、新的设计与分析软件和方法培训；担任本职位以前，在下一级职位工作至少5年。

（资料来源：段辉超.DC公司工作分析的设计与实施.西南财经大学硕士学位论文，2007。本案例资料在资料来源上略有修改。）

请讨论：

（1）请结合案例资料，利用一种以人为基础的工作分析系统，编制出调查问卷，对技术创新中心主任这一职位进行工作分析。

（2）谈谈你采用这一工作分析系统的理由，并说明该系统的实施要点。

（3）为准确有效地描述技术创新中心主任工作规范，你还将选择哪一工作分析系统，作为上面采取的工作分析系统的有益补充？

第6章 工作分析系统性方法的比较

1. 掌握工作分析系统性方法的信度；
2. 掌握工作分析系统性方法的效度；
3. 了解工作分析系统性方法信度和效度检验方法；
4. 掌握工作分析系统性方法的应用性及其研究结果；
5. 掌握工作分析系统性方法的实用性及其研究结果。

PF 银行 A 分行在 2010 年初开展工作分析活动。工作分析小组首先调查 A 分行的组织结构。该分行设有营业部、公司金融部、个人金融部、资金财务部、信息科技部、风险部、办公室等六部一室，组织结构图如图 6-1 所示。然后，工作分析小组对 A 分行员工情况进行调查，分行现有员工 245 人，平均年龄 30 岁，中层以上干部平均年龄 36 岁，员工本科学历以上占 82%，研究生占 12%。

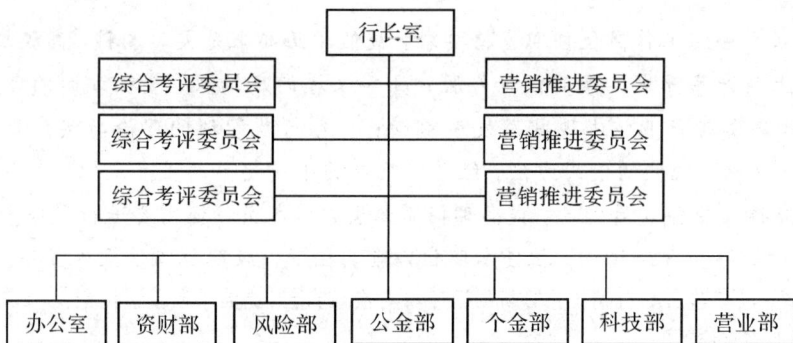

图 6-1　A 分行组织结构图

接着，工作分析小组通过访谈询问，发现 A 分行存在着晋升渠道不完善，工作报酬不透明等问题。为了解决这些问题，小组经讨论，决定将职能工作分析法和关键事件法结合起来，进行工作分析活动。

在 A 分行，员工岗位较多并且复杂，由于单据和现金流通量大，员工普遍认为自己承担的工作任务较重，其薪酬水平却与岗位责任不相对称。为理顺工作流程、明确各岗位工作职责，工作分析小组根据职能工作分析法的实施框架，编制出岗位数据职能、人员职能和事务职能表，要求任职者及其直接上级填写。另外，在经典的任职者条件问卷基础上，结合 A 分行实际情况，编制出任职者条件问卷，调研和分析各岗位对任职者的工作指导程度、理解能力、语言开发能力、数学能力等方面的要求。

工作分析小组成员还组织关键事件访谈，召集部门主管、任职者、外部专家讨论，形成各岗位的关键事件，从这些事件中提炼出重要的工作职责和工作规范。

通过此次工作分析，工作分析小组成员发现，将两种工作分析系统性方法相结合，能够取得较好的效果。这种结合方式具有较强的应用性，有利于获得准确有效的工作分析结果。

（阅读资料：叶伟惠. 浦发银行 A 分行人力资源管理研究. 兰州交通大学硕士学位论文，2014 年。本案例在资料来源上有所修改。）

导入案例中的 A 分行综合采用了两类工作分析系统性方法——职能工作分析法和关键事件法——进行工作分析。利用职能工作分析法，获取各工作岗位的数据职能、人员职能和事务职能，利用关键事件法，获取各工作岗位重要的工作职责和规范。通过将两类方法联合使用，A 分行的工作分析活动得到了有效的工作分析结果。

工作分析系统性方法的多样性一方面为工作分析人员提供了多种选择，另一方面也增加了选择的难度。一个普遍结论是没有一种最好的方法适用于所有的工作分析情境。本章分别从信度、效度、应用性、实用性四个方面，对如何比较工作分析系统性方法进行详细介绍，为读者应用这些方法提供有益参考。

6.1 工作分析系统性方法的信度

6.1.1 信度与工作分析系统的信度

信度（Reliability）是指使用相同研究技术重复测量同一研究对象时，得到相同研究结果的可能性。

工作分析系统性方法的信度，就是重复使用某工作分析系统分析同一工作，是否能得到同样的结果。

我们应该重视对工作分析系统信度的测量，因为如果没有信度的证明就谈不上效度，更谈不上对工作分析的结果进行有效的利用。

6.1.2 测量信度的方法

测量信度的方法有多种，最常用的包括内部一致性信度、再测信度、评分者一致性信度。以下对这 3 种信度进行详细介绍。

1. 内部一致性信度

内部一致性信度适用于衡量量表中反映同一层面的多个题项之间的一致性。

常用的检验内部一致性信度的方法有两种，一是系数分析，二是折半信度分析。前者为 L.J.Cronbach 所创的 a 系数，它介于 0 至 1 之间。究竟多大，才算有高的信度，学者的看法有所不同。DeVellis(1991)认为，a 系数值如果在 0.60 至 0.65 之间最好不要，在 0.65 至 0.70 之间是最小可接受值，在 0.70 至 0.80 之间相当好，在 0.80 至 0.90 之间非常好。折半信度分析是将量表的题目分成两半计分，根据受试者在两半题项上所得的分数，计算二者的相关系数。

2. 再测信度(Test-retest Reliability)

再测信度反映的是一个评定人以同样的测评工具、同样的测评方法在不同的时间、测量同样的对象时所获得的测评结果之间的相关程度。

再测信度通常用两次评定之间的相关来表示。为了使第一次测量的记忆对第二次测量产生的影响降至最低，两次测量要相隔较长一段时间。莱瑟姆和韦克斯利(Latham & Wexley)提出，这种信度的相关系数应为 0.70 或更高。

3. 评分者一致性信度(Inter-rater Reliability)

评分者一致性信度表示的是两个评定人分别评定同一对象时，所得到的两组数据之间的相关程度。

由于不同的评定人对被评定对象有某种不同的看法，因此，其间的相关要比再测信度的相关系数低，即比同一评定人做出的两次评定之间的相关度要低。莱瑟姆和韦克斯利提出，评分者之间的相关系数至少应为 0.60。

6.1.3 职位分析问卷法(PAQ)的信度分析

1. 再测信度分析

许多学者对 PAQ 方法的再测信度进行了研究，发现该方法的再测信度系数达到 0.70 以上，这表明 PAQ 方法具有较高的再测信度。

2. 评分者一致性信度分析

PAQ 方法提出者之一麦考密克指出了对 PAQ"评分者一致性信度"的测量方法。步骤说明如下：首先，由一对工作分析人员运用 PAQ 方法独立分析同一份工作，且独立完成对 PAQ 问卷的评定；然后，利用统计手段计算他们关于 PAQ 问卷的 189(194)个要素评定结果的相关系数；再将多对工作分析人员分析后得到的相关系数综合，即可得到 PAQ 方法的评分者一致性信度系数。

PAQ 方法的另外一名提出者詹纳雷特，根据麦考密克提出的方法分析了 303 份工作，得到的信度系数都在 0.80 以上，有的甚至达到了 0.90。

麦考密克还分析了不同类型人员进行工作分析能达到的一致性程度，不同类型的人员包括两位工作分析专家的组合、一位工作分析专家和一位主管的组合、一位工作分析专家和一位任职者的组合，以及一位主管和一位任职者的组合，他们同时分析同一份工作，得到的信度系数如表 6-1 所示。

表 6-1 不同类型人员进行工作分析的信度

每组成员	每组的数目	平均信度相关系数
两位工作分析专家	44	0.74
一位工作分析专家和一位主管	4	0.83
一位工作分析专家和一位任职者	4	0.84
一位主管和一位任职者	10	0.89
所有组汇总	62	0.79

从表 6 - 1 可以看出，当主管和任职者都参与工作分析时，所得到的信度相对于其他类型的组合信度最高。

对于采用多少名任职者提供信息较合适，国内外学者进行了相关研究。麦考密克指出在工作分析实践中，一般采用 3 名信息提供者，即 3 名信息提供者就可提供完整的工作信息。国内学者周洁等人(2006)通过对交通警察的实证研究，发现 4 名任职者可提供的足够完整的工作信息。即在工作分析实践中，采用 4 名任职者提供信息最合适。但如果可以排除动机因素影响，采用 3 名任职者提供信息最合理。

3. 内部一致性信度分析

研究学者测量了 PAQ 方法中各个维度(32 项维度和 13 项总体维度)的一致性，结果显示，内部一致性信度系数平均在 0.80 以上。

通过以上分析，可以发现，PAQ 方法的 3 种信度系数值都较高。这说明，采用 PAQ 方法进行工作分析时，单个的工作分析人员进行一次分析就能得到较高的信度。

6.1.4　工作要素分析法(JEM)的信度分析

利用 JEM 方法对工作进行评价是完全建立在主题专家对工作进行观察的基础上的，因此，增加观察的次数将有利于提高工作要素分析的信度。

研究学者从不同角度对单个人之间的评价结果进行分析，结果是如果单个评定者分别评定，他们之间的一致性很低，相关性的平均值只有 0.47。如果引入斯皮尔曼-布朗(Spearman - Brown)公式，两个评价者之间的信度仍然为 0.47。

JEM 方法的提出者普利莫夫在一项研究中组织了 34 位来自于不同企业的人员，对电话接线员这一工作进行分析。之所以选择电话接线员作为分析的对象，是因为该工作稳定性较强，而且使用工具单一。研究者随机抽取了 12 位人员，组成两组主题专家小组，每组 6 人，分别利用 JEM 方法对该工作进行评定。然后，对结果进行统计分析。研究显示，两组结果之间的相关性为 0.84。当两组成员分别增加为 8 人时，分析结果相关性为 0.88。当两组成员分别增加为 10 人时，相关性为 0.90。增加为 12 人时，相关性达到 0.91。

也即，单个人利用 JEM 方法进行工作分析时信度较低，而当由 6 人或更多人组成主题专家小组进行分析时，信度得到提高，所实现的信度系数能达到可接受水平。

6.1.5　临界特质分析法(TTA)的信度分析

对 TTA 方法的信度分析研究，典型的是罗派兹(Lopez)分析了该方法的评分者一致性信度。他组织了若干工作分析专家对 100 个工作进行分析，每分析一个工作，都把工作分析专家分为两组，然后比较他们对每一个特质的评定。在分析了 100 个工作后，经过斯皮尔曼-布朗(Spearman - Brown)公式修正到两个评价者的水平，得出平均的评分者一致性信度系数为 0.86，这一数值显示出 TTA 方法具有较高的信度。

6.1.6　小结

需要特别说明的是，工作分析系统性方法信度高，并不能说明利用该方法就能获得准确的结果。如图 6 - 2 所示，左边图形反映的是工作分析方法信度高，但缺乏效度的情况，右边图形反映的是工作分析方法同时具有较高信度和效度的情况。

情形1：信度高，效度低　　　　情形2：信度高，效度高

Reliable but Not Valid　　　　Valid and Reliable

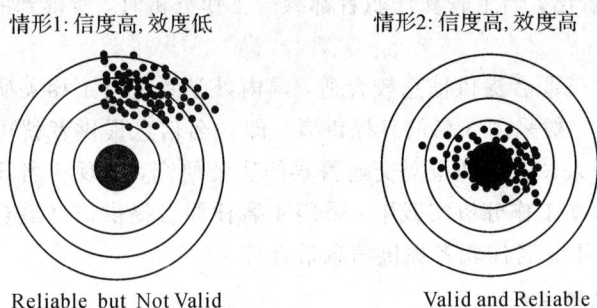

图 6-2　工作分析系统性方法信度和效度的两种常见情形

由此可见，工作分析系统性方法信度高，其效度不一定高。为了击中靶心，即获得准确、有效的工作分析结果，我们还需提高工作分析方法的效度。

6.2　工作分析系统性方法的效度

6.2.1　效度与工作分析方法效度

效度(Validity)是指测量结果在多大程度上反映了所要测量内容的真实含义。

对工作分析系统性方法而言，就是指某工作分析方法能在多大程度上真实地反映被分析工作的内容以及工作对任职者的要求。也即考察工作分析结果的准确性。

6.2.2　测量效度的方法

常用的测量效度的方法有以下 3 种：

1. 内容效度(Content Validity)

内容效度也称逻辑效度，它指量表所设题项的适当性与代表性。常以题目分布的合理性来判断。

工作分析系统性方法的内容效度的报告比较容易，可以将初步开放出来的工作分析问卷咨询人力资源经理、高校教师或管理咨询公司的人力资源管理专家，询问他们对问卷的看法。若他们一致认为问卷编制得好，则说明问卷内容效度较高。但这种方式主观性较大。

2. 构念效度(Construct Validity)

1）定义

构念效度也称建构效度，指测验能够测量出理论的特质或概念的程度。亦即，实际的测验分数能解释某一心理特质有多少。

构念较抽象，且不可直接观察。比如，员工对他所在组织的依赖关系，或者员工对工作的喜爱程度，都是一个构念。我们可将其具体化，用能够数量化估计的变量来研究构念。对于构念"员工对他所在组织的依赖关系"用"组织承诺"变量来研究，对于构念"员工对工作的喜爱程度"，可用"工作满意度"变量来研究。

2）重要性

如果所测量的变量与抽象的构念之间不能准确对应，那么由此得出的结论就会出现偏

差，我们将这样的研究评价为"构念效度偏低"。一项实证研究如果构念效度偏低，即使最后在统计检验时发现了变量间的显著关系，也无法推断构念之间是否存在因果关系。

3）分类

构念效度由聚合效度（Convergent Validity）和区分效度（Discriminant Validity）所组成。聚合效度是指不同的观察变量是否可用来测量同一潜变量；区分效度是指不同的潜变量是否存在显著差异。

3. 效标关联效度（Criterion-related Validity）

1）定义

效标关联效度也称实证性效度，指测评结果与某种标准结果的关联程度。

标准结果可以是标准化的智力测验、常模建立的人格量表、态度量表、实际的工作表现等。测评结果与某种标准结果的相关度愈高，则表示此测评的效标关联效度愈高。

2）分类

效标关联效度由同时效度（Concurrent Validity）和预测效度（Predictive Validity）所组成。

（1）同时效度，同时效度指的是测评结果与目前效标资料之间关联的程度。

例如，研究 PAQ 的同时效度，是用 PAQ 的结果与美国劳工部开发的常规能力题库 GATB 的结果进行比较。具体地，PAQ 里各问项的得分可归纳成各维度的得分，开发者们已建立了维度与能力的对应关系，所以，只要得到填写后的问卷，提交给 PAQ 公司，就能根据分数推断出该职位要求的任职者能力，将这些能力与推断出的任职者的能力进行比较，可得出 PAQ 的同时效度。

（2）预测效度，预测效度指的是测评结果与将来的效标之间关联的程度。

例如，想知道公司招聘方法是否具有较高预测效度，可将招聘新员工的结果（每位新员工在招聘时的评价得分），与该员工后来的实际工作绩效进行比较。若一致，则说明招聘方法具有较高的预测效度。

6.2.3　PAQ 方法效度分析

PAQ 方法是通过收集"工作者行为"的信息分析任职者需要具备的各项能力和相关的环境要求。那么，在不考虑各个工作所包含的技术特征的差异程度的情况下，PAQ 能否应用它的维度准确分析出任何一种工作对任职者的要求，是效度分析要解决的问题。

研究者通常采用"效标关联效度之预测效度"对 PAQ 方法的效度进行分析。麦考密克（1972）运用"美国就业服务机构"（USES，The United States Employment Service，现：美国劳工部）开发的 GATB（General Aptitude Test Battery）数据库（也称为常规能力题库）分析了 PAQ 的效度，分析用 PAQ 得到的结果（即测评结果）与用标准化题库 GATB 得到的结果（标准结果）是否相同，如果相同，则表明预测效度高。

具体步骤如下：

第一步，将 PAQ 方法的 32 个维度与 GATB 包含的 9 种能力进行匹配。

第二步，选取 163 种工作作为研究样本，邀请每种工作的多名称职的任职者参加 GATB 测试，如果某工作的称职任职者在某项能力上平均分较高，表明该工作需要此项能力较强的人员担任才能取得较好的绩效。

第三步，利用 PAQ 方法对每种工作进行分析，分析结果被用来预测任职者在 GATB 中的测试成绩，估计出称职的任职者在该能力上应达到的水平，这是根据 PAQ 分析得到的分数。

第四步，对比这两种途径所得的能力平均分数的相关性。

阅读资料

GATB 包括 9 套(反映 9 种能力)试题，评价九个预测因素：

(1) G (general learning ability)：一般学习能力，指对说明、指导语和原理的理解能力、推理判断能力、迅速适应新环境的能力；

(2) V(Verbal Aptitude)：言语能力，指理解言语的意义及与它关联的概念、并有效掌握它的能力；

(3) N(Numerical Aptitude)：数理能力，指在正确快速地进行运算的同时，能进行推理并解决问题的能力；

(4) S(Spacial Aptitude)：空间判断能力，指对立体图形以及平面图形与立体图形关系的理解能力；

(5) P(Form Perception)：形状知觉，指对实物或图形的细微部分知觉的能力；

(6) Q(Clerical Perception)：文书知觉，指对词、印刷物、票据的细微部分正确知觉的能力；

(7) K(Motor Coordination)：运动协调，指正确而迅速地使用眼和手或指协调并迅速完成作业的能力；

(8) F(Finger Dexterity)：手指灵活度，指快速而正确地活动手指，用手指能很好地操作细小东西的能力；

(9) M(Manual Dexterity)：操作灵活度，指灵活地活动手及手腕的能力。

前 3 种能力综合，GVN 也称为"一般心智能力"(Schmidt & Hunter，1998)。

表 6 - 2　GATB 测试结果与 PAQ 方法分析结果的相关性(工作样本 N＝163)

能　力	相关系数
G：智力	0.79
V：口头表达能力	0.83
N：数学能力	0.77
S：空间能力	0.69
P：形状知觉	0.61
Q：书面能力	0.78
K：运动协调性	0.73
F：手指灵活性	0.41
M：身体灵活性	0.30
中位数	0.73

在表 6-2 中，相关性高，表明利用 PAQ 分析出来的结果与 GATB 题库分析出来的结果一致。对于认知方面的能力，如 G、V、N、Q，利用 PAQ 进行预测的准确度很高（大于 0.75）；对于感知方面的能力，如 S、P、K，准确度较高；而身体方面的能力，如 F、M，准确度偏低。

由此可见，PAQ 方法具有较高效标关联效度，即 PAQ 工作分析方法能准确地对工作进行分析，能准确地预测具备什么条件的人员能够胜任该工作，具备什么条件的人员能够在目标工作岗位上取得出色的成绩。

6.2.4　JEM 方法效度分析

1. 内容效度分析

《国际人事管理协会手册》在阐述工作分析方法的内容效度时指出，JEM 方法是少数几个被公认为能获得较高内容效度的工作分析方法之一。JEM 方法内容效度高是指通过 JEM 得到的分析结果能比较全面地反映该工作对任职者提出的要求，包括最低的任职资格要求以及优秀员工应达到的要求。

哈恩等人（Hahn，Brumbach，Romashko，Fleishman，1974）用问卷的形式，从 13 个方面对关键事件技术、工作要素分析方法和职位分析问卷等工作分析方法进行了评估，其中，工作要素分析方法在内容效度上得分最高。利维等人（Levine，Bennert，Ash，1979）在对人员甄选专家进行调查，以对比分析工作分析方法时，也得出同样的结论：为获得高内容效度，JEM 方法是最有效的工作分析工具。

2. 效标关联效度分析

最早对 JEM 方法效标关联效度进行研究的学者是艾斯和海恩斯（Wise 和 Haynes，1963）。他们通过效标关联效度考察用 JEM 方法筛选出来的子要素的准确性以及子要素定义的准确性，也就是说，通过某种效标（如测试、绩效考核等），考察那些达到子要素要求的员工是否能取得可接受（或优异）的工作业绩。通常研究者都通过反推的形式进行证明，即考察已经取得可接受（或优异）业绩的员工是否在子要素描述的方面有过人之处。

在对 JEM 方法效标关联效度进行研究时，研究者首先组织 22 名轮船装配工参加了轮船装配测验，然后在不告知研究目的的情况下，由考官针对工作分析得到的各要素和子要素对装配工进行评价。每个装配工的总分等于所有要素得分的和，22 分为合格，合格员工的分数被转化为百分制形式。为了与所得到的分数进行比较，在不知道装配工得分的情况下，主管独立地对他们的工作绩效进行评价。结果是：在被主管评价为"称职"的 13 名装配工中，有 11 名测验得分在 80 分以上，只有 2 名装配工测验得分不合格；被主管评价为"不称职"的 19 名装配工中，有 16 名的测验也不合格。该研究结果反映出，JEM 方法的效标关联效度较高。

麦克里普和普利莫夫（Mckillip 和 Primoff，1978）也做了类似研究，他们的研究对象是为士兵提供各项保险咨询服务的咨询工作者。通过采用 JEM 方法分析，研究者发现学习能力这些要素对这类工作人员的工作业绩起到非常重要的作用。它的子要素包括：理解各种文件的能力、将各类规定熟记于心的能力、灵活运用制度的能力等。然后，研究者挑选了 52 名工作人员作为测试的对象，其中 27 名表现良好，25 名表现不够称职，表现是否良好是以工作中为士兵提供的建议是否出现过错误来区分的。因为一些法律的因素,如果提供的咨询出现了错误将会带来十分严重的后果。研究者组织这些咨询工作人员参加了考察学习能力的测试,结果如表 6-3 所示。

表6-3 咨询工作者学习能力的测试结果(工作样本 N=52)

分数	称职员工(N=27)			不称职员工(N=25)		
	人 数	比 例(%)	累计比例(%)	人 数	比 例(%)	累计比例(%)
56~70	12	44	44	0	0	0
55	0	0	44	1	4	4
51	1	4	48	0	0	4
48	0	0	48	2	8	12
45	3	11	59	0	0	12
43	0	0	59	1	4	16
40	2	8	67	2	8	24
36	3	11	78	0	0	24
35	0	0	78	1	4	28
33	2	7	85	3	12	40
25	3	11	96	0	0	40
22	1	4	100	1	4	44
12	0	0	100	8	32	76
1	0	0	100	3	12	88
0	0	0	100	3	12	100
合计	27	100	100	25	100	100

从表6-3可以看出,44%的称职员工在学习能力方面优于不称职员工,而且有56%的不称职员工低于所有称职员工的分数。研究再一次证明了 JEM 方法分析结果的准确性。

6.2.5 TTA 方法效度分析

1. 构念效度分析

TTA 方法通过分析任职人员的 33 种特质,来了解工作以及工作者的任职资格要求。对 TTA 方法的效度分析,首先面临的问题便是对每个特质构念效度的分析,即特质的称谓能否准确代表需要它代表的含义。研究者对这方面的研究都得到了肯定的结论,亦即,对这些特质的评估确实能够准确地预测特质所代表的要求。

德罗格斯(Theologus,1976)通过七种甄选测试验证了"智力特质"和"学识特质"的构念效度,每种测试与特定特质相对应。他们组织在 18 种制造型工作岗位上工作的 561 名任职人员参与了这 7 种测试。研究结果显示,每种测试的平均得分与对应特质在工作分析中所得到的得分呈相关关系，相关系数的中位数为 0.51，测试的成绩也与主管对任职人员的绩效评价显著正相关，这说明对于工作分析结果显示某特质需要高水平的工作，它的任职人员恰巧在相应测试中的得分也明显高于不需要这种高特质的岗位上的任职者，从而证明 TTA 方法的特质是有效的。凯瑟曼和罗派兹（Kesselman 和 Lopez，1981）也做了类似研究，验证了所有特质，并得到一致结论。

2. 效标关联效度分析

罗派兹（Lopez，1977）通过 4 个项目研究了 TTA 方法的效标关联效度。研究者以 2575 名公共事业单位和零售行业的非管理人员为测试对象，让他们参加一系列测试。这些测试是根据 TTA 方法所包含的特质设计的，部分被试者还参加了一些商业性的智力测试。

被试者的主管对他们的工作绩效进行了两种评价，一种是一般性的、概括性的评价，另一种是针对 TTA 特质所作的评价。项目 1 和项目 2 的结果显示，TTA 方法在区分工作与特质是否相关的问题上的有效性，比在评估特质与工作的相关程度或相关水平上的有效性高。项目 3 证明根据特质设计的测试效度系数高于普通的商业测试。项目 4 表明针对特质的绩效评价标准比一般的绩效评价标准更有效、更能准确全面地反映员工的绩效。

6.2.6　小结

对工作分析系统性方法效度的研究，研究学者通常是检验其效标关联效度。通用步骤为：

首先，选择或设计反映"工作分析要素"的试题，对任职人员进行测试。一般而言，工作分析专员在经典的问卷基础上，结合企业特征和企业人力资源的特征，设计出一套工作分析问卷，作为"工作分析要素"试题。

接着，将测试结果与特定的效标（通常采用绩效评价结果）相对照。由于 GATB 这种标准题库较难获取，而称职员工的实际工作绩效容易获取，因此在实际对工作分析方法效度的分析中，检验的是其预测效度，而非同时效度。

再测算它们之间的相关性，从而达到考察工作分析结果准确性的目的。

当然，工作分析系统性方法有效性的前提，是工作分析人员能正确地使用所应用的方法，也即该工作分析系统性方法的信度要高。没有信度，效度也就无从谈起。通俗地讲，工作分析系统性方法信度解决的是你有把不错的弓箭，而工作分析系统性效度解决的是让你射在正确的靶子上。

6.3　工作分析系统性方法的应用性

如前所述，工作分析是组织管理中的一项基础性工作，它的分析结果可以应用到人力资源管理的各个领域，也可以说，服务于人力资源管理的某项或某几项职能是进行工作分析的主要目的。因此，许多研究者试图对工作分析结果在人力资源管理中所有可能的应用领域进行归纳总结并做出明确的分类。

艾斯和利维（Ash 和 Levine，1980）整理分析了所有这方面的文献，研究了 7 种工作分析方法（见表 6-4）在 11 个应用范围中的应用性。

表 6 - 4 7 种工作分析方法

以工作为基础的工作分析系统性方法	以人为基础的工作分析系统性方法
CIT(关键事件法)	PAQ(职务分析问卷)
TIA(任务清单分析方法)	JEM(工作要素法)
FJA(职能工作分析法)	TTA(临界特质分析方法)
	ARS(能力需求量表)

在 11 个应用范围中,最后一个范围与法律相关,在此不予考虑。以下对 10 个应用范围进行概述:

(1) 工作描述(Job Description):对工作职责、职权和范围等的描述。

(2) 工作分类(Job Classification):按照一定的标准将类似的工作进行分类,以便于对不同类型的工作采取不同的管理策略。

(3) 工作评价(Job Evaluation):薪酬确定的基础,用以确定组织中各个工作的相对价值。

(4) 工作设计/重组(Job Design/Restructuring):将原有工作所包含的工作任务聚集在一起,根据工作任务的难易程度或内容进行重新组合。

(5) 人员录用(Personnel Requirement/Specifications):包括人员招聘、甄选、配置等。

(6) 绩效评估(Performance Appraisal):对员工取得的绩效进行评价。

(7) 人员培训(Worker Training):主要表现在确定人员培训需求方面。

(8) 人员流动(Worker Mobility):对组织而言,主要是为员工设计职业生涯,并为员工职业生涯发展提供通道,便于他们向适合的岗位流动。

(9) 工作效率/工作安全(Efficiency/Safety):工作职责范围明确、人事匹配,无疑能提高工作效率。

(10) 人员规划(Workforce Planning):确保合适的人在合适的时间、地点做合适的事情。

利维等人(1983)对 93 位资深工作分析专家进行了访谈,资深专家至少需要满足两个条件:至少有两种不同工作分析方法的使用经验;在过去的工作中至少分析过两类工作。他们对表 6 - 4 中的 7 种工作分析方法,在上述 10 个应用范围的有效性进行了评估。评估结果概括如下:

(1) 工作评价上的应用。在工作评价方面,PAQ、FJA 和 CIT 显著优于其他分析方法。有研究表明,与其他的工作分析方法相比,PAQ 方法应用最广泛也最有效的领域是工作评价。对于一份特定的工作,只要得出 PAQ 各个维度的分值,就能利用一套公式换算成工作评价的点值,进而得出该工作的薪资额。

(2) 工作分类上的应用。在工作分类方面,TIA 和 FJA 较好,TTA、JEM、PAQ 次之,CIT 较弱。许多关于工作分类的研究表明,PAQ 方法在为工作分类提供信息方面也优于其他方法,它能提供涵盖所有工作特征的维度和要素,便于按照某个标准对一个企业中所包括的各种类型的工作进行分类。

(3) 人员录用上的应用。研究结论表明,根据 JEM 和 TTA 分析的工作说明书设计出来的测试题,无论在完整性方面还是在测试效果方面,都比 PAQ 和 CIT 要好一些。

(4) 工作描述上的应用。在工作描述方面,以工作为基础的系统性方法要优于以人员为基础的系统性方法。其中，TIA 和 FJA 有效性要显著高于其他方法。

（5）绩效评估上的应用。在绩效评估方面，CIT 的得分显著高于其他所有工作分析系统性方法，因为它对于确定工作的关键业绩领域有很大的帮助。

（6）人员培训上的应用。在人员培训方面，CIT、TTA、JEM、FJA 较好，TIA 和 PAQ 次之。

（7）人员流动上的应用。在人员流动方面，TIA 和 FJA 应用得比较有效，PAQ、JEM、TTA 次之，CIT 作用较弱。

（8）工作效率上的应用。在工作效率方面，以工作为基础的工作分析系统性方法优于以人为基础的工作分析系统性方法。

（9）人员规划上的应用。在人员规划方面，TIA 和 FJA 的应用性优于其他工作分析系统性方法。

6.4　工作分析系统性方法的实用性

工作分析系统性方法的实用性，指的是运用某种工作分析系统性方法进行工作分析的可行性与难易程度。研究者通常从以下 8 个方面对工作分析系统性方法的实用性进行考察：

（1）职业适用的广泛性（Occupational Suitability）：即方法所适用职业范围的大小。

（2）被调查者接受的难易程度（Respondent/User Acceptability）：即方法的信息收集方式和分析结果的形式，是否容易为被调查者或者方法的使用者所接受？

（3）工作分析人员学习使用该方法所需要的培训（Amount of Job Analysis Training Required）：即工作分析人员需要多长的培训时间才能独立操作该方法？

（4）可操作性（Operational）：即方法是否经过了足够的提炼和检验，使它在当前的条件下就能操作？

（5）所需样本的规模（Sample Size）：即该方法需要多大规模的被调查者或者信息提供者才能获取足够的信息进行准确的分析？

（6）可即时使用性（Off-the-Shelf）：即该方法是可即时使用，还是要经过个性化修改才能用来分析特定的工作？

（7）成本花费（Cost）：即运用该方法大约需要多少成本？这里所指的成本包括材料费用、培训费用、咨询费用和人工成本等。

（8）时间花费（Time to Completion）：即运用该方法从收集信息到得到最后的结果需要多长时间？

对工作分析系统性方法实用性的对比研究，典型的是艾斯和赫尔（Ash and Hall，1983）的研究。他们通过问卷的形式对 93 位工作分析专家进行了调查，专家调查的结果如下：

对于职业范围和被调查者接受的难易程度，FJA（职能工作分析方法）和 TIA（任务清单分析方法）较好。

对于分析人员所需的培训，各工作分析方法之间没有明显的差异。

对于可操作性，PAQ、FJA 和 TIA 相对比较容易操作。

对于样本规模，PAQ、FJA 和 JEM 所需要的样本量相对较少。

对于可即时使用性，PAQ 的得分最高，CIT 被认为最不具有即时使用性。

对于成本花费，专家们认为 PAQ 和 TIA 耗费的成本较低。

对于时间花费，PAQ、TTA 花费的时间相对较少，TIA 和 CIT 需要花费较长的时间。

通常地，人们认为多种方法的组合使用比单独使用一种方法更加有效。艾斯和赫尔同样征求了 93 位专家对这方面的意见，其中，80 位专家（占比 86％）偏向于多种工作分析方法的组合使用，仅有 9 位专家（占比 9.7％）喜欢单独使用一种方法。其他专家则不能肯定。

在实际应用中，常用的工作分析系统性方法组合有以下 4 种：

① PAQ 和 TIA；② CIT 和 FJA；③ CIT、TIA 和 FJA；④ PAQ 和 CIT。

支持将方法组合使用的工作分析专家指出，组合多种方法的方式所带来的好处要大于它们导致的成本增加。

在申明使用过组合方法进行工作分析的 74 名专家中，有 50 名认为是值得的，占比 68％，有 7 名认为不值得，还有 17 名不能肯定。可见，大部分专家认可将多种工作分析方法组合起来使用。

思 考 题

1. 信度是什么？如何比较工作分析系统性方法的信度？

2. 效度是什么？如何比较工作分析系统性方法的效度？

3. 为提高工作分析系统性方法的应用性，你有何建议？请举例说明。

4. 结合本章和前两章内容，联系实际，谈谈工作分析系统性方法的实用性。

5. 假设你是某高新技术企业的工作分析人员，根据高新技术企业的特点，你觉得应该采取哪种工作分析方法？请说明理由。

案例分析

采用以人为基础的工作分析方法对船长进行工作分析

船长胜任力（Captain Competency）是指能确保海上人命财产安全和保护海洋环境的生理、心理和行为特征，诸如安全意识、责任心、决策能力、应急能力、沟通能力、团队精神等。基于船长胜任力人员取向工作分析可成为组织达到"人-船-环境"相匹配的海上航行安全和效率方法的一种重要手段，即一方面使船长个体的内在特质与组织要求一致，另一方面使船长个体能够满足特定工作和岗位的要求。鉴于此，工作分析人员拟开发一套人员取向的工作分析问卷，以明确一名合格的船长所具备的胜任力要求。

工作分析人员向有关海事管理部门、航海院校和航运企业海员发放开放式问卷 135 份，要求被调查者就船长任职资格发表看法，将收集到的答案汇总，按出现频次多少排序，选择其中有代表性的内容，作为编制船长胜任力人员取向问卷项目的重要参考依据。

另外，对 15 名优秀现职船长进行半结构化的行为事件访谈，以深入了解绩效优秀的船长的知识、技能和能力的构成要素。

根据上述资料，并参考国内外有关学者的研究成果，工作分析人员编制出"船长胜任力人员取向问卷"。该问卷结构为 5 个维度，33 个项目，如表 6-5 所示：

表 6 - 5 船长胜任力人员取向问卷维度及项目

维 度	项 目
职业品德	求真务实 诚信 自制力 团队意识 责任感 事业心 学习新技术能力 协调能力 挫折承受能力
体质体能	夜视力 动态视力 听觉灵敏度 辨色力 体力 深视力 瞭望能力
职业知识	船舶安检知识 海商法知识 船舶防传染知识 海事处理知识 船舶安全管理知识 航运法规知识
职业技术能力	意外事件的应对能力 预见危险能力 安全意识 船舶操纵能力 检查判断船舶故障能力 对险情的反应速度
社会认知能力	计划组织能力 沟通能力 果断力 决策能力 指挥能力

工作分析人员采用 5 点量表法,让被调查者就上述项目对船长胜任力人员取向的重要性进行评分。随机抽取大连、上海、浙江、广东、福建、江苏等省市海事管理部门、航海院校和航运企业海员共 285 名,回收有效问卷 276 份。用 EXCEL 建立数据库文件,并利用 SPSS 软件对数据进行处理。

根据分析结果,工作分析人员发现,在 33 项船长胜任力特质中,船舶操纵能力、果断力、指挥能力、对险情的反应速度、意外事件的应对能力和安全意识是船长工作的核心胜任力，对确保海上航行安全和效率方法极为重要。

（资料来源：朱国锋. 船长胜任力职务分析问卷的编制. 中国航海，2005(2)：22—27. 本案例在资料来源上略有修改。）

请讨论：

（1）你将如何评价工作分析员制定出的船长人员取向问卷信度？

（2）你将从哪些方面评价这一工作分析工具的效度？

（3）这一工作分析工具是否在描述船长工作规范上具有较强的应用性，为什么？

（4）为了增强该工具的实用性，你将对它做哪些调整？并详细说明理由。

第7章 工作说明书的编写

∮ **本章知识点** ∮

1. 掌握工作描述内容及其编写规则；
2. 掌握任职资格确定方法；
3. 明确任职资格基本内容；
4. 明确工作说明书编写中应注意的问题。

∮ **案例导入** ∮

从理论上讲，工作说明书非常重要，是所有人力资源管理工作的基础。但是在实际运转中，不少公司的工作说明书形同虚设，许多员工的工作内容与工作说明书相差甚远。根据笔者对某电信运营商的调查，员工实际所做的工作40％以上没有明确体现在工作说明书中，回答工作说明书"没什么用"和"有用，但作用不大"的员工占了68.7％。这就产生了一个困惑：从实践看，工作分析及其最显性的成果即工作说明书在应用中备受冷遇，并没有发挥其应有的作用。

困局起因

以西方特别是美国主流人力资源管理理论为基础的工作分析实践是建立在以下假设的基础上的：

（1）现有职位设置及其职责分配合理。

这一假设在发达国家是基本成立的。其背后的原因，一是这些国家经历了工业革命和科学管理的洗礼。二是在工作分析之前，都会有一个环节即工作设计，即通过优化职位的工作职责和权限等达到组织效能提升和员工满意的双重目标。而这两个条件在中国尚不具备。前者是显而易见的，由于没有进行工业革命的洗礼，中国员工的职业素养普遍不如经历过工业革命洗礼的西方国家和日本。另外，工作设计在西方属于工业工程范畴，国内人力资源管理教科书少有介绍。体现在具体运作中，工作忙于救火、工作分配随意性强、跨部门工作推进困难等现象的普遍存在表明，公司现行职位设置和职责分配远没有达到合理的地步。

（2）职位职责及其对任职者资格要求相对稳定。

如果工作内容变动频繁，那么工作说明书很快就会成为与公司发展不匹配的历史知识。这就造成一个两难局面：如果工作说明书不能及时变更且公司严格按工作说明书执行，那么这种过了时的历史知识就会变成阻碍公司发展的障碍。如果及时变更工作说明书，虽然这的确能解决工作说明书过时所带来的问题，但是动态更新的工作难度非常大。正是基于这种两难的情况，目前有不少学者主张以角色分析（Role Analysis）代替工作分析

(Job Analysis)。

（3）公司人力资源管理体系有足够的制度权威。

足够的制度权威是指直线经理严格按工作说明书给下属分配工作，员工也自觉地按工作说明书履行职责。然而，如果公司人力资源体系缺乏制度权威，制度上要求的和实际中做的是"两张皮"，那么工作分析就会成为浪费公司资源和大家精力的"自娱自乐"。

从文化传统上看，中国人的法制观念和法制传统都很淡薄。在这样的文化背景下，工作分析的成果即工作说明书的制度权威来源有两个，一是基于避害心理的违制惩罚威慑，二是基于遵从制度能更有效地推进工作的趋利心理而产生的遵从自觉。就工作说明书而言，基于避害心理而产生的制度权威在实际运作中很少出现，所以要使工作说明书有足够的制度权威，其重要前提就是它能对直线经理产生很大的帮助。而实际情况是，绝大多数直线经理对于人力资源部制作的、内容滞后于实践的工作说明书常不抱信任。

解困思路

解决上述问题的关键点有 3 个：

（1）引入基准角色，实施积木式的工作组合。

把企业的职能活动分解为基准角色，然后根据战略要求、企业现状和员工成熟度将这些积木化的基准角色组合成职位。基准角色是指通常由单个岗位履行的职责的集合。

比如某电信运营商在地市网络口的职位，原先按专业将基站维护划分为传输维护、无线维护和动力维护等职位，这样的职位划分虽然有利于发挥专业优势，但问题是当基站故障原因不明确或同时多个专业发生问题时，公司需要派几批人去修理，且有时易扯皮，不好考核。后来将这几个职位合并成一个职位，这样基站出现问题时，派一个人过去就可把问题给解决了。又如在 IBM 的客户信贷流程重组中，将原有的客服、信用审核、贷款计划撰写、利率核算等面向客户贷款业务的角色合并成一个客户贷款服务专员，辅之以软件系统，使原有需要两周时间才能办理完成的业务，压缩到一天半完成。

（2）明确直线经理和人力资源管理部门在工作分析上的职责。

在工作分析上，直线经理需要承担根据变化调整角色职责和角色组合的职责，人力资源部的主要工作则是给直线经理提供专业的技术支撑，并对直线经理上报的调整方案进行审核。这样做的好处是，既能保持职位系统与外界环境变化的一致性，同时内部亦管理有序和高效运转，既能发挥直线经理的积极性，同时能保证公司职位管理的统一性。

（3）将工作说明书 IT 化为职位管理系统。

由于基准角色数量比职位数量通常要多得多，加之基准角色的工作职责和角色组合会随企业内外经营环境和直线经理管理偏好的变化而变化。所以让这套系统运转起来的最好办法是将其信息技术化成职位管理系统，有效解决工作分析的静态性和工作任务的动态性之间的矛盾。

（资料来源：欧阳杰和文跃然. 工作分析怎样走出困局. 企业管理，2010(4)：20 - 23。本案例在资料来源上略有修改。）

案例中对某电信运营商的调查结果深刻揭示了现实情况下，工作说明书"有用"但"无从所用"的现象。造成这一结果的主要原因是工作说明书的内容与现实情况部分脱节，使得员工及其直接上级无法较好地明确自身职责。可见，工作说明书的质量直接影响到其使用效果。本章即对工作说明书的编写进行详细介绍。

工作分析的直接成果是产生一份书面文件——工作说明书。工作说明书分为两部分：工作描述(Job Descriptions)和工作规范(Job Specifications)。工作描述是以书面的形式来说明工作中需要从事的活动，以及工作中所使用的设备和工作条件的信息；工作规范也称任职规范、任职资格，反映出为了承担并较好地完成职位职责要求的各项工作所应具备的最低要求。

7.1　工作说明书概述

在选择了适当的方法，收集了完整、准确的有关工作和工作者的信息，并进行分析后，就可以开始编写工作说明书。工作说明书是工作分析活动的成果，它的完成是工作分析的又一个重要环节。工作说明书质量不仅影响工作分析活动本身，而且影响到一个组织的人力资源管理乃至其他管理活动的成效。

7.1.1　工作说明书的概念

工作说明书是对有关工作职责、工作活动、工作条件和工作对人身安全危害程度等工作特性方面信息进行描述，以及规定工作对从业人员的品质、特点、技能和工作背景或经历等方面要求的书面文件。

通常，工作说明书前一部分称为工作描述，主要解决本工作主要"干什么"的问题，后一部分称为工作规范，主要解决由"谁来干"的问题。简单地说，工作说明书就是一份对某项职位的工作内容加以叙述的文件，说明在这个职位的任职者应执行的工作、如何执行工作及工作的状态。一份制作良好的工作说明书可以使职位的职责更加明确，使得衡量此职位的绩效标准更容易订出。也因此可以发展出一套人员任用的资格标准(需要哪些技能、经验、知识等)，以便在人员的任用选择上更能将能力符合的人选放到合适的位置上。

工作说明书是工作分析的主要成果，其质量不仅影响工作分析活动本身，而且影响到一个组织的人力资源管理乃至其他管理活动的成效。工作说明书是表明企业期望员工做些什么、员工应该做些什么、应该怎样做和在什么样的情况下履行职责的汇总。很多企业由于缺乏准确的工作说明书而付出了很大的代价。例如，绩效考核人为主观色彩浓重，打击了员工的工作积极性；招聘工作"广种薄收"，效率低下；员工培训工作由于缺乏针对性而难以开展等。

实际上，现在大多数的人意识里还没有工作说明书的概念，现实生活中的大多数物品都有使用说明书，而唯独工作岗位——这个与我们工作、生活息息相关的"东西"，却很少有人给它制订一个"使用说明书"，这真是一个奇怪又有趣的现象。

7.1.2　工作说明书的内容

工作说明书的编写并没有一个标准化的模式，可以根据使用目的决定内容的繁简。但是，一份完整的工作说明书应该包括：工作标志、工作概要、工作职责、工作关系、工作权限、绩效标准、工作条件/工作环境、任职资格八个方面。

1. 工作标志

工作标志的作用是便于使用者对各种工作进行识别、登记、分类。

工作标志的内容包括两大类，分别是：工作基本信息和工作分析基本信息。工作基本信息主要有：工作名称、工作编码、所属部门、直接上级、任职者姓名、薪资范围等。工作分析基本信息则包含了工作分析日期、工作说明书的有效期和工作分析人员姓名或代码。以下介绍工作标志的主要信息内容：

1）工作名称

工作名称用于明确各种工作的称谓，如总经理、培训专员/产品质量审核员。

现实生活中，同一种工作名称在不同的组织中所代表的工作内容、性质往往有很大的差别，很容易造成误解。比如，"业务经理"在有的企业可能表示部门经营负责人，而在其他企业可能用来表示普通业务员。为实现工作名称标准化，我们可以采用《职业分类大辞典》的标准。

2）工作编码

工作编码也称职位编号、职位代码，它与职位名称是一一对应的。为了方便对职位的管理，企业可以根据自身实际情况来决定其应包含的信息。举例说明如下：

例1：工作编码"HR-03-06"，其中"HR"表示人力资源部，"03"表示该职位属于主管级别，"06"表示该职位员工在人力资源部全体员工中的顺序编号。

例2：工作编码"MS-04-TS-08"，其中"MS"表示市场销售部（市场营销部门英文单词Marketing Sales的首字母缩写），"04"表示普通员工级别，"TS"表示技术支持类（技术支持英文单词Technology Supporting的首字母缩写），"08"表示该职位在市场销售部全体员工中的顺序号。

3）职位级别和薪资范围

职位级别反映了该职位在组织结构中的层级，如处级、科级；薪资范围提供了关于工作的工资水平方面的信息。

4）工作分析日期

工作分析日期是指工作说明书的具体编写时间。

5）撰写人、审核人

工作标志项目还需对工作说明书的撰写者、审核者进行确认，以示负责，明确责任。

2. 工作概要

工作概要一般是用动词开头，描述的是该职位最主要、最为关键的工作任务。

工作概要书写的规范格式为："工作行动＋工作对象＋工作目的"，或"工作依据＋工作行动＋工作对象＋工作目的"。

以下提供4个描述工作概要的范例：

例1：人力资源部经理的工作概要为："根据公司的战略，制定、实施公司的人力资源战略和年度计划，主持制定完善的人力资源管理制度以及相关政策，指导解决公司人力资源管理中存在的问题，努力提高员工的绩效水平和工作满意度，塑造一支敬业、团结协作的员工队伍，为实现公司的经营目标和战略意图提供人力资源支持。"

例2：销售部经理的工作概要为："根据公司的销售战略，利用和调动销售资源，管理销售过程、销售组织、关系，开拓和维护市场，以促进公司经营目标和销售目标的实现。"

例3：物料经理的工作概要为："物料经理负责生产线上所需要的所有材料的经济性购买、规范性运输以及存储和分配。"

例4：公司前台的工作概要为："承担公司前台服务工作，接待安排客户的来电、来访，负责员工午餐餐券以及报纸杂志的发放和管理等行政服务工作，维护公司的良好形象。"

3. 工作职责

1）含义

工作职责的英文描述为 TDRs，即任务（Task），责任（Duty）和职责（Responsibilities）对应的英文单词的首字母缩写。工作职责是指该职位通过一系列什么样的活动来实现组织的目标，并取得什么样的工作成果。

任何一份工作说明书都必然会包含工作职责的内容，它是在工作标志与工作概要的基础上，进一步对职位的内容加以细化的部分。

2）基本特征

工作说明书中的工作职责具有以下5个特征：

（1）战略导向性。与战略目标相关的事情才能列入企业员工的工作职责。

（2）完备性。详细描述该职位的每一项职责和任务，几乎涵盖该职位的所有工作内容。

（3）稳定性。工作职责仅仅包含该职位的稳定性的工作内容，而不包含上级那些临时授予的、动态性的工作内容。

（4）独立性。每一项工作职责相互独立，不可替代。

（5）系统性。各项任务职责之间存在逻辑联系，它们之间相互支持、相互作用，共同构成一项完整的工作。

3）分析和判定工作职责的两种方法

对工作职责的分析和判定，实践中较常采用的方法有两种，一种是基于战略的职责分解，另一种是基于流程的职责分析。以下对两种方法进行详细介绍。

（1）基于战略的职责分解。

基于战略的职责分解方法由4个步骤构成，如图7-1所示。

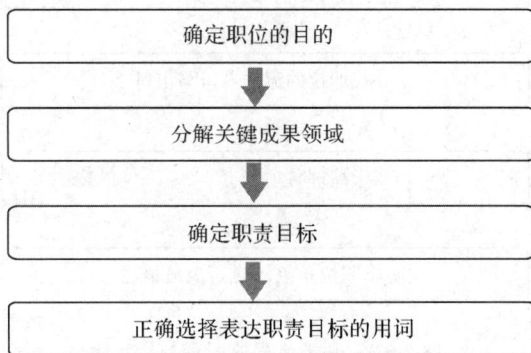

确定职位的目的

分解关键成果领域

确定职责目标

正确选择表达职责目标的用词

图7-1　基于战略的职责分解步骤

第一步，确定职位的目的。

根据组织的战略，确定该职位需要达成的目的。例如，某研究所的战略目标是"建立在本领域国内领先的科研院所",对其进行目标分解,可得到以下3个目标:"通过优秀科技人才引进、培养、激励打造高素质的科技人才队伍、提升全所的科技创新能力"(此为人力资源管理目标)、"帮助研究所优化治理结构、管理体制和运行机制,建立现代企业制度"(此为所办管理目标)、"通过建立和完善研究所法律风险防范管理体系,避免因法律风险给研究所带来的损失"(此为法律风险防范管理目标)。

根据分解后的战略目标,确定该研究所综合管理部部长的职位目的应是:"根据研究所发展战略,协助所领导优化治理结构、管理体制和运行机制,建立现代企业制度,引进、培养、打造一支高素质的科技人才队伍,促进研究所战略目标的实现,同时建立和完善研究所法律风险防范管理体系,避免因经营过程的法律风险给研究所带来的损失。"

第二步,分解关键成果领域。

即一个职位需要在哪几个方面取得成果来实现职位的目的。

在上面的例子中,综合管理部部长的成果领域可分解为人力资源管理、所办管理和法律风险管理3个方面。人力资源部经理的成果领域可以分解为:部门预算、人力计划、培训开发、招聘录用、人力配置、员工关系和薪酬管理7个方面。

第三步,确定职责目标。

即确定该职位在某一关键成果领域中必须达成的目标。

在上面的例子中,人力资源部经理"招聘录用"这一关键成果领域,目标就是"提高招聘工作的效率,并确保空岗的关键职位能够及时得到高质量的人员补充。"

第四步,正确选择表达职责目标的用词。

在表达正向目标时,建议采用:确保、保证、提高、提升、完善等词语;在表达反向目标时,建议采用:防止、避免、防范;表达支持目标时用:致使、供、支持、提供、利于、帮助、实现等词语。

需特别注意的是,职责条目的具体数量要与关键成果领域的数量相一致。

(2)基于流程的职责分析。

基于流程的职责分析步骤如图7-2所示。

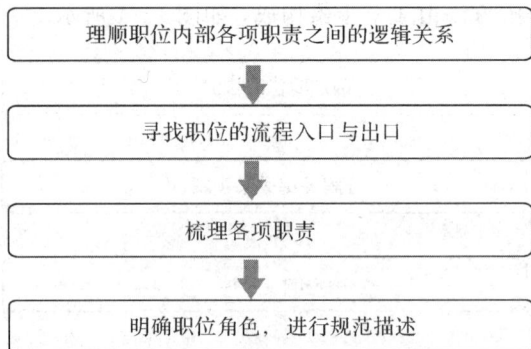

图7-2 基于流程的职责分析步骤

第一步,理顺职位内部各项职责之间的逻辑关系。

同一职位各项职责的内在逻辑关系大致可以分为以下4种类型:

① 并列型,职责与职责之间的关系是相互并列的;

②　流程型，职责与职责之间的关系是承接的，上一职责的工作成果构成下一职责的工作输入；

③　网络型，职责与职责之间的关系是中心与外围的关系。这些职责中存在某一核心职责，其他职责彼此并列，其成果成为该核心职责的工作输入；

比如，对于商学院教师而言，教学是核心职责，科研和为企业作咨询可看作其他职责，科研和咨询的结果能作为教学的工作输入。再如，人力资源部经理的"部门预算"是核心职责，在其他职责的工作基础上进行"部门预算"；

④　混合型，这种类型是上述几种类型的混合体。

第二步，寻找职位的流程入口与出口。

在理顺了职责与职责之间的内在逻辑关系后，要进一步找到该职位在组织的整体流程中的位置，整体流程从哪一项职责处进入或流出该职位，这样做的目的是排列职责的表达顺序。

流程的入口是指整体流程从哪一项职责处进入该职位，流程的出口则指整体流程从哪一项职责处流出该职位。

①　在并列型的职位中，每一项职责相互独立，它们单独构成一个流程的入口与出口；

②　在流程型的职位中，所有职责共同形成一个职位的内部流程；

③　在网络型的职位中，核心职责是流程的出口，其余职责是流程的入口；

④　在混合型的职责中，有几组内部流程，每一条内部流程都存在一个入口和出口。

以下给出并列型、流程型、网络型职责的描述范例：

范例1：某高校院系办公室主任的并列型职责（见图7-3）。

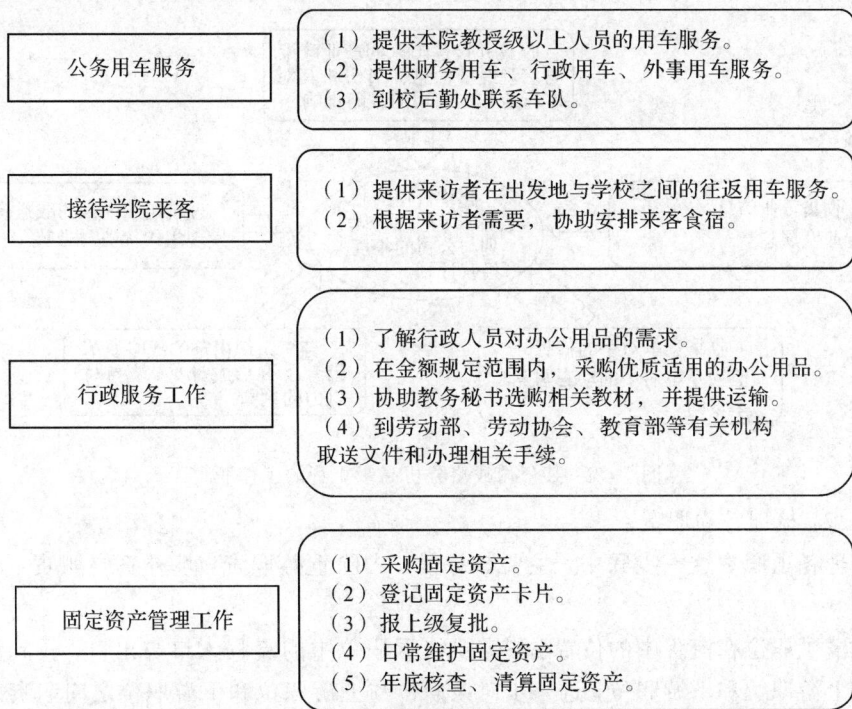

图7-3　某高校院系办公室主任的工作职责

范例2：某公司市场部经理的流程型职责（见图7-4）。

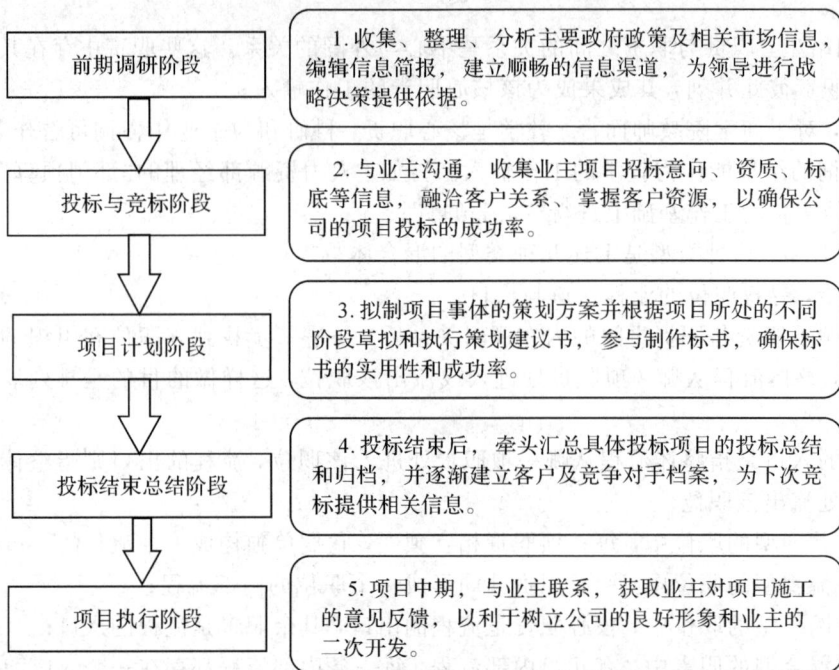

图7-4 某公司市场部经理的工作职责

范例3：某公司战略分析高级主管的网络型职责（见图7-5）。

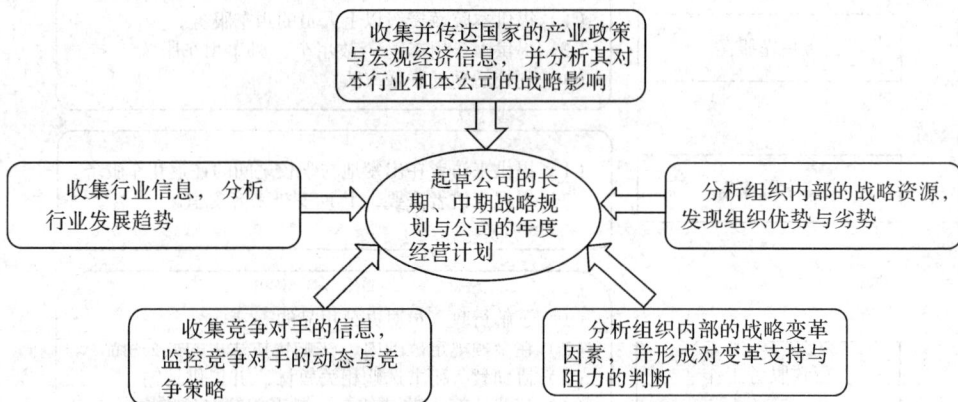

图7-5 某公司战略分析高级主管的工作职责

第三步，梳理各项职责。

在梳理各项职责这一步骤中，主要任务是：去除重叠职责，填补真空职责，理顺错位职责。

在理清了职位在流程中的位置后，需要根据职位中的流程入口与出口，找到该职位在流程中的上游职位和下游职位，进一步对该职位与上游职位和下游职位之间职责的关系进行界定。尤其要理顺以下内容：

该职位与上、下游职位之间是否存在着"职责上的重叠"？该职位与上、下游职位之间是否存在着职责上的真空，即需要有人完成，但实际上两个职位都没有照顾到的职责？该职位与其他职位之间是否存在着错位，即本来应该由某职位完成的职责，却由其他职位来完成？

第四步，明确职位角色，进行规范描述。

通过前面的步骤，已经理顺了职位边界。接下来，还需要进一步通过流程分析，来界定该职位在各项职责中扮演的角色。

职位角色是指在某一项职责中，本职位在该事项上到底具有多大的控制能力与制约能力，相对于流程中的其他职位而言，该职位具体对流程中哪一个阶段的成果负责。

例如，对于一份文件的形成，往往需要经过"起草、审核、审定"等三个环节，而这三环节可以在某一职位内部来完成，也可以由不同职位来完成。因此，在这份文件的形成中，不同职位就可以扮演不同的角色，具有不同的负责层次和范围。

4）工作职责的撰写要求

（1）撰写规则。

在工作职责的撰写中，撰写者应做到以下 4 个"避免"：

① 避免全部使用模糊性动词书写工作职责，如负责、管理、领导等动词的模糊色彩较浓，撰写者应多加思考，寻找具体的动词替换这些较模糊的动词；

② 避免采用模糊性的数量词，如许多、一些等，撰写者要用具体的数量词替代模糊的数量词；

③ 避免采用任职者或其上级不熟悉的专业化术语，尤其要避免采用管理学专业的冷僻术语，如确实有采用术语的必要，须在工作说明书的附件中予以解释；

④ 避免书写"无条件地完成……工作"类似的职责，可能会让读者对工作职责无从把握。

（2）撰写格式。

工作职责的书写格式通常为：行动（动词）＋具体对象（宾语）＋目标、成果（目的状语）。

例如，"监督和控制部门年度预算，以保证符合业务计划要求"这一职责，动词是："监督和控制"，宾语是："部门年度预算"，目的状语是："以保证符合业务计划要求"。

（3）常用的动词。

在工作职责的书写中，通过动词的准确使用，可以清晰表达任职者在该项职责履行过程中扮演的角色、发挥的作用和拥有的权限。经专家实践经验，总结出书写工作职责中常用的动词（见表 7-1），供撰写者参考。

表 7-1　描述职责的常用动词归纳表

对象和主体	动　词
针对计划、制度、方案、文件等	编制、制定、拟订、起草、审定、审查、转呈、转交、提交、呈报、存档、提出意见
针对信息、资料	调查、收集、整理、分析、归纳、总结、提供、汇报、通知、发布、维护、管理
思考行为	研究、分析、评估、发展、建议、参与、推荐、计划

对象和主体	动　词
直接行动	组织、实行、执行、指导、控制、采用、生产、参与、提供、协助
上级行为	主持、组织、指导、协调、指示、监督、控制、牵头、审批、审定、批准、评估
下级行为	核对、收集、获得、提交、制作
管理行为	达到、评估、控制、协调、鉴定、监督
专家行为	分析、协助、联络、建议、推荐、评价
其他	维持、保持、建立、开发、准备、处理、翻译、操作、保证、预防、解决

还需指出的是，说明行动的措辞必须明确，比如，原来的表达方式是"加强地区作用"，修改后的表达方式为"赋予各地区制订计划的权力"；"减少应收账款"可修改为"建立应收账款追收机制"；"评估管理流程"可修改为"研究管理流程是否需要调整"；"改进财务报告"可修改为"建立能够预测变化的财务系统"；"处理战略问题"可修改为"制定明确的长期战略"；"重新配置人力资源"可修改为"根据员工的能力安排合适的岗位"。可见，修改后的表达方式比原表达方式更加具体、准确。

（4）撰写次序。

在对工作职责进行描述时，必须根据职责之间的内在逻辑关系，确定职责的书写次序。根据对职责逻辑关系的类型划分，进行以下书写次序安排：

a. 并列型逻辑关系：根据职责的重要性排序和时间花费的百分比排序来进行书写安排。排列时应优先考虑职责的重要性顺序，再考虑时间顺序。

b. 流程型逻辑关系：根据职责内在流程的逻辑关系来进行安排。

c. 网络型逻辑关系：先按重要性的顺序对外围职责进行书写，最后对核心职责进行书写。

d. 混合型逻辑关系：存在着若干组工作流程，在组与组之间按照重要性来进行安排，在同一组内部则按照流程来进行安排。

（5）撰写工作职责时的常见错误。

在实践中，工作分析专员撰写各个工作岗位职责常见错误有以下情形：

① 把职责完成要求当做工作职责。如：收银员职责是"负责收款工作"，不少工作分析专员将其写成"确保收银不出差错"。工作职责是该岗位员工必须做的，能不能做到，能够做到什么程度，则是职责完成情况。

② 把工作中的某一个任务活动当做工作职责。如：将会计的"负责报销核算工作"分解为"负责审核单据"、"负责核对预算"、"负责核实报销金额"等 3 项职责，这种做法就不恰当。这是因为这 3 项活动应是任务，而不是职责。

③ 把支持、协作事项当做工作职责。如："负责参与学习讨论"、"负责参与方案讨论"、"负责部门之间的协调"等内容放在任何岗位都没有实质意义。

④ 把履行工作职责应具备的条件放到职责中。如：把"身体健康"、"忠于职守"、"胆大心细"错放在保安的工作职责中。这些身心素质要求应属于任职资格条件，而非工作职责。

⑤ 假话空话套话。如："全心全意"、"保质保量"之类的词句不应出现在岗位职责中。

阅读资料

某公司设计部的员工流行一句口头禅："有事找领导"。意指你有什么事情不要跟我说，先跟领导讲，让领导安排，我的工作是领导安排的，我无权做主。

这让那些到设计部办事的员工很是头疼，事情无论大小都要经过设计部经理，经理在岗位还好，偏偏经理又是个忙人，有时不得不电话请示，但不请示又不行，没有领导的指示，设计部员工不给办理，或者不敢办理。

经过工作分析，发现这个部门的员工没有职位说明书。员工的工作都由经理安排，以一个工作周为周期，由经理在每个周一口头安排，周末检查。经理就遵循着这样一个安排工作、监督员工、检查进程的管理顺序，员工也是同样，接受命令、完成任务、汇报工作，模式一成不变。

所以，员工不敢负责也是有道理的，没有职位说明书就是其问题存在的根本原因。没有职位说明书员工当然不知道自己该对什么负责，当然也就不敢或者不愿意负责，没有职位说明书，经理也就不知道该对谁授权，不知道该授什么样的权力。

这种现状导致的最为明显的结果是人员的流失，一般该部门的员工要么转到其他部门，做与专业不相关的工作，要么干脆辞职，另谋高就。所以该部门每年都在招人，也都在走人。另外一种结果就是员工的官僚习性，反正没有职位说明书，我做与不做，你经理都没法管我，你没有告诉我嘛！这种推诿扯皮的不良习性不断蔓延，令相关工作部门很是头疼。问题根本的解决之道还是要从职位说明书做起，为员工订立职位说明书，用职位说明书管理员工。

翻开一些岗位描述我们可以发现，里面除了一些以"负责"、"组织"、"管理"等使动词描述的工作任务外没有其他任何实际的内容。至于员工的工作要怎么做，要做得怎样，要在什么时间完成，需要什么样的资源等指导性内容很少提及。

不管你所在的部门是否拥有岗位描述，作为经理你都要重新审视它们，重新认识它们的重要性，从观念上进行转变。给员工一份工作，一个职位的同时，一定要给他们一份内容详尽，职责明确，流程清晰，富有生命力的职位说明书，这不但是有利于自己的管理，更是对员工的负责，一个负责高效的经理人一定也是个对员工负责，善于科学管理的人。

资料来源：世界经理人博客，官方网址：http://blog.ceconlinebbs.com。

5）工作职责的撰写示例

以下提供两个工作职责的撰写范例。

例1：某制造企业行政部物业科基建监理工作职责的描述，如表 7-2 所示。

表 7-2　基建监理的工作职责

职责 1	负责基建工程询价
职责 2	负责基建工程队选择报批
职责 3	负责基建预算报批
职责 4	负责基建合同草签
职责 5	负责基建施工管理
职责 6	负责组织基建工程验收
职责 7	负责组织基建工程结算报批
职责 8	负责基建合同、基建档案管理
职责 9	遵守公司的规章制度
职责 10	完成上级交办的其他工作

例 2：淘宝天猫客服主管工作职责的描述，如表 7-3 所示。

表 7-3　淘宝天猫客服主管的工作职责

职责 1	负责淘宝店铺客服人员管理工作，负责公司旺旺、QQ 的销售接待工作，接待客户的订单、咨询，促成订单成交以及下单，跟单和售后服务
职责 2	管理产品的销售情况和库存，关注全国各地的物流情况
职责 3	关注淘宝的规则变革并及时做出调整
职责 4	合理安排客服人员的工作及排班，确保所管岗位工作有序、及时、衔接
职责 5	指导客服人员的工作，提高客服人员的工作能力、责任心及团队合作能力
职责 6	负责客服团队培训、激励、管理和考核，全方位优化客户服务质量
职责 7	服从领导安排，协调与各部门的工作衔接及配合，定期向上级汇报团队管理情况，负责团队的管理和协调工作

4. 工作关系

1）定义

工作关系也称工作联系，指任职者与组织内外其他人之间的关系。

2）内容

工作关系的内容主要包括：此工作受谁监督，此工作监督谁，此工作可晋升的职位、可转换的职位以及可晋升至此的职位，与哪些部门的职位发生联系等。偶尔发生联系的职位通常不列入工作关系的范围内。

表 7-4 和表 7-5 分别是财务经理和人力资源部经理工作关系的描述范例。

表7-4　财务经理的工作关系

所施监督	对所属的比价员、出纳、信用管理员、统计员进行管理	
所受监督	财务总监	
职位关系	可直接升迁的职位	财务总监
	可相互转换的职位	一线经理
	可升迁至此的职位	比价员、信用管理员、统计员、出纳

注：比价员的工作概要是："主要负责公司商务进货及产品销售的价格考证，搜集市场供求信息及价格管理工作。"

表7-5　人力资源部经理的工作关系

组织内外	联系对象（部门或单位）	联系的主要内容
与公司总部各部门的联系	财务部	薪酬预算、薪酬发放
	行政部	文件、档案管理
	总部各部门	人员招聘、培训、调动、考核
与公司子公司的联系	子公司人事部	业务指导
	子公司总经理	业务协商
与公司外部单位的联系	人才市场、高校、猎头公司	人员招聘
	外部培训机构	人员培训

5．工作权限

1）定义

工作权限是指根据该职位的工作目标与工作职责，组织赋予该职位的决策范围、层级与控制力度。该项目主要应用于管理类人员的工作描述与职位评价，以确定职位"对组织的影响大小"和"过失损害程度"。

2）内容

工作权限通常包括以下3个部分：

（1）人事权限。即该职位可批准……类（或级）以下员工的录用、考核、升迁、出差、请假等。

（2）财务权限。即该职位可批准……元以内的……费用。

（3）业务权限。即该职位可批准……事项。

在工作权限的撰写中，并不需要撰写三个权限，应根据职位的实际情况，撰写该职位的某一项或某几项权限。比如，某机械有限公司"分厂厂长"的工作权限的描述主要包括业务权限和人事权限，如表7-6所示。

表7-6　某机械有限公司分厂厂长的工作权限

业　务　权　限	人　事　权　限
车间日常事务的处理权	部门员工的任免建议权
对生产指标完成情况的督察权	其他经生产部经理赋予的权限
对车间工序单价的建议权	部门内人员考核建议权
对车间各工序质量的检查权	对部门员工工资提议权

6. 绩效标准

1) 定义

绩效标准也称业绩标准,是在明确界定工作职责的基础上,对如何衡量每项职责完成情况的规定。在以绩效考核为主要目的工作分析中,它是工作描述必备的内容。

设定工作的绩效标准并不是一件容易的事情。但是,如果我们能够完整地罗列每一项工作的所有职责和任务,并提出定量化或定性化的要求,那么事实上就形成了一套完整的绩效标准。

2) 内容

绩效标准的内容包括每项职责的工作业绩衡量要素和衡量标准。其中,衡量要素是指对于每项职责,应该从哪些方面来衡量它是完成的好还是不好;衡量标准则是这些要素必须达到的最低要求,这一标准可以是具体的数字,也可以是百分比。

比如,人力资源部的薪酬主管,衡量其工作完成的质量,主要看薪酬发放的是否准确、及时,因此,其绩效衡量要素就是薪酬发放的准确率和及时性,衡量标准可以是准确率达到98%,薪酬迟发的时间最多不超过2天。

需要注意的是,并不是所有的绩效标准都从要素和标准两个方面描述。比如人力资源经理的一项任务是"员工流动管理",其绩效标准可以描述为:

(1) 在员工提出辞职报告后的3天内与其进行面谈,以确定员工辞职的真正原因;

(2) 在员工离职后的3天内,就员工辞职的原因填写员工辞职说明;

(3) 定期(每月1次)就降低员工流动率和缺勤率撰写报告、提出建议。

3) 性质

绩效标准的性质可分为正向和反向两种:

若绩效衡量要素容易从正面衡量,就用正向的业绩标准来衡量工作职责的完成情况。如:目标达成率、准确性等。

若绩效衡量要素不容易从正面衡量,就从相反的角度来考察工作职责的完成情况。如:差错率、失误率、投诉率等。对反向标准的提取,主要是回答这样一个问题:"若该项职责完成得不好,这些不好是表现在哪些方面?"

4) 原则

绩效标准的筛选原则有以下4点:

(1) 关键性。即业绩标准变量对该职责最终完成效果的影响程度。影响程度越大,该业绩变量越可取。因此,最终结果标准比从关键控制点中寻找出来的过程性标准更好。

(2) 可操作性。即绩效标准转化为实际能够衡量的指标的程度,它包括量化程度和细化程度。

(3) 可控性。即绩效变量受到任职者的工作行为的影响程度,是更多受到任职者的影响,还是受到外部环境的影响。通常如果任职者对该绩效变量的控制程度小于70%,则认为该变量必须舍弃。

(4) 上级职位的认可。即绩效变量的选取还必须得到该职位上级的认可。

表7-7是某公司设计项目组设计师的绩效标准示例。

表 7－7　某公司设计项目组设计师绩效标准示例

职责范围	建议考核内容	占用时间(%)
现场调研：认真及时地完成设计项目的勘测、调研工作；收集有关资料，制订设计方案为设计工作奠定基础	勘测数据准确无误，出错率是 0	25
工程设计：严格执行国家有关勘察、设计项目的法规、规范；按时、按质完成上级领导下达的各项设计任务	设计产品的合格率为 100%，优良率为 80%以上，项目实施进度履约率达到 100%	55
现场服务：配合客户做好施工现场的服务工作，并在完工后进行回访	客户满意度综合评价在 4 分以上	20

7. 工作条件

1）内容

工作条件的主要内容有：工作地点(场所)、工作的物理环境、工作的安全环境和工作的社会环境。

物理环境包括温度、湿度、照明度、噪音、震动、粉尘等以及工作人员与这些因素的接触时间；安全环境包括工作的危险程度以及可能造成的伤害、可能发生的职业病、精神紧张程度、体力消耗大小等；社会环境包括工作所在地的生活便利程度、工作环境的孤独程度等。

在工作条件的描述中，有时也会加上对工作危险性的具体说明。危险性是指体力活动或工作环境对工作人员可能产生的危害，包括身体损伤和职业病。

阅读资料

经专家实践经验，分析环境时，要考虑的因素通常有：

室内	阴冷	变化	爆炸	室外	时间限制	机器损伤
紫外线辐射	炎热	整洁程度	移动物品	与其他人合作		
寒冷	气味	单独工作	动作协调	温度骤变	噪音	
位置高低	尘埃	湿度	充足的阳光	日晒	刺激性危险	

阅读资料

经专家实践经验，分析危险性时，要考虑的因素通常有：

砍伤	疝气	视力衰弱	突然死亡	摔伤	骨折
听力失真	职业病	烧	残疾	心理压力	过度刺激	扭伤

工作条件不能由任职者自由支配，它在一定程度上会影响任职者体力或脑力健康，因此，工作条件的特殊性也是任职资格条件确定的重要影响因素。

2）操作工的工作条件辨识

中国人民大学劳动人事学院的孙健敏教授在为机械制造类企业提供职位分析管理咨询的过程中，开发出了机械操作工的工作环境要素评定量表(见表 7－8)，该研究对于操作工人的职位描述具有重要的指导意义。

表 7-8 机械操作工的工作环境评定量表

下列各指标按照工作环境条件的恶劣程度，从低到高分为五个等级。等级越低，工作条件越好；等级越高，工作条件越恶劣
空气：指工作时间内，岗位周边环境的空气质量 　　清新　1　2　3　4　5　污浊
油污：指工作岗位和工作台面上油污的多少 　　无　1　2　3　4　5　有
粉尘：指工作岗位周围空气中粉尘的多少 　　少　1　2　3　4　5　多
液体：指操作时经常接触到的化学液体的有害程度 　　无害　1　2　3　4　5　有害
气体：指操作时经常接触到的化学气体的有害程度 　　无害　1　2　3　4　5　有害
噪音：指工作环境周围(半径30米内)较大声音的程度 　　小　1　2　3　4　5　大
温度：指工作场所的温度是否适宜 　　适宜　1　2　3　4　5　不适宜
通风：指在有烟雾或其他不良气味的工作环境中空气的流动情况 　　好　1　2　3　4　5　不好
照明：指工作场所的光照程度 　　明　1　2　3　4　5　暗
火花飞溅：指操作时是否有火花溅出 　　无　1　2　3　4　5　有
铁屑飞溅：指操作时是否有铁屑溅出 　　无　1　2　3　4　5　有
电弧光：指操作时是否产生电弧光 　　无　1　2　3　4　5　有
地面清洁：指工作岗位所在地面的清洁程度 　　洁　1　2　3　4　5　脏
设备清洁：指操作时所用的设备的清洁度 　　洁　1　2　3　4　5　脏
警觉程度：指在操作中是否需要随时注意周围所发生的一切 　　小　1　2　3　4　5　大
危险程度：指万一由于操作不慎给操作人员或他人造成的危险程度 　　小　1　2　3　4　5　大
紧张程度：指时间上的连续作业和上下工序间的连续作业所形成的压力 　　小　1　2　3　4　5　大

3）知识型员工的工作条件辨识

工作条件对知识型员工身体和心理方面的影响，主要来自于工作的压力。因此在知识型员工的工作条件描述中，应重视对工作压力因素的描述。

工作压力因素主要指，由工作本身或工作环境的特点给任职者带来压力和不适的因素。在薪酬理论中，这样的因素应该得到额外的补偿性工资，它常常作为职位评价中的要素出现。职位描述中的这部分内容，就是要为职位评价提供与压力相关的职位信息。对工作压力的描述可参考表7-9。

表7-9 工作压力有关因素的等级描述示例

维　度	具　体　界　定	选　择
工作时间的波动性	定时制：一个工作周期内，基本上工作量没有太大的变化	
	适度波动：一个工作周期内，出现以天计的工作忙闲不均的情况。比如负责工资发放的员工，在月末会较忙	
	周期性：在长期的工作过程中，出现强烈的反差，比如市场人员，在投标前期工作极其紧张，但是交接工程部门以后，相对轻松	
出差时间的比重	经常出差，占总时间的40%以上	
	出差较为频繁，占总时间的20%～40%	
	出差时间不多，占总时间的10%～20%	
	很少出差，占总时间的6%～10%	
	偶尔出差，占总时间的0%～5%	
工作负荷	轻松：工作的节奏、时限可以自己掌握，没有紧迫感	
	正常：大部分时间的工作节奏、时限可以自己掌握，有时比较紧张，但持续时间不长，一般没有加班情况	
	满负荷：工作的节奏、时限自己无法控制，明显感到紧张，出现少量加班	
	超负荷：完成每日工作须加快工作节奏，持续保持注意力的高度集中，经常感到疲劳，有经常的加班现象	

如表7-9所示，在众多的工作压力因素中，工作分析人员主要关注工作时间的波动性、出差时间的百分比、工作负荷的大小这3个方面的特征。并且，这些特征在职位描述中都将其划分为若干等级，进行等级评定，从而为职位评价直接提供信息。

8. 任职资格

1）任职资格及其相关术语的界定

（1）任职资格（KSAOs）。

任职资格又称工作规范、任职规范。它是一个人为了完成某种特定的工作所必须具备的知识、技能、能力以及其他特征，如身体素质、个性、兴趣、价值观、态度、动机等的一份目录清单。

任职资格这一术语的英文简写为KSAOs，它是以下四个单词的缩写形式：Knowledge（知识），Skill（技能），Ability（能力），Other Characteristics（其他特征）。

需要特别指出的是，任职资格的描述关注的是工作，而非工作者，并且任职资格水平的确定是履行工作职责的最低要求，而不是理想要求或期望要求。

（2）知识（Knowledge）。

知识是指个体所具有的可直接应用于完成某项工作任务的信息体系。知识基本上是通过讲解式的传授方法与个体的了解和理解获得的。例如，数据分析员职位要求任职者具备金融学知识、数学知识。

（3）技能（Skill）。

技能是指体力或运动上的潜能或能力，或做某件事时表现出的纯熟技艺。例如，一位打字员具备每分钟打出 140 个字的技能、一位绕线圈的工人手部应具有较高的灵巧度。

（4）能力（Ability）。

能力是指通过训练或具备某种经历而产生的从事某项工作的已具备的水准。例如，一位谈判专家需要具备较强的逻辑思维能力、一位项目经理需要具备较强的人际协调能力。

（5）个性（Personality）。

个性是指个体身上相对牢固和稳定的对他人、客体、环境做出的有别于其他人的反应倾向。

根据学者的研究，发现一些对组织行为具有预测性的个性，具体有：控制点、自尊、A型/B型人格、马基雅维利主义、自我监控、16 种人格特质、迈尔斯·布里格斯类型指标（Myers - Briggs Type Indicator，简称 MBTI）、大五模型（Big Five Model）。其中，大五模型在描述个体个性上得到了广泛应用，该模型认为，个体的个性由以下五项维度来描述：外倾性、随和性、尽责性、情绪稳定性、思维开放度。

（6）兴趣（Hobby）。

兴趣是指特殊的活动意向，如个人的爱好、消遣方式、休闲内容等。

（7）价值观（Value）。

价值观代表着基本的信仰，是个人或社会接受一种特定的行为或终极存在方式，而摒弃与其相反的行为或终极存在方式。

美国学者米尔顿·罗克奇在 1973 年设计了一套罗氏价值量表（Rokeach Value Survey），可用于描述个体的价值观。该量表包括两组价值观，每组含 18 项个体价值观。第一组称为终极价值观（Terminal Values），指个体认可的终极存在状态，如：成就感、平等、自由、自尊、舒适的生活、家庭安全、世界和平；另一组称为工具价值观（Instrumental Values），指个体为实现终极价值所采用的"工具"，如：雄心勃勃、独立、服从、负责任、诚实、有能力、乐于助人。

通常，从事同一职业或属于同一类别的人（如公司经理、父母、大学生）持有类似的价值观。

（8）态度（Attitude）。

态度是指对特定事物、人或机构形成的相对稳定的感觉、信念及行为倾向的集合。它包括 3 个基本成分：认知成分、情感成分和行为成分。认知成分是个人对某一态度目标所持有的各种评价；情感成分是个体喜欢或不喜欢某一特定的人、物体或事件的情绪；行为成分是针对某一态度目标，个体往往采取与自身信念及感觉一致的行为的倾向。

（9）动机（Motive）。

动机是指个体在所期望的活动或目标上倾注精力和发挥能力的意愿，动机强的工作者在履行所负责的工作时会投入更多的努力。

表 7-10 总结了兴趣、价值观和态度这三个概念的区别。

表 7-10 兴趣、价值观与态度

兴趣是特定的活动意向。表述兴趣的例子：
我更喜欢在户外工作，而不是待在办公室里 我喜欢和数字打交道 我更愿意指导其他人工作
价值观反映的是生活目标和生活方式的倾向，也是进行价值比较时的倾向性。表述价值观的例子：
一个人首先是对自己负责，然后是对家庭负责，再对社区负责 我认为某些人的财富大大地多于其他人是不公平的 对我来说，为他人服务要比谋取个人利益更重要
态度是对诸如自然现象及政治、经济、文化、习俗等社会现象的感受与倾向。表述态度的例子：
在城市交通管理中，机动车限号出行这一政策弊大于利 国家应重点支持精准扶贫项目 我认为大学里未能提供实习指导是造成大学生就业难的主要因素之一 我认为管理者的办公室不应与员工办公室隔离开来

2) 任职资格的确定方法

确定任职资格的方法很多，在此将其归纳为三类，分别是根据工作分析系统形成的任职资格、定量化职位分析方法推断得到的任职资格和基于统计数据验证的任职资格。

(1) 根据工作分析系统形成的任职资格。

由于工作分析系统分为两大类，因此这类方法围绕工作导向型工作分析系统和人员导向型工作分析系统开展任职资格分析工作。

工作导向的工作分析系统（如职能工作分析方法 FJA、任务清单分析法 TIA）是从工作本身的职责和任务出发，分析任职者具备什么样的条件能完成相应的任务。然后，将这些条件与企业事先所构建好的素质清单进行对照，将素质要求的叙述转化为规范化的任职资格，这样就形成了该职位的任职资格。简单概括之，即由任务推出任职者条件。

人员导向的工作分析系统（如职位分析问卷法 PAQ）则是以任职的人员为出发点，通过获得任职者的行为去分析其要从事这样的行为，需要具备什么样的素质特点。然后，将这样的素质要求与事先构造的素质清单进行对照，将其转化为规范的任职资格。简单概括之，即由任职者行为推出任职者的素质特点。

(2) 定量化职位分析方法推断得到的任职资格。

通过定量化职位分析方法推断得到的任职资格的具体过程如图 7-6 所示：

根据图 7-6 可以看到，这种方法主要依赖于定量化问卷所测得的该职位的工作维度得分，依据已经建立的各维度与素质之间的相关性，来判断该职位需要什么样的素质。

(3) 基于统计数据验证的任职资格。

这种确定任职资格的方法需要使用统计数据，此统计数据包括两种：一种是组织实证

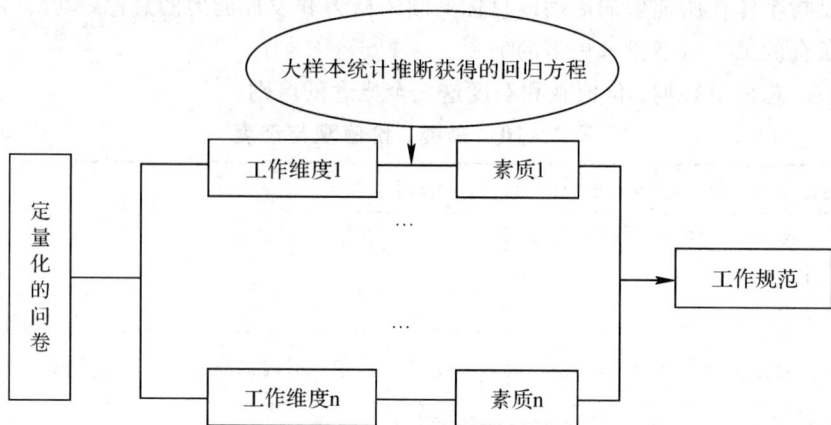

图7-6 定量化职位分析方法得到任职资格的过程

数据，另一种是公共数据资源。

基于组织实证数据验证任职资格，是指通过建立任职资格中的各项要素与任职者的实际工作绩效的关系，来对任职资格要素进行筛选。这种方法保证了任职资格与工作绩效的高度相关。

基于公共数据资源验证的任职资格，是指确定任职资格是借助于现有管理学、组织行为学、人力资源管理实证研究中的成熟结论，来判断某职位的任职资格。这种方法成本低，不过仅适用于通用要素。

例如，可根据描述个体人格特质的大五人格理论来建立任职资格中的个性要求，如图7-7所示。

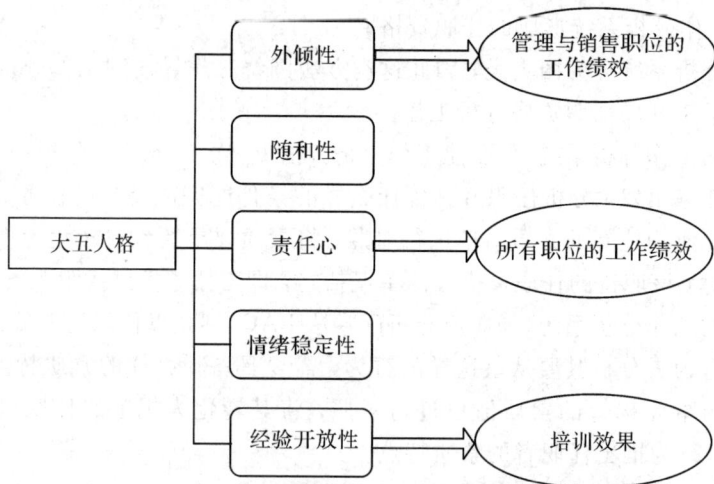

图7-7 基于公共统计数据的任职资格体系建立方法

3）任职资格的基本内容

如前所述，任职资格是指任职者胜任该职位所具备的最低的资格和条件，这些资格和条件包括身体素质、教育水平、经验、技能、个人品质与态度等。其中，有的内容是外在的，可以明确地得到衡量，如身体素质、教育水平和经验等。而有些内容则难以衡量，如心理素质、个人品质、行为态度等。接下来，从外显和内含两个方面，介绍任职资格的基本内容。

(1) 外显的任职资格。

外显的任职资格具体包括身体素质、受教育程度、工作经验、工作技能、职业培训5项内容。

① 身体素质。

身体素质要求是从事该职位的任职者所需要具备的身体条件，包括身高、体力、身体的健康状况等，这些在医疗发达的今天很容易得到检测。

其中，体力要求在任职资格中出现频率较高，尤其是在操作类的工作岗位中。体力要求是指工作本身对工作人员的体力方面的需求，它是与工作本身相联系的，不包括个人出于自愿的表现，也不包括偶然性的指派(如替人值班等)。

体力要求一般用体力活动的频率和剧烈程度来衡量。频率可以表述为1天或1小时几次、1天几小时。剧烈程度可以用提、举、推、拉的最大重量或跳、跑、蹲、站、爬等身体运动的程度来衡量。

阅读资料

经专家实践经验，发现在分析体力时，应该考虑到下列活动的要求：

行走	弯曲	携带	手势	平衡	伸展	投掷	谈话	爬行
下跪	推进	听取	攀缘	坐	拉回	观察	站立	传递
手触	闻	转身	举起	感觉	休息			

---

② 受教育程度。

受教育程度显示的是一个职位对任职者的知识要求。知识的测量一般难以进行，或者成本高昂，但是通过一个人的教育程度能够得到一部分的体现。

受教育程度的度量方法通常有以下两种：

一是"教育学历＋专业"：一般采用这种方法的时候都会给出该职位的必备要求和理想要求。必备要求是胜任该项工作的最低的知识水平。表7-11给出了某钢铁公司财务部经理的教育程度要求示例。

表7-11 某钢铁公司财务部经理的教育程度要求

项　　目	必备要求	理想要求
教育学历	本科	硕士
专业	财务管理 会计学	财务管理/钢铁行业管理复合财务管理及金融

这种度量教育程度的方法比较简洁，且易于理解和衡量，应用范围较广，但缺点是同一学历的任职者中能力的差别可能会很大，这样一来，用该方法描述个人受教育程度就不够精确。

二是"教育水平＋教育年限"：国外应用最为广泛的是美国劳动部的"普通教育程度量表(GED)"，该量表根据职位对推理能力(也称逻辑思维能力)、数学能力、语言能力这3种能力的要求，将教育水平分别划分为六个等级，每个等级与一定的教育年限相对应，如表7-12所示。

表 7 - 12　普通教育程度量表（GED）

教育水平及 需要培养年限	推理能力	数学能力	语言能力
6级（17年以上）	使用抽象概念、符号（诸如用公式表示）以及科学原理	使用高等微积分、现代代数或统计学方法	撰写文学或者技术性报告，或者监督、指导负责撰写的人
5级（13～16年）	应用逻辑或科学的思考于问题的界定、数据的收集、事实的确定	应用高等数学和统计技术	会为报纸、杂志、技术或科学刊物撰写文章
4级（11～12年）	应用合理体系的原理解决实际问题	会在标准的实际应用汇总，进行常规的数学运算	能够解释技术手册、图纸、规格和性能
3级（9～10年）	凭常识理解并执行书面、口头或图形的指示	会计算分数、小数、百分比等算术运算	会进行一般性访谈和常规性介绍
2级（6～8年）	凭借常识理解具体但不复杂的口头指示	会进行整数加、减、乘、除	会收集限定的信息，会把表格、收据、资料进行归档
1级（不足6年）	凭借常识理解、执行只有一两步的指示	会完成简单的加法、减法	理解 2500 字篇幅的文章，写出简单的句子，或者按照正常规范有顺序地表述

　　GED 量表主要是根据实际职位与 DOT 手册（即《美国职业名称大辞典》）中的对应职位的相似性，具体确定该职位在 GED 上的位置。即根据某一职位的工作标志以及该职位的主要工作内容，找到这一职位与 DOT 手册中哪一职位相近，然后用 DOT 手册中的某一职位的教育程度等级来表示待分析的某一职位的教育程度要求。以下给出人力资源部经理的教育程度要求的示例，如表 7 - 13 所示。

表 7 - 13　人力资源部经理基于 DOT 量表的教育程度要求

普通教育程度——17年以上			
	推理能力	数学能力	语言能力
具体描述	会应用逻辑的或科学的方法思考广泛的理论和实际问题	会应用高等数学和统计技术	会撰写报告、文章和编审文献
	会运用非文字的符号（公式、科学方程式、图像、乐符等）	运用许多理论的数学概念	起草契约、合同
	会处理抽象和具体的变量，理解最深奥的各种概念	能够创造性地运用数学方法解决问题	能够为各类人员提供咨询意见

　　③ 工作经验。

　　工作经验是指完成岗位工作、解决相关问题的实践经验，这些经验是圆满完成各项工作任务所必需的。

　　工作经验通常分为两种，一种是社会工作经验，另一种是组织内部工作经验。社会工作经验指的是在公司外部参加工作后的所有工作经验，这样的经验根据它和现任职位的相关性，又分为一般工作经验、相关专业工作经验、专业工作经验、管理工作经验。表7-14提供了某地产开发公司市场部经理的工作经验示例。

表7-14　某房地产开发公司市场部经理的工作经验要求示例

工作经验分类	具 体 要 求
一般工作经验	10年以上的社会工作经验
相关专业工作经验	6年以上房地产开发公司或8年以上建筑公司工作经验
专业工作经验	4年以上房地产市场策划或5年以上房地产销售工作经验
管理工作经验	3年以上担任中等规模企业部门副职

组织内部工作经验指的是任职者所具备的在本公司工作的经历，主要是指任职者所具备的在本公司工作的经历。

阅读资料

　　经专家实践经验，在分析工作经验时，要考虑的因素有：完成工作任务所做决定的性质及其对经验的依赖；对管理的重要程度；工作人员实践经验的深度和广度，经验是理论上的还是实践上的；获得经验的途径，即是从实践工作中还是从教育或培训中获得的，或是二者兼而有之；工作是否需要书面指令，员工是否要服从书面指令；工作中是否需要机器维修、装卸设备方面的知识；工作中是否要用到数学知识，所需数学知识的类型；工作中是否要用到特定方式；需要什么工具或仪器；需要用到哪些原材料，工作人员需要具备哪些相关知识；工作人员是否要负责对工具或其他设备的保养，他们需要具备哪些相关知识；工作人员是否需要对相关成果进行检查和核对，他们需要具备哪些相关知识；工作人员是否要懂得其下属的工作。

④ 工作技能。

工作技能是工作者达到工作要求的速度、精确程度及其所需要的操作能力，通常包括通用技能和专业技能。

在工作说明书中，为了便于对不同职位的技能要求进行比较，往往只关注少数几项通用的技能，如计算机技能、外语技能与公文处理技能。示例如表7-15所示。

表7-15　某公司办公室主任的工作技能要求

通用技能	具 体 要 求
计算机技能	能运用网络和办公软件，顺利完成各项文件的编制、管理，进行工作的相关信息的收集、整理、邮件的收发等
外语技能	能阅读工作相关资料，进行简单的沟通
公文处理技能	能准确有效地完成工作计划、总结以及相关文件的编制、修改

在工作分析实践活动中，技能要求有时也指执行工作任务的技巧和准确性。技巧与工作行为的速度及敏捷程度有关、与视觉及其他器官的反应有关。速度通常是定量的，如1分钟之内录入70个中文字符；准确性一般是反映生产产品、调配设备的精确程度。通常用

允许范围内的误差来表达准确性,如钻孔深度±0.03米。

阅读资料

　　经专家实践经验,在分析技巧与精确性时,要考虑的因素有:工作要做到什么程度,允许范围内的误差是多少?工作所需的辅助手段是什么,如工作手册、图表符号等?工作是否需要体力和视觉等其他感官的配合?达到准确性要求的难易程度如何?工作仅仅是简单的重复,还是要求创新?工作人员是否需要用到难以操作的工具?工作人员是否凭感觉做出详细的比较?

　　⑤ 职业培训要求。

职业培训要求主要分为两种:

一种是以职位评价和薪酬为导向的培训要求界定,这类培训主要指从新手到熟练的任职者之间的岗前培训时间和工作熟悉期,相对时间较长,往往以月为度量单位。培训时间根据职位的要求来决定,职位的要求和胜任难度越大,相应的职位的报酬水平也应该越高。

另一种是以人力资源开发为导向的培训要求界定,主要指为满足职位需求、提高任职者的工作效率和水平而进行的培训,根据培训需求确定培训的内容、方式和时间长短,往往以周为度量单位。培训方式的界定主要分为在岗培训、脱岗培训和自我培训3种。表7-16提供了一个培训要求示例。

表 7-16　某公司办公室主任职业培训要求示例

培训内容	培训性质	必备时间	理想时间
薪酬设计	脱岗	7 天	两周
绩效管理	脱岗	7 天	两周
职位评价	脱岗	7 天	两周

(2)内含的任职资格。

获取内含任职资格的操作过程如图7-8所示。

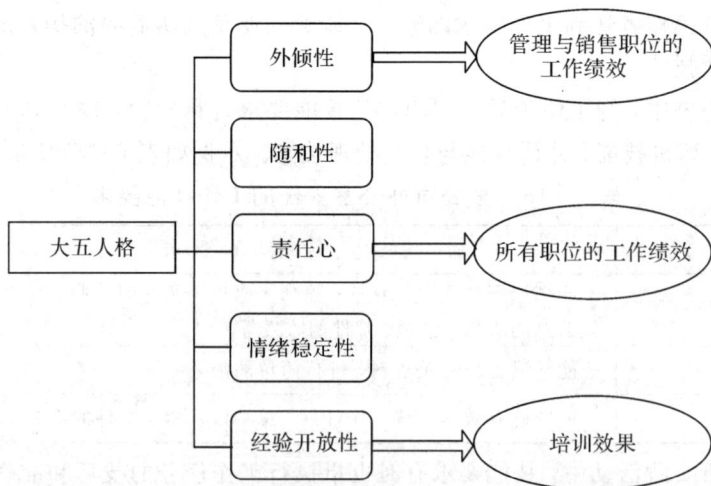

图 7-8　获取内含任职资格的操作过程

以下对图 7-7 进行详细说明：

① 操作过程中的重要名词。

企业能力模型：即根据企业的战略和文化决定的企业所需要的各种能力，从而形成一种能力要素库。这一要素库是具体职位能力要素选取的基础。企业的整体能力模型的构建，可以通过修改成熟的能力模型和自主开发自己的模型两种方式完成。目前比较成熟的能力模型有海氏咨询公司的冰山素质模型、美国职业分类系统的 GATB 能力模型。

a. 通用要素：即企业所有职位的任职者都必须具备的能力要素。

b. 共用要素：即企业某一职种的职位任职者都必须具备的能力要素。

c. 特殊要素：即企业的某个职位的任职者所必须具备的个性化的能力要素。

② 获取能力要素的过程描述。

图 7-7 中的虚线将整个获取能力要素的过程分为两个阶段：阶段 I 和阶段 II。

阶段 I 是以构建的企业能力模型为基础，通过调查问卷和统计分析，得到一个由通用要素和共用要素组成的要素体系。

阶段 I 的操作步骤是：

第一，采用"要素筛选问卷"，对企业所有职位的任职者进行调查，请各职位的任职者对能力要素模型中各要素对本职位获取优良绩效的重要性进行评价。

通用要素与共用要素筛选问卷示例如表 7-17 所示。

表 7-17 通用要素与共用要素筛选问卷示例

通用要素与共用要素筛选问卷 请根据以下能力特点对你所在职位的重要程度，按照 5 个重要程度等级进行评价： 1 代表不重要；　2 代表不太重要；　3 代表一般；　4 代表比较重要；　5 代表很重要	
要素及其界定	重要性评价
业务能力：掌握本职位的工作所具备的专业知识和技能，能有效地发现问题并及时加以解决	1 2 3 4 5
学习能力：善于读书学习，能总结经验教训，吸取他人的长处，接受新知识，注重自我提升	1 2 3 4 5
……	……

第二，通过对问卷调查的所有样本进行数据统计分析，选取平均得分排在前 75% 的要素或者选取超过一定分数线（如 4 分以上）的要素，得到公司各层各类职位的通用要素，这些要素对公司的绝大部分职位都具有重要意义。

第三，根据事先确定的公司职种划分标准，对问卷调查的数据进行分类统计，同样按照得分排在前 75% 的标准进行要素筛选，得到各职种共用的能力要素。

阶段 II 是确定职位能力要素及等级的过程。在得到通用要素和共用要素的基础上，需要进一步对照具体某一职位的工作职责与任务要求，对这些通用要素和共用要素的适用性以及不同要素对该职位的重要程度进行判断。

阶段 II 的具体操作步骤如下：

第一，选择评定主体：通常采用主题专家讨论会议的形式，由与该职位相关的主要人员共同对能力要素的重要性进行判定。

第二，确定评定的尺度：根据不同要素对于每一项工作职责的重要程度来进行判定。通常要求评定者标明对每一项职责最为重要的三项能力要素，并分别赋予 3 分、2 分和 1 分。

第三，采用相应的计算方法，确定各项能力的权重。具体计算公式为：

要素得分＝Σ 该要素在各项职责上的得分 ＊ 该职责的重要程度

要素权重＝要素得分/Σ 所有要素得分总和

举例：

表 7－18　职位相关人员对各项素质的评定问卷

职责 素质	职责 1 （30％）	职责 2 （15％）	职责 3 （15％）	职责 4 （15％）	职责 5 （10％）	职责 6 （10％）	职责 7 （5％）
业务能力	1			3	1	3	1
学习能力		3					
创新能力		1	2			2	2
协调能力	2			1	2		
沟通能力			1				3
分析判断				2			
进取心		2	3		3	1	

在表 7－18 中，目标工作包含 7 项职责，各项职责的重要程度以百分比形式表示，分别是：职责 1 的重要性程度最高，为 30％，职责 2、职责 3 和职责 4 重要性程度次之，它们的重要性相当，都是 15％，职责 5 和职责 6 重要性程度再次之，它们的重要性程度都为 10％，职责 7 重要性程度最弱，为 5％。

根据对目标职位的相关人员进行问卷调查，发现"业务能力"对于完成职责 1、职责 5、职责 7 非常重要，重要性分数为"1"，对于完成职责 4 和职责 6 的重要性分数为"3"，由此计算出业务能力的得分：

业务能力＝1×30％＋3×15％＋1×10％＋3×10％＋1×5％＝1.2

进一步地计算出其他 6 项素质的分数，将这些得分相加，总得分为 6，再将业务能力得分除以总得分，即得出业务能力这项要素的权重，权重为 20％。依此类推，可得出其他 6 项素质的权重。

·能力要素的等级判定。

仅仅得到各个职位的能力要素还不够，还应得到不同职位对任职者所具备的某一种能力要素的程度。如，要求总经理所具备的语言表达能力要高于普通员工，要求秘书比技术员具有更强的文字处理能力等。

因此，本步骤的关键之处在于确定某一职位的任职者对具体能力要素的要求具备的程度。常用的 3 种方法如表 7－19 所示。

表 7-19　能力要素等级的衡量尺度表

名　称	解　释	示　例	优　点	缺　点
"人群百分位"法	在具体使用时，将被试者的得分与常模进行比较，得到被试者在常模人群中的位置，从而判定其是否达到该职位的要求	最高的 10% 较高的 1/3，但不包括最高的 10% 中间的 1/3 较低的 1/3，但不包括最低的 10% 最低的 10%	能够较为准确地实现被试者之间的等级比较	需要依赖于实现构建好的大样本常模，因而通用性较差，构建成本很高；不具有行为引导性
"等级行为描述"法	指依据具体的、可观察的行为来对每项能力要素的各等级进行界定。在具体使用时，将以不同等级的行为描述为标准，对被试者进行访谈与行为观察，并将访谈与观察到的被试者的行为特点与各等级的标准进行比较，找到与被试者最为接近的能力等级		具有较强的客观性，并能够引导任职者的行为改进	往往难以实现标准与现状的吻合，并容易出现等级描述的前后矛盾；构建成本较高
利克特量表法	一般采用 5 级或 7 级量表，数字越高表示等级越高，并且等级与等级之间所表示的能力要求的程度具有等差的特征	5、4、3、2、1 分别对应很强、较强、一般、较弱、弱 7、6、5、4、3、2、1 分别对应很强、较强、强、一般、弱、较弱、很弱	简单易行、成本较低	等级评定的主观性太强，难以把握标准；不具有行为引导性

　　通过上面的操作，即可得到外显的和内含的任职资格要求，不仅可以得到每个职位所要具备的资格和能力要求，而且对各个职位的资格和能力要求的程度和层次都进行了充分描述。

　　4）任职资格的书写规范

　　任职资格的书写规范要求，简而言之是兼顾可理解性与实用性。以下提供一些书写建议。

（1）句子以 KSAOs（即知识、技能、能力、其他特征）的关键词结尾。如应具备基本物理知识、具备手眼协调能力；

（2）保证任职资格的描述中包含了能力的特定类型及水平。如：阅读能力要达到标准的阅读测验所规定的六级水平；

（3）显示所描述能力与所从事的工作之间的联系。在某项工作中把一般能力按特殊的方式进行运用的情形下，更要注意这一点；

（4）任职资格描述中所强调的应该是最基本的特征，而不是对特征的演绎；

如果数学知识与工作相关，就要强调工作对数学知识需求的类型和水平，而不是叙述有关数学知识的训练、考试和经验。这是由于经验或教育并不一定能够保证求职者具备所期望的某种能力。相反，个体即使没有受过相关的教育，也能够具备所要求的能力特征。

（5）需要特别提出某些要求时，比如要求任职者拥有某一执照或公民身份时，要注明对这方面提出要求的权威部门。当这些要求由政府、社会或其他力量做出规定时，任职资格分析结果要说明这些要求，并指出这些要求是由哪些外部条件规定的。

5）任职资格的实例

以下提供两个职位任职资格的实例，供读者参考。

例1：某经营互联网金融产品的移动互联网企业"高级 Java 工程师"任职资格如下：

① 软件工程、计算机科学、计算机工程、数学等相关专业本科以上学历；

② 5 年以上 JAVA 开发经验，熟练使用 Spring MVC 等主流框架；

③ 熟悉 MySQL、Oracle 等数据库使用，熟练编写 SQL 以及性能调优；

④ 熟悉 Redis 的使用并了解其原理，熟悉 SVN/Git/Gradle/Maven/等工具的使用；

⑤ 熟悉主流 RPC 框架、MQ 的使用，并将其应用到上线产品中；

⑥ 具有金融系统开发经验或三方支付系统设计经验；

⑦ 有 3 年以上支付平台/交易系统/支付网关等开发经验；

⑧ 熟悉三方支付系统的集成，有银联、支付宝、银行等支付接口开发经验；

⑨ 心态开放，乐于学习，富有激情，工作认真负责，抗压能力强，敢于承担有挑战的工作；

⑩ 沟通能力强，具有团队合作精神。

例2：某大型上市集团"财务总监"的任职资格如下：

① 财务、会计、金融、投资等专业本科及以上学历，拥有中级以上会计师职称，具有注册会计师资格证书者优先考虑；

② 熟知国家财经法律法规政策，熟练操作财务软件；

③ 具备良好的财务管理意识，熟知先进的财务管理方式。具有三年以上财务管理工作经验，三年以上财务部门经理工作经验；

④ 有较强的财务分析预测、投融资及风险防范能力；

⑤ 对企业资本运营有很深刻的理解，具备出色的管理能力与良好的沟通技巧；

⑥ 具备出色的财务管理经验及敏锐的洞察力和数据感觉，熟悉财务计划、成本分析、

预算、成本核算等高级财务管理流程；

⑦ 有现代企业财务成本控制及提高资金周转率的实践工作经验和技巧；

⑧ 具有良好的团队合作精神；

⑨ 善于使用人才和培养人才；

⑩ 具有良好的职业道德、严谨的工作作风以及高度的事业心和责任感；

⑪ 严守公司机密；

⑫ 身体健康。

7.1.3　工作说明书编写中应注意的问题

工作说明书的撰写者在编写过程中，应注意以下几个问题：

(1) 根据使用目的，在反映基本内容的基础上，突出重点。

虽然工作说明书一般应该包括上述 8 个方面的内容，但是它的详尽程度或者项目多少却可以视工作说明书的使用目的而定。

如果工作说明书是用来指导人员如何工作，则对于工作职责必须详加说明；如果工作说明书是用来评价工作，则对于绩效标准必须详加说明。

(2) 工作职责的描述要包罗无遗，避免职责重复和遗漏。

(3) 工作说明书应该采用统一的格式，一般采用表格形式而很少采用叙述形式，因为表格形式比较规范，易于管理和使用。

(4) 文字叙述应简洁、准确，避免出现如"执行需要完成的其他任务"这一类笼统的描述。

(5) 所涉及的等级(如职等、薪等)应依实际情况确定，并能够反映工作的技术水平和职责高低等方面的差异。

(6) 工作说明书应该及时修改，与企业的发展保持同步。

(7) 初步编写完成的工作说明书应当在与相关工作岗位的员工及其直接上级进行讨论修改后实施。

7.2　工作说明书范例及内容安排

7.2.1　工作说明书范例

工作说明书的编写并没有统一的规范和格式，可以根据情况或繁或简。常用的格式有一栏式和两栏式两种。前者把工作描述和工作规范放在一个统一的文件里，而后者把工作描述和工作规范作为两个独立的文件，通常把工作描述放在正面而把工作规范放在背面。

1. 一栏式工作说明书

例 1：某公司"人力资源管理经理"的工作说明书如表 7－20 所示。

表 7 – 20　人力资源管理经理工作说明书

岗位名称	人力资源管理经理	所属部门	人力资源管理部	岗位编号	020201
直接上级	行政副总经理	工资等级			

工作概要：全面负责公司的人力资源管理工作

工作职责：

编写、执行公司的人力资源管理规划

招聘：负责制订招聘程序、组织社会和学校招聘、安排面试和综合素质测试

绩效考评：负责制订考评政策、考评文件、考评沟通，并负责不合格员工的辞退

激励与报酬：负责制订薪酬、晋升政策，组织提薪、晋升评审

福利：负责制订福利政策、办理社会保障与福利

人事关系：办理员工各种人事关系转移、办理职称评定手续

培训：组织员工岗前培训、协助办理培训进修手续

与员工进行积极沟通，了解员工工作、生活情况

衡量标准：

工作报告的完整性

公司其他员工对人力资源管理部工作的反馈意见

职业发展道路：

可转换的职位：行政部经理　　可升迁的职位：行政副总经理

任职资格：

工作经验：5 年以上管理类工作经验

专业背景要求：曾经从事人力资源管理工作 2 年以上

学历要求：大专以上

年龄要求：30 岁以上

个人素质：积极热情、善于与人交往、待人公允

例 2：某家用电器集团公司"公关宣传部经理"的工作说明书如表 7 – 21 所示。

表 7 – 21　公关宣传部经理工作说明书

岗位名称	公关宣传部经理	所属部门	集团办公室
直接上级	集团办公室主任	直接下属	品牌管理专员、公共关系专员、企业宣传专员

工作目的

　　为了保证集团经营活动的顺利开展，为其提供良好的公共关系支持系统并推广公司形象，在企业发展战略以及对公关宣传工作的整体工作规划下，领导本部门人员开展公共关系工作，进行企业形象、品牌、产品、服务和企业文化的宣传推广

工作职责	所占比例
拟定公关宣传管理的有关制度并对分公司和各部门进行工作指导	20％
制定公司每年的广告投放计划、选择代理商、确定广告内容和形式	20％
组织各种新闻发布会、推广会等市场推广活动	20％
编辑出版公司对外宣传的刊物，并与人力资源部共同编辑对内宣传刊物，对各部门的宣传员进行管理	15％

续表

配合公司领导开展对政府部门、媒体、客户等的公关活动	15%
承担领导交办的其他公关宣传工作	10%

重要工作联系	

财务审批权限	
对200万元以内的预算广告费用具有审批权	
对1000元以内的礼品具有审批权	

任职资格基本要求	
所需知识技能	
① 公共关系方面的知识	
② 广告有关的知识	
③ 人际交往技能	
④ 大型活动策划组织能力	
教育培训	
① 本科及以上学历	
② 广告、新闻等相关专业	
经验	
相关工作经验3年以上	

例3：某公司"薪酬及人员调配主管"的工作说明书如表7-22所示。

表7-22 薪酬及人员调配主管工作说明书

岗位名称	薪酬及人员调配主管	岗位编号	4C-HR-03
所在部门	人力资源管理科	工资等级	科室主管
直接上级	科长	岗位定员	1人
工作概要			
负责职工薪资发放、人员调配及内外人员调动转接手续的办理，协助招聘、入职、解聘等员工关系处理			
职责与工作任务			

职责1	职责表述：负责公司机关人员的工资发放、社会统筹保险实施 占所有工作比重：30%		
	工作任务	每月定时编制、审核工资表并通知财务科发放公司机关人员工资及各项福利、奖金	
		公司机关养老、医疗、失业、工伤、生育保险的计算及缴纳	
		工作调动人员工资结算及保险的转移	
	承担责任	独立负责 ☑　主要负责 □　协助支持 □	
	工作联系	关联单位	发生频率
		下属各项目人力资源部	经常 ☑　有时 □　偶尔 □
		区社保中心	经常 ☑　有时 □　偶尔 □
		机关各科室	经常 ☑　有时 □　偶尔 □
	考核指标	通知下达的及时性、准确性	
		各项费用计算的准确性，缴纳办理的规范性	
		清兑准确性	
职责2	职责表述：办理员工招聘、录用、解聘、调动的具体业务。 占所有工作比重：20%		
	工作任务	协助拟订人员选聘计划	
		办理员工招聘、录用、解聘的一些具体业务	
		办理员工工作调动手续	
	承担责任	独立负责 □　主要负责 ☑　协助支持 □	
	工作联系	关联单位	发生频率
		下属各项目人力资源部	经常 ☑　有时 □　偶尔 □
		区社保中心	经常 □　有时 ☑　偶尔 □
		机关各科室	经常 □　有时 ☑　偶尔 □
	考核指标	选择标准的采用情况	
		招聘计划拟订的及时性	
		招聘、录用工作办理的及时性	
		各类手续办理的规范性	
……			
职责7	职责表述：完成科长交办的临时工作		
职权			
业务方面	完全按指示执行 □　建议 ☑　参与决策 □　全权决策 □		
财务（部门资金调用）方面	无 ☑　建议 □ 分配调动权 □　初次审批权 □　审批权 □		
对领导决策的影响	建议 ☑　参与决策 □　决策 □　审批 □		

任职资格
教育水平：大专或大专以上学历 专业：人力资源管理或经济管理等相关专业 技能职称：能够熟练使用各种办公室软件 经验：1 年以上人力资源管理相关工作经验 所需培训：人力资源管理培训
其他
使用工具设备 电脑、电话、传真机、打印机、Internet 网络 工作环境 相对安静的办公环境的办公室 出差情况 频繁 □　经常 □　偶尔 ☑　从不 □

　　例 4：某公司"人员配置专家"的工作说明书如表 7－23 所示。

表 7－23　人员配置专家工作说明书

职务名称：人员配置专家	职务编码：rl－02－02
隶属部门：人力资源部	直接上级：人力资源经理
职　　级：	薪资幅度：
批准人：	批准日期：

工作概要
设计招募广告和招募策略以吸引应聘者，审查简历，确定薪资给付标准，实施和总结离职面谈，保存所有雇佣和拒绝记录，与雇员就工作空缺体系进行沟通，与顾问公司和代理机构工作往来，为雇主提供咨询、建议、处理人员重新配置有关的文书，编辑公平就业机会报告
重要工作维度
信息传播：包括有关向雇员传播、解释复杂信息的活动 应用具体的政策、程序：包括有关利用有明确规定的组织政策和程序的活动 日常备忘录、报告写作：包括有关根据明确的指导方针、标准或日常备忘录和报告进行写作的活动 一般性阅读：包括有关阅读与工作相关的一般性材料的活动 政策说服：包括有关说服无指导关系的雇员执行政策和指导方针的活动 协商：包括有关与雇员和雇员组织进行协商的活动 抽象思考：包括有关构思和整合那些可能涉及几个部门或专门领域的非常规性问题的活动 电话沟通：包括有关通过电话解决抱怨问题和处理复杂信息的活动 薪资管理：包括有关确定和实施薪资指导线的活动 人员配置：包括有关实施人员配置计划的活动

重要任务
阅读一般性材料，如手册和信函
明确将要雇佣的人员数量
出差时间、交通、食宿的计划、安排
为参观访问者准备相应的材料
指导实施雇员关系计划
为月度人员流动报告保存人事内外异动记录
了解其他部门的目标和计划
与组织外部的顾问机构合作
准备年底工作空缺体系的报告
确认与招募有关的重点院校
完成所有雇佣——拒绝活动必需的文书
写作需要判断和创新的文件和备忘录
确定面试考官
权衡候选人的资格与报酬
新雇员报酬给付标准的确定
工作空缺情况的调查
设计吸引合格应聘者的计划
设计招募广告和广告策略
实施测试
审查简历
向代理机构发布工作空缺信息
向雇员解释工作空缺体系
实施离职面谈

重要的知识、技术和能力
选拔测试实施程序的知识
咨询指导的能力
说服和影响别人的能力
面试技术
计划、组织和确定优先事项的能力
决策能力
写作技术
人事异动政策和程序方面的知识
报酬政策方面的知识
医疗保健方面的知识
公平就业机会法律、规则方面的知识

例 5：某公司"薪酬考核主管"的工作说明书如表 7－24 所示。

表 7－24　薪酬考核主管工作说明书

职务名称：薪酬考核主管	职务编码：rl－02－03
隶属部门：人力资源部	直接上级：人力资源经理
职　　级：	薪资幅度：
批准人：	批准日期：

工作概要
在公司方针政策和未来发展规划的基础上，在人力资源部部长的领导下，进行薪资的预算、测算，以及人工成本的预算控制活动；进行员工的绩效考核工作，并据考核结果进行薪资升迁调整工作

重要工作维度
进行薪酬管理及绩效考核政策
组织并监督薪酬制度及绩效考核体现的实施
控制人工成本

重要任务
根据公司的中长期规划，拟订本岗位的相应计划
建立薪酬及绩效考核体系
制定企业内部激励机制及奖惩制度
负责年度人工成本的预算及控制
负责制定分厂经济责任制及司机班、锅炉班、空调班、打假人员的经济责任制
负责制定修订劳动定额定员管理标准
负责制定养老保险、医疗保险、失业保险、住房公积金的管理制度及交纳办法
制定印鉴管理标准并进行日常管理
负责绩效考核制度的推行及绩效管理思想的导入
负责审核并协助下属制定有关规章制度
审核协助下属人员制订短期工作计划
负责对下属员工的培训、指导、监督、考核等管理工作
负责协助下属制订绩效改进计划并落实
负责部门间关系的协调、上下级信息的沟通及下属人员之间的协调工作等
负责完成领导交办的其他工作

重要的知识、技术和能力
具有薪酬管理及绩效考核等人力资源管理的专业知识
具有指导下属的能力
具有较强的学习能力，能够较快地接受新知识、新观念
具有较强的语言表达能力，能够准确流畅地表达思想内容，并与不同理解水平的人交换意见
具有较好的人际关系和沟通协调能力，能够处理好上下级、同事间及各部门的关系，并具有较强的协调沟通能力
具有一定的数据处理能力
具有较强的逻辑思维推理判断能力，会应用逻辑的或科学的思考来确定具体问题、搜集资料并解决实际问题

2. 两栏式工作说明书

例 1：以招聘专员为例，其工作描述和工作规范分别如表 7－25 和表 7－26 所示。

表 7 - 25　招聘专员工作描述

职位名称：招聘专员
所属部门：人力资源部 直接上级：人力资源部经理 职务代码：XL - HR - 021 工资等级：9～13
工作概要： 　　制订和执行企业的招聘计划，为企业招聘优秀、合适的人才
工作职责： 　　根据企业发展情况，提出人员招聘计划 　　执行企业招聘计划 　　制订、完善和监督执行企业的招聘制度 　　制订面试工作流程 　　安排应聘人员的面试工作 　　应聘人员材料管理 　　应聘人员材料、证件的鉴别 　　负责建立企业人才库 　　完成直属上司交办的所有工作任务
衡量标准： 　　上交的报表、报告的时效性和建设性 　　工作档案的完整性 　　应聘人员材料的完整性
职业发展道路： 　　招聘经理、人力资源部经理

表 7 - 26　招聘专员工作规范

职位名称：招聘专员
所属部门：人力资源部 直接上级：人力资源部经理 职务代码：XL - HR - 021 工资等级：9～13
生理要求： 　　年龄：23～35 岁 　　性别：不限 　　身高：女性为 1.55～1.70 米，男性为 1.60～1.85 米 　　体重：与身高成比例，在合理的范围内均可 　　听力：正常 　　视力：矫正视力正常 　　健康状况：无残疾、无传染病 　　外貌：无畸形，出众更佳 　　声音：普通话发音标准，语音和语速正常

知识和技能要求： 　学历要求：本科，大专需从事专业 3 年以上 　工作经验：3 年以上大型企业工作经验 　专业背景要求：曾从事人事招聘工作 2 年以上 　英文水平：达到国家四级水平 　计算机：熟练使用 Windows 和 MS Office 系列
特殊才能要求： 　语言表达能力：能够准确、清晰、生动地向应聘者介绍企业情况，并准确、巧妙地解答应聘者提出的各种问题 　文字表达能力：能够准确、快速地将希望表达的内容用文字表述出来，对文字描述敏感 　观察能力：能够很快地把握应聘者的心理 　逻辑处理能力：能够将多项并行的事务安排得井井有条
综合素质： 　有良好的职业道德，能够保守企业人事秘密 　独立工作能力强，能够独立完成布置招聘会场、接待应聘人员、应聘者非智力因素评价等职务 　工作认真细心，能认真保管好各类招聘材料 　有较好的公关能力，能准确地把握同行业的招聘情况
其他要求： 　能够随时准备出差 　不可请 1 个月以上的假期

　　例 2：以某保险公司个人业务部经理为例，其工作描述和工作规范分别如表 7－27 和表 7－28 所示。

表 7－27　个人业务部经理工作描述

岗位基本信息

职位名称：个人业务部经理	所属部门：个人业务部
岗位编码：A1501	直接上级：分公司总经理
直接下级：副经理	岗位人数：1 人

岗位工作概要
全面负责分公司及分公司所管辖的三级机构及各营销服务部的个人寿险业务的策划与管理，确保全年的个人寿险保费收入计划在合规守法的前提下完成
工作职责与任务： 　统筹、规划、安排本部门的各项工作 　分公司所管辖的全省个人业务的发展规划 　分公司个人业务年计划的拟定，各营业单位年度及月度经营计划的制订和追踪 　本部门预算和费用的控制 　人员管理室、业务管理室及营销策划室日常工作的监督及重点工作项目的审核 　本部门员工的工资福利、聘用培训等工作的规划 　本部门及部门间工作的协调处理 　定期作本部门的工作总结 　本部门人员的日常管理及绩效考核 　分公司总经理室指定的其他工作和总公司相关工作的执行

岗位工作绩效标准：
个人寿险业务计划制订科学合理，并能保证在规定的时间内完成
个人寿险业务的各项工作能顺利开展
能准确有效地引导、督促个人寿险从业人员依法进行寿险产品的销售
保费收入达成率能够达到既定指标
部门申报预算合理，各项费用能严格控制，不超预算

岗位工作关系：
内部工作关系：
受分公司总经理直接领导，接受总公司相关部门的业务指导与监督
向部门内人员布置工作任务并实施监督与考核
在业务认可、寿险从业人员培训、财务、人事、行政、电脑、策划等方面与公司的运营部、培训部、财务部、人事行政部、企划部发生合作关系
外部工作关系：
与保险监督管理机构就接受监督与检查并向其进行业务咨询方面发生关系
与同业协会发生合作关系
在一些大型营销活动中与外界相关单位发生合作关系

岗位工作权限：
对下属人员工作岗位的调动权
对下属人员的工作指导权
对下属人员的工作分配权
对下属人员的工作监督和绩效考核权
对下属人员违纪违规的纠正权、处理权和申报权
对部门预算的建议和部门各项费用产生的审批权

岗位工作时间：
在公司制度规定的正常工作时间内工作，上午上班时间为 8:30，中午午餐休息时间为 12:00 - 1:00，下午下班时间为 5:00，每天工作七个半小时。因工作任务的需要，有时需要加班。

岗位工作环境：
大部分时间在分公司职场内，有时需外出

表 7-28　个人业务部经理工作规范

岗位基本信息	
职位名称：个人业务部经理	所属部门：个人业务部
岗位编码：A1501	直接上级：分公司总经理
直接下级：副经理	岗位人数：1 人

岗位知识水平要求：
熟悉保险法律法规知识
丰富的保险寿险业务管理知识
熟悉人力资源管理相关知识，特别是其中有关激励的内容
了解相关的财务知识
会使用计算机
良好的英语水平

学历、工作经验及年龄要求：
大学本科及以上学历，保险、管理类专业毕业；具有保险寿险 5 年以上从业经历，其中从事寿险公司管理岗位工作 2 年以上；年龄 25～45 岁

其他个人素质要求
有健康的体魄，符合总公司规定的入司体检的各项指标要求 　　有强烈的责任心、极强的亲和力、外向的个人性格特征

7.2.2 工作说明书的内容安排

工作说明书的内容安排，是指由工作分析专家根据预先确定的工作分析的具体目标或者职位类别，有选择性地安排工作描述中的内容。具体安排如表 7-29 和表 7-30 所示。

表 7-29　根据工作分析的使用目的来安排工作描述内容

分类	内容项目	项目内涵	使用目的
核心内容	工作标志	工作名称、所在部门、直接上级职位、职位编号、薪资范围等	无论使用目的的如何，都应包含在工作描述中
	工作概要	关于该职位的主要目标与工作内容的简短陈述	
	工作职责	该职位必须获得的工作成果和必须担负的责任	
	工作关系	该职位在组织中的位置	
选择性内容	工作权限	该职位在人事、财务和业务上做出决策的范围和层级	组织优化、职位评价
	工作程序	对各项工作职责的完成方式的详细分解与描述	绩效考核、培训与开发
	工作范围	该职位能够直接控制的资源的数量和质量	管理人员的职位评价、培训与开发
	职责量化程度	职责的评价性和描述性量化信息	职位评价、绩效考核
	工作条件	工作的环境描述	职位评价
	工作负荷	工作对任职者造成的工作压力描述	职位评价

表 7-30　根据职位类型来安排工作描述内容

内容项目	管理类职位	专业/技术类职位	操作类职位
工作标志	√	√	√
工作概要	√	√	√
工作职责	√	√	√
工作关系	√	√	√
工作权限	√	√	—

内容项目	管理类职位	专业/技术类职位	操作类职位
工作程序	√	—	√
工作范围	√	—	—
职责量化程度	—	—	√
工作条件	—	√	√
工作负荷	√	—	—

在表 7-30 中，"√"表示撰写此类职位的工作说明书时必须包含的工作描述内容，"—"表示这一内容项目不是必须要包含在此职位工作说明书中的项目。

思 考 题

1. 什么是工作说明书？它应该包括哪些要素？

2. 工作说明书编写中应注意哪些问题？

3. 以下是某公司招聘专员的工作说明书，请对它进行详细评价。并结合本章内容，补充完善这一工作说明书。

招聘专员的工作说明书

· 岗位名称：招聘专员

· 所属部门：人力资源部

· 岗位职责：

负责招聘计划的制订与实施；

负责招聘渠道的选择与维护；

负责应聘人员的联络与接待工作；

负责招聘员工的绩效考核工作。

· 任职资格：身体健康，大学本科学历，人力资源管理相关专业。

4. 考察大学生这样一个"职位"。对这一职位来进行工作分析。这一职位需要完成的工作任务是什么？要想完成这些工作任务，任职者必须具备什么样的知识、技能和能力？什么样的环境发展趋势或者震荡因素（例如计算机）可能改变这一职位，而这种改变又会导致职位对于任职者的技能要求产生什么样的变化？

5. 中国人民大学彭剑锋教授主编《现代企业职位分析——理念、技术与案例》引言中，对中国企业在工作分析实践活动中所面临的问题进行了系统总结，概括如下：

· 工作分析缺乏战略导向：国内较多企业往往先进行工作分析，再调整战略、组织与流程。这样做的后果是，企业在耗费大量资源完成了工作分析之后，却发现随着战略调整、组织重构与流程再造，出现了大规模的职位变迁，煞费苦心形成的工作说明书成了无用文档。

· 工作分析不能适应组织的变革：国内较多企业看重工作说明书的严密性与稳定性，忽视工作说明书的动态管理，从而难以满足持续性的组织优化的内在需要，造成组织与工作分析的脱节。

· 工作分析缺乏对流程的衔接与磨合：国内较多企业一定程度上缺乏对流程的系统分析，没有把握流程中职位之间的相互关系，片面强调对职位内在要素的详尽描述，从而将完整的流程分割得支离破碎，削弱了流程的速度与效率。

· 忽视工作分析过程本身的价值与贡献：国内较多企业单纯用工作说明书本身的形式质量来评价整个工作分析项目的意义与价值，结果往往是期望过高、失望过多。

· 忽视对工作分析过程的管理与控制：国内较多企业由于缺乏过程控制的意识与经营，从而造成企业员工对整个工作分析项目的认识和参与不足，导致信息失真、分析肤浅，工作分析活动流于形式。

· 忽视对工作职责之间的内在逻辑关系的系统把握：国内较多企业在进行工作分析时，一方面由于任职者本身的参与不够，另一方面由于工作分析人员缺乏专业、系统的训练，往往难以形成对职责逻辑的把握，仅仅是简单罗列工作职责。

· 忽视对职责与业绩标准、任职资格之间关系的把握：国内较多企业往往割裂了它们的内在联系，仅依据感觉与经验来建立业绩标准与任职资格，使得工作说明书本身的系统性、准确性和可信度受到影响，进而使工作说明书在招聘、培训、考核等人力资源管理中的运用受到限制。

· 工作分析框架与技术缺乏假设系统：国内的管理学者和企业管理实践者在对国外工作分析方法加以引进、消化、改进和创新，以及开发本土化的工作分析技术时，往往忽视了隐藏在技术背后的假设系统，形成对技术的孤立、片面的理解，使工作分析技术在中国情境下的运用效果大打折扣。

· 工作分析的操作缺乏明确的目标导向，成果缺乏显著的应用：国内较多企业往往将工作分析视为包治百病的良方，不顾企业病症而胡乱服用，导致工作分析方法失当，信息收集分散，工作说明书缺乏目标针对性。

· 缺乏成熟的职位信息收集与处理技术：国内较多企业所采用的工作分析技术中，职位信息的收集与处理技术还停留在较为初级的阶段。一方面缺乏定量化技术和方法；另一方面，传统的、定性的信息收集与处理方法缺乏系统性的总结，工作分析专家在实践中所获得的经验性认识还仅仅停留于自身脑海中，尚未能将这些隐性知识进行系统总结，这就导致了工作分析效果很大程度上还取决于工作分析人员个人能力及其对工作的感性认识，这是目前国内企业中的工作说明书形式五花八门，质量参差不齐的重要原因。

请思考：

(1) 根据以上资料，结合近年来社会、技术、文化等变化状况，进一步探讨当前中国企业工作分析的重点问题。

(2) 谈谈企业应采取什么措施(或依据什么指导思想)以更好地解决以上问题。

§ 案例分析 §

万家公司的工作分析

1. 背景

万家公司是一家大型的家用电器集团公司。由于近年来公司发展过于迅速，人员也飞速增长，因此许多问题也逐渐暴露出来。表现比较突出的问题就是岗位职责不清，有的事情没有人管，有的事情大家都在管，但又发生推诿扯皮的现象。现在公司中使用的岗位职责说明已经是几年前的版本了，可实际情况却已经发生了很大变化，根本就无法起到指导工作的作用。由于没有清晰的岗位职责，因此各个岗位上的用人标准也比较模糊。这样人员的招聘选拔、提升方法就全凭领导的主观意见了；公司的薪酬激励体系也无法与岗位的价值相对等。员工在这些方面意见很大，士气也有所下降。最近，公司进行了一系列重组工作，年轻有为的新的高层团队也开始发挥作用，他们看到公司目前面对的问题，决定请专业的咨询顾问进行一次系统的人力资源管理诊断和设计工作。由于工作分析是各项人力资源管理工作的基础，因此专家建议首先从工作分析入手。

2. 工作分析目标

通过工作分析，使万家公司各个职位的职责、权限、主要的工作绩效指标和任职者基本要求等内容得到明确清晰的界定，为各项人力资源管理工作打下基础。在此过程中，理顺和调整一些不合理的岗位职责设置，并将新增加的岗位信息及时补充进去。

3. 工作分析的准备工作

（1）成立工作分析项目实施小组。

本次项目由外部咨询顾问组成专家组，并且和万家公司有关人员共同组成工作分析实施小组。万家公司参与到这个实施小组中的成员有人力资源部人员和公司主管领导。

（2）准备相关的资料。

（3）设计有关研究工具。

经工作分析实施小组成员讨论，确定本次工作分析所使用的方法有：工作日志法、调查问卷法、访谈、现场观察法。小组需要事先设计好相关的表格、问卷和访谈提纲。

（4）制定工作分析的实施程序。

本次工作分析主要分为 3 个阶段进行，即准备阶段、实施阶段和结果整合阶段。

（资料来源：MBA 智库文档，官方地址：http://doc.mbalib.com/view/4dcfd4937561f248a7b863a4062d8f79.html）

请讨论：

（1）根据资料，万家公司工作分析项目实施小组成员有外部专家顾问、人力资源部人员和公司主管领导，请对他们的工作进行详细说明。

（2）在工作分析准备工作中，需要准备的相关资料有哪些？

（3）请从工作日志法、调查问卷法、访谈法这 3 种方法中，任选一种或几种，对公关宣传部经理的职位进行调查与分析，并形成工作说明书的初稿。

第 8 章 工作设计

案例导入

TP 人寿保险有限公司成都分公司于 2002 年 7 月完成工作分析之后，工作分析的结果——工作说明书已成为了公司的规范性文件。但经过一段时间之后，发现工作说明书中对于岗位职责的界定不清晰，高效率、满负荷工作让员工劳动强度增大，员工感到工作压力很大，疲劳程度加剧。公司决定由工作分析小组对各岗位工作进行再分析，以期形成一种尽可能让上级、员工及服务对象都认可的工作说明。

工作分析小组与当前岗位员工怨言较多，且上级及服务对象不满意程度较高的岗位工作人员进行访谈。下面是一些访谈记录：

（1）团体业务部综合内勤岗位员工。

基本情况：女，28 岁，本科，办事员，公司成立时加入公司。在访谈中提到：我要负责整个团体业务部的业务人员的人事相关工作、财务费用预算报销工作、业务量统计、佣金计算，对于有需要的业务人员还要陪同拜访客户。每天从上班到下班一直很忙，经常不能正常下班。有一次，一位业务员对我说：你把这张保单给一位住在花园小区的客户送去。我当时非常忙，没有答应他的要求。他非常不高兴，说：还说什么我们业务人员是内勤人员的服务中心呢，根本是假的。这种要求送保单之类的事，团险部的其他内勤员工也遇到过。说实话，像这种例子真的很多，我也真的想满足所有的团险业务人员的要求，可是真的忙不过来。

（2）培训部训练师。

基本情况：男，35 岁，硕士，高级办事员，公司成立时加入公司。在访谈中提到：我负责顾问式行销工作。有一次，一名个人保险部高级经理在星期六早晨打电话给我，让我下午与他们一起为一位客户的公司员工讲两小时的电话。下午，我如约到达，尽力讲好了两小时的课。但由于事前如电脑、投影仪等准备不充分，我认为这次为客户提供的服务做得不够好，并就此事与高级经理进行沟通，可是他却认为这次服务做得不错，一点小遗憾也是由于我这位专职顾问行销训练师还不够专业所致。提起这件事，我都觉得委屈，我牺牲休息时间为个人业务人员提供服务,他们不把准备工作做好,还认为我不够专业。

在前期进行工作分析时,考虑较多的是岗位工作本身以及上级主管对该岗位工作的认定,没有太多考虑该岗位的服务对象会对该工作岗位有些什么期望,而正是由于在公司大力倡导服务的前提之下,各岗位工作人员的实际工作与其服务对象的要求产生了冲突,才导致了上述的现象。为此,工作分析小组成员采用工作再设计的方法,对这些岗位原工作分析结果进行修正,使这些工作岗位的职责界定更加清晰,工作冲突趋于减少。

（资料来源：黄梅. TP 人寿保险有限公司成都分公司工作分析研究. 四川大学学位论文，2003.）

导入案例中的 TP 人寿保险有限公司成都分公司通过开展工作设计,以期改进先前的工作分析活动,完善工作说明书。通过访谈,工作分析人员发现一些岗位当前工作职责与其服务对象的要求存在着明显冲突。结合这一调查结果,公司通过对存在问题的工作进行再设计,使得这些工作的职责更加清晰,减少了任职者与客户的冲突。

当组织和工作随着战略、功能与技术的变化,工作设计不仅可以提供现有工作的内容和方式的相关信息,还可以从这些信息中分析出目前的工作内容是否合理,员工对自己的工作是否满意,以便组织决定是否重新设计组织结构,重新界定工作,改进工作方法。工作设计可以使职责分明,有利于增加工作的有趣性,可以提高员工的工作满意度,提高工作绩效。本章首先描述工作设计的内涵,接着介绍工作设计思想演变及发展趋势。进一步地介绍工作设计的基本程序和常用方法,提出工作设计的柔性化思路。然后,介绍工作调查中的员工满意度调查和工作丰富化调查。最后,详细介绍了 9 种常用的工作再设计方法。

8.1　工作设计概述

8.1.1　工作设计的含义

到目前为止,我们一直都是在以一种消极的方式研究如何对职位进行管理的问题,因为我们强调的还仅仅是了解这个职位需要做什么、如何做,以及做这些事情需要具备怎样的技能。尽管了解这些信息都是非常必要的,但它毕竟是一种静态的职位观,即它假定职位必须是已经存在的,并且这些职位已按照一种最好的方式搭建了起来。

然而,一位管理者常常会遇到这样一种情况:工作单位本身还不存在,要求管理人员从头开始对这一工作单位中的所有职位进行设计。

有时候还会出现这样一些情况:某个已经存在的组织中的工作负担增加了,或者是尽管工作负担没有变化,但是工作群体中的人员却减少了,或者是一个组织的工作完成方式并不是最有效的。在这些情况下,管理人员可能决定改变完成工作的方式,而这就要求对现有的职位进行重新设计。

工作设计以及由此而来的定岗(具体从事的什么工作)、定编(在哪个部门或项目组)、定职(职权)、定责(职责和责任)、定薪(薪水)是人力资源管理的基础性工作。工作设计的好坏对于能否有效地实现企业目标,合理处理人与事的关系,激励员工的工作干劲有很大的关系。

1. 定义

广义上的工作设计分为两类：一类是对企业中新设置的工作或者是建立新企业的需要所进行的工作设计；第二类是对已经存在但缺乏激励效应的工作进行重新设计，称作工作再设计。

工作设计(Job Design)是指界定工作完成方式以及某一特定职位要求任职者完成的工作任务的过程；工作再设计(Job Redesign)则是指在一个现有的职位上改变所要完成的工作任务或者是改变工作完成方式的过程。

2. 实质

工作设计的实质，是解决工作怎么做和怎样使工作者在工作中得到满足的问题。

工作设计是通过满足员工与工作有关的需求来提高工作绩效的一种管理方法，因此，工作设计是否得当，对激发员工的工作动机，增强员工工作满意度以及提高生产率都有重大影响。

工作分析强调以职位为中心，而不是以人为中心。但是工作设计不同，强调既要考虑工作绩效，又要考虑人的反应，所以在对工作进行设计，尤其是再设计的时候，应充分考虑工作者的意见。

3. 考虑角度

工作设计是管理者的一项重要任务。在具体的工作设计过程中，需要遵循综合原则，分析各种影响因素。一般来说，工作设计是基于4种基本考虑的组合：

1) 管理学角度

从管理学角度看，工作设计要考虑设立工作要完成的组织目标的需要、劳动分工与协作的需要以及不断提高生产效率和增加产出的需要。

2) 心理学角度

从心理学角度看，工作设计要考虑工作者的个人特征、工作环境中的社会心理因素、整个组织的气氛和管理方式这3种因素。

3) 工效学角度

从工效学角度看，工作设计必须重视能力与知识原则、时间与功能原则、职责与权利原则、设备与地点原则。

4) 技术学角度

从技术学角度看，工作设计也应重视工艺流程、技术要求、生产和设备等条件对工作设计的影响。

4. 关于工作设计的两种典型观点

关于工作设计有两种典型的观点：一种观点认为工作设计无所不能，从普通的技术人员不能提供适当的技术支持到客户经理听到客户抱怨反应迟钝，以及员工工作满意度不高或工作压力大等问题，都源于工作设计不合理；另一种观点认为工作设计这项任务形同虚设，"如果通过工作设计就可以解决所有绩效问题了，那还要我们管理者做什么?"这是一句典型的对工作分析有误解的管理人员的话。

实际上，工作分析作为管理者职责系统的一个子系统的确作用有限，如果不考虑组织的战略方向，不争取管理者支持，不考虑员工现有能力和需求以及工作任务的要求，那么即使是精心策划的工作设计,也难以发挥任何效果。

8.1.2 工作设计的内容

工作设计的内容涵盖面很广,既包括对工作内容的设计,又包括对工作结果的设计。具体而言,工作设计的内容有以下 5 项:

1. 工作内容

工作内容指确定工作的一般性质问题,包括工作种类、工作自主性、工作复杂性、工作难度和工作整体性。如确定该工作的工作种类是属于管理类,还是属于技术类,又或者是协助支持类。

在分析工作内容时,工作设计人员可以自我询问以下问题,并找出问题的答案:

(1) 工作过程中有没有不合理、不经济的行为与环节?

(2) 工作过程中有没有不合理、不经济的分工与协作?

(3) 工作过程中人、事、物三者之间有没有不合理、不经济与不均匀的现象?

(4) 工作过程中的人是否充分发挥了主动性与创造性?在哪些环节上没有发挥?

2. 工作职责

工作职责指每项工作的基本要求和方法,包括工作责任、工作权限、工作方法和信息沟通方式。

3. 工作关系

工作关系指工作中所发生的人与人之间的关系,包括上下级之间的关系、同事之间关系、个体与群体之间的关系等。

4. 工作结果

工作结果指工作的成绩与效果的高低,它包括工作绩效和工作者的反应。前者以工作任务完成所达到的数量、质量和效率等具体指标来衡量,后者以工作者对工作的满意程度、出勤率和离职率等指标来衡量。

5. 工作结果的反馈

工作结果的反馈指任职者从工作本身所获得的直接反馈,以及从上级、下级或同事那里获得的对工作结果的间接反馈。

8.1.3 工作设计的基本目的

1. 改变员工和工作之间的关系

传统的管理理论,往往把重点放在工作的人身上,而把工作仅仅看作是一个不可改变的固定物。工作设计打破了这样一种观念,它假设工作本身对员工的激励、满意度和生产率都有强烈的影响。从某种意义而言,工作设计的假设基础是工作是可以改变的。

2. 改变员工的工作态度

一个好的工作,会改变员工的工作态度,让员工喜欢他从事的工作,并全身心投入。

3. 使员工明确工作内容

工作内容是任何工作设计都首先必须回答的问题。为实现职位目标,任职者需要做什么，如何做等信息都应有所交代，工作内容交代得越具体，就越便于员工操作和执行。

4. 提高员工工作绩效

好的工作设计，可以减少工作的单调重复性给员工带来的负面效应，还有利于建立整体性的工作系统；同时，它还可以充分发挥任职者的主动性和创造性，为他们提供更多的机会和条件。

8.1.4　工作设计应考虑的因素

工作设计人员在设计工作的过程中，需要考虑组织、个人和环境多方面因素。下面对这 3 方面因素进行详细介绍。

1. 组织因素

工作设计的一个重要目标是有效达到组织目标，因此它首先考虑的是组织的因素。组织因素包括专业化、工作流程及工作习惯 3 个子因素。

1）专业化

在工作设计过程中，为保证任务的顺利执行，应根据专业化的原则来设计工作。所谓专业化，就是按照所需工作时间最短、所需努力最少的原则来分解工作。

2）工作流程

工作流程主要是考虑在相互协作的工作团体中，需要思考每个岗位负荷的均衡性问题，以保证不出现"瓶颈"现象，不出现工作环节等待、停留的问题，确保工作流程的连续性。

3）工作习惯

工作习惯是组织在长期工作实践中形成的传统工作方式，它反映工作群体的愿望。这种工作方式一旦形成，很难改变，而这也是企业文化的一个有机构成。

在对工作习惯因素的考量中，工作设计人员还有必要发掘组织内部存在的工作设计重点。比如：薄弱的岗位、流程和部门，占用人力、物力多和成本高的岗位、流程和部门，工作路线长、周期长、运作方式复杂的岗位、流程和部门，质量不稳定或低劣的岗位、流程和部门，体力消耗大、精神高度紧张的岗位、流程和部门，易出事故、危害性大的岗位、流程和部门，新增加、新投入运转的岗位、流程和部门，其他有特殊要求的岗位、流程和部门等。

2. 个人因素

工作设计不仅要考虑组织因素，还应当考虑个人因素。个人因素包括工作一体化、工作意义、工作多样性、工作自主性及工作反馈 5 项子因素。

1）工作一体化

如果员工不能参与完整的工作，他们几乎毫无责任感及缺少对成果的骄傲，在完成本职工作后无任何成就感。如果工作任务组成能够使员工感到自己做出了可以看得到的贡献，工作满意感将大大增加。

2）工作意义

如果工作本身缺乏意义就不可能使任职者对工作产生满意感。工作意义就是使任职者知道该项工作对于组织中或外部的其他人是重要的，让任职者感到工作的重要意义。当他们知道其他人正依赖自己的工作时，就会增强自身工作的自豪感和成就感。

3）工作多样性

工作时需要任职者使用不同的技巧和能力。如果工作缺乏多样性，就会导致任职者产生疲劳厌烦的现象，可能导致更多的工作失误。

4）工作自主性

工作自主性强调给予员工决策的权力，提供附加责任。这样做可以增强员工自尊以及受重视的感觉。换句话说，工作缺乏自主权会引起员工对工作的冷淡及低绩效后果。

5）工作反馈

当工作不能给任职者其工作做得如何的反馈，那么就几乎没有引导和激励。比如，让员工知道自己的产量与日定额相比如何，这就给了工作人员一个有效的反馈，员工可根据这一反馈调整自己的工作努力程度。

3. 环境因素

环境因素是指组织运行的外在条件，它主要包括人力供求状况和社会期望 2 个子因素。

1）人力供求状况

人力供求状况指在工作设计时要考虑到能否找到足够数量的合格人员。比如：福特汽车公司创始人亨利·福特，考虑到当时大多数潜在劳动力缺乏汽车生产经验，因而把工作设计得比较简单，并由此提出了流水线生产方式。

发展中国家往往在引进生产设备时，缺乏对人力资源供求情况的充分考虑，因此在花钱购买技术时，没有考虑在某些关键工作上国内缺乏合格人才，事后不得不从国外高薪聘请相应专家执行工作，如此便使成本大幅度上升。

2）社会期望

社会期望指社会生活中的人们希望通过工作满足什么主导需求。

在经济不发达的地区，人们主要追求的是满足基本物质需要，他们可以接受较繁重的、枯燥的工作。随着经济发展和文化教育水平的提高，人们的需求层次也得到提升，他们对工作生活质量也有了较高的期望，如果单纯从经济上简单激励，就会引起劳动者的不满。

值得注意的是，组织因素、个体因素和环境因素之间并不总是统一的，往往有矛盾。比如，个体因素要求工作设计增加决策自主权、工作多样性、工作完整性，从而提高员工的工作满意度，但这些做法经常会导致组织效率降低、人工成本上升。出于效率的考虑要求提高专业化程度、指挥统一性、分工的细化，但过分对效率的追求，又可能引起员工不满而导致怠工、离职现象的发生。因此，在实际工作设计中，必须权衡好这 3 个方面的因素，才能确保工作设计活动的有效性。

8.1.5　工作设计的要求

在设计工作的过程中，工作设计人员应满足以下 4 点要求：

（1）全部工作的集合通过工作设计应能顺利地完成组织的总任务，即组织运行所需的每一项任务都应该落实到工作细则中去。

（2）全部工作所构成的责任体系应能保证组织总目标的实现，即组织运行所要达到的每一工作结果、组织内每一项资产的安全及有效运行都必须明确由哪个工作岗位负责，不能出现责任空当的情况。

（3）工作分工应有助于发挥人的能力，提高组织效率，即工作设计要全面权衡经济原则和社会原则，找到一个最佳的结合点，并保证每个人有效地工作和发挥积极性。如果工作负荷过低，会导致人、财、物的浪费；如果超负荷工作，又会影响员工的工作情绪，并给机器设备造成不必要的损害。

（4）工作设计应考虑现实的可能性，每个工作规定的任务、责任可以由当时资源条件决定，不能脱离资源约束来单独考虑组织的需要。

8.1.6　工作分析与工作设计的关系

工作分析与工作设计之间有着密切的关系，它们互为前提。从理论上来讲，工作分析作为研究提取有关工作方面的信息，是建立在工作设计的基础上。但是，由于组织和工作随着功能、技术与活动的变化以及适应员工职业发展的拓宽和深化，往往需要对工作进行再设计。这样，工作分析又成为工作设计的前提。

工作分析是对现有职位的客观描述，工作分析的目的是明确所要完成的任务以及完成这些任务所需要的人的特点。而工作设计是对现有职位说明的认定、修改或对新设计职位的完整描述，它需要利用工作分析的信息。工作设计的目的是明确工作的内容和方法，明确组织所要求的工作内容和方法，与员工个人所要求的工作内容和方法之间的关系。因此，工作设计需要说明工作应该如何做才能最大限度地提高组织的效率，满足员工个人成长和增加个人福利的要求。

工作设计的前提是对工作要求、人员要求和个人能力的了解。工作设计的中心任务是要为企业人力资源管理提供依据，保证事得其人，人尽其才，人事相宜。工作分析的结果——工作说明书是以良好的工作设计为基础，这样才能发挥其应有的作用，实现上述目标。

8.2　工作设计的思想演变及发展

8.2.1　纯理性的工作设计思想阶段

纯理性的工作设计思想的基础是"职能专业化"，即把工作者分到范围窄小的工作上。

早在 1776 年，英国经济学家亚当·靳密在他的《国富论》中就曾对专业化有详细的论述和评价："生产质量稳定，生产速度快，在专业狭窄的领域内工人的技术水平较高。此外，专业化还有经济上的优点。简单的部分可由具有简单技术的低薪工人来生产，而复杂的部分可由具有高级技术的高薪工人来生产。这样高薪工人决不去完成其价值低于劳动力成本的工作。另外，学习一项新工作的时间将减少。因此，一个新工人只需学习一种（最多几种不同）工作项目。"

尽管职能专业化的基本概念在 18 世纪末期便已建立起来，但是直到 19 世纪末、20 世纪初，系统的工作设计方法才由泰勒发展起来，并广泛应用于 20 世纪 40 年代。这一方法称为工业工程方法。工业工程方法主张的是工作专业化和简化的工作设计思想。在 20 世纪上半叶，当时大规模的生产方式下，工业工程方法对提高生产效率确实起了重要作用，并受到了欢迎。但也有大量研究表明，工业工程法带来了许多负面后果。比如，工作专业化和简化使工作变得重复单调，造成员工厌恶工作，工作满意度下降。高度分工割断了工作任务之间的联系，破坏了工作的完整性，使员工对自己所承担的工作与企业生产过程整体之间的联系，乃至工作意义缺乏了解，从而导致工作主动性和积极性不高。

8.2.2 人性化的工作设计思想阶段

在人性化的工作设计思想阶段，出现了许多丰富的充分考虑人本观念的理论，如人际关系理论、双因素理论、工作特征理论，以下对这 3 个主要理论进行介绍：

1. 人际关系理论

当科学管理在实践中被运用到极端之后，人际关系运动在很大程度上是作为对这一运动的反拨而出现的。人际关系运动强调的不是组织的生产需要，而是从雇员个人的视角来看待职位。

人际关系理论是由哈佛大学教授梅奥提出的，他在霍桑实验的研究结果基础上，于 1933 年撰写了《工业文明中人的问题》著作，提出了人际关系学说。

如果将"关注人"和"关注工作效率"作为工作设计的两个因素的话，可以说，以梅奥为代表的人际关系学派则是一个重要的分界线。在 20 世纪四五十年代，人际关系理论对管理理论和实践产生了深远影响。自此，管理方式从重物转向重人。"参与管理"便是工作设计思想向人本化方向迈出的重大步骤，它标志着工作设计思想的一次根本性变革。

2. 双因素理论

行为科学理论家弗雷德里克·赫茨伯格与他的同事（Herzberg F, Mausner B, Snyderman B）于 1959 年提出了著名的双因素理论，也称为激励—保健理论。将"参与管理"的思想进　步理论化、具体化。这一理论认为，有两大因素影响着员工工作激励程度，分别是保健因素和管理因素。保健因素包括：薪金水平、公司政策、工作环境、与他人的关系等；激励因素包括：晋升机会、个体成长机会、认可、责任和成就。

赫茨伯格认为，每一位员工都有心理成长的需求，心理成长取决于成就，而成就取决于工作。因此，要想激励员工以提高劳动生产率，必须重新设计工作。对此，他提出了工作丰富化的思想。

所谓工作丰富化，是指通过增加工作深度，使员工对工作拥有更多的自主权、独立性和责任感，从而让员工感到成就、赞赏、责任和进步。这种以人为本的工作设计思想对调动员工的积极性和主动性起了很大的促进作用。因此，在 20 世纪六七十年代，被发达国家的企业广泛实践。以下提供 3 个例子，说明实施工作丰富化的效果：

例 1：沃尔沃汽车公司在瑞典工厂的高度自动化流水线生产方式，导致工人对工作厌倦，缺勤和流动率提高。而按照瑞典的惯例，对缺勤工人也要照付工资，这使工厂支出浩大。

为了解决这一问题，该厂把传统的汽车装配线组织改为 16 人至 27 人的装配小组，各小组分别负责一种零配件的完成，所有物资供应、产量、质量均由该小组负责。重新设计之后，工人缺勤和流动率降低，产量提高，不合格零配件减少。

例 2：美国德克萨斯仪器公司让装配女工自己安排和组织她们的工作后，每单位产品工时由 138 个小时减少为 86 个小时，后来，公司又接受了她们要求取消监督人员的建议，装配时间进一步减少为 36 个小时。

例 3：美国通用食品公司的托比卡工厂根据工作丰富化的要求建立了基层小组。小组可以布置工作、规定工间休息，甚至决定成员的工资调整。这样一来，工人满意度和绩效大大提升。

3. 工作特征理论

为进一步使工作丰富化理论更加具体化、更加有利于实践，哈克曼和奥德海姆（Hackman 和 Oldham，1976）提出了工作特征理论（Job Characteristics Model，JCM）。这些工作特征是：

（1）技能多样性（Skill Variey）：即完成一项职位的工作时个人所使用的一系列技能和禀赋的程度。

（2）任务的同一性（Task Identity）：即从事一项职位的工作时，从头到尾地完成任务并能够看到显著成果的程度。

（3）任务的重要性（Task Significance）：即一项职位对其他人或工作的实质性影响程度，这种影响可以是内部的，也可以是外部的。

（4）自主性（Autonomy）：即一项职位所能给任职者在确定工作程序和计划方面的自由、独立程度。

（5）反馈（Feedback）：即完成工作任务的人获得他或她工作成绩的信息的程度。

工作特征理论的主要观点是：通过重新设计工作，增加工作的多样性、完整性、重要性、自主性和反馈性，可以使员工的心理状态得到改善。员工能够体验到所从事的工作很有意义、对工作更加负责任、更能及时知道努力工作的结果，在这种心理状态下，员工的内在工作动机被高度激发出来，表现出更优秀的工作绩效，对工作更加的满意，从而保持较低的缺勤率和离职率。

在工作设计过程中，应用工作特征理论模型有 3 个前提条件：

（1）员工具有足够的知识和技能。

（2）员工具有强烈的成长欲望。

（3）员工对企业内部环境满意。

只有满足这 3 个条件，员工才会体验到上述心理状态，工作设计才会产生激励效应。

8.2.3　整合优化的工作设计思想阶段

经历了人性化的工作设计思想阶段之后，当前工作设计思想进入了整合优化的阶段。这一阶段的工作设计思想主要表现在：

（1）在设计厂房、工艺和安装设备时，要考虑到把技术系统和社会系统、工作任务与人的需求结合起来，把技术系统设计得有利于人的身心健康，以及有利于发挥人的创造性。

（2）设计或重新设计工作内容时，按工作特征理论来构造个人及群体的任务，使工作本身起到激发员工主动性和积极性的作用。

（3）选择工作组织，使之既有利于提高工作的效率，又有利于满足人的心理需求。

整合优化的设计思想是现代企业一种较系统的、理想的工作设计思想。在 20 世纪 80 年代以后，这种思想一直被工业发达国家广泛接受和推广。

8.3 工作设计的目标、程序与方法

8.3.1 工作设计的目标

工作设计的总体目标是对工作进行分配以满足组织和技术的需要，并满足工作承担者个人的特定需要。

工作设计成功的关键是求得组织和工作承担者之间的平衡。一般来说，对工作进行设计，涉及对工作者、工作任务、工作场所、工作时间和期限、工作目的和工作程序与方法做出决策。

8.3.2 工作设计的基本程序

工作设计的基本程序包含 3 个步骤，分别是工作任务的说明、工作设计方法的确定，以及对工作设计结果的应用与反馈。

1. 工作任务的说明

为了有效地进行工作设计，我们必须了解工作的当前状态以及它在范围更广的工作单位内部的整个工作流程中的位置。对工作当前状态的了解，可以通过工作分析来实现，对于目标工作在整个工作流程中的位置，可以通过工作流程分析来把握。

这一程序要收集的信息有：目标工作必须完成什么不同的任务？完成这些任务的流程是什么？它涉及人生理和心理的哪些方面？等。

2. 工作设计方法的确定

在了解工作特性之后，就要确定使用何种工作设计方法。只要获得了工作单位以及工作本身所需要完成的任务这方面的详细知识，管理者就可以选择多种方式来对工作进行设计。关于工作设计的方法将在 8.3.3 节进行详细阐述。

3. 应用与反馈阶段

根据所确定的工作设计方法设计出来的工作内容，再放回到组织中进行实验。收集实验结果，并将其反馈到设计委员会，由委员会成员进行更正、修补，形成工作设计报告，再提交给组织高层领导者，由高层领导者宣布并进行推广。

8.3.3 工作设计的方法

在工作设计过程中，有 4 种基本的方法可为设计人员采用。分别是：机械型工作设计方法、激励型工作设计方法、生物型工作设计方法和知觉型工作设计方法。这 4 种方法各有利弊，管理者在工作设计时需要权衡各种方法的利弊，合理选择和灵活使用恰当的工作设计方法。

1. 机械型工作设计方法

1）强调的重点

机械型工作设计方法强调的是，找到一种能够使效率最大化，同时又是最简单的方式来对工作进行组合和构建。

机械型工作设计方法围绕工作任务的专门化、技能的简单化以及重复性这样一些概念来对工作进行设计。

2) 关键的要求

它要求将工作设计得越简单越好，从而使得工作本身不再具有任务显著的意义。如果按照这种方法来进行工作设计，组织就能够减少它所需要的能力水平较高的员工数量，从而减少组织对单个员工的依赖。

3) 评价

机械型工作设计方法不仅可以提高生产率，还可以减少组织对能力水平较高的员工的需求，不再依赖单个的员工。从事机械型工作的个人，在组织中是很容易被替代的。也就是说，组织可以通过对新员工进行快速的、费用很低的培训来使他们胜任工作。如汽车装配线上的工人。

机械型工作设计方法的缺陷主要是忽略了人的存在，它把人作为机器的附属品。虽然如此，但这一方法的应用无疑提高了生产效率，尤其在工业时代，创造了一定的生产效益。

4) 小结

机械型工作设计方法，是扎根于古典工业工程学之中的，该学科推崇科学管理的思想。根据科学管理思想，通过在工作设计的过程中采用科学的方法，就能够实现生产率的最大化。

科学管理首先寻求的就是找到完成工作的"一种最优方法"，而这就需要进行时间和动作研究来找到劳动者在工作时可以采用的最有效运动方式。一旦找到了完成工作的最有效方式，雇主就应当根据求职者在完成工作方面的能力来对他们进行甄选，同时按照完成工作的"最优方式"来对员工进行培训。

2. 激励型工作设计方法

1) 强调的重点

激励型工作设计方法强调的是会对工作承担者的心理价值以及激励潜力产生影响的那些工作特征。如任务重要性、任务同一性、技能多样性、自主性、反馈等。

激励型工作设计方法把一些态度变量和行为变量视为工作设计的重要结果。态度变量有满意度、内在激励、工作投入、组织承诺等，行为变量有出勤率、离职率、业绩等。

2) 关键的要求

激励型工作设计方法要求减少工作的单调重复性，围绕工作扩大化、工作丰富化以及自我管理团队等方式进行工作设计。

工作扩大化即拓宽需要任职者完成的工作任务的类型，工作丰富化即通过使职位获得更多的决策权来对任职者进行授权。以下提供一个工作扩大化的例子：服装厂工人的工作不仅像原来那样只做给服装订上商标的工作，而是要负责检查服装的尺码是否准确，接缝处的针脚是否匀称，然后再为服装订上纽扣和商标。

3) 理论支持及作用机理

赫兹伯格的双因素理论指出，与像薪资这样的一些外部工作特征相比，一个人在更大程度上是受到像工作有意义等这样一些工作的内部特征激励着的。对员工进行激励的关键，并不在于金钱刺激，而是通过工作再设计来使他们所从事的工作变得更有意义。

关于工作设计会如何影响员工所做出的反应，一个比较完整的模型是"工作特征模型"。根据这一模型的内容，当关键的心理状态非常强时，个人就会受到较高水平的内在工作激励。而这种内在的工作激励又会带来更多的工作数量和更高的工作质量，同时也会带来较高的工作满意度。

4）小结

激励型工作设计方法在组织心理学和管理学文献中能找到其深厚的基础，可以说，它是作为对机械型工作设计方法所做出的一种反应而产生的。

通过激励型的工作设计方法，在任职者的心目中创造出的关键心理状态就是，工作是富有意义的，他们所从事的工作有助于实现对他们自己来说非常重要的一些目标。

因此，从某种程度上来说，让员工明白他们所从事的工作为什么是重要的，可能比为他们提供薪资更加重要。

3. 生物型工作设计方法

1）强调的重点

当前组织越来越多地关注员工的健康问题，将员工的健康纳入到工作设计的考虑之中。也就是说，在进行工作设计或再设计时，要密切关注员工的身心健康。

生物型设计方法围绕人体完成工作的方式，对工作物理环境进行结构搭建，从而将劳动者的身体紧张程度降到最低水平。

生物型工作设计方法强调对工作机器和技术的再设计。比如，通过调整计算机键盘的高度，最大限度地减少员工职业病的发生（如腕部血管综合征等）。对于许多在办公室工作的职位来说，座椅和桌子的设计符合人体工作姿势的要求也是非常重要的。

2）关键的要求

根据生物型工作设计方法强调的重点，不难看出，这一方法在对工作进行设计时，要求关注员工工作时的身体疲劳度、各种身体疼痛，以及员工关于健康的抱怨等问题。

3）评价

利用生物型工作设计方法设计工作，有利于员工身心健康，有利于调动其工作积极性。对于枯燥的重复性劳动，通过做工间操、播放背景音乐等形式，达到舒缓压力、调节情绪的目的。

简而言之，生物型工作设计方法可达到降本增效的目的。尽管该方法的初期使用成本可能较高，但这种投入可以转化为企业的盈利。经研究，发现采用生物型工作设计方法的投入—产出比率通常在1:1.4到1:4之间。

例如，3M公司设立在纽约州托拉旺市（Tonawanda）的工厂里，公司专门在新坡道和升降机的建设上投入了6万美元，以帮助老年工人把装满产品的箱子抬起来。这种板条箱的重量超过125磅（约113.25斤），过去它曾经导致工人发出无数的抱怨。现在，不仅工人的生产率提高了，把板条箱装满卡车的时间大为缩减，而且，工人要求提供工伤赔偿的请求也减少了——在此前的5年中，每年平均工伤赔偿要求达到20件。这些改变所产生的积极成果大大超出了为此付出的成本。

4. 知觉型工作设计方法

1）强调的重点

生物型工作设计法所注重的是人的身体能力和身体局限，而知觉运动型工作设计方法所注重的是人的心理能力和心理界限。它强调，在设计工作的时候，要确保工作的要求不会超过人的心理能力和心理界限。

2）关键的要求

知觉型工作设计方法通常是通过降低工作对于信息处理的要求，来改善工作的安全性以及任职者所做出的反应。

比如，航空管制人员、石油冶炼操作工以及质量控制监督员这类工作都需要进行大量的信息加工工作。针对这类人员，需要充分考虑他们在信息处理方面的最低要求，以确保员工能胜任这份工作。

具体地，工作设计者首先要看那些能力最差的工人的能力水平，再按照具有这种能力水平的人也能够完成工作的方式，来确定工作的要求。

3）评价

知觉型工作设计方法可以降低差错率，减少工作压力，使员工在一种愉悦的心态下工作。然而，这种方法也可能导致较低的员工工作满意度，从而形成较低的激励性。

4）小结

在通过知觉运动型工作设计法对工作进行设计的时候，管理人员都必须意识到信息处理的要求，确保所有这些要求不会超过有可能执行这类工作的全部员工中，能力最差者的能力之上。

知觉运动型设计法是要找到能力最弱的员工，并以此为标准，来制定任务要求。相对而言，机械型设计法是要找到能力最强的员工，并以此为标杆，来培训其他员工。

8.3.4　工作设计方法的比较

根据一系列研究和实验表明，以上 4 种工作设计方法并不总是见效的，即这 4 种方法各有利弊。表 8-1 对这些工作设计方法的优缺点进行了概括总结。

表 8-1　四种工作设计方法优缺点比较

	机械型方法	激励型方法	生物型方法	知觉型方法
优　点	培训时间少 低差错率 高利用率 精神压力小	高工作满意度 高激励性 高工作参与度 高工作绩效 低缺勤率	较少的体力付出 较少的身体疲劳 较少的健康抱怨 低医疗事故 低缺勤率 高工作满意度	低差错率 低事故率 精神压力小 培训时间少
缺　点	工作满意度低 激励性低 缺勤率高	培训时间长 利用率低 错误率高	财务成本高	工作满意度低

综合学者的相关研究，归纳得出关于工作设计方法的 4 个观点，如下所述：

（1）通常应当运用激励型工作设计方法来进行工作设计，从而使工作变得更加具有心理上的意义。

（2）激励型工作设计法和机械型工作设计法之间存在负相关关系。这表明，想要通过工作设计来实现效率的最大化，就很有可能会导致这些工作包括的激励因素减少。

（3）以提高激励潜力为目的而进行的工作再设计，往往会导致企业在能力要求、培训要求及薪酬方面承担更高的成本。

（4）管理人员在进行工作设计时，要对这些不同的工作设计方法都有充分的认识，理解它们的成本和收益，在它们之间进行适当的平衡，从而帮助组织获得竞争优势。

8.4 工作设计的新思路

8.4.1 传统工作设计及其缺陷

1. 传统工作设计的特征

传统的工作设计一般呈倒 Y 型，如图 8-1 所示：

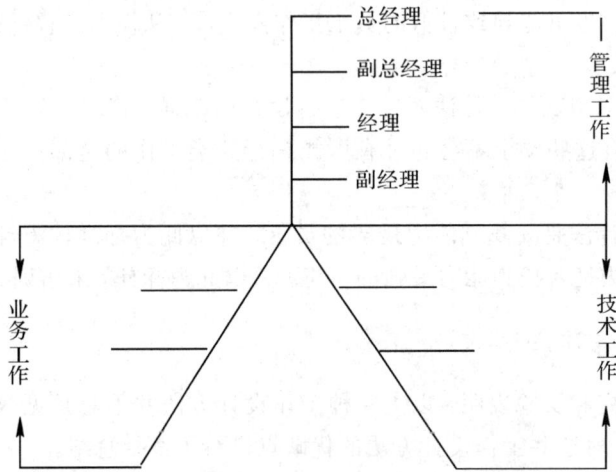

图 8-1 传统工作设计图

根据图 8-1，可发现传统的工作设计通常具有以下特征：

（1）工作主要分为管理工作和员工工作两种。

（2）管理工作非常有限，一般由正（副）部门经理工作、正（副）总经理工作等组成。

（3）管理工作发展和变化空间有限，且通常是能上不能下。

（4）员工工作相对较多，主要由业务工作和技术工作组成，业务工作和技术工作又分为不同层次。

（5）员工工作向上的发展趋势只有竞争有限的管理工作。

（6）企业内部薪酬分配制度以工作层次的划分为基础。

2. 传统工作设计的缺陷

传统工作设计的缺陷主要体现在以下两个方面：

1）管理工作的变化呈刚性

管理工作变化空间太小，其变化要么垂直向上，但管理工作非常有限；要么直线向下，沦为普通员工。

在我国企业，特别是在国有企业中，管理工作往往是能上不能下，沦为普通员工的可能性太小,所以管理工作往往表现为停留不前,缺乏活力。这种刚性特征使管理层新陈代谢不畅,同时也抑制了优秀员工进入管理层工作。

2) 员工工作的开展呈刚性

由于管理工作的刚性及有限性特征,使得普通工作人员对未来通过努力进入管理工作的期望减弱,这也大大挫伤和遏制了普通员工的工作积极性和主动性。

8.4.2 柔性工作设计及其优越性

1. 柔性工作设计的特征

柔性工作设计直观上呈 X 型,如图 8-2 所示:

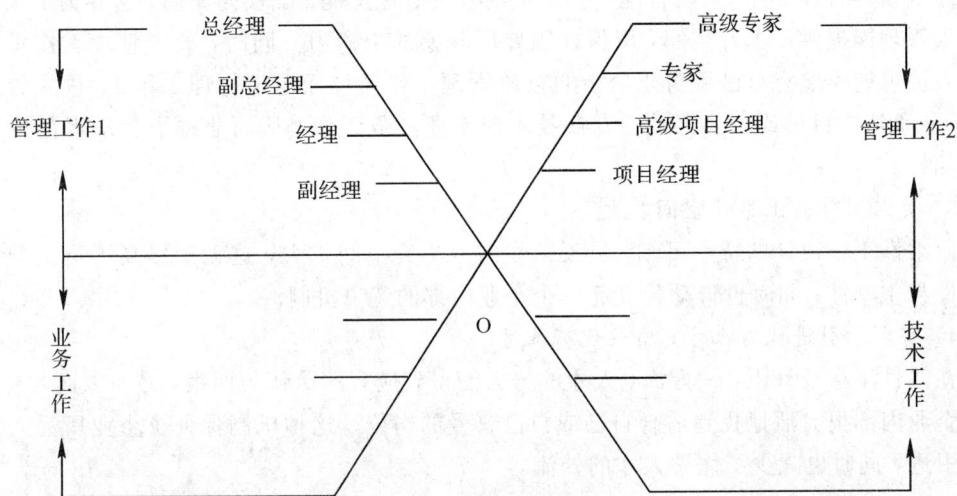

图 8-2 柔性工作设计图

柔性工作设计的特征有以下 5 点:

(1) 所有工作都由管理工作和员工工作两类组成。

(2) 管理工作由两部分组成。一部分是传统工作设计中的以部门为管理对象的管理工作(以下称为管理工作 1),亦即行政管理工作,其工作是有限的;另一部分是以项目为管理对象的管理工作(以下称为管理工作 2)。

(3) 管理工作 1 主要分为正(副)部门经理、正(副)总经理等;管理工作 2 也分为多层(比如项目经理、高级项目经理、专家、高级专家等),并与管理层次 1 的层次划分相对应。

(4) 在薪酬分配制度上,管理工作 1 与管理工作 2 坚持同层次同待遇的原则。

(5) 以"O"为枢纽点,管理工作 1 的员工可以横向流动到管理工作 2 上去,反之也可;员工工作的员工可垂直攀升到管理工作 1 上去,也可斜向攀升到管理工作 2 上去。

2. 柔性工作的优越性

与传统的工作设计方式相比,柔性工作设计有诸多优点,如下所述。

1) 各项工作能纵横有序地快捷流动

在遵循一定规则的前提下,组织内各项工作能纵横有序地快捷流动。这不仅使整个企业组织充满活力与生机,而且也增加企业组织对外界的适应力、应变力,从而提高企业组织的市场竞争力。

以"O"为枢纽点,工作能纵向、横向方便快捷地流动,而流动的驱动力一方面来自于内部竞争力,另一方面来自于外部竞争的需要。内部竞争促使组织体内循环、流动,表现为组织各成员的有序位移;外部竞争迫使企业与组织外界发生交换,表现为引进适应外部竞争需要的人才,促使组织体内新陈代谢,从而增加整个组织对外界的适应力、应变力,提高市场竞争力。

2)管理工作流动空间增大

管理工作 1 可流向管理工作 2,管理工作 2 可流向管理工作 1,从而能保证领导层进行必要而及时的新陈代谢,又能兼顾管理人员的个人发展偏好。

通过设计管理工作 2,使管理工作 1 上的管理者能上能下,横向流动,这样为员工岗人员进入管理岗提供了上升空间,以保证领导层旺盛的生命力。同时,处于管理工作 1 上的管理人员可能不愿意自己缠身于繁杂的行政管理工作岗位而退出管理工作 1,进入管理工作 2,从事适合自己或自己喜爱的专业技术或专业业务工作,从而兼顾了管理者的发展方向与偏好。

3)员工工作向上攀升空间扩大

由柔性工作设计的特点可知,员工工作向上攀升空间扩大,这无疑提高了员工的工作积极性与主动性,同时也自动建立起一个企业内部的竞争机制。

4)有利于引进优秀人才,留住优秀人才

在柔性工作设计下,一方面,人才的努力能得到应有的承认与回报,另一方面,人才也能在企业内部很灵活地找到适合自己或自己喜爱的岗位。这种机制保证了企业所需人才的及时引进,同时也减少了优秀人才的外流。

8.5 工作调查

本节所介绍的工作调查,是指为了改进已经与现实状况不相适应的工作说明书、重新进行工作再设计而进行的调查活动。我们知道,影响员工与岗位匹配的因素是十分复杂的,如生产工艺、设备等,其中任何影响因素的变化都将导致原有工作说明书的失效,必须对原来的工作体系进行重新设计,否则就会直接导致组织效率的下降。进行工作调查,就是要了解这些变化的原因和程度,为重新进行工作再设计奠定基础。

为工作再设计而进行工作调查的方法是多种多样的,其中最主要的方法有工作满意度调查和工作丰富化调查。以下对这两种工作调查方法进行详细介绍:

8.5.1　工作满意度调查

1. 定义

工作满意度调查是为了了解员工对工作的态度。我们知道,不论何种原因,员工对于工作的不满意都会以一定的方式反映出来,其结果是使得生产效率下降、对组织的忠诚度下降、员工缺勤率和离职率提高。同样,员工对工作条件、同事、上级或者工作设备状况的不满都会使其不安,从而无法专心工作。因此,工作调查就是要掌握影响士气的主要因素,如果这些因素涉及工作本身，就应该通过工作再设计来加以解决。

2. 内容

工作满意度调查的内容主要涉及工作条件，如设备、安全状况、工作时间、资源供给情况，还有工作关系，如上下级关系、沟通渠道、工作指导情况，以及工作评价，如工作质量、报酬与奖励等方面。

3. 调查方式

工作满意度的调查方式一般通过问卷调查的方式进行。需要注意的是，为了保证能够调查到真实的情况，在调查问卷设计时，应该使得问题简明扼要并易于回答，在设计问项时建议采用单项选择方式，令问题容易回答。同时，调查问卷还应以匿名方式填写，鼓励员工真实发表意见。

通过工作满意度的调查，工作设计人员不仅可以了解到员工对组织目前状况是否满意及其满意程度，还可以了解存在的问题及原因，从而进行有针对性的设计活动，对工作进行再设计，以提高员工的工作满意度。

较为经典的工作满意度调查问卷是美国明尼苏达大学研究学者提出的 MSQ 问卷（Minnesota Satisfaction Questionnaire），这一问卷自其提出至今已有近 50 年时间，它是具有较高信度、效度的工作满意度调查工具，得到了各类组织的广泛接受和应用，取得了非常好的调查效果。以下是 MSQ 问卷的简版形式（共计 20 道问题），其全版形式（共计 100 道问题）见附录 7，供读者学习、参考。

明尼苏达工作满意问卷

简　版

以下是请教您对于目前工作的满意度，请依您个人满意程度在适当的方格内打"√"。

5＝非常满意，我对这个工作整体方面表示非常满意。

4＝满意，我对这个工作整体方面表示满意。

3＝中立，无法决定对这个工作是否满意或不满意。

2＝不满意，我对这个工作整体方面表示不满意。

1＝非常不满意，我对这个工作整体方面表示非常不满意。

No	内　　容	1	2	3	4	5
1	工作上让我忙碌的程度	□	□	□	□	□
2	工作上让我单独表现的机会	□	□	□	□	□
3	工作上让我做各种不同事情的机会	□	□	□	□	□
4	对于上司对待部署的态度	□	□	□	□	□
5	对于上司做决策的能力	□	□	□	□	□
6	工作上提供我不违背良心做事的环境	□	□	□	□	□
7	工作上提供我生活保障的程度	□	□	□	□	□
8	工作上提供我为别人服务的机会	□	□	□	□	□
9	我的工作使别人对我刮目相看的程度	□	□	□	□	□

续表

No	内　　容	1	2	3	4	5
10	工作上提供我告诉同仁应该如何做或做什么的机会	□	□	□	□	□
11	工作上能够发挥自己成材的机会	□	□	□	□	□
12	对于上司执行决策的方法	□	□	□	□	□
13	对于我的待遇及工作量	□	□	□	□	□
14	工作上提供我的晋升机会	□	□	□	□	□
15	工作上提供我自由运用我的知识及判断力的机会	□	□	□	□	□
16	工作上提供我尝试以自己的方法来处理事情的机会	□	□	□	□	□
17	我对于我的工作场所及环境	□	□	□	□	□
18	我对于本部门同仁间彼此相处的情形	□	□	□	□	□
19	我对于工作完成后所能得到的赞美	□	□	□	□	□
20	我对于在工作中所能获得的成就感	□	□	□	□	□

8.5.2　工作丰富化调查

1. 定义

工作丰富化(Job Enrichment)指增大员工计划、组织、控制与评估自己工作的自主性与责任感。工作丰富化也叫充实工作内容，主要是让员工更加完整、更加有责任心地进行工作，使得员工得到工作本身的激励和成就感。

2. 调查方式

工作丰富化调查，就是要了解员工对目前所从事的工作的认知、态度及积极性等，以便找到问题的症结，为工作丰富化提供依据。通常，问卷调查是诊断工作丰富化问题的一种可靠并且易于操作的方法，特别是对某个职务的所有员工进行的调查，通过对问卷调查的分析，往往能找到问题的症结所在。采用问卷调查法时，问卷的设计非常重要。问卷内容应包括基本信息、工作内容的调查、职业发展调查、适应性调查、相关问题调查等5个方面的内容。以下提供一个工作丰富化调查问卷的实例：

工作丰富化调查问卷

基本信息

姓名：＿＿＿＿＿＿职务名称：＿＿＿＿＿＿＿职务编号：＿＿＿＿＿

填写日期：＿＿年＿月＿日所属部门：＿＿＿＿＿＿＿部门经理姓名：＿＿＿＿＿

工作基本内容

请准确、简洁地列出你的主要工作内容：

＿＿＿＿＿＿＿＿＿＿＿＿＿＿＿＿＿

＿＿＿＿＿＿＿＿＿＿＿＿＿＿＿＿＿

＿＿＿＿＿＿＿＿＿＿＿＿＿＿＿＿＿

上述内容，与工作说明书中的内容是否有差异？如果有，有哪些差异？产生差异的原因是什么？

请列举你有决策权的工作项目：

上述内容，与工作说明书中的内容是否有差异？如果有，有哪些差异？产生差异的原因是什么？

请列举你没有决策权的工作项目：

上述内容，与工作说明书中的内容是否有差异？如果有，有哪些差异？产生差异的原因是什么？

职业发展调查
请描述你为自己设定的职业发展目标：

你认为这个目标和企业为你制订的发展目标是否一致？如果不一致，差别在什么地方？

为了达到你个人的职业发展目标，你认为企业应该为你做些什么？

在目前的职务情况下，你是如何向你的职业发展目标迈进的？

适应性调查
你是否还有工作的热情，如果没有，原因是什么？

你是否对现在的状态感到满意？如果没有，你希望达到什么样的状态？

你是否能在没有工作热情时同样做好自己的工作，为什么？

相关问题调查

你自己在工作中最大的困难和苦恼是什么？

你是否喜欢为自己的工作做计划？

你认为直接上级应该授予你什么样的权力？

你对目前的工作说明书中的职务描述和职务资格要求有什么看法？

你希望对工作说明书中的职务描述和职位资格要求的内容进行哪些修改？

8.6 工作再设计

如果我们发现原有工作设计不合理，或存在严重缺陷时，就应该加以改进或再设计。因此，如何按照现代工作设计的思路，重新审视工作本身，对原有工作设计的不足之处进行再设计已成为工作设计的一个重要课题。

8.6.1 工作再设计的内涵与意义

1. 工作再设计的内涵

工作再设计是指组织为了提高工作效率而采取的修改工作说明书的行为，它与工作调查一起组成了工作再设计环节。具体地，工作再设计指的是重新设计员工的工作职责、内容、方式等，以提高员工的工作绩效。

工作再设计通常以员工为中心，让员工参加工作的设计过程，员工可以提出对自己工作改进的意见、建议，参与编制工作再设计的具体内容。这样做，一方面员工的工作得到组织的认可，增加了员工工作中的满意度，激发了员工的工作动机；另一方面工作设计从员工中来，设计的内容更加符合实际情况，有利于工作的顺利实施，共同推进了组织生产的高效和产出的最大化。

2. 工作再设计的时机

当工作说明书中关于工作规范的描述已经不能适应组织目标、任务或体制的要求时，当企业现有人力资源在一定时期内很难达到工作规范的要求时，或当员工的精神需求与按组织效率原则拟定的工作规范发生冲突时，一个组织就应该进行工作再设计，以满足一个新的组织目标的需要。

3. 工作再设计的意义

这里所讲的工作再设计是指组织在已经存在了一定时间后的对职位设置、工作职责等的重新思考与设计，其目的是优化人力资源配置。如果说工作分析就是对于现有职位的客观描述，那么工作再设计就是对现有职位规范的认定、修改或是对新职位的完整描述，它需要利用工作分析提供的信息才能进行。所以说这两项工作是人力资源开发与管理工作中常规的工作活动，是整个人力资源开发与管理工作的基础。

工作再设计的意义主要体现在以下两方面：

（1）运用人本管理方法，对工作进行再设计，体现了组织对员工的人文关怀，以及对人力资本的重视。

赫兹伯格的双因素理论表明：员工对工作本身的内部因素日益重视，只有让员工满意，才能激发其工作动机，实现组织和个人的目标。因此，以员工为中心的工作再设计，充分体现了以人为本、员工是工作伙伴、员工是家庭成员这些人性化的人本管理理念。

以人为本的工作再设计，对员工缺勤、怠工现象有较好的改进作用，有利于组织留住人才，同时又关注了员工的工作满意度。

（2）工作再设计是组织发展的需要。

信息时代的员工更需要能够发展个性，完善自我，不受约束的工作环境，而传统的工作设计的种种弊端最终会带来员工的工作厌恶情绪，引起旷工、辞职等问题，造成经济上的损失和员工身心健康水平的下降，不利于激发员工工作积极性。

8.6.2 工作再设计的原则和主要内容

1. 工作再设计的原则

美国管理学家、"工作特征理论"的提出者之一哈克曼提出了工作再设计活动的主要原则，即充分考虑技能的多样性、充分考虑任务的完整性、要向员工阐明每项任务的意义、要设置职位反馈环节。

哈克曼认为，满足了上述的原则，就可以使员工体验到工作的重要性和自己所负的责任，及时了解工作的结果，从中产生高度的内在激励作用，形成高质量的工作绩效及对工作高度的满足感。

哈克曼提出的工作再设计的一般原则具有普遍意义，但在工作再设计的具体活动中，还应遵循以下 3 条原则：

（1）效率原则。提高组织的工作效率是进行工作再设计的目的，工作再设计的实施应该有助于发挥每个人的能力并提高组织效率。这就要求工作再设计全面权衡经济原则和社会原则，找到一个最佳的结合点，保证每个人有效地工作并能发挥积极性。

（2）分解集成原则。为保证组织总任务的完成，应该工作再设计把组织运行所需的每一件工作都分解落实到每一职位的工作规范中去；同时，全部职位所构成的责任体系应能保证组织总目标的实现，即组织运行所要达到的每一工作结果，组织内每一项资产的安全及有效运行都必须明确由哪个职位负责，不能出现责任空档的情况。

（3）实事求是原则。每个工作的任务、责任可以由当时资源条件决定适合的人选，不能脱离资源约束来单独考虑组织的需要。

2. 工作再设计的主要内容

由于工作再设计和工作设计在本质上都是对工作进行的安排，因此工作再设计的主要内容与工作设计的主要内容类似，同样包括设计工作内容、工作职能、工作关系、工作结果和工作结果的反馈 5 个部分。

设计工作内容即确定工作的一般性质问题。设计工作职能即确定每件工作的基本要求和执行方法。设计工作关系即确定个人在工作中发生的人与人之间的关系，包括与他人交往关系、建立友谊的机会和集体工作的要求。设计工作结果指确定工作绩效和工作者的反应程度。工作结果的反馈主要指工作本身的直接反馈和来自别人对所做工作的间接反馈。

8.6.3 工作再设计的方法

工作再设计的方法比较丰富，形式多样，以下介绍 9 种常用的方法：

1. 工作专业化（Specialization）

工作专业化是一种最为传统的工作再设计方法。循着亚当·斯密和泰勒等人提出的指导思想，管理者都设法将组织中的工作再设计得尽可能细化、简单。它通过时间和动作研究，把工作分解为许多很小的单一化、标准化和专业化的操作内容及操作程序，并对工人进行培训、激励，使工作保持高效率。专业化这种工作再设计方法在流水线生产上应用最为广泛。

工作专业化这一方法具有以下特点：

（1）机械动作的节拍决定工人的工作进度。

（2）工作的简单重复性。

（3）要求每个工人掌握的技术程度较低。

（4）每个工人只完成每件工作任务中很小的工序。

（5）工人被固定在流水线上的单一岗位，限制工人之间的社会交往。

（6）工人采用什么设备和工作方法，均由管理职能部门做出规定，工人只能服从。

工作专业化的优点主要体现在：

（1）把专业化和单一化紧密结合在一起，从而可以最大限度地提高工人的操作效率；

（2）由于工作专业化把工作分解为很多简单的高度专业化的操作单元，因此对工人的技术要求低，可以节省大量的培训费用，并且有利于劳动力在不同岗位之间进行轮换，而不致影响生产的正常进行；

（3）专业化对工人的技术要求低，可大大降低生产成本，因为只需廉价的劳动力来完成工作再设计所规定的岗位要求；

（4）由于经工作专业化后的工作机械化程度高，有标准化的工序和操作方法，加强了管理者对工人生产的产品数量和质量的控制，以保证生产的均衡。

2. 工作轮换（Job Rotation）

工作轮换是为了避免工作专业化的缺陷而较早采用的工作再设计方法，它是在工作流程不受较大影响的前提下，让员工从执行一项任务转移到执行另一项任务，进而创造"一专多能"的有利条件。

工作轮换的好处是明显的，它尽量使员工发挥多种才能，尝试新的工作职责，获取新的工作经验，这将有助于员工适应能力的培养，同时也为员工提供了一个全面观察和了解工作全过程的机会，有助于工作动机的激发，并能消除长期从事某一项工作的厌恶感。特别是若轮换的工作难度较大，则使其工作更具挑战性。

对管理人员进行的工作轮换则是一种学习、培训过程，增加对企业的全面了解，更好地协调人际关系，为以后晋升做好准备。值得注意的是，若员工不具备完成新任务的技能与知识，工作轮换很难产生预期绩效。

工作轮换存在着一些缺点，工作设计人员在实际操作过程中应着重重视，并采取相应的措施规避这些缺点。缺点主要有：

(1) 发生轮换后由于需要任职者熟悉工作，可能会使工作效率降低。将一位员工从先前的岗位进入一个新的岗位需要增加培训成本，还会带来生产效率下降的问题，因为员工在先前岗位上的效率性正创造着组织的积极性；

(2) 工作轮换可能使那些聪明而富有进取心的员工的积极性受到影响，因为这些人喜欢在他们所选定的专业上寻找更大的责任；

(3) 非自愿地对员工进行工作轮换，可能导致旷工和事故的增加。

3. 工作扩大化(Job Enlargement)

工作扩大化是一种与专业化分工背道而驰的工作再设计方法，指的是通过增加工作内容，使员工的工作变化增加，要求员工具备更多的知识与技能，从而提高员工工作兴趣。

工作扩大化的特点是横向扩大工作水平与工作条件相似的工作范围，使员工的工作内容多样化，每个员工不仅在每道工序工作，而且还要参加相似的、邻近的、前道或后道工序的工作。

工作扩大化的好处在于，一定程度上降低了工作的单调感，增强了员工的工作技能，加大了其工作责任感，提高了员工的工作满意度。

不过，如果让员工长期处于这种状态或者不增加相应的经济报酬，员工会感到吃亏，这将极大减弱工作扩大化的效果。下面的描述形象地说明了问题的本质："以前，我只有一份烦人的工作，现在，因为工作扩大化，我有三份烦人的工作！"

4. 工作丰富化(Job Enrichment)

工作丰富化指增大员工计划、组织、控制与评估自己工作的自主性与责任感，它是对工作内容和责任层次基本的改变，旨在向员工提供更具有挑战性的工作。

与工作扩大化主要是扩大员工的工作范围不同，工作丰富化主要是拓宽员工的工作权限。工作丰富化让员工拥有确定工作方法、进度、报酬等的自主权，本质上是把部分或全部传统的管理权授予员工。

工作丰富化的核心是体现激励因素的作用，具体地，工作丰富化可从以下 6 个方面入手：

1) 增加员工责任

不仅要增加员工生产的责任，还要增加其控制产品质量，保持生产的计划性、连续性及节奏性的责任，使其感到自己有责任完成一件完整的工作。同时增加员工责任意味着降低管理控制程度，实行自我管理，自己控制代替外界控制。

2) 团队建设与工作自主

赋予员工一定的工作自主权和自由度。发挥团队作用，强化团队目标而淡化个人责任制或岗位责任制，给员工充分表现自己的机会，使员工认识到其工作的意义。

3) 反馈

将有关员工工作绩效的数据及时反馈给员工，使他们看到自己的劳动成果，了解个人的工作绩效是形成工作满足感的重要因素。

4) 考核

根据团队或小组成员实现工作目标的程度而给予相应的报酬与奖励。使员工感受到赏识和承认，并认识到集体的力量。

5）培训

尽可能地多为员工提供学习的机会，以满足员工进步、成长和发展的需要。

6）成就

通过提高员工的责任性和决策的自主权，进一步突出团队与小组的作用，并使其中每一个成员都能提高其工作的成就感。

工作丰富化的优点主要是：它能为员工提供更大的激励和更多的满意机会，从而提高工作者的生产效率和产品质量，也可以减少缺勤率和离职率。但是，工作丰富化涉及改造工作本身的内容，所以比较复杂和困难，同时对于员工的要求有所提高，工作丰富化的成效在一定程度上还取决于员工成就动机的高低。

阅读资料

成就动机（Achievement motivation）是指一个人所具有的试图追求和达到目标的驱动力。影响成就动机的因素有：

1. 成就动机的高低与童年所接受的家庭教育关系密切。

2. 教师的言行影响学生成就动机的强弱。

3. 经常参加竞争和竞赛活动的人比一般人的成就动机强。

4. 学生的学习成绩与其成就动机呈正相关。

5. 个人对工作难度的看法影响成就动机。

6. 个性因素影响成就动机。

7. 群体的成就动机的强弱与自然环境和社会文化条件有关。

（资料来源：MBA智库，官方网址：http://wiki.mbalib.com）

---

5. 工作团队

当工作是围绕小组而不是围绕个人来进行设计时，结果就形成了工作团队，它是一种日益流行的工作再设计方法。

工作团队大体上有两种类型：综合性的和自我管理式的。

1）综合性工作团队

在综合性工作团队中，一系列任务被分配给一个小组，然后由小组决定分派给每个成员什么具体任务，并在任务需要时负责在成员之间轮换工作。例如，公路筑修队就经常以小组的形式决定其各项任务应该如何完成。

2）自我管理工作团队

自我管理工作团队具有较强的纵向一体化特征。与综合性工作团队相比，它拥有更大的自主权。给自我管理工作团队确定了要完成的目标后，它就有权自主决定工作的分派、工作时间安排和质量检验方法等。这些团队甚至还有权挑选成员，并让成员相互评价工作成绩。其结果是，团队主管的职位变得不那么重要，有时可能被取消。克莱斯勒公司、通用汽车公司等很多组织已经将其员工的工作任务重新设计为自我管理工作团队的形式，其效果也是非常明显的。克莱斯勒公司、通用汽车公司分别采用这种方式研发出了许多型号的汽车。

6. 弹性工作时间(Flextime)

工作再设计选择的另一项重要内容涉及工作时间安排。弹性工作时间指允许员工自由选择工作时间的工作日程安排。除每天中间的核心工作时间(非全部工作时间)务必工作外,员工可自由决定何时上班。

在图 8-3 的例子中,员工按固定时刻表(上午九点至十二点、下午一点至三点)从家里来到工作地点,然后可选择一个弹性工作时间段到达工作地点,有两种选择:一是早上 6 点至上午 9 点,二是下午 3 点至下午 6 点。

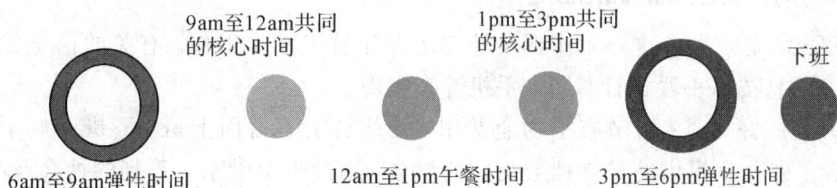

图 8-3　弹性工作时间举例

这种灵活安排工作时间的好处在于,使员工根据个人需要安排他们的工作时间,增加了员工自主权。但是,这种安排会给经理人员的管理带来一些问题,使得管理者对核心工作时间之外工作的员工进行指导造成困难。

特别需要指出的是,弹性工作时间的安排不适用于所有工作的工作再设计。

7. 工作分担(Job Sharing)

工作分担指的是由两人或两人以上共同承担一项工作,并分享该工作的报酬和福利。它能使组织的一个职位利用多个人的才能,同时也增加了员工的灵活性。

例如,某一职位有两名任职者:A 和 B。采用工作分担的设计方法后,A 上午工作,B 下午工作,或是 A 在周一、周二、周三工作,B 在周四、周五工作。

工作分担不仅适应了一大批难以提供全日制工作的人员的要求,而且使得组织可以在既定岗位上吸引更多的人才。同时,由于其工作时间较短,员工的工作效率可以大大提高。但要注意的是,工作分担计划要求做好分担者的沟通、协调工作。

8. 压缩工作周(Compressed Work Week)

压缩工作周的做法是减少每周工作的天数,但每周工作总时长不变。比如,原来每人每周工作 5 天,每天工作 8 小时,将工作周进行压缩后,改为每人每周工作 4 天,每天工作 10 小时(简称 4-40)方案。

这一做法的好处在于:(1)有利于提高机器设备的利用率;(2)工厂如果不是每天进行生产,可以节省照明、取暖、降温等开支;(3)员工有更多的休闲时间,减少了上下班往返时间消耗。

压缩工作周的不利之处主要有:(1)对有些工作而言,压缩工作周可能降低生产率。因为每日工作时间的延长会导致体力下降和疲劳;(2)很多国家的法律都有加班工作时间应给员工增加工资的规定,这对企业来说意味着成本的增加。

据报道,日本越来越多的企业开始实行"4+3"模式,也就是上 4 天班,休息 3 天。工作体系从"1 天 8 小时、1 周 5 天"变成"1 天 10 小时、1 周 4 天",合计工作时间仍为每周 40

小时不变。目前在日本休息 3 天的企业占所有企业总数的比例达到了 8%，连日本政府也在讨论是否推进这一工作时间的改革。

中国最大的网上管理资源中心和经理人互动平台——世界经理人网站的相关调查结果显示，大部分人都希望能同时兼顾工作和生活，85% 的人赞同 1 周 3 休的安排，52% 的人认为，这样的安排能提高工作效率，但也有 24% 的人认为这样会增加企业管理难度。超过六成被访者认为这个工作时间比较适合制造业，但事实上，很多制造企业仍在实行 5 天半工作制。

9. 在家办公(Telecommunicating)

顾名思义，在家办公这一工作再设计方法即让员工在家工作，有关的信息传递与业务往来均通过信息技术手段如计算机、手机等来实现。

在家办公的好处是：既节省了物业费用，又使员工不再因上班、下班而疲于奔波。但是，它减少了办公室提供的日常社会交往的机会，由此也会带来一系列的社会及心理问题。

应该指出的是，以上工作再设计的若干方法不应看做是解决员工不满的灵丹妙药，组织必须在人员安排、劳动报酬及其他管理策略方面进行系统考虑，以便使组织需要与员工个人需要获得最佳结合，从而最大限度地激发员工的积极性，达到组织目标。

思 考 题

1. 请辨析："在工作设计中，必须以员工为核心，不能以工作为核心。"

2. 本章介绍的 4 种工作设计方法的优缺点各是什么？在进行工作设计的时候，你认为哪一种方法所占分量应当最重？

3. 对于校园内一家快餐店的收银员职位来说，在对该职位进行设计的时候，哪一种设计方法所产生的影响最大？

4. 简述工作设计中的工作特征模型，并探讨为什么运用工作特征模型设计工作对一些人是有用的，而对一些人却没有什么作用？

5. 工作调查与工作再设计的关系是什么？工作满意度调查和工作丰富化调查应该分别注意什么问题？

〉案例分析〈

某摄影公司的工作设计

某摄影公司的主要业务是摄影、冲印底片和制作艺术照片。公司由 50 名雇员组成，有 8 位管理人员。艺术部(8 名雇员和 1 名管理人员)基本工作是挑选相片，进行艺术处理，并装订成册。如果组织得当，这些工作其实是很有趣的。在工作设计之前，主管人员接受所有的任务，将它们归类整理，然后按工人的技术水平分派任务，指定完成期限。工作负担过重时，主管者本人也将完成一部分工作，完成工作后，他必须检查所有的产品，并修补有问题的部分。

对主管人员而言，修补有问题的相片是个令人头痛的问题，它需要大量细致且繁琐的工作，而主管者花费了大量的时间和精力在上面，仍有积压，以至顾客和其他部门的经理经常抱怨主管的工作效率低下，结果他忙得几乎没有时间培训和管理员工，而雇员的出错率也越来越高，积压也越来越多，工作的效率也越来越低下。

同时，不合理的计酬方式使情况更加恶化。报酬的高低以完成任务的数量来定而不考虑工作难易程度。这使那些有经验的工人从事耗时多的复杂工作而报酬偏低，而那些做着简单工作的新雇员却得到高收入。职工的不满情绪日益增加，2个月内，有3个职工离开了该部门。

于是对艺术部的工作进行了重新设计，共分成两个组：普通艺术照组合婚礼肖像组，每个组由一名熟练工人任组长，负责分工和训练新工人，除了刚来的新人，每个工人负责自己的工作质量，一旦出现错误直接返回给本人，主管不再负责修复，加工过程出现问题时员工直接与顾客协商，工资支付方式在原有数量基础上乘工作难度系数，工作难度越高，系数也越大，工资也越高。

这些改变使艺术部的月产量增加了30％，质量也大大提高，工人也安心工作。

（资料来源：裕德教育，官方网址：http://www.yude.org/hr/news/140521/7155.shtml。）

请讨论：

（1）该摄影公司是如何进行工作设计的？

（2）该公司进行了工作设计后，取得了什么效果？

（3）结合本章知识，请你提出其他的工作设计方法，以便于对该摄影公司进行工作设计。

第9章　职位评价概述

1.了解职位评价的含义、特点及作用；

2.明确职位评价活动原则与步骤；

3.掌握常用的职位评价指标内容；

4.掌握职位评价指标标准化处理方式；

5.掌握确定职位评价指标权重的常用方法；

6.掌握职位评价指标的等级配分方法。

W厂是一家有3000名员工，生产各种轿车轮胎的大型骨干企业。该厂生产的产品品种有180多种，年产量达千万元以上。企业内共有27个工种，364个岗位，岗位之间在技术难易、责任大小、劳动强度轻重、劳动条件好坏等方面存在着较大差异。

现实中，该厂按劳分配的原则没有体现，平均主义"大锅饭"较为严重，主要表现是"三个不分"、"两个脱钩"、"一个倒流"。

三个不分

三个不分即岗位主次不分，责任大小不分，劳动强度大小和条件好坏不分。

该厂一、二类岗位是关键性的生产岗位，三、四类岗位是一般的生产性岗位，而五类岗位属于辅助型岗位。但三、四类岗位工资却高于一、二类岗位水平，五类岗位的平均工资大大高于一类岗位。

两个脱钩

两个脱钩指技术难易、责任大小与报酬脱钩，最佳年龄、最佳贡献与最佳工资脱钩。

例如，该厂挡车工是关键岗位，技术要求高、责任大，压延机一旦发生故障，全厂就得停产。而挡车工的工资只有二级工水平；外胎成型工，最佳年龄是上岗后10年左右，但工资制度改革时，当时定额为35条，工人操作应会3种规格产品的操作，质量达到标准，工资即定为6级。可是化工部门定额标准为60条，工人才有奖金，而且标准工资平均为3级。

一个倒流

一个倒流表现在：由于工资分配不合适，造成了劳动力的恶性倒流，新工人进厂大部分不愿意去一线岗位，特别是分配到成型、炼胶岗位（这些岗位要求高、责任大、劳动强度大）的新员工，都不情愿去，有的人去了也不想学习，担心学会后无法调离。干了一段时间后，都想办法离开工作岗位。不合理的劳动力流向，严重影响了工厂生产。

在这种情况下，W厂根据职位评价原理和方法，在厂内大力推广职位评价制度，为建立新型岗位工资制奠定良好基础。该厂建立了职位评价小组，成员包括各车间、各部门具有轮胎生产实践经验的工艺员、计划员、劳资员、资历较老的员工组成。

职位评价小组根据工人岗位调查资料，经过认真细致的分析，提出了 6 项工人职位评价指标。6 个指标及其等级说明简要描述如下：

指标 1——技术难易。

"技术难易"指标衡量各岗位掌握工艺标准和操作的要求，共分为 5 个等级。等级 1：本岗位工艺操作要求单一；等级 2：质量特征值 5 以上，设备控制点 5 个以上；等级 3：质量特征值 10 以上，设备控制点 5 个以上；等级 4：质量特征值 15 以上，设备控制点 10 个以上；等级 5：质量特征值 20 以上，设备控制点 15 个以上。

指标 2——专业知识。

"专业知识"指标衡量各岗位具备生产专业知识水平，共分为 5 个等级。等级 1：掌握一般生产知识，具有高小文化水平；等级 2：掌握熟练工一般专业知识，具有初中或相当于初中文化水平；等级 3：掌握初级工专业知识，具有实践经验或相当于初中文化水平；等级 4：掌握中级专业知识，具有中技或相当于中技文化水平；等级 5：掌握高级工专业知识，具有高中或相当于高中文化水平。

指标 3——熟练工作期。

"熟练工作期"指标衡量各岗位在一定时期内掌握工作的熟练期。等级 1：三个月；等级 2：六个月；等级 3：一年；等级 4：一年半；等级 5：两年。

指标 4——对生产考核责任性。

"对生产考核责任性"指标衡量岗位对生产的作用应负的责任。等级 1：完成本岗位工作；等级 2：完成集体岗位机台考核指标，起副手作用；等级 3：完成机台产值指标，起主手作用；等级 4：完成集体岗位考核指标，岗位起主导作用，机台行业领先，起副手作用；等级 5：按岗位定员定额行业领先，起主手作用。

指标 5——对原材料和设备使用责任性。

"对原材料和设备使用责任性"指标衡量岗位在工作中对原材料和设备使用承担的责任。等级 1：无影响；等级 2：对原材料和设备使用负有局部停产和经济损失 20 元以上、百元以下的责任；等级 3：对原材料和设备使用负有部分停产和经济损失百元以上、千元以下的责任；等级 4：对原材料和设备使用负有局部停产和经济损失千元以上、万元以下的责任；等级 5：对原材料和设备使用负有较大责任，在工作时稍有不慎将使全厂停产或各类指标下降。

指标 6——对安全生产责任性。

"对安全生产责任性"指标衡量岗位承担安全生产的责任。等级 1：在工作中发生事故的可能性较小；等级 2：在工作中安全生产责任性较小；等级 3：熟悉掌握本岗位生产要求，负有发生一般人身事故的责任；等级 4：工作要求思想集中，负有防火、防爆并对他人生产安全负有责任；等级 5：工作要求思想高度集中，负有防火、防爆和防止重大人身伤亡事故发生的责任。

确定了如上的职位评价指标及其等级后，职位评价小组开始据此对厂内各职位展开测评工作。

（资料来源：王杨. 工作分析、工作评价及其应用研究. 武汉科技大学硕士学位论文，2005. 本案例在资料来源上略有修改。）

导入案例中的 W 厂根据自身存在的绩效考核和薪酬管理问题，决定采用一定的科学方法和手段来确定工作与工作之间的相对价值，开展全厂范围内的职位评价活动。随之建立了由来自不同车间、不同工种的员工组成的职位评价小组，开发了包含六个指标的职位评价指标体系，并确定了各个指标所含等级。

现实中亦有较多企业存在着"三个不分"、"两个脱钩"和"一个倒流"问题。因此，掌握职位评价的操作程序、指标选择、权重确定、指标等级确定及各等级配分等内容，就显得尤为重要。本章首先介绍职位评价的定义、特点、作用、功能、操作程序等基本内容，接着介绍职位评价指标的选择原则，进一步地，介绍常用的职位评价指标四因素，最后针对如何确定职位指标权重，以及如何给指标各等级配分这类定量测算问题，提供了具有较强操作性的方法与工具，以供读者参考应用。

9.1　职位评价简介

9.1.1　职位评价的起源与定义

1. 职位评价的起源

职位评价是人力资源管理的一项基础性活动，对职位评价活动开展研究可追溯到美国早期政府。早期的美国政府想要建立起一套公正合理的方法，去评估政府雇员的工作价值，以确定他们的报酬水平。1838 年，美国国会通过一项法案，要求根据不同职责和任职资历来确定报酬，使得具有类似特点的工作有相同的薪酬水平。法律的保障使得职位评价在美国得到快速发展。美国 1948 年的《公平劳动标准法案》、1963 年的《公平工资法案》中明文规定"公平付酬"。这些法案的通过，大力推动了职位评价的应用，很多企业都采用了职位评价活动来确定职位薪酬。

2. 职位评价的定义

1）国外学者对职位评价的定义

国外学者对职位评价所做的代表性定义有：

著名薪酬管理专家米尔科维奇(1987)提出了较为系统完整的职位评价的定义。他将职位评价界定为一个为组织制定职位结构而系统的确定职位相对价值的过程。他还指出，职位评价是以工作内容、所需技能、对组织的价值、组织文化以及外部市场为基础的。

著名人力资源管理专家雷蒙德·诺伊(2006)为职位评价做了一个较为简洁的界定：职位评价是衡量某种职位的价值的管理程序。

2）国内学者对职位评价的定义

北京大学教授萧鸣政(2010)认为，职位评价也称工作评价，它是依据工作分析的结果，按照一定的标准，对工作的性质、强度、责任、复杂性及所需资格条件等关键因素的程度差异进行综合评价的活动，是对组织各类岗位工作的抽象化、定量化与价值化的过程。

周亚新和龚尚猛(2010)指出，职位评价是指通过一些方法来确定企业内部工作与工作之间的相对价值。具体地，工作分析是在工作说明书的基础上，综合运用现代数学、工时研究、劳动心理、生理卫生、人机工程和环境监测等现代理论和方法,按照一定的客观标准,从工作的劳动环境、劳动强度、工作任务以及所需的资格条件出发,对工作进行系统衡量、评比和估价的过程。

西北大学教授高艳(2012)认为,职位评价又称岗位评价、工作评价、职位评估,它是指在工作分析的基础上,采取科学的方法(如排列法、分类法、点数法、因素比较法、海氏职位比较系统),对企业内部各职位的责任大小、工作强度、工作环境、工作难度、任职条件等因素进行评价,以确定各职位在组织中的相对价值,并据此建立职位价值序列的过程。

综合以上国内外学者的定义,可以发现,职位评价是在工作分析的基础上,使用科学的评价工具和方法,根据工作职责的重要性建立一套在组织内相对公平的职位级别架构的过程。职位评价这项活动的直接结果是形成职位的相对价值序列。在评价过程中,要以职位为对象,与员工的心理、情绪等主观因素无关,同时与目前该职位上的员工业绩无关。

9.1.2　职位评价的特点

在现代企业管理中,工作分析和职位评价是人力资源管理的基础性活动,是提高人力资源管理水平,解决人力资源管理问题的有效工具。对组织各项工作进行调查、分析之后,有必要确定一下在组织里各项工作和工作之间是一种什么关系。分清哪些工作更有价值、哪些工作相对来说次要一些。职位评价要以工作分析的结果为基础和依据,是保障和实现组织内部公平的重要手段。概括而言,职位评价活动具有以下 4 个特点:

(1) 职位评价是建立在工作分析基础上的活动。工作说明书清楚地解释了一个职位的名称、任职条件、工作条件、承担的责任和职责等。确切地说,工作说明书是职位评价的基础。没有工作说明书,组织内各个职位的价值就得不到客观评价。

(2) 职位评价以组织内部的工作职位为评价对象。即职位评价的对象是"职位",而不是"人"。职位评价不是评价目前该职位上的任职者的工作绩效如何。职位评价虽然也会涉及任职者,但它是以职位为对象的评价活动,以该职位所担负的工作任务或职责为对象进行的客观比较和定位,是以工作者的工作技能、工作责任、工作强度和工作条件等关键要素为内容进行的一种评价活动。也即,职位评价是围绕职位本身以及职位要求展开的,其内容具有客观性,与当前岗位上的工作者的能力、态度、业绩因素无关。

(3) 职位评价是对组织内各类具体劳动的抽象化、定量化过程。在职位评价过程中,根据事先制定的评价指标体系,对各个因素逐一进行客观测定和主观评比,由此得出各职位的量值。按评定结果,对职位分出不同的等级。

(4) 职位评价需要采用科学的工具和方法。职位评价有许多成熟的评价方法。这些方法都是建立在一定的理论基础之上,并经过多年实践检验,在实施时遵循严格的流程步骤,这能够保障整个职位评价工作的规范性。

职位评价主要运用劳动组织、劳动心理、劳动卫生、环境监测、数理统计等知识和计算机技术,采用排列法、分类法、点数法、因素比较法、海氏职位评价系统等多种方法,对多个评价因素进行准确的评定或测定,最终做出科学有效的评价。

9.1.3　职位评价的作用

职位评价不仅明确了职位在组织中相对贡献的大小,得出较为公平的职位等级序列,同时职位评价的结果为薪酬体系的设立、绩效管理体系的建设提供了评价标准。

职位评价在人力资源管理实践中的作用主要体现在以下5个方面：

1. 可为建立公平合理的薪资和奖励制度提供科学依据

职位评价依靠科学的评价系统和过程控制技术，并遵循严格的操作程序，因此，其结果可以比较客观、公正地反映出各个岗位的相对价值，在结合市场调查和组织环境后，可将评价量值转化为货币值，为建立公平合理的工资和奖励制度提供科学依据。

2. 可为招募甄选、职位管理、绩效考评等人力资源决策提供参考

职位评价可以提供组织内各层各类职位直观的评价结果，这些结果能够帮我们找到划分工资级别、福利标准、出差待遇、行政权限、内部股权分配等的依据。举例来说，在某企业内部，尽管财务经理和销售经理都是经理，但他们在企业内的价值并不相同，所以工作等级理应不同。同理，在不同企业之间，尽管都有财务经理这个职位，但由于企业规模不同，该职位的具体工作职责和要求不尽相同，所以工作级别也不相同，待遇自然不同。

3. 有利于健康的组织文化建设

职位评价的公平性有利于实现薪酬的合理化，达到薪酬与贡献的一致，有利于促进组织内部的和谐与合作，创造一致积极进取的组织文化氛围。

4. 有利于组织管理的优化升级

职位评价通过对岗位工作的难易程度、责任大小、任职资格等因素进行量化评价，对组织岗位进行了等级划分，并以量值表现岗位的等级，有利于优化职位管理流程，明确和梳理管理关系，建立更加有效的组织体制。

5. 有利于实现人力资源的优化配置

职位评价能够有效地解决岗位能级、个人能级及薪资等级三者的匹配问题，使性质相同或相近的岗位有统一的评判标准，为组织人力资源优化配置、提高人才利用率提供了科学的平台。

9.1.4　职位评价的基本功能

职位评价的基本功能有以下几点：

（1）以事定岗：即根据任务确定岗位。

（2）以岗定人：即根据任职条件聘用人员。

（3）以岗定责：即根据岗位要求确定职责。

（4）以责定权：即根据职责要求给予相应权限。

（5）以责定酬：即根据所承担的责任的大小确定薪酬。

在组织中，员工的劳动报酬能否体现"多劳多得、少劳少得、不劳不得"的公平性原则，是影响员工士气及工作积极性、主动性的一个很重要的因素。当员工按时、按质、按量完成本岗位的工作任务后，获得了相应的薪酬，心理就会得到一定的满足。如果薪酬不能较好地体现劳动差别，不能达到公平合理的要求，薪酬激励员工的重要功能就难以发挥。

职位评价为组织薪酬福利体系的构建提供了一手资料，当前有些企业的工资体系不够科学，不能较好地反映各职位的价值，例如一些国有企业套用政府部门的工资级别体系，一些民营企业没有完整的薪酬制度。要实现薪酬设计科学化，就需要确定工作的相对价值，划分等级，确定某一职位、某一岗位应该在哪一个工资级别上。

9.1.5　职位评价的原则

职位评价是一项技术性强、涉及面广、工作量大的活动。也就是说这项活动不仅需要大量的人力、物力和财力，而且还要涉及许多学科的专业技术知识，牵涉到很多的部门和单位。为了保证各项工作的顺利开展，提高职位评价的科学性、合理性和可靠性，在组织实施中应该注意遵守以下 6 项原则：

1. 系统原则

所谓系统，就是由若干既有区别又有联系的要素构成的，具有特定功能的有机整体。系统的基本特征是整体性、目的性、相关性和环境适应性。

在职位评价活动中，系统性原则要求职位评价人员联系组织内外环境因素，做出关于职位的有效的整体性评判，排出职位等级序列。

职位评价人员所选取的评价指标应尽可能完整、系统地反映被评价职位的全部信息，同时，还应注意指标的精炼，力求抓住主要因素，突出重点，不搞面面俱到，提高评价的效果。

2. 实用性原则

职位评价必须从目前组织生产和管理的实际出发，选择能促进组织生产和管理工作发展的因素。尤其要选择目前组织生产管理基础工作需要的评价因素，使评价结果能直接应用于生产管理实践中，特别是组织工资、福利、劳动保护等基础管理工作，以提高职位评价的实用价值。

3. 标准化原则

为了保证评价工作的规范化和评价结果的可比性，提高评价工作的科学性和工作效率，职位评价也必须标准化。

职位评价的标准化是衡量劳动者所耗费劳动大小的依据，以及对职位评价的技术方法这一特定的程序或形式做出的统一规定。在规定范围内，作为评价工作中共同遵守的准则和依据。

职位评价的标准化具体表现在：评价指标的统一性、各评价指标的统一评价标准、评价技术方法的统一规定、数据处理的统一程序等方面。

4. 能级对应原则

在管理系统中，各种管理的功能是不同的。根据管理的功能把管理系统分成若干级别，把相应的管理内容和管理者分配到相应的级别中去，各占其位，各显其能，这就是管理的能级对应原则。

一个职位能级的大小，是由它在组织中的工作性质、繁简难易、责任大小、任务轻重等因素所决定的。功能大的岗位，能级就高，反之就低。各种职位有不同的能级，人也有各种不同的才能。现代科学化管理必须使具有相应才能的人得以处于相应的能级岗位，这就叫做人尽其才，各尽所能。例如，经职位评价后，发现人力资源部经理的价值分数比工作分析员的分数低，这说明职位评价工作不符合能级对应原则。

5. 优化原则

所谓优化，就是在一定的约束条件下，寻求最佳方案。优化的原则要体现在职位评价的具体方法和步骤上，职位评价方法的选择应是选择最合理的方案，而不是最复杂的方案。

6. 就事原则

职位评价针对的是组织内的各个职位而不是目前该职位上的任职者。职位评价的主要任务就是评价该职位的工作对组织战略目标的实现有何帮助。

9.1.6 职位评价的操作程序

具体来讲，职位评价是在职位描述的基础上，对职位本身所具有的特性(比如岗位对企业的影响、职责范围、任职条件、环境条件等)进行评价，以确定职位相对价值。职位评价活动的操作程序可以分为准备阶段、培训阶段、评价阶段、总结阶段和反馈阶段 5 个阶段，如图 9-1 所示。

图 9-1　职位评价实施步骤

1. 准备阶段

职位评价活动的准备阶段由以下步骤构成：

(1) 清理岗位，确定待评岗位。在这一步，需要理顺组织结构和职位设置，确定参加评价的职位。

(2) 完成工作说明书。通过问卷调查法、资料分析法和访谈法等方法，进行工作分析，确定每个职位的职责、任务、权限、协作关系、任职资格和工作环境等基本内容，撰写工作说明书。

(3) 确定职位评价方法。目前常用的职位评价方法有 4 种：职位排序法(也称排列法)、职位分类法(简称分类法)、因素比较法和要素计点法(也称点数法)。根据不同方法的优缺点和适用条件来进行选择。

比较通用的是要素计点法。通过该方法可以挑选并详细定义影响职位价值的共同因素，即付酬因素，如该职位对企业的影响、职责大小、工作难度、对任职人的要求，工作条件、工作饱满程度等。邀请主题专家，通常是部门主管、公司高层、公司资深员工、外聘专家，依据组织内外部各种因素，对组织内的不同职位进行评估打分，从而得出职位的相对价值。在选择方法时，不要过分追求量化，最重要的是要适合组织自身情况。

(4) 确定评价因素。根据组织业务的实际情况确定与职位相关的因素，一般可以分为工作技能、工作责任、工作强度和工作环境因素等，每个主因素又可划分为若干子因素。职位评价人员给出每个子因素及不同得分档次详细的定义描述，同时确定各个因素在总分中的权重。

（5）确定专家组。专家组成员的素质及总体构成情况，将直接影响到职位评价工作的质量。专家组可以来自公司内部，也可以来自公司外部，但必须对组织业务和内部管理有一定的了解。

专家组成员必须能够客观地看问题，在打分时能尽可能摆脱局部利益。专家小组的成员在很大程度上决定职位评价的结果，还应考虑专家在员工中是否有一定的影响力，这样才能使职位评价最后的结果更具权威性。

（6）确定标杆职位。标杆职位是衡量其他一般职位相对价值的尺子。如何使每个职位的工作在一定的程度上具有可衡量性，需要建立一个参照系，而标杆就是这个参照系。

标杆职位是组织为了工作分析和职位评价，先选取职能部门一些有代表性的职位进行调查分析，给其他职位分析提供参照。适合作为标杆职位的职位是人力资源部经理、市场部经理、项目投资专员、生产安全专员、办公室文秘、勤杂工等。

（7）准备好评价职位的相关表单。职位评价需要的表单有打分表、数据处理表等。其中打分表是所有表单的核心。

2. 培训阶段

培训的目的是为了提高职位评价的效率、确保职位评价的效果。对专家组进行组织结构调整和职位设置思想的培训，使他们对各个职位的职责和性质有一定的了解。

1）针对职位评价本身进行培训

培训内容主要是介绍：为什么要进行职位评价？职位评价方法的具体操作流程如何？为什么要选择某种评价方法？职位评价的流程如何？职位评价常出现的问题及解决方法是什么？职位评价的结果与薪资结构的关系是什么？

培训时应强调：① 职位评价针对的是职位而不是人；② 职位评价结果是建立薪酬体系的重要依据，但不是全部依据。从评价得分到最后的薪酬体系还有很长的路要走；③ 重点向专家们解释评价表的因素定义和权重，使各位专家清楚各评价因素的含义和评分等级标准的含义。

2）标杆职位打分

专家组对照工作说明书，对标杆职位的不同因素分别进行打分。因素得分乘以权重之后加总，可以得到职位的总分。

通过对标杆职位的试打分，专家组成员可以基本上熟悉职位评价的流程。同时，还可以发现问题并及时进行解释，消除专家组成员对评价表中各项指标理解的过大差异，建立合理的打分标准。

3）评价阶段

在取得标杆职位分值表后，对照工作说明书并以标杆职位的得分为标准，专家组对其余职位进行打分，期间要同步进行数据统计和分析工作。

4）总结阶段

这一阶段主要对职位评价得分进行排序和整理，得出各个职位的相对价值得分，以便进行综合分析。

5）反馈阶段

职位评价的结果，应向专家组成员进行反馈，一致通过后，再向全体员工进行公布。至此，整个职位评价活动结束。

9.1.7 职位评价应掌握的信息

1. 信息来源

职位评价所需要的信息可通过两个渠道获得：

1）直接的信息来源

直接的信息来源是指直接在现场组织工作调查、收集有关资料。这种方法获得的信息真实可靠、详细全面，但需要投入大量的人力、物力和时间。

2）间接的信息来源

间接的信息来源是指通过现有人力资源文件，如工作说明书等对工作进行评估。采用间接的信息虽有省时间、节约费用的优点，但所获取的信息过于笼统、简单，可能会影响评价的质量。

2. 信息内容

职位评价的大部分信息是由工作分析提供的，这些信息包括下述内容：

（1）职位名称、职位编码；

（2）职位所属单位及单位职能；

（3）同一岗位的总人数；

（4）过去本岗位的情况（人数、缺勤率、加班加点、退职、升迁和调动的原因）；

（5）职位的主要职责和任务；

（6）本职位的上下级关系；

（7）执行本职位工作的任职资格条件；

（8）劳动时间和能量代谢（生理指标）；

（9）工作环境和条件；

（10）体力和劳动负荷；

（11）专业技术。

9.1.8 职位评价活动的注意事项

在职位评价活动中，有以下 4 点注意事项，值得评价人员密切关注。

1. 取得管理者的支持

组织管理层，特别是高层领导者的支持和重视是职位评价顺利实施的重要保障。如果缺乏管理层的支持，那么在职位评价信息收集、职位评价结果反馈及结果应用过程将会遇到诸多阻力，影响职位评价活动的实施与结果应用。

2. 选择合适的专家

选择职位评价的专家这一步至关重要。同时，在评价过程中，既要强调专家的独立性，请专家独立打分，不受彼此的影响，又要强调专家建立起相对统一、合理的评判标准认识，避免在打分结果上出现显著离差。

离差是一个统计学术语，在此指某一位专家对某评价指标的评分与该指标的平均分之差，即单项数值与平均值之间的差，其计算公式为

$$离差 = x_i - \bar{x}$$

离差反映了该专家在该评价指标上与全体专家间的差异。这位专家在其所有评价指标上离差的均数则称为平均离差，平均离差反映了该专家的平均非共识程度。通过开展适时的培训活动，可降低专家判断的离差。若某位专家的平均离差大，可考虑让专家重新打分，或是重新选择专家。

3. 确保评价标准一致

对于组织内不同职位的评价，应确保评价标准的一致性。这种一致性体现在所选择的评价指标一致，评价指标的权重一致，并且评价流程一致。

4. 适时更新评价结果

职位评价结果并不是一成不变的。当组织内部薪酬分配失衡时，或是经过一段时期的迅速发展及新工作产生以后，或是在经历了大范围的工作职能重组之后，或是在职位职责发生较大面积调整时，就应该重新进行职位评价。同时，组织应注意修改过时的职位评价机制，使之适应现阶段的职位评价活动。

9.2 职位评价指标体系

9.2.1 职位评价指标的定义及选择原则

1. 职位评价指标的定义

职位评价指标，就是从目前组织管理的现状和需求出发，通过对岗位劳动的具体分析，将影响工作岗位的主要因素分解成的若干个指标。指标是指标名称和指标数量的统一。指标名称概括了事物的性质，指标数值反映了事物的数量特征。

在选择职位评价指标时，评价人员可以通过对各个职位工作流程的输入端、业务处理过程、输出端以及工作环境或工作条件的一些关键要素进行取样和分析。

2. 职位评价指标的选择原则

确定职位评价指标时应遵循的主要原则有以下 5 项：

（1）实用性。选择评价指标时，必须从组织的实际出发，全面体现岗位劳动的特点，以提高岗位劳动评价的应用价值。

（2）普遍性。所选择的评价指标应该对不同岗位劳动具有普遍的适用性和代表性，而不是仅仅适用或反映个别的特殊劳动。因此，要结合组织的生产实际情况，确定与组织生产劳动密切相关的、具有代表性或共性的、反映劳动量及差别的指标。

（3）可评价性。评价指标应具有可评价性，这样评价结果才具有科学性，才能体现岗位劳动的差异。因此，所选择的评价指标必须能在实际运用过程中，通过采用现有的技术和方法，按照统一的评价标准做出独立的评价，并且能定量化或数量化。

（4）价值性。所选择的评价指标应能为组织的劳动管理和劳动保护等工作提供科学依据，必须要体现出价值。

（5）全面性。评价指标的全面性并不是指要面面俱到地对组织内所有职位进行评价，而是指评价因素能较全面反映出各岗位劳动者的劳动状况，体现出不同岗位的劳动差别，反映出各个岗位劳动对组织整体绩效成果的贡献。因此,对影响岗位劳动诸多因素的选择既不能遗漏,也不能重复,必须从多个方面选择多个评价因素,通过多因素综合评价来实现科学、合理的评价。

9.2.2 职位评价常用指标

职位评价指标体系有两个传统方案,一是 20 世纪 30 年代末,美国电气制造协会(NEMA)和美国金属贸易协会(NMTA)开发并推荐使用的一种标准计分方案,它将工作要素分为技能、努力程度、责任大小和工作条件等四大类;二是海氏职位评价系统,该系统则将工作要素分为专业知识、解决问题的能力和应负责任。

这两个传统方案经过长时间的实践检验,证明是比较成熟的,在实际操作中,大多数企业的方案都是借鉴这些著名的传统方案,并根据企业自身的实际情况加以调整来制定的。

1. 常用的职位评价指标四因素

职位评价指标数量的多少应根据需要决定。若指标数量过少,不足以涵盖所有职位的工作内容,评估结果无法真实反映职位之间的价值差异;若指标数量过多,则确定评价因素以及评价过程太耗费时间和精力,成本与收益很可能将不对称。因此,大多数职位评价方案所使用的因素在 4~15 个之间。

常用的职位评价指标四因素是指工作技能、工作强度、工作责任和工作环境。从这四个方面对组织内职位进行评价,能较全面、科学地反映岗位的劳动消耗和不同岗位之间的劳动差别。

工作技能、工作强度、工作责任和工作环境这四个因素通常可以细分为更多的次级评价要素,各个次级评价要素也可以根据实际需要,再次细分为更次一级的评价要素。

1)工作技能

工作技能是指该职位在工作过程中对任职者必备技能的要求,它反映了任职者为胜任本岗位工作所必须具备的文化专业技术知识和实际操作能力上的差异。

工作技能指标可细分为如下 4 个次级指标:

(1)知识要求。它指对工作者胜任本职位工作所需要的知识结构和学历等要求。

(2)技术要求。它指对工作者胜任本职工作应具有的经验和技术水平的要求。

(3)职位操作的复杂性。它指作业复杂程度和掌握操作所需的时间长短。

(4)职位所需判断和执行能力。它指职位任职者对判断和处理某些特殊情况所需具备的能力水平。

2)工作强度

工作强度是指工作的繁重、紧张或密集程度。它能够反映工作者为完成本职工作所消耗的体力、脑力和精神紧张程度的差异。

从客观效果看,劳动强度大的工作在同样的时间内能创造出较大的价值。即一个强度大的工作日比一个时数相同但强度较小的工作日体现为更多的产品。在同一种劳动中,强度大的工作,在经过工作设计后,可以转化成强度小的工作。由于工作强度是影响劳动量的重要因素之一,因此在进行职位评价时,不应仅评价劳动量的多少,还应考虑各项劳动的工作强度的大小。

工作强度指标可细分为以下 5 个次级指标:

（1）体力劳动强度。它指工作过程中所消耗体力的不同程度。

（2）脑力劳动强度。它指工作过程中所需消耗脑力的不同程度。

（3）工时利用率。它反映生产岗位净劳动时间的长短，等于净劳动时间与工作日总时间之比。

（4）工作班次安排。它指职位班次不同而引起的对工作者身体和精神上的影响。

（5）工作紧张程度。它指职位工作者在工作中所需承担的压力大小，以及由此引起的生理器官或精神上的紧张和疲劳程度。

3）工作责任

工作责任是指岗位在工作中对经济（产量、质量）、生产（设备、消耗）、安全和管理方面承担的责任。它的大小反映了任职者在生产/服务、安全、物质消耗、管理等方面所负责任的差别。

工作责任指标可细分为如下 6 个指标：

（1）产量责任。它指职位生产活动对最终产品的产量指标所应负的责任大小。

（2）质量责任。它指职位生产活动对最终产品的质量所应负的责任大小。

（3）设备责任。它指工作者所使用设备的价值大小及操作的复杂难易程度，以及该设备对生产的影响情况的差异。

（4）安全责任。它指职位工作活动中发生事故的风险程度，以及事故的危害程度。

（5）消耗责任。它指工作者在工作过程中的物质消耗对产品成本影响程度的差别。

（6）管理责任。它指职位在指导、协调、分配、考核等管理工作上所负责任的大小。

4）工作环境

工作环境指的是各工作职位所处工作环境的舒适程度以及有毒有害物质和高温、噪音等对工作者身体健康的影响程度。

工作环境不同，在其他劳动因素不变的情况下，相同时间内所需付出的劳动消耗量是不同的。在较差的条件下，需要付出更多的劳动。

工作环境指标可细分为 2 个次级指标：

（1）工作环境的舒适度。它指工作者在工作过程中所处的作业场所、作业姿势等方面的差异。

（2）有害物质的危害程度。它指工作者在作业过程中是否接触有毒有害物质，以及这些有毒有害物质（如粉尘、噪声、辐射）对身体健康的危害程度。

以上这些评估指标比较全面地体现了各行业工作岗位人员的工作状况，但具体对每个行业或企业而言，由于经营情况不尽相同，劳动环境和条件各有差异，因此，在开展职位评价时，应结合组织本身的实际情况，从中选择合适的评价指标。

比如，劳动密集型企业可能结合自身特征选择如下职位评价指标：工作技能（技术要求、岗位操作的复杂性）、工作强度（体力劳动强度、工时利用率、工作班次安排、工作紧张程度）、工作责任（产量责任、质量责任、设备责任、安全责任）。

而一个知识密集型企业则可能选择如下职位评价指标：工作技能（知识要求、岗位操作的复杂性、岗位所需判断和执行能力）、工作强度（脑力劳动强度、工作紧张强度）、工作责任（产量责任、质量责任、安全责任、管理责任）、工作环境（工作环境的舒适度）。

2. 职位评价指标四因素的确定

在开展职位评价时,一个重要步骤就是对职位评价四因素的内容进行确定。原则上讲,影响职位评价的因素一项都不可能缺少,否则对职位评价结果的准确性就会产生影响。遗漏的因素越多,产生的影响就越大;遗漏的因素越重要,产生的影响也越大。

1)工作技能因素和工作责任因素

对工作技能和工作责任这两个因素的评价,属于定性评价,主要依靠专家评分来完成。这类因素的评定结果易产生偏差,因为通过单个人的判断做出的职位评价缺乏一致性和准确性。因此,在进行职位评价时经常需要设立一个专家小组;同时,选择指标时,要进行反复比较,比较筛选后再确定工作技能和工作责任的评价因素。

2)工作强度因素

工作强度是用来计量单位时间内劳动消耗的一个指标。员工在工作中要消耗一定的体力和脑力,由于员工所处的客观生产条件和主观状态不同,劳动消耗也不尽相同。工作强度是用来计量单位时间内劳动消耗的一个指标。单位时间内劳动力消耗得多,表明工作强度大;反之,表明工作强度小。研究工作强度的目的,是为了确定一个合理的工作强度,以制订合理的劳动定额,保护员工的安全健康,提高员工生产率。

确定工作强度因素,包括以下 5 个方面的内容:

(1)确定劳动的性质。

(2)确定工作强度的种类。

(3)选择相应劳动的评价指标。

(4)优先选择客观、简单易行的工作强度指标测定方法。

(5)按照国家标准、省部标准、公司标准、参照标准等标准,择优排序来选择评价标准。

3)工作环境因素

确定工作环境因素时,首先要识别出整个工作过程、生产工艺及生产流程中的有害因素,然后,按这些有害因素对人体危害的严重程度将各因素进行排序;再根据国家卫生标准,综合有害因素的超标情况和暴露时间,做出最终排序。

在选择生产性有害因素时,要做到全面、准确,排序后应对选择出的所有因素进行测试。测试结果以是否超过卫生标准为界限,凡是超过卫生标准,即为入选因素。

筛选工作环境有害因素的内容包括有:

(1)从性质上确认有害因素的特性与数量。

(2)确定测定方法和测定准则。

(3)对调查的全部有害因素进行定量化测定。

(4)将测定的结果与国家标准、国外标准、调查资料和文献报道资料进行参照对比,以国家标准为优选标准。

(5)确定生产过程是否存在有害因素。

(6)判断有害因素是否达到评价的下限。

3. 职位评价指标的处理

职位评价指标的处理包括:定性指标量化、指标类型统一、指标归一化等 3 个问题,下面对这些问题的处理方式进行介绍说明。

1) 定性指标的量化问题

在职位评价过程中，如果定性指标数量较多，则不便于开展具体的评价工作，所得的评价结果也具有客观性、可比性。这样一来，需要把定性指标定量化，通过对该指标进行数量化的描述，以取得数值结果。

例如，"大气污染程度"可以简单地用"高污染"或"低污染"来描述，但是这样的描述主观性强，我们对其进行量化处理，采用"大气的单位体积中总颗粒悬浮量"这一数据指标来度量"大气污染程度"，按颗粒悬浮个数划分若干等级，并对各个等级规定评分值，作为指标标值。

再如，"学历"这一指标尽量不采用"高学历"、"中等学历"、"低学历"这样的简单描述，而是将学历程度划分为五个等级：硕士及以上、本科、专科、高中、高中以下。并且给这五个等级赋予相应分值，5分代表"硕士及以上"、4分代表"本科"、3分代表"专科"、2分代表"高中"、1分代表"高中以下"，这样就解决了对"学历"指标的定量化处理问题。

2) 指标类型的统一问题

指标类型通常分为正指标和逆指标两类，正指标的特征是其数值越高越好，如学历、经验、技能等。逆指标的特征则是其数值越低越好，如噪音、粉尘、订单交付时间、投资回报时间等。

若职位评价指标体系内大多数指标是正指标，则有必要将该指标体系内的逆指标转换成正指标，转换形式是对其进行倒数变换，变换后的数值即反映了逆指标的相反情况。这种处理方式实现了指标体系内指标类型的统一。

3) 指标归一化问题

指标的归一化问题可通过归一化处理来解决，归一化处理也称为指标的无量纲化处理。

归一化是一种简化计算的方式，它是将有量纲（单位）的表达式，经过变化，化为无量纲的表达式，成为纯量。也就是把数据归为"1"，这样一来，数据间的相对大小不至于差别很大。

归一化的方法有多种，以下介绍较常采用的 5 种方法：

（1）简单算术平均方法。计算公式：$x_i = x_j / \sum_{j=1}^{n} x_j$。采用简单算术平均方法进行归一化后的结果和为"1"。

（2）简单几何平均方法。计算公式：$\sqrt[n]{\prod_{i=1}^{n} x_i}$。由于几何平均数受极端值的影响较受算术平均数的影响小，所以简单几何平均方法也是较为常用的一种归一化方法。

（3）考虑最大、最小值法。计算公式：$x_i = (x_{实际值} - x_{\min}) / (x_{\max} - x_{\min})$，$x_i \in [0, 1]$。采用该方法进行归一化处理后的结果都在$[0, 1]$之间。

（4）考虑平均值和标准差的方法。计算公式：$x_i = (x_{实际值} - \bar{x}) / s$，其中，$\bar{x}$ 是均值，

s（均方差，标准差）$= \sqrt{\dfrac{\sum_{i=1}^{n} (x_i - \bar{x})^2}{n-1}}$。标准差反映出观察数值与均值的偏离程度。

（5）考虑最大值方法。计算公式：$x_i = x_{实际值}/x_{最大值}$，$x_i \in [0,1]$。从观察数值中找出最大值，赋值为1，再将其余数值分别与最大值进行比较。这种归一化方法较为简便易行。

9.2.3 职位评价指标权重的确定

在选择并定义了职位评价指标后，需要为这些要素分配合适的权重，即确定各个评价要素的相对重要程度。

对于不同企业来说，各个要素之间的重要程度通常不一样。比如，对于资本密集型企业，"安全责任"（在此指资本运作中发生事故的风险程度）这一指标的重要性比"消耗责任"要来的重要得多，而对于一个劳动密集型企业，结果可能刚好相反。

为各个要素确定权重的方法有很多，在此介绍3种常用的方法，分别是：职位评价委员会成员判断法、因素权重分配法和ABC分类权重法。

1. 职位评价委员会成员判断法

1）操作步骤

首先由职位评价委员会成员选定一个最为重要的要素，然后，判断其他各个要素对该要素的相对价值，再计算出各个要素的权重。

2）评价

成员判断方法在职位评价委员会成员知识面较宽、经验较丰富的情况下，所得出的结果与按照严格的比较计算方法得出的结果相差不大，因此，基本上能满足需要。

3）应用示例

对于某一企业而言，在工作技能、工作强度、工作责任和工作环境这四个职位评价指标中，经职位评价委员会判断，工作技能是最重要的指标，如此，假设工作技能的价值为1，再将工作强度、工作责任和工作环境与工作技能一一进行比较，比较后的结果是，工作责任相对于工作技能的价值为0.7，工作强度和工作环境相对于工作技能的价值分别为0.2和0.1。4个指标的权重计算如下：

（1）工作技能的权重为50%，计算式：$1/(1+0.7+0.2+0.1) \times 100\% = 50\%$；

（2）工作责任的权重为35%，计算式：$0.7/(1+0.7+0.2+0.1) \times 100\% = 35\%$；

（3）工作强度的权重为10%，计算式：$0.2/2.0 \times 100\% = 10\%$；

（4）工作环境的权重为5%，计算式：$0.1/2.0 \times 100\% = 5\%$。

对于这4个要素的各个次级要素的权重数值分配，也可以按照以上方式来完成，计算完成后，即获取了指标体系中各级各类指标的权重数值。

2. 因素权重分配法

1）操作步骤

因素权重分配方法需要运用矩阵理论的相关知识，其实施步骤如下所述：

首先，由职位评价委员会成员对相同层次上的各个评价指标的重要性作两两配对比较，并根据相对重要的差异程度，赋予两个评价指标以不同的得分。在配对比较结束后，能够得到一个得分矩阵或称判断矩阵；

然后，运用归一化等处理手段，对矩阵进行计算，测算出该层次上各个指标的相对价值，也即各个指标的权重。

最后，对该得分矩阵进行一致性估计，来判断各位评价人员所做出的打分结果的可靠性和合理性。

2）评价

因素权重分配方法在具体操作过程中采用了矩阵理论，其理论基础较强，对数据的处理过程比较严谨，在一定程度上可削弱评价人员的主观判断对权重分布科学性的不利影响，因此，利用该方法得出的指标权重分配结果更为可靠、准确。然而，该方法也有一些弊端，比如对操作人员的理论知识要求较高，数据处理较繁琐，时间周期长，花费的成本也较高。

值得注意的是，尽管因素权重分配法是一种定量化的统计分析工具，所提供的结果较为客观，但该方法仍依赖于人们的经验，无法完全排除主观性。与职位评价委员会成员判断法相比，因素权重分配法的优点在于比较次数较多，它在具体分析过程中，做了 $[n \times (n-1)/2]$ 次两两判断，而不像职位评价委员会成员判断法仅是做 $n-1$ 次判断。如果将所有指标都和一个指标比较，即只做 $n-1$ 次比较是不合适的，这样做的弊病在于，任何一个判断的失误均可导致不合理的排序，而个别判断的失误是在所难免的。因此，进行两两比较可以通过不同角度的比较，导出一个合理的排序。

3）应用示例

假设有如下判断矩阵 A，该矩阵综合了某专家对工作技能、工作责任、工作强度和工作环境这 4 个指标重要性的两两比较结果：

$$
A = \begin{bmatrix}
1 & 2 & 1/2 & 3 \\
1/2 & 1 & 1/3 & 2 \\
2 & 3 & 1 & 4 \\
1/3 & 1/2 & 1/4 & 1
\end{bmatrix}
$$

根据表 9-1，这位专家对工作技能、工作责任、工作强度和工作环境 4 个指标进行了两两比较，得出了判断矩阵中的数值结果。

表 9-1 判断矩阵中的数值及其含义

标　度	含　义
1	表示两因素相比，具有相同重要性
3	表示两因素相比，前者比后者稍重要
5	表示两因素相比，前者比后者明显重要
7	表示两因素相比，前者比后者强烈重要
9	表示两因素相比，前者比后者极端重要
2, 4, 6, 8	表示上述相邻判断的中间值
倒数	若因素 i 与因素 j 的重要性之比为 a_{ij}，那么，j 与 i 的重要性之比为 $a_{ji}=1/a_{ij}$

以下详细介绍因素权重分配法的具体测算步骤。

第一步，计算判断矩阵 A 每行所有元素的几何平均值，公式如下：

$$\overline{w}_i = \sqrt[n]{\prod_{j=1}^{n} a_{ij}}, \quad i = 1, 2, \cdots n$$

测算结果为

$$\overline{w}_i = \begin{bmatrix} \sqrt[4]{1 \times 2 \times 1/2 \times 3} \\ \sqrt[4]{1/2 \times 1 \times 1/3 \times 2} \\ \sqrt[4]{2 \times 3 \times 1 \times 4} \\ \sqrt[4]{1/3 \times 1/2 \times 1/4 \times 1} \end{bmatrix} = \begin{bmatrix} 1.316 \\ 0.76 \\ 2.213 \\ 0.452 \end{bmatrix}$$

第二步，进行归一化。采用简单算术平均法进行归一化，有

$$w = \begin{bmatrix} 1.316/4.741 \\ 0.76/4.741 \\ 2.213/4.741 \\ 0.452/4.741 \end{bmatrix} = \begin{bmatrix} 0.278 \\ 0.160 \\ 0.467 \\ 0.095 \end{bmatrix}$$

由此，测算得到 4 个指标的权重，权重之和为 1。但是，这里所测得的权重数值不是最终的数值，还需要对矩阵进行一致性检验，验证上一步的权重值是否合理。如果通过检验，就表明判断矩阵的一致性是可以接受的，所得出的权重值是合理、可靠的。如果未通过检验，则表明上一步得出的权重值不合理，应该对判断矩阵作适当的修正，请专家重新打分。因此，职位评价人员还需继续开展以下计算工作。

第三步，计算判断矩阵 A 的最大特征值 λ_{max}。

$$公式：\lambda_{max} = \sum_{i=1}^{n} \frac{(Aw)_i}{nw_i}$$

根据 λ_{max} 的测算公式进行计算，有

$$Aw = \begin{bmatrix} 1 & 2 & \frac{1}{2} & 3 \\ \frac{1}{2} & 1 & \frac{1}{3} & 2 \\ 2 & 3 & 1 & 4 \\ \frac{1}{3} & \frac{1}{2} & \frac{1}{4} & 1 \end{bmatrix} \begin{bmatrix} 0.278 \\ 0.160 \\ 0.467 \\ 0.095 \end{bmatrix}$$

$$= \begin{bmatrix} 1 \times 0.278 + 2 \times 0.16 + \frac{1}{2} \times 0.467 + 3 \times 0.095 \\ \frac{1}{2} \times 0.278 + 1 \times 0.16 + \frac{1}{3} \times 0.467 + 2 \times 0.095 \\ 2 \times 0.278 + 3 \times 0.16 + 1 \times 0.467 + 4 \times 0.095 \\ \frac{1}{3} \times 0.278 + \frac{1}{2} \times 0.16 + \frac{1}{4} \times 0.467 + 1 \times 0.095 \end{bmatrix} = \begin{bmatrix} 1.117 \\ 0.645 \\ 1.883 \\ 0.385 \end{bmatrix}$$

判断矩阵 A 最大特征值为：

$$\lambda_{max} = \frac{1.117}{4 \times 0.278} + \frac{0.645}{4 \times 0.16} + \frac{1.883}{4 \times 0.467} + \frac{0.385}{4 \times 0.095} = 4.034$$

第四步，计算一致性指标 CI。

$$公式：CI = \frac{\lambda_{\max} - n}{n - 1}$$

根据一致性指标 CI 的测算公式进行计算，有

$$CI = \frac{4.034 - 4}{4 - 1} = 0.011$$

第五步，查找相应的平均随机一致性指标 RI 取值。通过查找参考表（参见附录 8），可知四阶矩阵的平均随机一致性指标 RI 数值为 0.89。

第六步，计算一致性比例 CR

$$公式：CR = \frac{CI}{RI}$$

根据一致性比例 CR 的测算公式，则有：

$$CR = \frac{0.011}{0.89} = 0.0123$$

一般而言，一致性比例 CR 的值越小，判断矩阵的一致性越好，通常认为 CR<0.1 时，判断矩阵具有满意的一致性。上面示例的测算结果 CR 的数值小于 0.1，那么可以得出结论：矩阵 **A** 的一致性检验通过，所得出的权重数值的结果是合理的。亦即，工作技能、工作责任、工作强度和工作环境 4 个指标的权重值分别是：0.278、0.160、0.467、0.095。

值得注意的是，如果采用职位评价委员会成员判断法，仅做 3 次比较，即先确定"工作技能"值为 1，工作责任与工作技能比为 1/2，工作强度与工作技能比为 2，工作环境与工作技能比为 1/3。这 4 个指标权重的计算结果是：

$$w_1 = \frac{1}{1 + \frac{1}{2} + 2 + \frac{1}{3}} = 0.261;$$

$$w_2 = \frac{0.5}{1 + \frac{1}{2} + 2 + \frac{1}{3}} = 0.131;$$

$$w_3 = \frac{2}{1 + \frac{1}{2} + 2 + \frac{1}{3}} = 0.522;$$

$$w_4 = \frac{0.33}{1 + \frac{1}{2} + 2 + \frac{1}{3}} = 0.086。$$

不难发现，这一结果与因素权重分配法的结果相类似，与各个指标重要性的排序结果相同。

3. ABC 分类权重法

ABC 分类权重法是根据"重要的少数和次要的多数"基本原理确定各因素权重数值的简便方法，也是在管理统计分析中常用的主次因素分析法。即将指标体系中的所有指标按其重要程度和对岗位劳动量的影响程度进行分类排队，然后对各级各类指标分别赋予不同的权重。

这一指标分配权重的方法具体操作步骤如下：

1）排队阶段

首先对各指标进行分析，然后根据企业岗位劳动的特点和各因素对岗位劳动量的影响程度及其重要程度，将全部指标按重要性依序排列。

2）分类阶段

将全部因素划分为 A 类、B 类和 C 类三类。A 类因素是主要因素，占全部因素的 10%左右，B 类因素是次要因素，占全部因素的 20%左右，C 类因素是一般因素，占全部因素的 70%左右。

9.2.4　职位评价指标等级配分方法

在职位评价过程中，除了要明确定义各个评价指标外，还需要为各评价指标划分等级。等级数目应以能清晰区分不同职位在该指标上所要求达到的标准为宜，同时各等级之间的差异要明显、合理。各项职位评价指标的层次通常设置为 4 至 7 层。表 9－2 是对"知识要求"这一指标的一种层次划分方案。

表 9－2　对"知识要求"指标的层次划分

指标名称：知识要求	
层次	标　准
第 1 层	初步了解基本专业理论知识和操作知识
第 2 层	基本掌握专业理论知识和操作知识
第 3 层	全面掌握专业理论知识和操作知识，了解国内外同行业现状
第 4 层	系统掌握专业理论知识和操作知识，了解国内外同行业现状和发展方向
第 5 层	在专业理论和实践操作知识方面有深厚的造诣，具有创新开拓能力，能把握国内外同行业的现状和发展方向

在实际操作中，为各个评价指标划分好等级后，需要给其各等级分配点数，以反映各个等级之间的差异大小，方便职位评价人员评分。为职位评价指标各等级配分的方法通常有 3 种，分别是：最小权重法、最大权重法和均衡权重法。

1. 最小权重法

最小权重法的具体操作步骤如下：

首先，按各个评价指标的权重值来确定各指标最低等级的分数；然后，采用等差级数、等比级数或不规则级数的测算方式，来测算其他各级的分数或点数。

举例说明：由表 9－3 可知，工作技能、工作责任、工作强度和工作环境 4 个指标的权重值分别是 50%、35%、10%、5%，将这 4 个数值"移至"等级 1 栏（见表 9－3 数字加粗处），即将每个指标的权重值作为各自最低等级的分数。然后采用等差级数的方式，依次往上加分，得出其余等级的分数。如工作技能指标各等级的等差级数设定为 25，那么该指标第 2 等级的分数为 75（测算式：50＋25＝75），依此类推，第 3 等级分数为 100，第 4 等级分数为 125，第 5 等级分数为 150。

表9-3 最小权重法示例

序号	要素	权重(%)	等级-分数					等差级数
			1	2	3	4	5	
1	工作技能	50	**50**	75	100	125	150	25
2	工作责任	35	**35**	55	75	95	115	20
3	工作强度	10	**10**	20	30	40	50	10
4	工作环境	5	**5**	8	11	14	17	3

需要指出的是，各个指标的等差级数可以不一致，主要原因是不同的指标其各个等级的差别也不尽相同，有的指标各等级差异非常明显，例如大型跨国企业的工作技能指标。而有的指标各等级差异并不十分明显，例如中小型软件开发企业的工作环境指标。

2. 最大权重法

最大权重法的具体操作步骤与最小权重法的基本原理相同，其操作步骤如下：

首先，按各个指标的权重值来确定各个指标的最高等级的分数；然后，采用等差级数、等比级数或不规则级数的测算方式，来决定其他各级的分数或点数。

举例说明：在表9-4中，先获知工作技能、工作责任、工作强度和工作环境4个指标的权重值分别是50%、35%、10%、5%，再将这4个数值"移至"等级5栏(见表9-4数字加粗处)，即将每个指标的权重值作为各自最高等级的分数。然后采用等比级数的测算方式，得出其余等级的分数。如工作技能指标各等级的等比级数设定为2，那么该指标第4等级的分数为25(测算式：50÷2＝25)，依此类推，第3等级分数为12，第2等级分数为6，第1等级分数为3。

表9-4 最大权重法示例

序号	指标	权重(%)	等级-分数					等比级差
			1	2	3	4	5	
1	工作技能	50	3	6	12	25	**50**	2
2	工作责任	35	7	11	16	24	**35**	1.5
3	工作强度	10	4	5	6	8	**10**	1.2
4	工作环境	5	1	2	3	4	**5**	1.3

当然，在上面的例子中，还可以采用等差级数和不规则级数的方式，给各个等级配分。另外，各个指标的等比级数也可以不一致。

3. 均衡权重法

均衡权重方法的具体操作步骤如下：

首先，按各个指标的权重值来确定各个指标的最低等级的分数；然后，将这个最低等级的分数乘以一个常数(常数的数值可自由选择，但对每个指标来说都应固定)来确定各指标最高等级的分数；最后采用等差级数、等比级数或不规则级数的测算方式，确定各指标其他几个等级所对应的分数或点数。

举例说明：由表9-5可知，先将各指标的权重作为它们各自最低等级（即等级1）的点数，再确定常数值，假定常数设为5，接着，将等级1的点数分别乘以5，以此得到各指标最高等级（即等级5）的点数，进一步地，采用不规则级差的测算方式，来确定各个指标中间等级的点数。如工作技能指标各等级的不规则级差设定为35、45、55、65，那么该指标第2、第3、第4等级的分数分别为85（测算式：50+35=85）、130（测算式：85+45=130）、185（测算式：130+55=185）。

表9-5 均衡权重法示例

序号	指标	权重（%）	等级-分数					不规则级差
			1	2	3	4	5	
1	工作技能	50	**50**	85	130	185	**250**	35、45、55、65
2	工作责任	35	**35**	55	85	125	**175**	20、30、40、50
3	工作强度	10	**10**	14	22	34	**50**	4、8、12、16
4	工作环境	5	**5**	7	11	17	**25**	2、4、6、8

此外，当评价指标体系中出现指标的等级数目不一致的情况时，可选择均衡权重方法为各等级配分。示例如表9-6所示。

表9-6 各指标分级数量不一致时的分数配置示例

序号	指标	权重（%）	等级-分数					等差级数
			1	2	3	4	5	
1	工作技能	50	**50**	100	150	200	250	50
2	工作责任	35	**35**	82	128	**175**		47
3	工作强度	10	**10**	23	37	**50**		13
4	工作环境	5	**5**	15	**25**			10

在表9-6中，"工作技能"这一评价指标分为5个等级，"工作责任"和"工作强度"两个评价指标都分为4个等级，"工作环境"指标分为3个等级。采用均衡权重法为各指标等级进行配分。

按照均衡权重法的配分步骤，先按各指标的权重值来确定其最低等级的点数，然后将最低等级的点数乘以一个常数，以此确定各指标最高等级的点数，最后再根据等差级数的测算方式，测算各指标中间等级的点数。比如，工作技能的权重是50%，将50作为该指标最低等级（即等级1）的点数，设定常数为5，将等级1的点数50乘以5，依次作为该指标最高等级（即等级5）的点数。在得到最高等级和最低等级的点数后，利用等差级数 d 的计算公式（$d=$（最高点数－最低点数）$/(N-1)$），测算出等差级数 d 的数值。最后，将等级1

的点数 50 加上 d 的数值 50，得出等级 2 的点数 100，依此类推，测算得出等级 3 和等级 4 的点数分别是 150（测算式：100＋50＝150）、200（测算式：150＋50＝200）。

9.2.5 职位评价标准的制定

1. 制订职位评价标准的要求

在实施职位评价时，应按照标准化的要求执行各项标准，除运用统一规定的技术方法之外，对于指标标准和技术方法在制订过程中另有要求。

1）对指标标准的要求

（1）符合我国国情和企业的具体实际情况，选择的指标标准应具有较强的客观性、可行性和实用性。

（2）各项指标标准的内容概念性强，指标设置合理、全面，适用范围较广，即广泛适用于本组织各级各类职位的评价。

（3）指标标准各等级明确、清晰，对各等级的描述语言精练并符合行业术语的用语习惯，避免模棱两可的字句和用词。

（4）指标标准体系尽可能简化，指标体系中指标的数量不是越多越好，而是遵照精简原则，对初步设计的指标体系进行因子分析等统计分析工作，修正后的指标体系应简化、明了，易于评价人员掌握，并且容易向员工解释说明职位评价的基础依据。

2）对技术方法标准的要求

（1）所采用的职位评价技术方法应符合组织实际情况，根据组织现有人力、物力、财力等各项软、硬资源，选择切实可行的技术方法。

在实际评价过程中，评价人员切忌选择大而无当、流行但实用性不强的技术方法。这需要评价人员有充足的评价经验，能辨别出哪些是徒有虚名的职位评价技术方法，哪些是切实可行的职位评价技术方法。

（2）即使评价技术方法是科学的，但很可能不适用于特定组织的职位评价分析情境。

因此，在对技术方法的选择上，要求评价人员把握科学性和高效性两个原则。将科学的评价技术方法应用到实际的评价情境中，并从组织、部门、个体等多个方面保障该方法得到有效运用，实现其高效度。

（3）统一、简化、规范。

与职位评价指标标准一样，技术方法的标准也应遵守统一、简化、规范的原则。统一性标准是指针对组织内各级各类工作，都应采用同种评价技术方法，不应对不同部门或是不同种类的工作，采用不同的评价技术方法。简化标准是指所采用的技术方法应简便易行。规范性标准是指对所采取的技术方法的说明应规范，在采用该技术方法开展各级各类职位的评价时，具体操作流程应规范。

2. 职位评价的指标标准

职位评价的指标标准一般由标准定义、标准分级和注释说明 3 部分构成。

1）指标的标准定义

以简洁明了的字句给指标标准下定义。标准定义的用词要恰当，能概括反映标准的内涵与外延。

2）指标的标准分级

标准分级指的是指标标准的分级依据及所规定的实质性内容，一般用表格形式表示。它包括以下几个方面：

（1）标准名称。一般在表格上面注明某分级标准。

（2）级别或级别值。一般用阿拉伯数字由小到大或由大到小按顺序排列。

（3）分级依据。分级依据是对应于每个级别或级别值的依据，即满足于该级别或级别值的条件。可用文字表述，也可用数字区间表述，应尽可能数量化。它与级别或级别值是一一对应的关系。

3）指标的注释说明

注释说明是对指标标准所作的必要的补充说明和提供使用参考的资料，主要包括以下几个方面的内容：

（1）标准依据的进一步说明。

（2）引用标准说明，写明直接引用国家或部颁布标准的编号和名称等。

（3）标准适用范围说明。

（4）评价该指标时应注意的问题。

例如，表 9-7 为"管理责任"这一评价指标的分级标准（管理责任的分级依据，主要是以被评价生产岗位在指导、协调、分配、考核等管理工作上的责任大小为基础的），表 9-8 为"技术知识"的分级标准（技术知识要求是从文化水平和技术经验水平两方面来评价，按岗位实际要求的水平决定等级。本分级标准可衡量各岗位劳动所需的文化知识水平和应具备的专业理论知识）。

表 9-7 "管理责任"的分级标准等级

等　级	分　级　依　据
1	对多个岗位有领导、考核或分配责任的岗位
2	对一个其他岗位有领导、考核或分配责任的岗位
3	对多个岗位有指导或安排工作责任的岗位
4	对一个其他岗位有指导或安排工作责任的岗位
5	有管理自主权、管理几个下属小组的岗位
6	有管理自主权、无下属小组管理的岗位
7	有管理自主权的单人或单机作业岗位
8	受其他岗位管理、本岗位有部分自主权的岗位
9	完全受其他岗位管理的岗位

表 9-8 "技术知识"的分级标准等级

等　级	分 级 依 据
1	需高中以上文化程度、高级工技术水平并受过技术培训或有多年实践经验的岗位
2	需高中文化程度、高级工水平并有一定经验的岗位
3	需高中文化程度、中级工水平的岗位
4	需初中文化程度、高级工水平才能胜任的岗位
5	需初中文化程度、中级工水平并有一定经验的岗位
6	需初中文化程度、中级工水平的岗位
7	需初中文化程度、初级工水平并有一定经验的岗位
8	需初中文化程度、初级工水平的岗位
9	基本上不需要什么知识即可胜任的岗位

3. 职位评价的技术方法标准

所谓职位评价的技术方法标准，是指岗位劳动评价所采用的一系列技术方法均有统一的规定和要求。只有实现技术方法的科学化、规范化，才能保证评价数据的科学性、准确性，才能达到保证工作质量、节约时间和提高工作效率的目的。因此，职位评价的各项指标均应采用统一规定的方法进行测度或评定，按规定的方法分级，并做出评价。

1）确定评价岗位

职位评价的对象是职位，因此，根据组织实际情况，科学、合理地划分、确定职位是职位评价的基础工作，也是保证评价结果有效的前提。

职位又称工作（生产）岗位，是指组织在一定劳动条件下，按照一定技术要求或操作规范，为相对独立的区域（位置）和由一个或若干劳动者完成相对独立内容的工作而设置的劳动组织管理的最基本单位。作为一个评价职位，应满足以下条件：

（1）完整性。待评价职位应具有劳动过程所含的四要素：劳动者、劳动对象、劳动工具和劳动场所。即劳动者采用一定的手段在一定的区域内完成某项工作。

（2）重复性。工作内容日常重复出现且饱满，也就是工作经常发生，属于日常工作且达到一定工作负荷量。

（3）稳定性。待评价职位应具有一定的、较长的存在时间，只有在组织生产技术、环境条件发生较大变化时，这些岗位才可能被终结。

（4）满足生产经营和劳动管理的需要。所有待评价职位的确定必须是客观的需要，同时还要符合组织内部管理的需要，在行业内尽量做到上下一致，按照统一的规定，制定出统一、规范的岗位名称、工作职责等。

2）对评价职位进行编码

职位编码也是职位评价工作的一项基础性工作。在职位评价劳动过程中有许多职位，而它们的名称往往不能反映职位本身所具有的全部特征，只能把一个职位同另一个职位区别开来，有些甚至还不容易区别开来。若用文字对它们的全部特征加以描述，则相当繁琐，因而必须赋予职位一组能反映其主要特征的职位代码。编码就是赋予岗位以代码的过程，而代码则是识别、标记、代表职位的符号。职位的编码也有利于计算机进行数据统计分析。

职位编码的方法多种多样，在职位评价过程中，通常采用组合编码的方式，即用若干简单码组成职位编码，主要包括以下要求：

（1）编码一般用阿拉伯数字表示且具有一定的含义，其位数根据需要确定。

（2）唯一性。编码与职位要一一对应，一个编码只能代表一个岗位，一个岗位也只能有一个编码，不能一岗多码或一码多岗。

（3）按工作职位进行编码而不是按工种进行编码，并且同一职位进行补贴项目技术测定，应使用同一编码。

（4）具有可扩充性。要预留足够的编码位置，以适应变化的需要，以便增加新的职位时可直接利用源代码系统进行扩充而不需要重新组织代码系统。

3）职位评价的计量单位

职位评价所获取的大量数据在计量单位方面均有统一规定，如表 9-9 所示。

表 9-9　职位评价的计量单位

数据种类	数据名称	计量单位	小数位数
工作日写实	开始时间	分（24 小时制）	0
	工作时间及各种接触时间	分	0
	工龄	年	0
	年龄	岁	0
能量代谢鉴定	身高	厘米（cm）	1
	体重	千克（kg）	1
	通气量读数	升（L）	0
	采气时间	分（min）	1
	采气量	升（L）	1
	气温	摄氏度（℃），或华氏度（℉）	1
	气压	千帕（kPa）	1
	水蒸气分压	千帕（kPa）	2
粉尘测定	S_iO_2 含量	百分数（%）	0
	滤膜重量	毫克（mg）	1
	流量	升/分（L/ min）	1
	采样时间	分（min）	0

数据种类	数据名称	计量单位	小数位数
高温测定	气温	摄氏度(℃),或华氏度(℉)	1
	辐射热	焦耳/平方厘米·分 (J/cm² · min)	2
噪声测定	声级测定结果	dBA 或 legdBA	1
空气中化学物质测定	采样时间、流量、气条件、滤膜重量	同能量代谢或粉尘测定	同能量代谢或粉尘测定

4)劳动强度的测定和分级方法

(1)体力劳动强度的测定和分级方法,必须符合国家标准《体力劳动强度分级》的规定;

(2)劳动强度的其他指标的测定和分级,必须符合岗位劳动评价的规定。

5)劳动责任、劳动技术和劳动心理的评价方法

对劳动责任、劳动技能和劳动心理的各项指标,均采用岗位劳动评价规定的功能评价方法评价。

6)劳动环境的测定方法

(1)粉尘危害强度的测定和分级的方法,必须符合国家标准《生产性粉尘作业危害程度分级》和《作业场所空气中粉尘测定方法》的规定;

(2)高温危害程度的测定和分级的方法,必须符合国家标准《高温作业分级》的规定;

(3)毒物危害程度的测定和分级的方法,必须符合国家标准《有毒作业分级》的规定;

(4)噪声危害程度的测定和分级的方法,必须符合行业标准,如《冶金工业噪声作业条件分级》的规定;

(5)井下、露天、高处作业的分级,应符合岗位劳动评价的规定;

(6)其他物理性、化学性有毒因素的分级,应符合岗位劳动评价的规定;

(7)局部振动危害程度的测定方法,应符合国家标准《作业场所局部振动卫生标准》和《手传振动测量规范》的规定,其分级方法应符合岗位劳动评价的规定;

(8)电离辐射危害程度的测定方法,应符合国家标准《放射卫生防护基本标准》的规定,其分级方法应符合岗位劳动评价的规定。

7)综合评价的方法

对各项评价因素的综合评价,应按岗位劳动评价规定的方法,选取统一的权重系数进行综合评价。

8)数据处理的方法

为了进一步保证职位评价的标准化和规范化,在数据处理方面也必须采用统一的方法或程序,比如采用先进的技术设计和编制统一的数据处理软件,使各项因素的测定数据和综合评价数据都可以使用计算机处理。

思 考 题

1.简述职位评价的定义和操作程序。

2. 职位评价的原则有哪些?

3. 请结合你的学习经历,根据本章内容,制定出一套高等学校职位评价指标体系。

4. 某组织职位价值评价指标和次级指标如下:岗位贡献、岗位责任、任职资格、劳动强度、工作环境。请两位专家(A_1和A_2)给出五个指标的权重(如下矩阵),请综合两位专家的判断,计算各指标的权重。

$$A_1 = \begin{bmatrix} 1 & \frac{1}{3} & 2 & \frac{1}{5} & \frac{1}{4} \\ & 1 & 2 & 3 & 2 \\ & & 1 & 5 & 7 \\ & & & 1 & 2 \\ & & & & 1 \end{bmatrix}$$

$$A_2 = \begin{bmatrix} 1 & \frac{1}{5} & \frac{1}{2} & \frac{1}{5} & \frac{1}{7} \\ & 1 & 2 & 3 & 3 \\ & & 1 & 5 & 5 \\ & & & 1 & 3 \\ & & & & 1 \end{bmatrix}$$

5. 给职位评价指标各个等级配分的方法有哪些? 如果你是职位评价人员,你倾向于采用哪一种方法,为什么?

6. 简述职位评价的技术方法标准。

案例分析

案例 1

R 公司的职位评价问题

R 公司是一家专门生产袜子的企业,发展相当迅速,经过 10 年的发展,已经由一个家族式小企业成长为年销售额为 15 亿元的集团公司。

为了适应外部瞬息万变的竞争环境,公司已经认识到管理逐渐要向规范化、精细化方向发展。近几年公司连续导入 ISO9001:2000 质量管理体系、社会责任标准 SA8000、规范化管理体系和基于战略的人力资源管理体系,公司发展呈现出了良好的态势。

为了让员工能在公司内部合理流动,公司决定对一些岗位进行内部招聘。

其中有一个岗位是销售管理部的销售管理员岗位,很多部门的人都来应聘。经过了若干轮的竞争,一名采购部的采购员脱颖而出,最终获得了胜利。这样一来采购部就缺员了,人力资源部决定招聘,结果一名技术部的技术员去了采购部。

但是麻烦也随之而来,采购部门的经理找到公司的人力资源经理诉苦。

"我们部门培养一个人很不容易,因为我们公司使用的原材料很多,熟悉每个原材料需要很长的时间,而且有很多种混合材料。为了技术保密,混合材料是在外协厂家完成的,一个新手要熟悉整个过程,一般需要花半年到一年的时间,另外,采购员这个岗位对人员的职业素养要求非常之高,所以,我不希望她去销售管理部。但是销售部的工资比我们这里高,我又不能挡别人的路,这可难办了。"

其实大家都知道，销售部的工资高，工作轻松，是公司最好的岗位之一。而采购部的工作量很大，责任又重，工资又比销售员低很多。我觉得这是因为公司的工资政策不合理，才导致这样的问题产生。这已经是第三个人离开我们部门了，从你们搞内部流动开始，我就预料到这样的问题迟早会发生。现在倒好，到我们部门来的技术部技术员，什么都不懂，害得我现在工作都很难展开！"

技术部经理也找到人力资源经理，说："我们也是，培养一名技术员可比培养一名采购员和销售员困难多了，需要熟悉生产流程、设备性能、研发知识。但不知道你们怎么搞的，采购员、销售员的薪水比我们技术员还高，我也没办法留他，看来只有自己再慢慢培养了。"

销售部经理听到传闻后也去找人力资源经理理论："听说有人说我们部门不重要，工作是不能光拿工作环境来说的，我们是不用出去跑，但你知道的，我们部门负责客户联络和客户的信用管理。如果我们部门出了问题，公司的销售就会受到很大的影响，所以我们的责任也不轻。我们部门的工资水平高是应该的。我们需要一流的人到我的部门工作。既然搞了内部招聘，就该让她到我们部门来工作。"

人力资源部经理被这件事情弄得非常烦恼。因为这个问题已经不是简单的一个内部人才流动的问题，而是公司的薪酬政策的问题。为此，公司专门召开了好几次会议来解决这个问题。在会上，大家公说公有理，婆说婆有理，都认为自己工作量大，自己的部门最重要。

究竟哪个职位更重要呢？人力资源经理也不知道如何解决这个问题……

请讨论：

(1) R 公司遇到了什么问题？你认为是什么因素导致了这样的问题？

(2) 你认为人力资源经理该如何做，才能给大家一个满意的答复？

案例 2

五指论大

有一天，五根指头聚在一起，讨论谁是真正的老大。

大拇指骄傲地率先发言，说："五根指头中，我排在第一而且最粗大，人们在称赞最好或表现杰出的时候，总是竖起我，所以老大非我莫属！"

食指不以为然，急着辩解："我才是老大，人们在吃饭时，如果没有我支撑着，根本就夹不了菜。另外，人们在指示方向的时候，也总是依靠我。"

中指不屑地说："要说我们中间谁是老大，那一定就是我，在五根指头中，我最修长，犹如鹤立鸡群，而且我居最中间的位置，大家众星捧月，这不就是老大的证明吗？"

无名指也不甘示弱，理直气壮地讲："三位也未免太自大了，世上最珍贵的珠宝，只有套在我身上，才能相得益彰，因此，我才配做老大。"

小指在一旁，只是静默不语。四指惊讶地问道："喂，你怎么不谈谈你的看法，难道你不想做老大？"

"各位都有显赫的地位，我人微言轻，只是人们在合十礼拜或打躬作揖的时候，我是最靠近真理与对方的。"

就这样五根指头谁也没有说服其他几位，大家还是总觉得自己才是老大。

有一天，他们又凑在了一起。大拇指说："弟兄们，上次我们争了半天，虽说你们都不同意，但我觉得我还是老大！"

其他几根指头听了，异口同声地说："就你觉得自己是老大，我们还觉得我们才是老大呢！"

这时候，一只蚂蚁刚好路过，它听到五根指头的争论，觉得非常可笑，便笑着说："我觉得你们谁都重要，但要知道谁更重要，我认为单靠你们这样的争论，是永远都不会有答案的。"

"那怎样做才能有答案呢？"大拇指第一个抢先问道。

"我给你们讲一个蚂蚁王国的故事。在我们蚂蚁王国里，有蚁后，有公蚁，有后勤蚁，还有工蚁。蚁后专门负责产卵，公蚁重点负责繁殖后代，后勤蚁主要负责食物保管和伙食提供，而工蚁负责外出寻找食物。"

"你说这些与谁更重要有什么关系呢？"食指迫不及待地问道。

"在我们蚂蚁王国，每种蚂蚁的地位和享受的待遇与所负责的事情是相关的。首先，我们会根据每种蚂蚁的工作环境、工作责任和是否经常因外来敌人的袭击而受到生命的威胁等维度来评价哪种蚂蚁更重要，然后再根据重要程度来确定各自的地位和待遇。"

听了蚂蚁的一席话，几根指头茅塞顿开。他们决定去找几个共同的评估维度来看看到底谁是老大。

最终，他们决定按照以下维度来评估每根指头的重要性：

握东西的时候每根指头的贡献；

吃饭时每根指头的贡献；

每根指头的长短；

人们使用每根指头的频率。

就这样，几根指头终于达成共识，按照以上几个维度进行评估。

但是，通过这样评估，到底自己能排第几位呢？每根指头都在心里盘算着。

请讨论：

(1) 在阅读资料"五指论大"的故事中，你认为是什么因素导致了五根指头的争执？

(2) 请举例说明现实生活中的"五指论大"事件，并分析如何准确有效地进行评价？

第 10 章　职位评价实施方法

本章知识点

1. 掌握排列法的类型及应用步骤；
2. 掌握分类法操作步骤；
3. 掌握点数法操作步骤；
4. 掌握因素比较法操作步骤；
5. 掌握海氏职位评价方法的基本原理与操作步骤；
6. 明确多种常用的职位评价方法的优缺点；
7. 掌握职位评价方法选择的影响因素。

案例导入

DR 集团南海培训公司是目前国内最大的软件外包企业 DR 集团与大连 YD 集团在软件服务领域的合资公司。公司主要从事 IT 教育与培训业务。经过十余年的经营，公司发展迅速，获得了社会和客户的广泛认可。目前公司已有员工 346 人，每年为社会培养输送 IT 专业人才 7000 余人，成为华南地区 IT 教育及培训的知名单位。

近年来，全国各地都兴起了一批 IT 教育及培训的企业和机构，特别是处于经济及信息高度发达的广东地区，南海培训公司面临着来自众多类似企业和机构的威胁。此外，根据企业生命周期理论，南海培训公司目前已迎来了其发展的衰落期，如何进行企业转型，提升企业竞争力，成为公司目前首要解决的问题。

为了解决公司现有问题，公司高层经理决定从人力资源管理方面入手。人力资源管理部经理认为，公司现有的职位体系已明显无法适应发展需要，因此，有必要开展职位评价，通过职位评价，建立一个有效的职位体系和职位管理机制，充分调动员工的积极性和创造力，使员工和企业共同迎接困难与挑战，实现公司的二次飞跃。

本次职位评价采用的是韬睿惠悦全球职位评价系统(Global Grading System，GGS)，该职位评价系统具有六大优势：

一是从组织宏观角度出发，以掌握重点的方式了解职位所需承担的职责，但并不深入探讨过于细节的信息；

二是拥有强大的计算机软件系统支持，提供职位评价的速度，有利于管理者参与，能够授权中基层管理者得以在职位管理上扮演更积极的角色，更有效激励优秀人才；

三是重视与市场的可比较性，而不倾向于根据特定产业环境的特殊需求做出修改；

四是能够面临迅速变化的环境，高效完成评估过程，具有顺应变革的更高弹性；

五是与韬睿惠悦全球 50 个国家的薪酬数据库相接，有助于了解相关地区的薪酬市场

水平;

六是支持双轨发展的职业生涯制度，将所有职位区分为管理序列及专业或技术序列，不仅突破了传统的以管理职位为中心的思维方式，而且彰显了知识经济时代专业或技术职位对组织的贡献。

GGS 系统包含以下 3 个步骤:

第一步，界定运营规模:通过衡量企业总资产、员工人数、产品/服务多元化及市场国际化程度，来界定组织的运营规模，从而决定最高管理层的职级，此职级也是组织中所有职位的最高等级。

第二步，决定层级:GGS 通过 2 至 5 个战略性问题确认职位的归属序列，即该职位属于管理序列还是专业技术序列，并澄清职位对组织的贡献方式。

第三步，评定职级:除了最高管理者职位之外，其他职位是根据七项评估因素来决定职位等级，每个因素均有对应权重。评估时根据各因素的程度描述，判断适合该职位的选项，完成后，系统会自动计算出总分并显示职级。七项职级评估因素及权重如表 10 - 1 所示:

表 10 - 1　GGS 七项职级评价因素及权重

评 价 因 素	衡 量 内 容	权 重
专业知识	工作所需的特定领域的专业知识	15%
运营知识	工作所需具备的所属产业的应用知识	15%
领导责任	领导及指导他人所需担负的责任	15%
解决问题复杂程度	信息分析及问题判断所需的能力	15%
对运营的影响程度	对运营效益所需承担的责任	15%
对运营的影响范围	对运营效益产生影响的范围	15%
人际关系困难度	执行工作所需的人际管理能力的复杂程度	10%

经过职位评价，南海培训公司内所有的职位都会落入职级中，从而得到职位体系层次关系图。新的职位体系充分考虑了市场需求，符合公司发展需要。通过职位体系的建立，不仅理顺了工作流程，简化了管理过程，降低了管理成本，提升了公司运营效率，而且建立了清晰的员工职业发展路径，为建立公平合理的薪酬体系及有效的绩效管理体系奠定了良好的基础。

(资料来源:刘莹.东软集团南海培训公司职位体系设计与应用.中南大学硕士学位论文，2013)

导入案例中的南海培训公司结合自身实际发展需要，将职位评价活动外包给著名人力资源管理咨询公司——韬睿惠悦集团，采用了该集团的全球职位评价系统(Global Grading System，GGS)进行组织内的职位评价活动。通过开展有效的职位评价活动，形成了组织职位体系层次关系图。更为重要的是，构建了公平、有效的薪酬结构和晋升通道管理制度。

除了将职位评价活动外包给专业的管理咨询公司完成，组织自身也可以采用诸多方法进行职位评价。本章即对一些常用的职位评价方法予以详细介绍。它们分别是:排列法、分类法、点数法、因素比较法、海氏职位评价方法。这 5 种职位评价方法广为采用，经实践证明，都是可靠、有效的职位评价工具。它们可归为两大类:定性方法和定量方法。其中，排列法和分类法属于定性方法，点数法、因素比较法、海氏职位评价方法属于定量方法。本章首先介绍操作简便的定性评价方法，再介绍相对复杂、要求较高的定量评价方法。在现实情况中，组织可根据自身资源、内部和外部实际情况选择相应的方法开展职位评价活动。

10.1　排　列　法

10.1.1　排列法的定义

不同研究学者对排列法(Job Ranking)进行了不同的界定，以下提供一些具有代表性的定义：

西北大学教授高艳(2012)认为，排列法又称排序法，它是逐步地比较两个职位之间的重要程度，采用顺序性方式，将所有职位加以排列。

中国劳动关系学院教授潘泰萍(2011)认为，排列法是指由经过培训的有经验的评价者，根据对工作所承担的责任、困难程度等基本情况的了解，比较每两个职位之间的级别关系，从而对各职位的重要性做出判断，并根据职位相对价值的大小，按升值或降值顺序排列来确定职位等级的一种工作评价方法。

上海理工大学教授葛玉辉(2011)认为，排列法是根据评价者的工作经验，对工作所承担的责任、困难程度等进行估计，然后对所有工作进行两两比较，从而对工作的重要性和相对价值做出判断，据此进行岗位的排序。

北京大学教授萧鸣政(2010)认为，排列法也叫序列法，由评价人员凭借自己的个人经验和工作描述对职位的重要性进行判断，根据其相对价值，把所有岗位按照从高到低的次序进行排列，然后将它们分出等级。

综合以上定义，排列法也称排序法、序列法，它将职位视为一个整体来考虑，由经验丰富的评价者来排列职位的价值次序。该方法主要是通过对职位进行两两比较，来判断职位在本组织内的价值。通过排列法进行评价的结果，无法定量显示出职位价值差异有多大。

10.1.2　排列法的类型

排列法通常包含 3 种类型，各类型的名称及定义如表 10－2 所示。

表 10－2　排列法的 3 种类型

类　　型	定　　义
简单排列法	根据组织成员在工作中积累的经验，通过主观判断的方法，对工作的相对价值进行排序
交替排列法	根据对职位价值的判断，不断从原来职位列表中选出价值最高和最低的职位，直到全部选完
配对比较排列法	将所有要比较的职位，分别列在表格的各行和各列中，然后进行职位难度的两两比较

1. 简单排列法

简单排列法是最简单的职位评价方法之一。采用该方法进行职位评价需要准备的材料有：n 张卡片，n-1 个公文筐。n 为待评价职位的数目。评价步骤说明如下：

第一步，将待评价职位的名称分别写在卡片上，一张卡片对应一个职位，写好后，将所有卡片放在 A 公文筐中；

第二步，在 A 公文筐中任意选取两张卡片进行比较，选择两者中较重要的职位，并将另一张卡片放到 B 公文筐中；

第三步，从 A 公文筐中抽取一张卡片，将其与手中较好的那张卡片进行比较，取出其中较差的一张放入 B 公文筐中；

第四步，重复上一步骤，直到将 A 公文筐中的卡片都比较完为止。那么，最后握在手中的卡片上书写的职位就是价值最高的职位；

第五步，从 B 公文筐中任意取出两张卡片进行比较，并重复第二步至第四步的步骤，直到将每个公文筐价值最高的职位都选出来为止。

我们可以将整个程序再重复一遍。不过，这次是将较差的卡片（即经过两两比较，价值相对不重要的职位）留在手中，最后会得到一个从低到高的职位排序。如果这种相反的程序得到的职位排列次序与前一次排序的结果有差异，那么评价人员还需作进一步比较。

2. 交替排列法

交替排列法也称轮流排列法，它是简单排列法的延伸。采用该方法进行职位评价需要准备的材料有：两张白纸。评价步骤说明如下：

第一步，评价者先在一张白纸上写下所有待评价职位的名称；

第二步，在书写了所有职位名称的纸上，选择出价值最高的一个职位，并将该职位名称写在另一张白纸的第一行，然后将原来这张纸上的职位名称划掉；

第三步，在书写了职位名称的纸上，判断所有职位中价值最低的一个，将它从原来那张纸上划掉，并将该职位名称写在另一张纸的最后一行；

第四步，依法效仿，从书写了职位评价的纸上剩余职位中选出价值最高的职位和最低的职位，将它们写在另一张纸上的第二行和倒数第二行，并在原来的纸上将它们划去，整个过程一直持续到第一张纸上的所有职位都划去为止。

3. 配对比较排列法

配对比较排列法的操作步骤是，将所有待评价的职位，分别列在一个表格的各行和各列上，这一表格就是配对比较排列表。假设待评价职位有 6 个，分别是经理、副经理、策划、营销、文秘和内勤，制作的配对比较排列表如表 10-3 所示。

表 10-3　6 个职位的配对比较排列结果

职位名称	经理	副经理	策划	营销	文秘	内勤	总分数
经理	—	2	2	2	2	2	10
副经理	0	—	2	2	2	2	8
策划	0	0	—	1	2	2	5
营销	0	0	1	—	1	2	4
文秘	0	0	0	0	—	2	2
内勤	0	0	0	0	0	—	0

把表 10 - 3 中的每个职位都与其余 5 个职位逐一比较，做出价值更高、价值近似和价值较低的判断。当"行"的职位与"列"的职位相比，判断为价值更高时，就在"行"和"列"交叉的空白处填"2"；判断为价值近似时，填"1"；判断为价值较低时，填"0"。接着，将表 10 - 3"总分数"一栏中的数值加总，计算出每个职位的最后得分，得分最高的职位就是对组织的价值贡献度最高的职位。

经过配对比较后，6 个职位在比较中所获得的总分数决定了其职位价值排列的先后顺序，职位相对价值次序的排列结果如表 10 - 4 所示。

表 10 - 4　职位相对价值排序结果

总分数	职位名称	职位相对价值次序
10	经理	1
8	副经理	2
5	策划	3
4	营销	4
2	文秘	5
0	内勤	6

10.1.3　排列法的特点

排列法是采用非分析和非定量的方法，由评定人员自己判断，不将工作内容分解为组成要素，而只是根据工作岗位的相对价值，按高低次序进行排列，从而确定一个工作岗位与其他工作岗位的关系。该方法的主要优点在于能尽快确立新的职位等级，因此它有时也用作鉴别工资差异是否合理的初步措施。

排列法有明显的不足之处，主要体现在职位顺序的排列方面。它没有牢固的理论基础，主要是依据评价者的主观判断，这样一来，通过排列法进行职位价值的排序，很难达到评价结果的客观、准确、有效。因此，尽管采用排列法进行职位评价能够节约时间成本和劳力成本，但是评价人员很难向组织内部员工解释评估后的结果，说明各个职位差异性程度，很可能导致员工不接受职位评价的结果，从而大大降低了员工的工作满意度和组织承诺的可信度。

10.1.4　排列法的应用步骤

1. 准备与职位有关的资料

与职位有关的资料可从工作说明书中得到。工作说明书对工作责任，工作难度，与其他工作之间的关系，从事工作所需的知识、技能及经验，工作条件等信息做了详细的书面描述。如果没有现成的工作说明书可供参考，那么职位评价人员需要提前做好工作分析的准备。

排列法的应用是以评价人员对待评价职位的熟悉度为前提的。即使评价人员自认为掌握待评价职位的情况，他们还需要仔细研读工作说明书等相关资料，这样才有可能对各项职位进行准确评价。

2. 成立职位评价委员会

职位评价委员会成员包括：员工代表和管理层代表，必要的时候可以邀请组织外部专家参与评价。外部专家的选择范围较广泛，如高校商学院或管理学院的知名教授、大型管理咨询公司的专业评价人员，或是同行业其他企业职位评价经验丰富的人员。

值得注意的是，尽管职位评价委员会成员资质较好，但他们仍需接受相关培训，培训其对排列方法、待评价职位的工作进行概括性的了解，并对什么样的价值作为整体价值达成共识。

3. 选择参与排序的职位

当需要进行职位评价活动的组织职位较少时，直接对其所有职位进行排序。如果组织的职位较多，可选择一些关键性的职位作为基础职位。对这些基础职位先进行排序，然后再将其他职位往相近似的基础职位上靠拢，与这些基础职位进行比较。

4. 职位排序

由职位评价委员会成员"背靠背"，即独立地根据工作说明书，采用排列方法，对所有待评价职位进行排序。

5. 结果汇总

将所有评定人员的评定结果加以汇总，得到该职位的评定序数和，将序数和除以参加评定的人数，即得到每一职位的平均序数。按照平均序数的大小，评定出所有待评价职位的价值次序。

例如，职位评价委员会成员包括甲、乙、丙三人，他们对职位 A～职位 G 这 7 个职位进行评定，评定结果如表 10-5 所示。

表 10-5　职位定级表

岗　位	A	B	C	D	E	F	G
甲评定结果	1	3	4	2	5	6	7
乙评定结果	2	1	4	3	—	5	—
丙评定结果	1	—	2	3	6	4	5
评定序数和	4	4	10	8	11	15	12
参加评定人数	3	2	3	3	2	3	2
平均序数	1.3	2	3.3	2.67	5.5	5	6
岗位的相对价值次序	1	2	4	3	6	5	7

由表 10-5 的结果可知，被评定的 7 个职位的相对价值按重要性由大到小排列次序应为职位 A，职位 B，职位 D，职位 C，职位 F，职位 E，职位 G。也就是说，依据其重要程度把职位排列成一种等级结构。

然而，为确定某一种工资结构，对这些职位进行定级时应注意，排列法本身并不能为等级划分提供依据，通常还要按照管理的要求与组织和各层次中的责任相比较来划分等级。排列法本身对工作等级之间的差异程度没有精确的指标，不能成为一种衡量尺度。在实践中，不同等级之间的工资级别和标准通常是通过劳资谈判来确定的。

在任何情况下，都要谨慎地给职位确定起点工资标准，以便在一个适当的工资水平上达成协议。因为工资数一经确定，便成为今后工资管理的基础。

10.1.5　排列法的优缺点

采用排列法对职位进行价值评定时，最大的优点就是简便易行。一旦标准职位及其相应位置被确定后，排列其他职位就相对简单一些。

另一个优点是，每个职位是作为一个整体来进行评定的，从而避免了对工作要素的分解而引起的矛盾和争论。如将工作要素分成工作技能和工作知识两个子要素，若对工作知识的权重赋予过高，那么可能引起技能型员工的不满。

与此同时，排列法在对职位进行评价的过程中，也存在着如下不足之处：

一是较难找到对所有待评价职位的工作内容都非常熟悉的评定人员。如果评定人员对待评价职位不甚了解，那么他们所评定的结果很可能是无效的。

二是由于这种方法较大程度地依赖于评定人员的知识和经验，而缺乏严格的、科学的评判标准，因而其评价结果弹性大，容易受到其他要素的干扰。

三是由于排列法没有对职位进行因素比较，操作步骤相对简单、粗糙，因此它只适用于组织结构简单、岗位较少的中小型企业的职位评价。

为了克服这些缺陷，需要改进排列法，最新的办法就是制定某些参考因素。对职位进行排列时，先依据每一因素对工作进行排列，再根据因素排列的平均结果，确定职位排列的顺序。虽然这种改进并没有从根本上改变排列法的主观性，但仍比传统的排列方法精确。

10.2　分　类　法

10.2.1　分类法的定义

多位研究学者对分类法(Job Grading or Classification)进行了界定，以下介绍一些具有代表性的定义：

西北大学教授高艳(2012)认为，分类法也称归类法、分级法、套级法，它是事先进行总体职位分类和职位等级描述，建立一套职位"等级标准体系"后，再把待评价的职位与事先设定的一个标准(如工作复杂性)进行比较，从而确定该职位相应级别的方法。

中国劳动关系学院教授潘泰萍(2011)认为，分类法是排列法的改革，又称归级法，是在工作分析的基础上，采用一定的科学方法，按职位的工作性质、特征、繁简难易程度、工作责任大小和人员必须具备的资格条件，对企业内部(或规定范围内)的职位所进行的多层次的划分，即先确定等级结构，然后再根据工作内容对职位进行归类的一种职位评价方法。

上海理工大学教授葛玉辉(2011)认为，分类法是排列法的进一步扩展，它通过制定一套岗位级别标准，将岗位与标准进行比较，然后再归类到相应的各个级别中。

北京大学教授萧鸣政(2010)认为，分类法又称等级描述法，它是在工作分析的基础上，事先确定等级的数量和结构，然后根据职位的工作性质、特征、繁简难易程度、工作责任大小和人员必须具备的资格条件等，对每一个等级分别进行描述，再按照等级的定义将所有职位分配到相应的等级中。

综合以上学者定义，可以发现，分类法也称归类法、归级法、套级法、分级法、等级描述法，它在工作分析的基础上，事先进行总体职位分类和职务等级描述，建立出一套职位"等级标准体系"，然后将职位根据工作复杂性、工作责任大小等标准放入这一体系。

采用分类法进行职位评价，最关键的一项工作就是确定等级标准。表 10 - 6 是一个等级标准范例，它包含了职位的横向和纵向分类，含有 3 个职类、7 个职种、3 个职等、9 个职级。

表 10 - 6　职类、职种、职等、职级示例

职等　职级	管理类		技术类			协助类	
职种	企业管理	人力资源管理	软件	硬件	结构	协助管理	勤杂
高层 Ⅰ　职级 1							
高层 Ⅰ　职级 2							
高层 Ⅰ　职级 3							
高层 Ⅰ　职级 4							
中层 Ⅱ　职级 1							
中层 Ⅱ　职级 2							
中层 Ⅱ　职级 3							
基层 Ⅲ　职级 1							
基层 Ⅲ　职级 2							

注：通常，职类和职族可互换，职种和职群可互换，职等和职层可互换。

各等级标准应明确反映出实际上各种工作在技能、责任上存在的不同水平。在确定不同等级标准之前，要选择出构成工作基本内容的基础因素，但如何选择因素或选取多少，则依据工作性质来决定。在实际的职位评价活动中，应注意不能把岗位分解成各构成要素，而是要作为整体进行评定。岗位分类与企业单位以外的职业分类标准存在密切的联系。各类职业分类标准是以企业为单位、国家机关岗位分类为基础制订的。一旦这类标准建立之后，企业单位在进行岗位分类时，便可依据、参照或执行这类标准。

10.2.2　职位分类质和量的要求

1. 质的要求

质的要求是指对职类和职种的划分。进行职位分类，首先要区分职位的不同性质，明确区分各个职位所属的职类和职种，这在很大程度上也就划分了组织完成任务的几大功能模块。

2. 量的要求

量的要求是指对职等和职级的划分。各个职位的工作不仅要有质的差异，而且要有程度、水平和层次上的差异，职位分类的主要目的便是要清晰地揭示这些方面的差异。

10.2.3　职位分类的操作步骤

1. 收集职位资料

为了划分职位等级，必须掌握需要评价的每一个职位的详细资料。这些资料要事先准备好，包括有关职位的工作任务和职责的说明材料。在评价因素确定之后（如决策水平、工作复杂性），还要准备有关这些评价因素的说明材料。

2. 职位横向分类的原则

在对职位进行横向分类时，应遵循如下 4 项原则。

1）单一性原则

单一性原则是指一个职位不能同时属于两个职类，只能划归于一个职类。这样做符合管理理论中的统一指挥原则。

如果有一个职位可能属于两个职种，例如，办公室文秘可能既属于企业管理职种，也属于辅助管理职种，那么如何判断该职位在横向分类上的位置？可进一步考虑下面的原则。

2）程度原则

当一个职位的工作性质分别和两个或两个以上的职种有关时，以归属程度高的那一种为准，来确定其应归属的职系。比如办公室文秘既可在企业管理职种，又可在辅助管理职种，因其业务较多地归为后者，所以划入后者。如果业务基本相同，则进一步依照时间判断，即采用下面的时间原则。

3）时间原则

当一个职位的工作性质分别与两个或两个以上的职种有关，且归属程度又相当时，以占时间较多的职种为准来确定该职位的类别。

4）选择原则

当一个职位的工作性质分别与两个或两个以上的职种有关、归属程度相当且时间也相等时，则以主管领导认定的为准来确定其应归属的职种。

3. 职位横向分类的基本步骤

职位横向分类的基本步骤说明如下：

（1）对混乱的职位按业务工作相近的职位划分为科学类、行政类、行业类等的职类系列；

（2）将职类内的职位根据工作性质基本相同的标准职位划分为职组系列；

（3）将职组内的职务再根据工作性质相同的标准划分为职系系列。对于具体的职系名称、包含职务的范围可以查阅有关职位分类辞典。

4. 进行职位纵向分类

1）职位纵向分类的依据

职位纵向分类的依据，一是根据职位工作的繁简难易程度，二是根据责任的轻重，三是根据所需人员任职资格的条件。具体内容可参照如下要点：

（1）工作复杂性。工作复杂性体现在工作种类和性质、工作广度和深度及在三维交叉网络系统中的运行状态。

例如，商学院的教师，其工作种类可分为教学、科研、给企业做咨询3类，这3类工作的广度和深度不同。具体说明如表10-7所示：

表10-7 高校商学院教师工作种类及其广度和深度

	广　度	深　度
教学	备课、上课、批改作业、答疑、出试卷、改试卷	给本科生上课；给研究生上课
科研	看文章、写文章、发表文章	A、B、C类期刊
给企业做咨询	调研情况、收集数据、处理数据、分析数据、形成报告并提交	仅提交报告；能应用到实践中，不用跟踪；根据反馈调整报告、跟踪指导

（2）所受监督。它指本职位受上级监督的范围、性质和程度。

（3）所循法规。它指应遵守的法律、章程、办法、细则、手册、书面指示及有关行为规范。

（4）所需创造性。它指工作时所需创造力的种类与水平。

（5）与人接触的性质和目的。它指与人接触的范围、种类和程度等。

（6）工作效果的性质与影响范围。它指本职位的权限种类及分量。

（7）所施与的监督。它指对下属人员给予的监督种类和范围。

（8）所需资格条件。它指从事该职位的工作人员所需的教育、经验、技术、品德及体能条件。

2）职位纵向分类的基本步骤

图10-1总结了职位纵向分类的步骤。

图10-1　职位纵向分类的步骤

第一步，将职位按繁简难易、责任轻重和所需人员任职资格条件，根据上述8个主要依据进行职位评估后，再依据不同的水平进行纵向排序；

第二步，划分职级。将水平相同的职位划分为一个职级，但不同职种由于工作性质差异和繁简难易、责任轻重、所需人员任职资格条件的不同，所分的职级也会呈现差异；

第三步，划分职等。为便于对不同职系的工作人员进行横向比较、统一管理，把不同职系中相同水平的职级归入同一职等。所以职等是不同职系中职级相似的职级群；

第四步，制定职级规范。职级规范是用简明扼要的语言对每一职位的职务责任、权力及所需人员任职资格条件等进行规范性叙述的书面材料；

第五步，职位归级。把所有工作人员的职位对照职级规范归入适当的职级，并对之进行分门别类的职位管理。

10.2.4　职位分类法的优缺点

1. 优点

职位分类法具有如下3个优点：

（1）职类及其层级基于组织的战略目标而设定，是较为稳定的。

对于同一个企业，职位通常会随企业的发展而经常发生变动，而职类及其层级变动的可能性则非常小，也就是说，职位族及其层级相对职位来说具有较大的稳定性。因此职位分类法具有稳定的基础，职位分类法的结果对于目前处于高速发展期的中国企业来说，适用性较强。

（2）分类法强调以组织目标为基础，通过职位分类法，全面系统地进行职位梳理。

职位族及其层级的划分必须要对组织价值流程进行纵向及横向的双向分析，在此基础上的职位梳理确保了系统性及全局性、职位的职责与组织目标相关联。

（3）职类及其层级具有一定的概括性及包容性。一个职级往往可以对应十几个甚至几十个职位，因此对职级的评估而非职位的评估，是以一种简单而有效的方式将企业的职位"打包"，从而大大减少职位评估的工作量，节省了企业的成本和时间。

2. 缺点

分类法也存在着不足之处，主要体现在：

（1）在确定等级标准上存在困难，对不同系统（即职类）的职位评比存在着相当大的主观性，从而导致许多难以定论的争议。

（2）分类法重视的是职位等级归类，职位之间的价值量化关系还不够清楚，难以与薪酬设计相对接。

（3）由于等级标准常常是知道分类结果后才能被确定，从而影响了评定结果，准确度较差。

10.3　点　数　法

10.3.1　点数法的定义及特点

1. 定义

点数法（Point System）也称为要素计点法、点值法，它是目前最流行的职位评价方法之一。它是指在工作分析的基础上，选取若干关键性薪酬因素，并对每个因素的不同水平进行界定，同时给各个水平赋予一定的分值，这个分值也称作是"点数"，然后按照这些关键的薪酬因素对职位进行评价，得到每个职位的总点数，以此决定职位的薪酬水平。

点数法是一种比较复杂的量化职位评价技术，可在一定程度上避免评价的主观随意性，但是该方法操作起来较为繁琐。

2. 特点

点数法有 3 个基本特点：

（1）设置多个报酬要素，每个要素分为若干个等级。职位评价人员需要综合各职位在这些报酬要素上的等级分数来确定职位价值。

（2）各个报酬要素的等级可以量化，以反映待评价职位的现实情况。

（3）对各个报酬要素设置一定的权数，以反映各要素在整体评价指标要素中的相对重要性。

点数法与排列法和分类法的明显差异是，它为职位评价确定了明确的标尺——报酬要素，并且，点数法是根据组织业务活动的战略方向，以及组织内各职位对战略的贡献为基础来定义报酬因素的。

10.3.2 点数法的操作步骤

设计一个要素计点方案，一般要经过职位分析、确定报酬要素、确定报酬要素等级、确定要素权重及各等级点级、确定职位总点数、建立职位等级结构等步骤。图 10-2 总结了采用点数法进行职位评价的步骤，接下来将逐一说明点数法的操作过程。

职位分析 → 确定报酬要素 → 确定报酬要素等级 → 确定要素权重及各等级点数 → 确定职位总点数 → 建立职位等级结构

图 10-2　点数法的操作步骤

1. 职位分析

采用点数法进行职位评价，需要从工作分析活动起始，寻找一些有代表性的基准职位样本，以这些基准职位的内容作为报酬要素定义、要素评分和确定权重的基础。

2. 确定报酬要素

报酬要素即付酬要素或补偿因素，其选取和界定必须以职位所执行的工作为基础，以组织的战略和价值观为基础，而且要使受工资结构影响的利益相关者能够接受，才能发挥其应有的效用。

在实际操作中，最为常用的报酬因素主要是技能、责任、努力程度和工作条件等方面的因素，它们各自又包含了许多相关的子因素。一般而言，一个职位的报酬要素的数目可以选定在 3～25 种之间，典型的情况是 10 种左右。

例如，"个人条件"要素可以分为专业知识、工作熟练度、技术、主动性和灵活性等 4 个子因素，"劳动类型"要素可以分为脑力强度和体力强度两个子要素，"工作环境"要素可以分为工作场所和危险性两个子要素，"工作责任"可以分为材料消耗和产品生产、设备使用与保养、他人安全、其他工作等 4 个子要素。以下提供一个报酬要素的结构量化示例，如表 10-8 所示。

表 10-8　报酬要素的结构量化表

报酬要素	子要素及权重	报酬要素等级及点数				
		5 级	4 级	3 级	2 级	1 级
个体条件 （40%）	专业知识（10%）	50	40	30	20	10
	工作熟练度（10%）	50	40	30	20	10
	技术（10%）	50	40	30	20	10
	主动性和灵活性（10%）	50	40	30	20	10
劳动类型 （15%）	脑力强度（5%）	25	20	15	10	5
	体力强度（10%）	50	40	30	20	10

续表

报酬要素	子要素及权重	报酬要素等级及点数				
		5 级	4 级	3 级	2 级	1 级
工作环境 (15%)	工作场所(10%)	50	40	30	20	10
	危险性(5%)	25	20	15	10	5
工作责任 (30%)	材料消耗和产品生产(10%)	50	40	30	20	10
	设备使用、保养(10%)	50	40	30	20	10
	他人安全(5%)	25	20	15	10	5
	其他工作(5%)	25	20	15	10	5
	合计点数	500	400	300	200	100

注：设定总点数为 500 点。

3. 确定报酬要素等级

确定报酬要素等级就是对每一报酬要素的各种不同等级水平进行界定，每一种报酬要素的等级数量多少，应当与组织中各个目标职位在该报酬要素上的差异程度大小成正比。报酬要素的每个等级可根据基准职位中有代表性的技能、任务和行为来确定。

4. 确定要素权重及各等级点数

(1) 确定权重。不同权重反映了组织对不同报酬要素的重视程度差别。确定权重的方法通常有经验法(直接经验与间接经验)和统计法(德尔菲法、判断矩阵法)。职位评价人员可结合现有资源，采取某一权重设置方法。

(2) 确定各等级点数。在各报酬要素的权重确定后，需要给即将使用的职位评价体系赋予一个总点数，如 100 点、500 点(较多采用)、1000 点、2000 点。总点数的大小，根据待评价的目标职位数量多少而定，数量多，总点数就大。

(3) 根据确定的总点数和各报酬子要素的权重，可得到每个报酬子要素的最高点值。

(4) 采用等比级数、等差级数或不规则级数的方法，为各报酬子要素的不同等级配置相应的点数。

至此，便建立了一个全面的报酬要素表，它全面反映了职位评价各个报酬要素和子要素的等级、权重和点数，可以用来进行职位评价。表 10-9 是一个形式较简单的应用示例。

在表 10-9 中，假定最高点数为 500 点，将点数值 500 乘以各个报酬要素的权重，即可确定该要素最高一级的点数。其他各等级的点数，可根据等差级差来相应赋分。

表 10-9 报酬要素分级和点数配置示例

报酬要素	权 重	1 级	2 级	3 级	4 级	5 级
教育	50%	50	100	150	200	250
经验	25%	25	50	75	100	125
工作复杂性	12%	12	24	36	48	60
与他人关系	8%	8	24	40		
工作环境	5%	5	25			

5. 确定职位总点数

在建立了报酬要素的结构量表之后，职位评价活动才能实际开始。

当待评价的职位在所有报酬要素上的点数都得到之后，将它们汇总相加，即可得到该职位的总点数。

例如，某一待评价职位在表10-8中的各报酬子因素上的等级都是第2级，那么该职位的评价点数是200点。

6. 建立职位等级结构

在所有职位的点数都得出后，按照点数高低加以排列，将职位进行等级划分，制作出职位等级结构表。职位等级是对评价指标进行估价的结果。

若赋予各个点数区间以一定工资额时，即可为某职位确定工资数额范围。示例如表10-10所示。

表 10 - 10 职位等级、点数与薪资范围示例

等　级	点　数	月　薪
1	101～149	500～900
2	150～175	800～1050
3	176～201	950～1300
4	202～227	1200～1500
5	228～253	1400～2000
6	254～279	1800～2500
7	280～305	2300～3000
8	306～331	2800～3600
9	332～357	3400～4200
10	358～500	4000～6000

由表10-10可知，等级1～4上，各级月薪上限与下一级月薪的下限重叠100元。这种安排方式有助于激励这些等级的员工；在等级5～10级上，各级月薪上限与下一级月薪的下限重叠200元，这种安排方式有助于激励较高等级的员工。

10.3.3 点数法的优缺点

1. 优点

点数法是一种广为采用的定量职位评价方法，它的优点主要体现在以下两个方面：

(1) 能够定量说明每个职位的价值，便于职位的横向与纵向比较。

点数法是一种量化的职位评级技术。它不是只考虑某一个职位的价值，而是对所有的职位都进行了综合考虑，考虑各个职位之间的相对价值，确定各个职位之间的差距，这样一来，采用这种方法进行的职位评价活动，其结果也有助于职位与职位之间的横向比较。此外，点数法的测算结果也有助于职位的纵向比较，即将某一职位当期的评价点数与上一

期的评价点数进行比较，比较结果一定程度上反映出该职位在当前对组织战略目标的贡献度。

（2）易于解释和说明评价结果，容易得到员工的接受和支持。

综合来看，点数法是一种易于解释和评价的技术方法。每个职位在进行评价的时候都会获得相应的点值，在说明各个职位的重要性和对组织贡献的大小时，只需根据点值进行比较就可以，其评价结果容易向所有评价对象进行解释说明。

由于它是量化的评价技术，能够说明每个职位的点值，这样一来，就很明白地表现出了每个职位在组织中的重要性，说明了职位在工作流程中的贡献。这样，员工对于采用该方法得出的结果就比较信任，也更能够接受和服从，避免了很多的事后扯皮。

2. 缺点

点数法的缺点表现在，其评价方案的设计和应用耗费时间。报酬要素的界定、等级划分和权重确定等环节都会受到人们主观性的影响，容易出现意见相左的现象，而且相应的评价体系设计与应用的复杂性和难度都比较高。

10.4　因 素 比 较 法

10.4.1　因素比较法的定义及特征

1. 定义

因素比较法的发明者是尤金·本基（Eugene Benge，1926），他为美国高速交通股份公司工作，并和助手们创立了因素比较法的最初形式。

因素比较法是一种比较复杂的排序法，要多次选择报酬要素，并据之分别对职位进行多次排序，最后则要把每个职位在各个要素报酬上的得分通过加权得出一个总分，然后得到一个总体职位序列分。

因素比较法在设置报酬要素这一方面与点数法是相似的，但它使用货币尺度而不是计点尺度。然而，与点数法不同的是，因素比较法不把指标因素分解成次等因素和等级说明。这两种方法的另一个不同是指标因素的排序。在使用因素比较法时，每一指标因素都按其在每一关键工作中的重要性来排序。它是按每一项因素分别对每一种关键工作排序，而不是将所有因素同时对每一种工作排序来完成的。

2. 特征

1）因素比较法可以看成是一种比较复杂的排列法

排列法只是从一个综合的角度比较各种职位，相比之下，因素比较法则选取了多种付酬因素，并按每一种因素分别排序一次，根据每一种付酬因素得到的评估结果，设置一个具体的薪酬金额，然后再计算出每种职位在各种付酬因素上的薪酬总额，把它作为这种职位的付酬标准或薪酬水平。

2）因素比较法是一种比较系统、精确的量化评价方法

因素比较法使用货币尺度而不是计点尺度，它将职位特征具体到付酬因素，每一步都有详细的操作说明，与排列法和分类法两种方法相比，因素比较法更加有助于使评价人员

做出正确的判断，并且很容易向员工解释此法，说明计酬的依据。

10.4.2 因素比较法的具体步骤

1. 确定评价因素

确定评价因素，即选择确定付酬因素，比如：责任、环境、体力消耗、精力消耗、教育背景、技能和相关经验等。这些因素应为组织内各个岗位共有的影响因素。

对于付酬因素的选择个数，有专家认为，如果使用 7 个以上的因素，那么职位评价活动较难开展。在实践中，通常选择 5 个左右的付酬因素，表 10-11 说明了较常采用的 5 个付酬因素及其具体含义。

表 10-11　5 个付酬因素及其定义

付酬因素名称	定　义
心理要求	（先天的）心理特征，如智力、记忆力、推理能力、语言表达能力、人际关系处理能力和想象力 （后天的）基础教育，如语法和算数，或对计算机、世界大事的了解程度 （后天的）专业知识，如化学、工程学、会计学、广告学等
身体要求	身体素质，如坐、站、走、爬、拉、举等能力，要同时考虑各种能力的大小和持续时间 身体状况，如年龄、身高、体重、性别、健康程度和视力
技术要求	（后天的）身体协调能力，如操作机器、重复操作、精确协调、灵活程度、组装、归类等 （后天的）提高身体协调能力必需的专业职业知识只能通过实际操作获得，不要同普通教育或专业知识相混淆；要多进行思想表达方面的训练
职责	对原材料、加工材料、工具、设备和地产所担负的责任 对钱或流通票据所担负的责任 对盈余或亏损、储蓄或投资等方法革新所担负的责任 对公共合同所担负的责任 所担负的记录责任 所担负的监督责任
工作条件	环境影响，如气温、通风、照明、噪声、拥挤度、工作同事 来自工作或环境的伤害 工时

2. 选择基准职位

基准职位是指其他职位能与其比较而确定相对价值的一些职位。选择基准职位就是要选择各种比较基础并具有代表性的标尺性职位作为职位评价的对象，而其他职位的价值则可以通过与这些基准职位之间的付酬要素比较来得出。

因此，这些基准职位应该挑选组织中工作内容相对稳定、为多数员工所熟知、薪酬较为合理的岗位。以这些基准职位报酬为基础来确定其他职位薪酬，会使员工产生公平感。

当前研究未统一基准职位适宜个数，它取决于待评价职位的规模及差别程度，通常需要确定 20 个左右的基准职位。

3. 在每一付酬因素上给基准职位排序

评价人员对基准职位按照在各付酬因素上的相对重要性进行排序。例如，某组织选取职位 A、职位 B、职位 C、职位 D、职位 E、职位 F 这 6 个职位作为基准职位。在工作技能付酬因素上，职位 F 要求技能最高，职位 D 对工作技能的要求最低，其余工作分布其间。在工作技能上的排序结果，由高到低可能为：职位 F、职位 C、职位 A、职位 B、职位 E、职位 D。

4. 对基准职位的工资率在每一付酬因素上分解并排序

将各个基准职位的现行薪酬，按前面确定的付酬因素予以适当的分配。评价小组的成员要根据自己的判断来决定分配结果。亦即，职位评价人员需要判断，在每一个基准职位中，不同的付酬因素对于此职位的贡献大小是多少（以百分比形式表示）。然后，根据事先调查的基准职位的薪酬水平，来确定基准职位内部每一付酬因素的价值。

由于职位评价者独立完成评价工作，因此，不同的评价者对基准职位在各付酬因素上的工资分解就会出现分歧。因此，可利用均值法，确定某一职位在各付酬因素上的工资率。

例如，职位 A 的现有薪酬水平是每小时 8 元，对职位 A 的工资分解如表 10 - 12 所示。

表 10 - 12　职位 A 的工资分解

评价者	脑力	技能	体力	责任	工作条件	现行工资
甲	0.4(5%)	1.2(15%)	2.4(30%)	1.2(15%)	2.8(35%)	8.0(100%)
乙	0.8(10%)	0.8(10%)	3.2(40%)	0.8(10%)	2.4(30%)	8.0(100%)
丙	0.8(10%)	1.2(15%)	2.4(30%)	0.4(5%)	3.2(40%)	8.0(100%)
合计	0.67(8.33%)	1.06(13.33%)	2.67(33.3%)	0.8(10%)	2.8(36%)	8.0(100%)

注：现行工资单位为元/小时。括号内百分比是指该要素的重要性比例。

对于职位评价者甲而言，他先确定这 5 个付酬要素的百分比，再将现行工资水平 8 元/小时乘以相应的百分比，就可得出各个付酬要素的薪资额。职位评价者乙和丙也是如此。进一步地，职位评价人员采用简单算术平均方法，将各个付酬要素上的薪资额进行加总，平均后得到该职位在每个付酬要素的薪资额。

5. 比较两套排序，排除无法使用的职位

比较第 3 步和第 4 步的结果。第 3 步是对各基准职位进行笼统排序的结果，第 4 步则是通过运用市场薪酬水平数据，定量地获取各基准职位在每个付酬因素上的薪资额。

通过比较，获知这两次排序中基准职位在各付酬因素上的顺序是否一致，如果某基准职位出现两次排序结果不一致的情况，则表明这个职位并不是"好"的基准职位，职位评价人员可将其从基准职位列表中删除。

6. 编制因素比较尺度表

首先，职位评价人员将各个付酬要素作为因素比较尺度表的首行内容，其次，将一定的小时工资数额列入该表格的第 1 列，再依照某一基准职位的工资分解表，在因素比较尺度表中找到相应的位置。

比如，职位 A 在智力因素上分解的工资率为 2.89 元/小时，其在因素比较尺度表中的位置就是智力因素与工资为 3.00 元/小时的交叉点。

7. 使用因素比较尺度，比较所有其他职位

将基准职位以外的各职位，逐项与构建好的基准职位因素比较尺度表相比较，确定该职位在因素比较尺度表中的相应位置，再将各个付酬因素相加，即可得出该职位的薪资额。

10.4.3 因素比较法的应用示例

下面通过一个示例(见表 10-13)，介绍如何运用因素比较法进行职位评价，测算得出待评价职位的价值。

表 10-13　因素比较尺度表

	智力	体力	技能	责任	工作条件
1.50	基准职位甲				基准职位乙
2.00	待评职位 A	基准职位丙		待评职位 A	
2.50		待评职位 B	待评职位 A		基准职位甲
3.00	基准职位乙	待评职位 A	基准职位甲	待评职位 B	待评职位 B
3.50		基准职位乙	基准职位丙	基准职位甲	
4.00		待评职位 B	基准职位丙	基准职位丙	基准职位丙
4.50			基准职位乙		
5.00	待评职位 B	基准职位甲		基准职位乙	
5.50	基准职位丙				
6.00					待评职位 A

注：行中各方框代表付酬因素，列代表小时工资，单位：元。

第一步，确定付酬因素。如表 10-13 所示，付酬因素分别是：智力、体力、技能、责任、工作条件；

第二步，选择基准职位。如表 10-13 所示，基准职位有 3 个，分别是工作甲、工作乙、工作丙；

第三步，分解基准职位的薪资额。由于基准职位不多(只有 3 个)，所以略过笼统排序步骤，将 3 个基准职位的小时工资分解为 5 个付酬因素的薪资额：

(1) 基准职位甲：15.50(元)＝1.50＋5.00＋3.00＋3.50＋2.50

(2) 基准职位乙：17.50(元)＝3.00＋3.50＋4.50＋5.00＋1.50

(3) 基准职位丙：18.50(元)＝5.50＋2.00＋3.50＋4.00＋3.50

　　基准职位甲的小时工资水平是 15.50 元/小时，经职位评价人员的分解，得到该职位在智力因素上的薪资额是 1.50 元/小时，在体力因素上的薪资额是 5.00 元/小时，在技能因素上的薪资额是 3.00 元/小时，在责任因素上的薪资额是 3.50 元/小时，在工作条件因素上的薪资额是 2.50 元/小时。

　　值得一提的是，对于基准职位小时工资的选择，应选择行业内通行的工资水平，这样可使得结果具有外部公平性。

　　第四步，确定待评职位 A 和职位 B 在 5 个付酬因素上的评价结果。这需要职位评价人员通过将它们与基准职位甲、乙、丙进行逐一比较后得到。

　　第五步，测算出待评职位 A 和职位 B 的小时工资，获取该职位的价值：

　　（1）待评价职位 A＝2.00＋3.00＋2.50＋2.00＋6.00＝15.50（元）

　　（2）待评价职位 B＝5.00＋2.50＋4.00＋3.00＋3.00＝17.50（元）

　　将待评价职位在各付酬因素上的薪资额进行加总，即可得到该职位的小时工资额。

10.4.4　因素比较法的优缺点

1. 优点

　　（1）评价结果较为公正。因素比较法把各种不同工作中的相同因素相互比较，再将各种因素上的工资额进行累计，这样一来评价的主观程度就相对减少了，其评价结果也比较容易向员工进行解释。

　　（2）耗费时间少。在进行因素评定时所选定的付酬因素比较少，这在一定程度上简化了评价工作的内容，缩短了职位评价的时间。

　　（3）允许不同类型的职位按一系列相同的因素进行比较。在一个组织里，因素比较法对所有职位都能运用一系列通用的或一般的评价因素，它使所有的职位都能按同一标准进行比较。因此，因素比较法允许不同类型职位按一系列相同的因素进行比较。

2. 缺点

　　（1）可信度较差。因素比较法在具体应用过程中，很大程度上还是依赖于评价人员的主观判断，这就必然会影响评定结果的可信度。

　　（2）操作较复杂。因素比较法操作起来较复杂，需要不断随劳动力市场的变化进行调整，因此，它的使用受到了限制。

　　职位评价人员在采用因素比较法进行职位评价时，还应该注意以下两个问题：

　　一是付酬因素的确定要慎重，一定要选择那些最能代表职位间差异的因素；二是由于劳动力市场的工资水平不是固定的，而是动态变化的，因此要及时调整基准职位的工资水平。

10.5　海氏职位评价系统

10.5.1　海氏职位评价系统的定义

　　美国薪酬设计专家艾德华·海于 1951 年沿着点数法的思路，进一步研究开发出海氏职位评价系统。该系统简称为海氏评价法，又称"指导图表—形状构成法"。它有效地解决了不同职能部门(如研究部和营销部)的不同职务(如电气工程师和司机班班长)之间相对价值的相互比较和量化的难题，被企业界广泛接受。据统计，世界 500 强的企业中有 1/3 以上的企业在职位评价中都采用了海氏评价法。

海氏评价法，实质上是将付酬因素进一步抽象为具有普遍适用性的三大因素，即知能水平、解决问题能力和风险责任，并相应设计了 3 套标尺性评价量表，最后将所得分值加以综合，测算出各个工作职位的相对价值。

海氏评价法对所评价的职位按照以上 3 个要素及相应的标准进行评价打分，其中"知能得分"和"应负责任"评价分和最后得分都是绝对分，而"解决问题"的评价分是相对分(百分比形式)，经过一定调整后，最后得分才是绝对分。

利用海氏评价法在评价 3 种主要付酬因素方面不同的分数时，还必须考虑各职位的"形状构成"，以确定该因素的权重，据此计算出各职位相对价值的总分，完成职位评价活动。所谓职务的"形状构成"主要取决于"知能水平"和"解决问题能力"两因素相对于"职位责任"这一因素的影响力的对比与分配。

10.5.2 海氏评价法原理："指导量表"意义解析

艾德华·海认为，各种工作职位虽然千差万别、各不相同，但无论如何总有共性，也就是说，任何职位都存在某种具有普遍适用性的因素，他认为最一般地可以将之归结为 3 个因素，即知能水平、解决问题能力和风险责任。其依据是：一个岗位能够存在的理由是必须承担一定的责任，即该岗位的产出。那么，投入什么才能有相应的产出？答案是该岗位人员需要投入知识和技能。具有一定知识和技能的员工通过什么方式来取得产出？答案是通过解决问题这一生产过程来获得最终的产出。

以下对海氏评价法中的 3 套指导量表进行详细介绍。

1. 海氏指导量表[一]：知能水平

知能指的是达到标准的业绩水平所需的各类知识，技能与经验的深度和广度。知能水平这一因素由技术知识、管理范围和人际关系技巧 3 个子要素构成。

1) 技术知识

技术知识这一子要素是指有关科学知识、专门技术及操作方法。它可划分为 8 个等级：基本的、初等业务的、中等业务的、高等业务的、基本专门技术的、熟练专门技术的、精通专门技术的和权威专门技术的。各等级说明如表 10-14 所示。

表 10-14 "技术知识"子要素的 8 个等级及其说明

等级	说明
基本的	熟悉简单工作程序
初步业务的	能同时操作多种简单的设备以完成一个工作流程
中等业务的	熟悉掌握一些基本的方法和工艺，具有使用专用设备的能力
高等业务的	能应用较为复杂的流程和系统，此系统需要应用一些技术知识

等 级	说 明
基本专门技术的	对涉及不同活动的实践相关的技术有相当的理解，或者对科学的理论和原则基本理解
熟悉专门技术的	通过对某一领域的深入实践而具有相关知识，并且掌握了科学理论
精通专门技术的	精通理论、原则和综合技术的专家
权威专门技术的	在综合技术领域成为公认的专家

2）管理范围

管理范围这一子要素是指有关计划、组织、执行、控制及评价等管理诀窍。它可划分为起码的、有关的、多样的、广博的和全面的 5 个等级。各等级说明如表 10 - 15 所示。

表 10 - 15   "管理范围"子要素的 5 个等级及其说明

等 级	说 明
起码的	仅关注活动的内容和目的，而不关心对其他活动的影响
有关的	决定部门各种活动的方向、活动涉及几个部门的协调等
多样的	决定一个大部门的方向或对组织的表现有决定性的影响
广博的	决定一个主要部门的方向，或对组织的规划、运作有战略性的影响
全面的	对组织进行全面管理

3）人际关系技巧

人际沟通技巧这一子要素是指有关激励、沟通、协调、培养等人际关系技巧。它可划分为基本的、重要的和关键的 3 个等级。各等级说明如表 10 - 16 所示。

表 10 - 16   "人际关系技巧"的 3 个等级及其说明

等 级	说 明
基本的	多数职位在完成工作时均需基本的人际沟通技巧、要求在组织内与其他员工进行礼貌和有效的沟通，以获取信息和澄清疑问
重要的	理解和影响他人是此类职位的重要要求，此种能力既要理解他人的观点，也要有说服力以影响行为和改变观点或者改变处境，对于安排并督导他人工作的人，需要此类的沟通能力
关键的	对于需要理解和激励他人的职位，需要最高级的沟通能力。需要谈判技巧的职位也属此等级

以上 3 个子要素的每一种组合分值如量表[一]所示（见表 10 - 17）。表 10 - 17 中的分值即为职位知能水平的相对价值。各数值的相对差异，遵循心理测量学所谓 15％韦伯分级定律。

表 10-17　海氏指导量表[一]：知能水平

M T / H	基本的			相关的			多样的			广博的			全面的		
	基本的	重要的	关键的	基本的	重要的	关键的	基本的	重要的	关键的	基本的	重要的	关键的	基本的	重要的	关键的
基本的	50	57	66	66	76	87	87	100	115	115	132	152	152	175	200
	57	66	76	76	87	100	100	115	132	132	152	175	175	200	230
	66	76	87	87	100	115	115	132	152	152	175	200	200	230	264
初等的	66	76	87	87	100	115	115	132	152	152	175	200	200	230	264
	76	87	87	100	115	115	132	152	152	175	200	230	230	264	304
	87	100	115	115	132	152	152	175	200	200	230	264	264	304	350
中等的	87	100	115	115	132	152	152	175	200	200	230	264	264	304	350
	100	115	132	132	152	175	175	200	230	230	264	304	304	350	400
	115	132	152	152	175	200	200	230	264	264	304	350	350	400	460
高等的	115	132	152	152	175	200	200	230	264	264	304	350	350	400	460
	132	152	175	175	200	230	230	264	304	304	350	400	400	460	528
	152	175	200	200	230	264	264	304	350	350	400	460	460	528	608
专门的	152	175	200	200	230	264	264	304	350	350	400	460	460	528	608
	175	200	230	230	264	304	304	350	400	400	460	528	528	608	700
	200	230	264	264	304	350	350	400	460	460	528	608	608	700	800
熟练的	200	230	264	264	304	350	350	400	460	460	528	608	608	700	800
	230	264	304	304	350	400	400	460	528	528	608	700	700	800	920
	264	304	350	350	400	460	460	528	608	608	700	800	800	920	1056
精通的	264	304	350	350	400	460	460	528	608	608	700	800	800	920	1056
	304	350	400	400	460	528	528	608	700	700	800	920	920	1056	1216
	350	400	460	460	528	608	608	700	800	800	920	1056	1056	1216	1400
权威的	350	400	460	460	528	608	608	700	800	800	920	1056	1056	1216	1400
	400	460	528	528	608	700	700	800	920	920	1056	1216	1216	1400	1600
	460	528	608	608	700	800	800	920	1056	1056	1216	1216	1400	1600	1840

2. 海氏指导量表[二]：解决问题的能力

　　解决问题的能力是指解决问题过程中，发现问题，诊断成因，拟订方案，做出决策，付诸实施的水平的能力。它是"知能水平"的具体运用，因此以知能水平利用率（％）来测量。解决问题的能力可分为环境因素和问题难度两个子因素。

1）环境因素

环境因素是指任职者在何种思维环境中解决问题。它可划分为高度常规的、常规性的、半常规性的、标准化的、明确规定的、广泛规定的、一般规定的和抽象规定的 8 个等级。各等级说明如表 10-18 所示。

表 10-18　"环境因素"的 8 个等级及其说明

等　级	说　明
高度常规性的	有非常详细和精确的法规和规定作指导并可获得不间断的协助
常规性的	有非常详细的标准规定并可立即获得协助
半常规性的	有较明确定义的复杂流程，有很多的先例可参考，并可获得适当的协助
标准化的	有清晰但较为复杂的流程，有较多的先例可参考，可获得协助
明确规定的	对特定目标有明确规定的框架
广泛规定的	对功能目标有广泛规定的框架，只是某些方面有些模糊、抽象
一般规定的	为达成组织目标和目的，在概念、原则和一般规定的原则下思考，有很多模糊、抽象的概念
抽象规定的	依据商业原则、自然法则和政府法则进行思考

2）问题难度

问题难度是指任职者在何种思维环境中解决问题。它可划分为重复性的、模式化的、中间型的、适应性的和无先例的 5 个等级。各等级说明如表 10-19 所示。

表 10-19　"问题难度"的 5 个等级及其说明

等　级	说　明
重复性的	特定的情形，仅需要对熟悉的事情作简单的选择
模式化的	相似的情形，仅需对熟悉的事情进行鉴别性选择
中间型的	不同的情形，需要在熟悉的领域内寻找方案
适应性的	变化的情形，要求分析、理解、评估和构建方案
无先例的	新奇的或不重复的情形，要求创造新理念和富有创意的解决方案

解决问题的能力的指导量表如量表[二]所示（见表 10-20）。表 10-20 中的分值即为职位解决问题能力的相对价值。

表 10-20　海氏指导量表[二]：解决问题的能力

难度＼环境	重复性的	模式化的	中间型的	适应性的	无先例的
高度常规性的	10～12	14～16	19～22	25～29	33～38
常规性的	12～14	16～19	22～25	29～33	38～43
半常规性的	14～16	19～22	25～29	33～38	43～50
标准化的	16～19	22～25	29～33	38～43	50～57
明确规定的	19～22	25～29	33～38	43～50	57～66
广泛规定的	22～25	29～33	38～43	50～57	66～76

环境 \ 难度	重复性的	模式化的	中间型的	适应性的	无先例的
一般规定的	25～29	33～38	43～50	57～66	76～87
抽象规定的	29～33	38～43	50～57	66～76	87～100

注：表中数值是相对值，以%表示。

3. 海氏指导量表[三]：风险责任

所谓风险责任，是指任职者的行动对最终结果可能造成的影响及承担责任的大小。

"风险责任"将重点放在结果上，而非职责或活动上。它传递的是"什么"，而不是"如何"。它可以分解为3个子因素，分别是行动自由度、行为后果影响、财务责任。

1）行动自由度

行动自由度是指任职者自主地做出行动的程度。职权范围愈接近经营层或领导层，需接受的监督、审查或指导愈少，采取行动的自由就越大。它可划分为9个等级。各等级说明如表10-21所示。

表10-21　"行动自由度"的9个等级及其说明

等级	说明
有规定的	此职位有明确的工作规程或者有固定的人督导
受控制的	此职位有直接和详细的工作指示或者有严密的督导
标准化的	此职位有工作规定并已建立了工作程序，接受严密的督导
一般性规范的	此职位全部或部分有标准化的规程，一般工作指示和督导
有指导的	此职位全部或部分有先例可依或有明确规定的政策，可获督导
方向性指导的	仅就本质和规模，此职位有相关的功能性政策，需决定其活动范围和管理方向
广泛性指导的	就本质和规模，此职位有粗放的功能性政策和目标以及宽泛的政策
战略性指引的	有组织政策的指导、法律和社会限制、组织的委托
一般性无指引的	一般情况无需指导，决策灵活度大

2）行为后果影响

行为后果影响指的是任职者的行动对工作结果的影响。它可划分为直接影响和间接影响2大类、4个级别，具体说明如下：

类别1：间接影响，它分为2个级别："后勤的"和"咨询的"。"后勤的"表示这些职位由于向其他职位提供信息或偶然性服务而对职位后果形成作用。"咨询的"表示这些职位由于向其他职位提供重要的支持服务或建议而对结果有影响。

类别2：直接影响，它分为2个级别："分摊的"和"主要的"。"分摊的"表示与本组织内其他部门和个人合作，共同行动，责任分摊。"主要的"表示此职位直接影响和控制结果。

3）财务责任

财务责任是指该职位在财务上能决定多少数量的金额运用。它可划为4个等级：微小责任、少量责任、中级责任和大量责任。每一等级根据本组织特点和工作性质对应相应的金额范围，具体数量视具体情况而定。

财务责任的指导量表如量表[三]所示(见表 10 - 22)。表 10 - 22 中的分值即为应负责任的相对价值。

表 10 - 22　海氏指导量表[三]：应负责任

R \ I \ I \ F	微小责任(金额范围)				少量责任(金额范围)				中级责任(金额范围)				大量责任(金额范围)			
	间接		直接		间接		直接		间接		直接		间接		直接	
	后勤的	咨询的	分摊的	主要的	后勤的	咨询的	分摊的	主要的	后勤的	咨询的	分摊的	主要的	后勤的	咨询的	分摊的	主要的
有规定的	10	14	19	25	14	19	25	33	19	25	33	43	25	33	43	57
	12	16	22	29	16	22	29	38	22	29	38	50	29	38	50	66
	14	19	25	33	19	25	33	43	25	33	43	57	33	43	57	76
受控制的	16	22	29	38	22	29	38	50	29	38	50	66	38	50	66	87
	19	25	33	43	25	33	43	57	33	43	57	76	43	57	76	100
	22	29	38	50	29	38	50	66	38	50	66	87	50	66	87	115
标准化的	25	33	43	57	33	43	57	76	43	57	76	100	57	76	100	132
	29	38	50	66	38	50	66	87	50	66	87	115	66	87	115	152
	33	43	57	76	43	57	76	100	57	76	100	132	76	100	132	175
一般性规范的	38	50	66	87	50	66	87	115	66	87	115	152	87	115	152	200
	43	57	76	100	57	76	100	132	76	100	132	157	100	132	157	230
	50	66	87	115	66	87	115	152	87	115	152	200	115	152	200	264
有指导的	57	76	100	132	76	100	132	175	100	132	175	230	132	175	230	304
	66	87	115	152	87	115	152	200	115	152	200	264	152	200	264	350
	76	100	132	175	100	132	175	230	132	175	230	304	175	230	304	400
方向性指导的	87	115	152	200	115	152	200	264	152	200	264	350	200	264	350	460
	100	132	175	230	132	175	230	304	175	230	304	400	230	304	400	528
	115	152	200	264	152	200	264	350	200	264	350	460	264	350	460	608
广泛性指引的	132	175	230	304	175	230	304	400	230	304	400	528	304	400	528	700
	152	200	264	350	200	264	350	460	264	350	460	608	350	460	608	800
	175	230	304	400	230	304	400	528	304	400	528	700	400	528	700	920
战略性指引的	200	264	350	460	264	350	460	608	350	460	608	800	460	608	800	1056
	230	304	400	528	304	400	528	700	400	528	700	920	528	700	920	1216
	264	350	460	608	350	460	608	800	460	608	800	1056	608	800	1056	1400
一般性无指引的	304	400	528	700	400	528	700	920	528	700	920	1216	700	920	1216	1600
	350	406	608	800	460	608	800	1056	608	800	1056	1400	800	1056	1400	1840
	400	528	700	920	528	700	920	1216	700	920	1216	1600	920	1216	1600	2112

10.5.3 海氏职位评价系统的操作示例

知能水平、解决问题能力和风险责任这3个因素，在加总评价分数时实际上被归结为两个方面：

一是知能水平与解决问题能力的乘积；乘积结果反映的是一个职位人力资本存量使用性价值，即该职位承担者所拥有的知能水平（人力资本存量）实际使用后的绩效水平；

二是风险责任，风险责任的评价值反映的是某职位人力资本增量创新性价值，即该职位承担者利用其主观能动性进行创新所获得的绩效水平。

将以上两个方面的评价结果进行加总，可以根据组织职位的具体情况，赋予两个评价结果以一定权重。计算公式可表示为

$$W_i = \gamma [f_i(T, M, H) \times Q] + \beta [f_i(F, I, R)]$$

式中，W_i 表示第 i 种职位的相对价值；$f_i(T, M, H) \times Q$ 代表知能水平和解决问题能力的乘积，反映的是第 i 种职位人力资本存量使用性价值；$f_i(F, I, R)$ 代表风险责任，反映的是第 i 种职位人力资本增量创新性价值。

γ、β 分别表示第 i 种工作职位人力资本存量使用性价值和增量创新性价值的权重，$\gamma + \beta = 1$。γ、β 的取值有三种情况，如下所述：

(1) $\gamma = \beta$，知能水平和解决问题能力在此类职位中与责任并重，平分秋色。如会计、技工等职位。这类职位也称为"平路型"职位。

(2) $\gamma > \beta$，此类职位的职责不及知能水平与解决问题能力重要。如工程师、营销员、科研开发人员等职位。这类职位也称"下山型"职位。

(3) $\gamma < \beta$，此类职位的职责比知能水平与解决问题能力重要。如总裁、副总、经理人员等职位。这类职位也称"上山型"职位。

例如，利用海氏职位评价指导量表，某一职位的三维评分值分别为

$$f_i(T, M, H) = 200, Q = 20\%, f_i(F, I, R) = 100$$

若取 $\gamma = \beta = 50\%$，则有 $W_i = 50\% \times 200 \times 20\% + 50\% \times 100 = 70$ 分。70分就是职位评价后的分数值。

海氏评价法与点数法类似，只是给出不同职位付酬的相对次序或分值，下一步的工作是要把相邻次序或相近分值的工作职位进行适当归并，形成若干个薪酬等级，并设计具体的薪酬水平和结构。

10.5.4 海氏职位评价法的实施步骤

1. 培训职位评价人员

由于海氏评价法是一种相对复杂的职位评价方法，评价人员必须在具体操作之前了解方法的原理和使用技巧。尤其是那些首次接触该方法的人员，更应加大培训力度，防止其在操作过程中对方法的误解而造成偏差和错误。

培训的主要内容是了解3个指导图表和各要素的具体内容，以及定量测算职位价值的方法。

2. 信息准备

这一步主要是通过工作说明书等文字资料，深入了解待评价职位的工作职责、工作权

限、工作条件、工作规范等信息。通过职位评价访谈，了解组织对任职者绩效水平和工作安排的满意程度，以及任职者的思想动态。

3. 对应要素分别评价

如前所述，海氏评价法把付酬要素分为 3 类，而每类要素又可以细分，各子要素对应若干等级。这一步骤的主要工作就是根据要素要求，分解职位，将职位与各要素的具体描述进行对照，由评价者选出最符合职位工作内容的等级，标出单项得分，根据特定的计算方法，测算出职位评价分数。

4. 职位评价结果质量鉴定

在得到初步的职位评价结果之后，还有必要运用一些质量鉴定技术，采用抽样检查的方式，验证评价结果的准确性。在职位评价实践活动中，常采用的质量鉴定方法有 3 种，概括介绍如下：

（1）剖析法。通过判别工作特点来检验评价结果的质量。

（2）对比法。通过对比职位功能与级别来进行结果的检验。

（3）总分排序法。对所有职位按照总分由高到低的顺序排列，挑选得分与排序情况不符的职位进行检查。

10.5.5 海氏职位评价法的优缺点

1. 优点

由于海氏评价法是由点数法改进而来，因此它具有点数法固有的优点。海氏法最突出的优点是其适用于不同职能部门内，不同职位之间相对价值的比较和量化。与其他方法相比，海氏法受评价者的主观干扰较少，得出的评价分数较为精确合理。

2. 缺点

海氏法的缺点主要体现在以下 3 点：

（1）操作过程比较复杂。

（2）对评价者的要求相对较高，必要时还需聘请专家进行，因此成本较高。

（3）预先确定因素理解起来比较困难，不易解释，较难被员工接受。

总体来看，一旦开发出与组织实际相适应的评价表，并开展了公正客观的评价之后，该方法是一个信度和效度较高的职位评价工具。

10.6 职位评价方法的比较与选择

10.6.1 职位评价方法的综合比较

职位评价的方法各有特点，不能一概而论地下结论：某一评价方法比其他评价方法更为优越。关键是要选择适合组织实际情况的职位评价方法。在前面的论述中，已经分别就各评价方法的优缺点进行了介绍说明，以下对这些优缺点进行综合比较。

从量化的程度、评价的对象、比较的方法以及主要优缺点等几个方面，对常用的 5 种职位评价方法进行比较，表 10－23 概括了综合比较的结果。

表 10－23　常用的职位评价方法的综合比较

方　　法	是否量化	评价的对象	比较的方法	主要优点	主要缺点
排列法	否	对职位整体进行评价	在职位与职位之间进行比较	简单易行	主观性强，无法准确确定相对价值
分类法	否	对职位整体进行评价	将职位与特定的级别标准进行比较	适用于处在迅速变化发展中的组织	对职位等级的划分和界定存在难度，无法准确确定相对价值
点数法	是	对职位要素进行评价	将职位与特定的级别标准进行比较	可以较准确地确定相对价值	工作量较大
因素比较法	是	对职位要素进行评价	在职位与职位之间进行比较	可以较准确地确定相对价值	比较基准职位在各因素上的价值较难，且受工资水平的影响大
海氏职位评价法	是	对职位要素进行评价	将职位与特定的级别标准进行比较	可以较准确地确定相对价值	对评价者的要求较高

10.6.2　影响职位评价方法选择的因素

为了提高职位评价方法的有效性，使之适应评价情境，最大程度上发挥其效度，以下总结了选择过程中的 6 个主要影响因素。职位评价人员可结合以下因素选择合适的职位评价方法。

1. 职位的稳定性

职位的稳定性是指职位随市场环境变化和人员调整而进行调整的可能性。

一般来说，新设立职位的稳定性较差，市场竞争激烈、市场环境变化剧烈、业务稳定性差的公司的职位稳定性也较差。如果组织内的职位稳定性差，那么建议采用职位分类法进行职位评价。

2. 职位职责的清晰程度

职位职责的清晰程度有两个含义：一是对某职位的工作本身描述的清晰程度，比如生产工人就往往具有比较清晰的工作描述；二是工作分析工作是否充分和科学，从而能为职位评价奠定良好的基础。

如果工作分析工作比较充分，组织内各职位的职责界定得较明晰，那么建议采用定量的职位评价技术方法进评价。

3. 薪酬体系的特点

组织建立的薪酬体系各有特点，从而对职位评价的要求也不尽相同。比如有些薪酬体系强调外部公平性，这就要求职位评价需要具备外部可比性。

若薪酬体系强调外部公平性，建议采用因素比较法进行职位评价。

4. 组织文化特性

职位评价结果最终需要得到员工的广泛认可与接受。对于大型国有企业来说，花较大的代价，进行点数法或海氏评价法可能是值得的。但是，对一家新成立的 IT 企业来说，人员数量较少，职位不多，那么排列法可能已经满足需要了。

5. 职位数量的多少

如果待评价的职位数量较多时，就只能采用效率较高的评价方法。若是采取工作量较大、需要较长时间的评价方法，必将会使职位评价的效果得不到体现，而且在有限的时间里也不能完成职位评价工作。

6. 职位评价资源的充分性

职位评价所占资源主要是指经费和时间资源。若资源充足，那么建议采用定量方法进行职位评价。若资源不充分，则可考虑用简单的排列法进行职位评价。

思 考 题

1. 请你选择某一(类)感兴趣的企业，谈谈该企业的职位评价方法与流程，解释说明为什么采用这一方法，其应用步骤如何。

2. 回顾所学的几种职位评价工具和方法，它们的适用范围各是什么？你认为在选择方法时，应考虑哪些方面的因素？在应用这些方法时，又要注意哪些方面？(可举例说明)

3. 因素比较法的缺陷有哪些？如何规避这些缺陷？

4. 假设你是政府机关单位的职位评价人员，你认为应该采用哪种技术方法对机关单位的职位进行评价，为什么？

5. 请你制作一份调查问卷，调查你所在组织内大部分员工对于职位评价方法的选择倾向，并解释调查结果。

案例分析

案例 1

耐克公司的职位评价活动

总部位于美国俄勒冈州比弗顿的耐克公司是全球著名的体育用品制造商，该公司生产的体育用品包括：服装、鞋类、运动器材等。耐克公司的生产经营活动遍布全球六大洲，其员工总数达到了 2.2 万人，与公司合作的供应商、承运商、零售商以及其他服务人员接近 100 万人。耐克公司用自身骄人的业绩印证着其创始人比尔鲍尔曼说过的一句话："只要你拥有身躯，你就是一名运动员。而只要世界上有运动员，耐克公司就会不断发展壮大。"

耐克公司在管理中是这样实施职位排序的。

1. 完成并整理职位说明书

与职位有关的信息是通过工作分析获得的。通过工作分析，对职位进行清晰描述，包括职位的目的、职责、权限、工作关系、在组织中的位置等信息，同时对职位所需要的任职资格标准进行分析，明确职位所需要的教育水平、经验、专业知识和技能的广度和深度等。

开展职位排序前准备好职位说明书，使得对职位的排序能够建立在一个比较客观的基础上。

2. 成立职位评价委员会

通常，对职位的排序需要根据多个评价者的意见进行汇总整合。职位评价委员会成员包括高层管理者、中层管理者、员工骨干和普通员工代表。

采用排序法，可以允许较多人员的参与，因此在保证合理的组成比例的情况下，组织了 24 人的评价委员会。基本的比例是高层管理者∶中层管理者∶员工骨干∶普通员工代表＝1∶1∶1.5∶1.5，这充分反映了员工的意见，适应公司需要解决的主要矛盾。

3. 确定职位评价的考虑因素

尽管职位排序的方法主要是根据职位的整体价值进行排序的，但也需要参与评价的人员对什么样的值为"整体价值"达成共识。

一般来说，可以规定几个标准，例如，承担的责任更大，管理的幅度更广，工作任务更加复杂，所需要的知识和技能更高，教育水平更高，工作经验更多等。

耐克公司从责任因素、知识技能因素、职位性质（职位的辛苦程度）、工作环境四个方面进行考虑。选择标准不宜过多，只需选择最为重要的因素。选择因素主要基于两点进行考虑，一是因素必须与工作相关；二是应选择有利于公司发展战略的因素。

4. 对职位评价委员会成员进行培训

培训包括两方面，一是对职位职责的培训，对成员讲解各职位的主要职责，务必要求成员基本熟悉待评价的职位；二是对排序的标准达成共识。

还需着重介绍职位评价活动的目的及其注意事项等。

5. 进行比较和排序

由职位评价委员会成员依据因素定义，对职位进行排序。本次职位评价把所有职位分为四种类型：高层管理者、部门经理、主管、普通员工。职位在同类职位间进行排序。

排序时，首先在排序表中找出同类职位中最重要的职位，并标明序号 1；然后在该表中找出其他职位中最重要的职位，并标明序号 2；依此类推排出各职位的次序。

排完一类职位后，按以上步骤完成其他类型的职位排序。

6. 检查排序的结果，对不合理的地方进行调整

评价者各自检查排序的结果，对其中不合理的地方进行调整，然后在排序表"调整后的序号"栏写上每个职位对应的顺序号。

7. 综合评价委员会排序的结果，得出最终的排序

根据评价委员会成员排序的结果，计算出最终排序结果。

计算方式：将每位评价者对同一职位评价序号相加后除以评价者数目，得到每个职位的最终评价结果。

得分越低，说明职位最终排序越靠前，该职位越重要。考虑到要消除由职位评价委员会成员个人对职位理解不全面而造成的某一职位结果打分过高或过低的情况，在计算每个职位得分时，应去掉该职位的最高序号与最低序号。

请讨论：

（1）资料中所陈述的职位评价方法体现了哪些观点和知识？

（2）资料中提到的职位评价方法主要优缺点是什么？对于其中的不足应如何改进？

案例 2

A 公司的职位评价

A 公司在进行了职位分析，获取职位信息以后，着手进行职位评价，以确定职位的相对价值。为合理地确定职位相对价值，A 公司成立了以人力资源部经理为首的职位评价小组，并邀请了外部专家参与职位评价过程。在外部专家的建议下，A 公司采用了国际通行的 IPE(International Position Evaluation) 系统作为职位评价的工具，为保证职位评价工具的科学性，职位评价小组没有对职位评价方案进行修正。

A 公司共有 80 多个职位，有管理类、技术类、营销类三种职位类别，职位评价小组从中选择了约 30 个职位作为标杆，标杆职位的选择是按照纵向的职位等级进行选择，没有考虑横向职位类别的因素。

为保证职位分析的公平性，A 公司采取了三方评价的方式：上级评价占 40%、专家评价占 30%、员工个人评价占 30%。

职位评价方案下发后，立刻在员工中引起了较大的反响。首先，由于事先没有进行培训，员工根本不理解进行职位评价的意义和作用；其次，由于职位评价方案过于专业，员工很难对各种描述准确把握，经过一番争论，大家渐渐对职位评价失去信任；最后，由于个人对方案中的表述理解不一样，每个人对自己职位的评价都超出了常理。

通过这种方式收集的职位评价数据当然不能使用，只有放弃这一途径，转而采取人力资源部门会同直接上级评价和专家评价的方式确认职位的价值。

在这一评价的过程中，遇到了一个致命的问题：技术类职位的评价结果平均水平低于管理类职位，这一结果显然和公司倡导的薪资分配向技术人员倾斜的导向不相符合，而按照这一结果所得的薪酬显然不利于留住技术核心人才。最终，经过七拼八凑，终于拿出了职位评价方案的初稿。

职位评价方案一经出台，立刻在员工中引起轩然大波，员工纷纷将自己职位的结果与其他职位进行对比，然后通过正式或非正式渠道向公司反映。职位评价小组经过仔细审查，发现确实有很多职位横向对比有很大的出入，在职位评价的各维度上，各职位也缺乏可比性。甚至出现在"沟通"维度上，人力资源部文员的得分比营销部主管还要高，这些明显有失公平的地方，成为本次职位评价最为薄弱的被攻击环节，直接导致了职位评价的最终失败。

请讨论：

(1) A 公司职位评价过程中出现了哪些问题？

(2) 导致 A 公司职位评价出现问题的主要原因是什么？

(3) 在职位评价中，员工应有多大的参与程度，是不是应完全公开透明地参与到职位评价中？

附　录

附录 1　某操作职位工作分析观察表

1. 岗位

1.1　岗位名称

1.2　产品名称

1.3　流水线类型

1.4　工序名称

1.5　工序类型

　　　A 部装；　　　B 主线；　　　C 其他

1.6　岗位在工序中的作用及其重要性

　　　A 一般岗；　　　B 关键岗；　　　C 质控岗；　　　D 关键质控

2. 设备与产品

2.1　设备与工具

	名　称	型　号	数　量
设备			
模具			
量具			
辅具			

2.2　加工或装配的零部件及零件号

3. 身心活动

3.1　工作姿势

　　　A 站；　　　B 坐；　　　C 蹲；　　　D1 空走；D2 搬物直走；D3 弯腰搬物走

3.2　体力负荷

	次　数						
负重	1～3	3～5	5～10	10～25	25～50	50＋	备注
公斤							
拿							
搬							
推拉							

3.3　眼手灵活性

　　高 1　　2　　3　　4　　5 低

3.4　眼手脚协调性

　　高 1　　2　　3　　4　　5 低

3.5　视力等级

　　高 1　　2　　3　　4　　5 低

3.6　听力

　　强 1　　2　　3　　4　　5 弱

3.7　触摸

　　频次高 1　　2　　3　　4　　5 低

3.8　记忆

　　强 1　　2　　3　　4　　5 弱

3.9　分析

　　高 1　　2　　3　　4　　5 低

3.10　观察

　　高 1　　2　　3　　4　　5 低

3.11　注意力

　　集中 1　　2　　3　　4　　5 分散

3.12　紧张程度

　　高 1　　2　　3　　4　　5 低

3.13　计算程度

　　难 1　　2　　3　　4　　5 易

4. 任职资格

4.1　所需最低工作熟练程度等级

　　A 1 级；　　B 2 级；　　C 3 级

4.2　所需最低学历

　　A 小学；　　B 初中；　　C 技校高中；　　D 大专；　　E 大专以上

4.3　相同或相似岗位工作经验

　　A 半年；　　B 一年；　　C 两年；　　D 两年以上

4.4　岗前培训时间

4.5　年龄

　　A 18～23 岁；　B 24～28 岁；　C 29～33 岁；　D 34～38 岁；　E 39 岁以上

4.6　性别

　　A 男；　　B 女

5. 工作关系

5.1　是否有人指导监督

　　A 有；　　B 无

5.2　什么人

5.3　什么性质

A 定期；　　B 不定期

5.4　是否指导别人

A 是；　　　B 否

5.5　什么人

5.6　什么性质

A 定期；　　　B 不定期

5.7　与上下工位的联系方式

A 口头交流；　　B 动作交流；　　C 文档交流

5.8　与同事的合作与协调

A 多；　　B 一般；　　C 少

6. 工作评价标准

产品合格率	
生产数量	
单件操作时间	
设备保养标准	
其他	

7. 工作环境与条件

7.1　空气

污浊 1　　2　　3 清新

7.2　油污

有 1　　2　　3 无

7.3　粉尘

多 1　　2　　3 少

7.4　液体

有害 1　　2　　3 无害

7.5　气体

有害 1　　2　　3 无害

7.6　温度

不适宜 1　　2　　3 适度

7.7　通风

不好 1　　2　　3 好

7.8　噪音

大 1　　2　　3 小

7.9　照明

暗 1　　2　　3 明

7.10　火花飞溅

有 1　　2　　3 无

7.11　电弧光

有 1　　2　　3 无

7.12　地板清洁

脏 1　　2　　3 洁

7.13　设备清洁

脏 1　　2　　3 洁

7.14　警觉程度

需要 1　　2　　3 不需要

7.15　危险程度

大 1　　2　　3 小

7.16　铁屑飞溅

有 1　　2　　3 无

8. 差错类型与影响程度

一次差错对企业可能造成的损失：

A 10 元以下；　　B 11～100 元/次；　　C 101～1000 元/次；

D 1001～10000 元/次；E 其他

9. 工作准备与安排

9.1　原材料

A 需要准备；　　B 不需要

需要多长时间：A 少于 10 分钟；B 10～15 分钟；C 15～20 分钟；D 20 分钟以上

9.2　设备运行前准备

设备试运行：A 需要；B 不需要

设备保养：A 需要；B 不需要

10. 与外部配件的关系

外部配件、原料、毛坯的质量对本岗位工作的影响：

A 严重；　　B 不严重；　　C 无影响表现在哪些方面：

11. 需要说明的其他问题：

附录2 工作分析结构化访谈表

工作分析结构化访谈表

职位名称：　　　　　　主管部门：

所属部门：　　　　　　工作地点：

间接主管：　　　　　　监督者：

直接主管：

1. 职位设置的目的

2. 职责

2.1　每日必做的工作及完成该任务所花费时间的百分比

　　（1）

　　（2）

2.2　一定时期内必做的工作（周、月、季度）及完成该任务所花费时间的百分比

　　（1）

　　（2）

2.3　偶尔要做的工作及完成该任务所花费时间的百分比

　　（1）

　　（2）

3. 教育要求

请确定下列教育或知识中哪些是必需的？并在每条前面的横线上打√。如打字员。

　　_____任职者能够理解并完成交给的任务，具备每分钟至少打 50 个汉字的能力；

　　_____具有本职位工作需要的专业知识；

　　_____具有相近专业领域的一般知识；

　　_____其他方面的要求：

　　_____、_____、_____。

4. 经验

请确定下列哪些经验是必需的。

　　_____需要 1 个月的工作实习期或在职培训期。

　　_____需要 1－3 个月的工作实习期或在职培训期。

　　_____需要 4－6 个月的工作实习期或在职培训期。

　　_____需要 7－12 个月的工作实习期或在职培训期。

　　_____需要 1－3 年的工作实习期或在职培训期。

　　_____需要 3－5 年的工作实习期或在职培训期。

　　_____需要 5－8 年的工作实习期或在职培训期。

　　_____需要 8 年以上的工作实习期或在职培训期。

　　_____其他方面的经验要求：

　　_____、_____、_____。

5. 工作关系

本职位的工作者有哪些联系？这些联系是怎样建立的？次数是否频繁？

6．本职位所受到的监督与管理 （确定并打√）

_____直接性。任职者的工作简单重复进行，工作处于明确、具体的指导下，基本上每天都接受指导。

_____严密性。任职者要求按程序工作，接受上级部门任务安排。

_____一般性。任职者可以有计划地安排自己的工作，但需要不定期地与上级商讨例外的、复杂的问题。

_____有限性。任职者在一定目标与指导下计划自己一定时期(每月)内的工作。

_____宏观指导。任职者可以独立地计划和实施自己的主要工作，只需要在目标方向上与主管要求保持一致。

_____自主性。任职者可以自主地确定工作目标，绩效标准只需与他人协商即可，不需要征得上级同意。

7．决策责任

任职者独立决策的权限与范围有多大？他做出的决定是否要由他人审核？如果要，应向谁审核？

8．错误分析

8.1 最易犯的错误有哪些？

举例说明，并指出是操作上的还是观念上的或两者皆有。

8.2 这些错误多长时间才能被发现？谁能发现？常在哪些工作环节上被发现？

8.3 纠正这些错误存在哪些障碍？在纠正错误过程中可能会出现什么枝节问题？

9．工作条件

描述工作顺利进行时必需的生理条件、物理条件，如任职者工作期间站、走、负荷的时间各是多少？等。

10．心理要求

为了使工作顺利进行，说明对任职者在心理方面有哪些要求。

11．列出工作中所使用的机器或设备

设备名称	一直使用	经常使用	偶尔使用
_____	_____	_____	_____
_____	_____	_____	_____
_____	_____	_____	_____

12．附加说明

本职位还有哪些方面需要补充说明？请列出：

_____

附录3 工作分析半结构化访谈提纲

工作分析半结构化访谈提纲

被访人：		访谈人：
部门：		岗位：
访谈地点：		访谈时间：
请简单介绍一下你在中心的主要工作经历(访谈导入)		
你所在部门(所管辖的部门)的主要工作任务和职责是什么？以下是贵中心提供的部门和岗位职责，你认为它有什么重复或遗漏吗？		
你所在(部门)岗位的主要职责是哪些？如果满分项是100分，你认为应如何给这些职责确定权重？为什么？		
通常接受哪些方面(部门或机构)的指令？通过何种方式下达？		
部门内部及外部(上下、左右及中心外部)的工作关系及业务联系有哪些？如何运作？		
在你看来，中心的业务流程很清晰吗？		
本部门(岗位)存在的价值是什么？工作成果或贡献体现在哪些方面？		
上级如何评价本部门的工作业绩？部门如何考核和评价员工的工作绩效？你觉得怎样的业绩是优秀的？(方面、要素、指标)		
要承担起各项职责，各职位的人员应当具备哪些条件？现有人员状况如何？		
对本部门的工作是否满意？理由是什么？		
要使部门的工作更上一台阶，需要哪些条件？		
中心的管理哪些方面是成功的？存在哪些问题？原因是什么？有什么改进建议？		
受访人签名：		访谈人签名：

附录 4　工作日志范例

工作日志

填写日期：　年　月　日

　　首先，感谢您在繁忙的工作中抽出时间配合本次工作分析活动，本次工作分析的主要目的是确定此岗位任职者的培训需求。您填写的工作日志将有助于我们全面界定您所在岗位的主要职责。在接下来的一个月里，请您如实、及时并且全面地填写工作信息，在填写工作日志之前，请您仔细阅读下面的说明：

　　1. 填写工作日志的目的是为了清楚地了解您的工作任务和职责，以便改进工作流程，提高工作效率。关注的焦点是工作本身，绝对不涉及对您工作表现的评价。

　　2. 请您每工作半小时，按照工作活动发生的顺序如实地记录工作内容(若任务连续不可间断，在任务完成后请立即填写)，切勿在一天工作结束后一并填写。

　　3. 请您严格按照表格要求进行填写，不要遗漏那些细小的工作活动，以保证信息的完整性。

　　4. 关于工作日志中时间的填写方法：

开始时间：一项工作活动开始的时间(以分钟为单位)。

结束时间：一项工作活动结束的时间(以分钟为单位)。

所耗时间：从事一项工作活动总共所耗费的时间(以分钟为单位)。

　　当一项活动是延续一段时间的活动时，可以记下开始时间和结束时间及所耗时间(中间如果插入其他活动，另外记下时间)；当活动持续的时间非常短暂，但是在一段时间内反复出现时，可以不记录每次的开始时间和结束时间，而记下在一段时间内发生的次数和总共所耗的时间。

　　5. 请您提供真实的信息，对工作活动的内容描述要尽可能具体化，判断工作内容描述是否具体化的标准就是没有亲自观察过您工作过程的人可以比较清晰地想象出您的工作活动。

　　6. 活动的描述中用职位代替人名，不要使看工作日志的人感到费解。

　　7. 请于本月末将填写的工作日志交至公司人力资源部。

当您在填写过程中遇到困难时，请及时与我们联系，电话：×××。

再次感谢您的支持与工作！

工作分析项目组

工作日志基本信息：

姓名：　　　　　　年龄：　　　　　所属部门：

职位名称：　　　　　　　　　　　直接上级：

从事本业务工龄：

填写日期自　　　　月　　　日　　　至　　　　月　　　日

工作日志表格

填写日期：　　　月　　　日

序号	开始时间	结束时间	所耗时间	工作活动名称	工作活动内容	工作来源	工作成果	备注
1								
2								
3								
4								
5								
6								

　　说明："工作活动名称"为单项活动名称；"工作活动内容"是对工作进行简单描述；"工作来源"是您获取工作的对接部门或个人；"工作成果"是指成果的内容和数量。

附录5 企业人力资源部任务清单

企业人力资源部任务清单

填写说明（略）

背景说明（略）

评价维度1—相对时间花费：0＝从来不做，1＝极少量时间，2＝少量时间，3＝平均时间，4＝大量时间，5＝极大量时间。

评价维度2—重要程度：0＝毫无意义，1＝不重要，2＝轻微，3＝比较重要，4＝非常重要，5＝极为重要。

任务清单	是否符合你的工作	如果符合请评价
【辅助直线经理进行组织规划设计】		
001 研究企业的组织目标与价值系统	☐	0 1 2 3 4 5
002 设定组织的目标	☐	0 1 2 3 4 5
003 层层分解组织目标，明确必须要做的事	☐	0 1 2 3 4 5
004 把要做的事按一定逻辑编组，同类合并成工作（组）	☐	0 1 2 3 4 5
005 把同类或相关的工作（组）归并为部门	☐	0 1 2 3 4 5
……	☐	0 1 2 3 4 5
032 组织章程实施情况的监督检查	☐	0 1 2 3 4 5
【人力资源规划】		
033 研究企业的战略规划	☐	0 1 2 3 4 5
034 盘查现有人力资源的数量	☐	0 1 2 3 4 5
035 盘查现有人力资源的质量	☐	0 1 2 3 4 5
036 盘查现有人力资源的结构	☐	0 1 2 3 4 5
037 分析经济发展对人力需求的影响	☐	0 1 2 3 4 5
……	☐	0 1 2 3 4 5
069 制定其他人力规划执行方案	☐	0 1 2 3 4 5
【工作分析】		
070 明确工作分析信息的使用目的	☐	0 1 2 3 4 5
071 确定信息搜集的类别和范围	☐	0 1 2 3 4 5
072 建立工作分析的组织系统	☐	0 1 2 3 4 5
073 制定工作分析的规范用语	☐	0 1 2 3 4 5

任务清单	是否符合 你的工作	如果符合请评价
074 广泛宣讲工作分析的目的和作用	☐	0 1 2 3 4 5
075 选择信息源	☐	0 1 2 3 4 5
076 选择信息搜集的方法和系统	☐	0 1 2 3 4 5
077 利用所选方法和系统搜集信息	☐	0 1 2 3 4 5
078 整理所搜集的信息	☐	0 1 2 3 4 5
079 工作名称分析	☐	0 1 2 3 4 5
080 工作任务分析	☐	0 1 2 3 4 5
081 工作职责权利分析	☐	0 1 2 3 4 5
082 工作关系分析	☐	0 1 2 3 4 5
083 工作强度分析	☐	0 1 2 3 4 5
084 工作环境分析	☐	0 1 2 3 4 5
085 任职者必备知识分析	☐	0 1 2 3 4 5
086 任职者必备经验分析	☐	0 1 2 3 4 5
087 任职者必备心理素质分析	☐	0 1 2 3 4 5
088 任职者必备身体素质分析	☐	0 1 2 3 4 5
089 编写工作描述	☐	0 1 2 3 4 5
090 编写工作规范	☐	0 1 2 3 4 5
091 制定工作执行标准文件	☐	0 1 2 3 4 5
092 制作报酬文件	☐	0 1 2 3 4 5
093 制作工作族文件	☐	0 1 2 3 4 5
094 培训工作分析文件的使用者	☐	0 1 2 3 4 5
095 修正工作分析文件	☐	0 1 2 3 4 5
【选聘录用】		
096 选聘录用制度规章的拟定	☐	0 1 2 3 4 5
097 制度规章的分析研究检讨	☐	0 1 2 3 4 5
098 制度规章的更正修改	☐	0 1 2 3 4 5
099 制度规章的废止	☐	0 1 2 3 4 5
100 搜集汇总各部门人才需求信息	☐	0 1 2 3 4 5

任务清单	是否符合你的工作	如果符合请评价
……	☐	0　1　2　3　4　5
133 与兼职人员签订聘用协议	☐	0　1　2　3　4　5
【报酬管理】		
134 报酬管理方针、原则的拟定	☐	0　1　2　3　4　5
135 薪资管理制度的拟定	☐	0　1　2　3　4　5
136 薪资管理制度的分析研究改进	☐	0　1　2　3　4　5
137 薪资管理工作的检讨分析改进	☐	0　1　2　3　4　5
138 学习国家、地方的薪资管理政策	☐	0　1　2　3　4　5
……	☐	0　1　2　3　4　5
178 汇总统计报表	☐	0　1　2　3　4　5
【人事考核】		
179 制定人事考核的原则、方针和政策	☐	0　1　2　3　4　5
180 人事考核制度的拟定	☐	0　1　2　3　4　5
181 人事考核制度的分析研究改进	☐	0　1　2　3　4　5
182 宣传解释人事考核的原则、制度	☐	0　1　2　3　4　5
183 明确考核的性质和类别	☐	0　1　2　3　4　5
……	☐	0　1　2　3　4　5
204 奖惩事件之统计分析	☐	0　1　2　3　4　5
【培训开发】		
205 制定培训开发方针政策	☐	0　1　2　3　4　5
206 培训开发政策的分析研究改进	☐	0　1　2　3　4　5
207 培训开发制度的拟定	☐	0　1　2　3　4　5
208 培训开发制度的分析研究改进	☐	0　1　2　3　4　5
209 培训开发计划的制订	☐	0　1　2　3　4　5
……	☐	0　1　2　3　4　5
240 员工培训档案材料的提交归档	☐	0　1　2　3　4　5
【工作时间管理】		
241 工作时间、休息、休假制度的建立	☐	0　1　2　3　4　5
242 制度的分析研究改进	☐	0　1　2　3　4　5
243 请假制度的建立	☐	0　1　2　3　4　5

任务清单	是否符合 你的工作	如果符合请评价
244 请假制度实施情况的监督检查	☐	0 1 2 3 4 5
245 请假制度的修改	☐	0 1 2 3 4 5
……	☐	0 1 2 3 4 5
250 考勤记录的统计分析	☐	0 1 2 3 4 5
【员工异动管理】(员工异动包括：辞职、辞退、内部调动、人事任命、晋升晋级、降职降级、轮岗)		
251 晋升制度的制定	☐	0 1 2 3 4 5
252 晋升制度的分析研究改进	☐	0 1 2 3 4 5
253 晋升制度实施情况的监督检查	☐	0 1 2 3 4 5
254 降职制度的制订	☐	0 1 2 3 4 5
255 降职制度的分析研究改进	☐	0 1 2 3 4 5
……	☐	0 1 2 3 4 5
279 工作交接办法实施情况的监督检查	☐	0 1 2 3 4 5
【劳动法律、政策与劳工关系】		
280 学习国家和地方的有关劳动法律、政策	☐	0 1 2 3 4 5
281 审查企业各项管理制度是否符合劳动法律、政策	☐	0 1 2 3 4 5
282 与国家法律部门、政府劳动人事部门建立和谐关系	☐	0 1 2 3 4 5
283 员工合理化建议制度的建立	☐	0 1 2 3 4 5
284 员工合理化建议制度的分析研究改进	☐	0 1 2 3 4 5
……	☐	0 1 2 3 4 5
310 特约医院之联络	☐	0 1 2 3 4 5
【人事资料、人事档案管理】		
311 人事资料之汇集	☐	0 1 2 3 4 5
312 人事资料之调查研究	☐	0 1 2 3 4 5
313 人事资料及报表之查催	☐	0 1 2 3 4 5
314 人事资料之汇编转呈	☐	0 1 2 3 4 5
315 人事资料之保管	☐	0 1 2 3 4 5
……	☐	0 1 2 3 4 5
331 废弃人事档案的销毁	☐	0 1 2 3 4 5

附录 6　PAQ 问卷

具 体 说 明

首先请判定项目是否符合目标工作。问卷中有些项目前的代码被小方框圈住,它们被认为是通用性的,可以应用到所有工作中。在对工作进行分析时,都需要做出判断。对于没有用小方框标出的项目,分析人员首先要判定此项目是否属于适合被分析的工作,如果不适用,用"—"标出。其次,当某项目适合于目标工作时,请根据对应评价尺度做出等级判断。

评价尺度说明:每一个项目的前面标有的代码,表明相应的评价尺度。整份问卷包括五种代码:

代码 I:表示项目对工作的重要程度,共分为六个等级:

"—"表示不适用;

"1"表示非常微小(是工作偶然性的、微小的因素);

"2"表示低(处于一般重要以下);

"3"表示一般(是对整个工作一般重要的因素);

"4"表示高(对工作足够重要的因素);

"5"表示极高(对工作非常重要的因素——最重要之一)。

代码 t:表示行为或者工作情景出现的时间。

代码 u:表示工作中具体信息源使用的范围。

代码 s:表示该项目适用的评价尺度是个性化的,不适用于其他的项目,当出现此代码时,会有对应的等级说明。

代码 x:表示检查项目,当某一项目前的代码是 X 时,如果要对该项目做出评价,需要采用其他手段进行检查确定。

（正　文）

工作名称:_____　　　　日　期:_____

组　　　织:_____　　　　分析者:_____

部门/单位:_____　　　　雇员姓名(选择项):____

1. 信息输入

1.1　工作信息源

根据任职者在执行工作任务时把该项目用作信息源的范围,给下面的项目分级。

等级	使用范围(u)
—	不适用
1	表面上/非常偶然
2	偶尔
3	一般
4	相当大
5	非常大

1.1.1 工作信息的视觉源

(1) u 书写材料(公告、报告、备忘录、文章、工作说明书、电脑打印件、批注等)。

(2) u 图片资料(出现在报纸和电影等上面的非口头信息源,如绘画、蓝图、图表、表格、地图、摹图等)。

(3) u 数量资料(报表、记账、细目、数据表格等,测量仪器除外)。

(4) u 测量仪器(标尺、圆规、刻度尺等,这些都是数量信息源)。

(5) u 工作辅助设施(如模版、模型等,在用的期间作为观察的信息源)。

(6) u 机械设备(工具、装备、机器等,在使用或者操作中观察到的信息源)。

(7) u 加工材料(零件、材料、加工物等,为加工、操作或其他处理时的信息源)。

(8) u 不在加工过程中的材料(零件、材料、加工物等,如处理、检查、打包等,但是没在加工过程中的信息源)。

(9) u 视觉显示(拨号、量规、信号灯、雷达检测等)。

(10) u 自然环境(风景、场地、地理条件、植物、天气情况和其他室内或室外环境,他们是可以通过观察或检测来获得的工作相关信息)。

1.2 鉴别和感性活动

1.2.1 鉴别活动

(21) s 近处视觉鉴别的精确程度要求。

等级	精确度(s)
1	大概(对员工在近处视觉鉴别精确度方面要求很小,如产品装箱、农艺等)
2	一般(对员工在近处视觉鉴别精确度方面要求一般,如读刻度盘和量规、邮件分类等)
3	高(对员工在近处视觉鉴别精确度方面要求很高,如使用显微镜、修理手表等)

请根据项目对工作的重要程度对下面的项目进行判断分级:

等级	重要程度(i)
—	不适用
1	非常微小
2	低
3	一般
4	高
5	极高

(22) i 远距离视觉辨别(辨别物体、事件或者伸手能及之物的细节特征,如操作汽车、美化环境、运动会主持等)。

(23) i 深度辨别(判断深度或者物体的相对距离)。

(24) i 颜色辨别(通过物体颜色、材料或者其他细节来进行区分和识别)。

(25) i 声音模式辨别(不同的模式或者一系列声音,如莫斯代码包含的内容、心跳、发动机失灵等)。

(26) i 声音辨别(根据他们的强度,音调和/或音调质量,或者变化辨别)。

（27）ⅰ身体移动辨别（主要通过使用半圆管来辨别身体在速度方面的变化，如正在飞行的飞机等）。

（28）ⅰ姿势辨别（辨别身体位置或者垂直定位的变化，如非正常环境下身体的平衡等）。

2. 思考过程

2.1　决策和推理

（36）决策（通过选择等级说明包含在工作中的典型决策水平，考虑以下几个方面：需要考虑的因素数量和复杂程度；变化的多样性；决策的后果和重要性；对背景经历、教育和培训的要求；老员工指导的可行性；其他相关的考虑因素。下面每等级所给出的例子只是建议性的）。

根据任职者在执行工作任务时把该项目用作信息源的范围，给下面的项目分级。

等级	决策水平(s)
1	低（在仓库中进行正常安装，归架等挑选物体所进行的决策，在货架上面贴标签，指挥自动化机器等）
2	一般以下（在操作木刨、分拆一辆出租车、给汽车加润滑油等方面所做的决策）
3	一般（安装机械工具使其运转、判断飞机的机械故障、提前几个月预订办公室供应品等方面所做的决策）
4	一般以上（决定生产额度、进行诸如提升和解雇的人事决定等方面所做的决策）
5	高（批准公司每年预算、推荐外科医生、为新公司挑选位置等方面所做的决策）

（37）解决问题中的推理水平（说明要求任职人员应用知识、经验对问题进行判断的推理水平）。

等级	推理水平(s)
1	运用常识来执行简单的或者没有内涵的指令，如房屋管理员、运货员等
2	工作当中要求运用一些训练或者经验来从有限的方法中挑出恰当的信息，如销售员、图书管理员等
3	运用有关原理来解决实际问题，并且当只有几个有限标准存在的情况下处理各种具体变量，如簿记员、绘图员等
4	运用逻辑或者科学思维来明确问题，搜集信息，确定事实，并且做出可行性的结论，如调查员、解决问题的能手等
5	运用逻辑或科学思维原理来解决广泛的智力和实际问题，如化学研究专家、原子工程师等

3. 工作输出

3.1　物理设备使用

这个部分包括人们在工作中使用或者操作的各种各样的设备。根据每种设备的使用对完成工作的重要程度来给下面的项目定级。

等级	重要程度（i）
—	不适用
1	非常微小
2	低
3	一般
4	高
5	极高

3.1.1 手工工具

手动

(50) i 精确工具（做精细工作所用的手动工具，如雕刻工具等）。

(51) i 粗糙工具（手动手工工具，如铁锤、钳子等）。

(52) i 长柄工具（如镐、耙子、铲子、扫帚、拖把等）。

(53) i 柄把工具（如钳子、长柄勺等，用于移动物体或者材料）。

动力

(54) i 精确工具（动力精确工具，如牙医的锥子、蚀镂玻璃工具等）。

(55) i 粗糙工具（动力工具和设备，如手拿锥子、锯、磨光的轮子等）。

4. 人际活动

这部分涉及包含在各种工作中人际关系的不同方面。

4.1 交流

根据活动对完成工作的重要程度来给下面的项目分级：

口头（通过说话交流）

(100) i 建议（为了协商而涉及个人，或者对于可能通过法律的、科学的、临床的、精神的、或者其他专业的原理来解决的问题进行指导）。

(101) i 谈判（为了达成一项协议或解决方案而涉及其他人，如劳动争议、外交关系等）。

(102) i 说服（为了影响他们朝向一些行为或者观点而涉及其他人，如销售、政治运动等）。

(103) i 指导（正式或非正式地培训或者教育其他人）。

(104) i 面试（为了达到一些具体的目的而进行面试，如面试工作申请者、执行检查等）。

(105) i 交流信息（提供信息是为了从其他人那里获得信息，如派遣出租车、整理材料、预约等）。

(106) i 公众讲话（在相当大的场合面前进行演讲或正式的致词，如政治演说、收音机/电视广播、发表演说等）。

写作（通过书面的、或印刷的材料进行交流）

(107) i 写作（如写信、写报告、写广告摹本、写文章等）。

其他交流

(108) i 发送信号（通过一些类型的信号进行交流，如手信号、信号灯、口哨、喇叭、铃声、光等）。

(109) i 代码交流（电传打字机、电报、暗号等）。

5. 工作情景和工作联系

5.2 心理和社会因素

这部分包括工作的各种心理和社会因素。用代码来说明作为工作一部分的这些因素的重要强度。如果这个项目不适用，就留下空白。

(148) i 文明规范（设定某些文明的规范或责任）。

(149) i 挫折情况（面对具有潜在挫折的情况）。

(150) i 紧张的个人接触（在令人不愉快或紧张的情况下接触个人或公众，如公安工作的某些方面、某些类型的谈判、处理某些精神病人等）。

(151) i 个人牺牲（当要服务于其他或组织目标时愿意付出某些个人牺牲，如军队、内阁、社会工作等）。

(152) i 社会价值冲突（活动可能和广为接受的公众社会/价值标准相冲突）。

(153) s 和工作不相关的社会接触（说明使闲话社会化的机会等，如理发师、出租车司机等）。

等 级	和工作不相关的社会接触
1	非常偶然（几乎没有机会）
2	偶然（有限的机会）
3	偶尔（一般的机会）
4	经常（相当大的机会）
5	非常频繁（几乎一直有机会）

6. 多方面因素

6.2 工作要求

这部分列出了工作情景施加于员工的各种类型的工作要求，通常要求达到这些要求是为了他能够出色地完成工作。根据项目对工作的重要程度来给他们分级。

(175) i 具体的工作步骤（在连续的安装线上等）。

(176) i 情景时间压力（在饭店的高峰期、最后期限的紧迫时间、紧迫工作等）。

(177) i 重复性活动（同样体力或脑力活动的动作在一定期限内重复，没有间断）。

(178) i 精确（要求比正常情况下更精确和准确）。

(179) i 注意细节（需要给予工作各个细节以仔细注意，确保没有什么没有完成）。

(180) i 辨别速度（要求比正常情况下更快地辨别）。

(181) i 灵活性，偶然事件（需要连续检查在工作情景中偶然发生但相当重要的事件，例如，护林人观察仪器表盘，从正常情况区分出偶然的变化等）。

(182) i 灵活性，连续变化时间（需要在连续地或经常变化的情景中连续注意变化，如交通驾驶、控制航空交通工具等）。

(183) i 在注意力分散下工作（如电话、干涉、其他人干扰等）。

(184) i 现期的工作知识（需要和职务相关的新发展保持同步）。

(185) x 特殊才能（用 X 来核对项目，来说明如果一项工作要求一些特殊的、独一无二的才能或技能而并没有被其他项目所涵盖的项目；特别地，这个项目适合于员工的这种独一无二的技能或特征而突出明显的工作，像在某些娱乐活动中一样，这个项目也可能被使用，在某些其他情况中，也包括了一些明显与众不同的特殊技能或才能）。

(186) t 旅行（用 t 代码来说明员工因为工作而被要求远离他的家庭而外出的时间比例）。

附录7　明尼苏达满意问卷

明尼苏达满意问卷
（Minnesota Satisfaction Questionnaire，MSQ）
全 版

这份问卷调查的主要目的是想针对您目前的工作的感觉，有哪些部分是您满意的，哪些是您觉得不满意的。

根据您的回复及与您有相同情况的人，我们希望可以在各位对于工作上的期许有更多的了解。

以下您会发现跟您目前的工作有关的描述。

· 请您仔细地阅读。

· 根据这些描述来表达您对既有工作的满意程度。

请将这些描述记在心里。

—如果您觉得既有工作给您的满意程度与您预期的还要高，请您在"非常满意"的空格内打钩。

—如果您觉得既有的工作满意程度与您预期的一样，请在"满意"的空格内打钩。

—如果您无法判断既有工作是否让您满意，请您在"N"的空格内打钩。

—如果您觉得既有工作不如您预期的满意，请在"不满意"的空格内打钩。

—如果您觉得既有的工作让您非常失望，请在"非常不满意"的空格内打钩。

· 记住：请以第一印象作答。

· 请回答所有的问题。

请坦率及诚实地面对，您对既有工作的感觉。

问自己：我对工作上这方面有多么满意？

"非常满意"　代表 我对工作上的这方面　非常满意。

"满意"　　　代表 我对工作上的这方面　满意。

"N"　　　　代表 我无法判断我对工作上的这方面是否让我满意。

"不满意"　　代表 我对工作上的这方面　不满意。

"非常不满意"代表 我对工作上的这方面　非常不满意。

在我的目前工作，我的感觉对于……	非常不满意	不满意	N	满意	非常满意
1. 服务别人的机会	☐	☐	☐	☐	☐
2. 能尝试一些自己想法的机会	☐	☐	☐	☐	☐
3. 能做一个没有违背道德(感)的工作	☐	☐	☐	☐	☐
4. 能自己独立工作的机会	☐	☐	☐	☐	☐

在我的目前工作，我的感觉对于……	非常不满意	不满意	N	满意	非常满意
5. 工作的多元性	☐	☐	☐	☐	☐
6. 其他同事向我寻求指示的机会	☐	☐	☐	☐	☐
7. 在工作上可以有最佳表现的机会	☐	☐	☐	☐	☐
8. 在社群中伴随工作而来的社会地位	☐	☐	☐	☐	☐
9. 公司的员工政策与运作	☐	☐	☐	☐	☐
10. 主管和我之间的互动方式	☐	☐	☐	☐	☐
11. 我的工作保障	☐	☐	☐	☐	☐
12. 我的薪酬	☐	☐	☐	☐	☐
13. 工作环境（暖气、光线、空调、通风设备等）	☐	☐	☐	☐	☐
14. 这份工作的发展（晋升）机会	☐	☐	☐	☐	☐
15. 上司的专业知识	☐	☐	☐	☐	☐
16. 同事之间的团队默契	☐	☐	☐	☐	☐
17. 负责规划自己工作的机会	☐	☐	☐	☐	☐
18. 工作上表现好时被表扬的方式	☐	☐	☐	☐	☐
19. 能够看到自己工作的成果	☐	☐	☐	☐	☐
20. 在多数的时间都可以很活跃的机会	☐	☐	☐	☐	☐
21. 能提供为他人服务的机会	☐	☐	☐	☐	☐
22. 能自己做些新鲜和独创的事情的机会	☐	☐	☐	☐	☐
23. 能做不去冲突我的宗教信仰的事	☐	☐	☐	☐	☐
24. 独立工作的机会	☐	☐	☐	☐	☐
25. 时常可以尝试不同工作事项的机会	☐	☐	☐	☐	☐
26. 能够领导其他同事怎么做事的机会	☐	☐	☐	☐	☐
27. 让我能力有所发挥的工作机会	☐	☐	☐	☐	☐
28. 在社区成为"知名人士"的机会	☐	☐	☐	☐	☐
29. 公司的政策与它们被执行的方式	☐	☐	☐	☐	☐
30. 上司对待他/她的员工的方式	☐	☐	☐	☐	☐
31. 工作上提供有保障的前途	☐	☐	☐	☐	☐
32. 能跟我朋友赚同样多钱的机会	☐	☐	☐	☐	☐
33. 公司周围的事物	☐	☐	☐	☐	☐

在我的目前工作，我的感觉对于……	非常 不满意	不满意	N	满意	非常 满意
34. 我在工作上取得进展的机会	□	□	□	□	□
35. 我的上司做决定的能力	□	□	□	□	□
36. 与同事发展出亲密友谊的机会	□	□	□	□	□
37. 我自己做决定的机会	□	□	□	□	□
38. 得到我在工作上功劳的方式	□	□	□	□	□
39. 能够对自己好的表现感到自豪	□	□	□	□	□
40. 在大多数时间都有事情可做	□	□	□	□	□
41. 能够有帮助他人的机会	□	□	□	□	□
42. 能够尝试不同事物的机会	□	□	□	□	□
43. 能够做不违背良心的事	□	□	□	□	□
44. 单独工作的机会	□	□	□	□	□
45. 我工作的常模	□	□	□	□	□
46. 监督其他同事的机会	□	□	□	□	□
47. 有发挥能力的机会	□	□	□	□	□
48. 与大人物"接触和交际"的机会	□	□	□	□	□
49. 公司通知员工政策的方式	□	□	□	□	□
50. 我上司支持他（她）的员工（以最高管理层）的方式	□	□	□	□	□
51. 工作所提供的稳定就业方式	□	□	□	□	□
52. 我的薪资在其他公司相似工作的薪资比较	□	□	□	□	□
53. 工作环境的气氛	□	□	□	□	□
54. 工作上提起升级的方式	□	□	□	□	□
55. 我上司委托工作的方式	□	□	□	□	□
56. 同事们的友善	□	□	□	□	□
57. 承担别人工作责任的机会	□	□	□	□	□
58. 得到工作上应有的认同	□	□	□	□	□
59. 能做有意义的事情	□	□	□	□	□
60. 能时时维持忙碌	□	□	□	□	□
61. 为其他人服务的机会	□	□	□	□	□

在我的目前工作，我的感觉对于……		非常 不满意	不满意	N	满意	非常 满意
62.	能够发展更好做这工作的方式的机会	□	□	□	□	□
63.	能做不危害人民的事的机会	□	□	□	□	□
64.	有独立工作的机会	□	□	□	□	□
65.	能每天做不同的事情的机会	□	□	□	□	□
66.	能告诉别人做什么事情的机会	□	□	□	□	□
67.	能够使用我的能力做某事的机会	□	□	□	□	□
68.	在别人眼中被重视的机会	□	□	□	□	□
69.	公司实行政策的方式	□	□	□	□	□
70.	我的上司处理他（她）雇员抱怨的方式	□	□	□	□	□
71.	我工作上的稳定度	□	□	□	□	□
72.	我的薪水与工作量的比较	□	□	□	□	□
73.	工作上的物质环境	□	□	□	□	□
74.	在这个工作进展的机会	□	□	□	□	□
75.	我上司在不好解决的问题提供援助的方式	□	□	□	□	□
76.	跟同事容易地交朋友的方式	□	□	□	□	□
77.	使用我自己判断的自由	□	□	□	□	□
78.	公司告知我工作表现很好的方式	□	□	□	□	□
79.	能够有我最佳的表现的机会	□	□	□	□	□
80.	一直"忙个不停"的机会	□	□	□	□	□
81.	能够为人民提供一些服务的机会	□	□	□	□	□
82.	能够尝试自己的方法的机会	□	□	□	□	□
83.	在工作上不会感觉我欺诈任何人的机会	□	□	□	□	□
84.	没跟其他人一起工作的机会	□	□	□	□	□
85.	能够在工作上做许多不同的事的机会	□	□	□	□	□
86.	指导其他人做事的机会	□	□	□	□	□
87.	使用我的能力和技巧的机会	□	□	□	□	□
88.	在社区有一个确定地位的机会	□	□	□	□	□

	在我的目前工作，我的感觉对于…	非常不满意	不满意	N	满意	非常满意
89.	公司对待它的员工的方式	☐	☐	☐	☐	☐
90.	我的上司和他（她）的员工之间的私人关系	☐	☐	☐	☐	☐
91.	工作上能避免临时被解雇和调动	☐	☐	☐	☐	☐
92.	我的薪水和其他职位相比	☐	☐	☐	☐	☐
93.	工作环境	☐	☐	☐	☐	☐
94.	我工作升级的机会	☐	☐	☐	☐	☐
95.	我的上司训练他（她）的雇员的方式	☐	☐	☐	☐	☐
96.	我同事们相处的方式	☐	☐	☐	☐	☐
97.	我的工作上的责任	☐	☐	☐	☐	☐
98.	从工作上得到我所得的称赞	☐	☐	☐	☐	☐
99.	从工作上得到成就感	☐	☐	☐	☐	☐
100.	能一直保持繁忙	☐	☐	☐	☐	☐

附录8　因素权重分配法中平均随机一致性指标
RI 取值参考表

平均随机一致性指标 RI 取值参考表

阶　数	指标取值
1	0
2	0
3	0.52
4	0.89
5	1.12
6	1.26
7	1.36
8	1.41
9	1.46
10	1.49
11	1.52
12	1.54
13	1.56
14	1.58
15	1.59
16	1.5943
17	1.6064
18	1.6133
19	1.6207
20	1.6292
21	1.6385
22	1.6403
23	1.6462
24	1.6497
25	1.6556
26	1.6587
27	1.6631
28	1.667
29	1.6693
30	1.6724

后 记

工作分析和职位评价是人力资源管理的基础性活动，它与人力资源规划、招聘与人员选拔、培训与开发、绩效考核、薪酬管理等多项管理工作密切相关。在组织内开展科学、有效的工作分析与职位评价活动，具有非常鲜明的现实应用价值。

在我国，工作分析和职位评价得不到足够的重视，这与我国传统文化重"人"不重"事"、重"关系"不重"规则"、重"情"不重"理"有关。在实践过程中，科学有效的定量方法常常得不到切实运用，严谨有序的分析与评价流程无法顺利贯彻执行。近年来，由于市场竞争愈发激烈，有远见的领导者已经开始高度重视工作分析和职位评价在组织发展及组织人力资源管理中的重要作用，工作分析、职位评价已成为组织管理关注的热点问题。

本书围绕两个主题进行介绍：工作分析和职位评价。工作分析(Job Analysis)是针对组织内某一特定职位的工作内容加以分析，清晰界定该职位的性质和职责，并明确任职者在履行该职责时应当具备的知识、技术、能力的活动。工作分析有一个较简短的英文定义：know the *job* and the *person* to do it。从这个定义中，不难发现，工作分析就是帮助我们了解工作和执行工作的人的一项活动。这项活动的直接结果是工作说明书，它以书面形式反映了工作的信息及工作者任职资格要求的信息；职位评价(Job Evaluation)是决定某个职位在组织内有多重要的一项活动，其主要目的是用来确定组织内各职位的薪酬。通过职位评价，可以确定各个职位的级别，从而为确定该职位的薪酬等级、福利标准、决策权限奠定基础。不仅如此，科学的职位评价活动，还为组织内成员确定未来职业发展规划提供辅助参考。

本书由方雯独立撰写完成，作者以专业、全面、实用为撰写目标，详细阐述工作分析和职位评价的基本理论、方法及其应用。本书属于校级立项教材重点项目《现代人力资源管理丛书(系列教材)》，丛书主编王林雪教授在本书撰写过程中提出了许多宝贵意见和建议，特别感谢王林雪教授的关心和指导！在本书的写作过程中，还得到了西安电子科技大学出版社编辑同志的大力支持和帮助，在此表示衷心感谢！

当一部电影演完，出现演职人员表时，我们总是惊叹一部大制作影片竟有那么多人和机构参与其中。尽管在编撰本书时没有聘用任何特效总监或者特技替身演员，但它恰是一个合作项目，这种合作来自有形和无形的渠道。在成书过程中确确实实得到了数百人的帮助，遗憾的是，无法巨细无遗地提及每一个人……作者特此向编写过程中参阅和引用其资料的国内外专家学者致谢，感谢你们的才智成果！受学识、经历和水平限制，书中错误和疏漏在所难免，恳请专家、学者和广大读者批评指正。

方雯

2017 年 7 月

参考文献

[1] 彭剑锋，张望军，朱兴东，等.现代企业职位分析：理念、技术与案例.北京：中国人民大学出版社，2002.

[2] 萧鸣政.工作分析的方法与技术.3版.北京：中国人民大学出版社，2010.

[3] 高艳.工作分析与职位评价.2版.西安：西安交通大学出版社，2012.

[4] 张春瀛.工作分析.天津：天津大学出版社，2009.

[5] 葛玉辉.工作分析与工作设计实务.北京：清华大学出版社，2011.

[6] 周亚新，龚尚猛.工作分析的理论、方法及运用.2版.上海：上海财经大学出版社，2010.

[7] 雷蒙德·A·诺伊，约翰·R·霍伦贝克，巴里·格哈特，等.人力资源管理：赢得竞争优势.7版.刘昕，译.北京：中国人民大学出版社，2013.

[8] 付亚和.工作分析.2版.上海：复旦大学出版社，2009.

[9] 潘泰萍.工作分析：基本原理、方法与实践.上海：复旦大学出版社，2011.

[10] 石伟.机关事业单位工作分析.北京：中国人事出版社，2011.

[11] 加里·德斯勒.人力资源管理.12版.刘昕，译.北京：中国人民大学出版社，2012.

[12] 段辉超.DC公司工作分析的设计与实施.西南财经大学硕士学位论文，2007.

[13] 于淼.W研究所职位分析流程优化研究.大连海事大学硕士学位论文，2015.

[14] 黄梅.TP人寿保险有限公司成都分公司工作分析研究.四川大学硕士学位论文，2003.

[15] 杨娜.IMJ公司工作分析.天津大学硕士学位论文，2009.

[16] 刘家晨.基于工作分析的人才辨识方法研究：以邯郸FZ机械有限公司招聘为例.河北工程大学硕士学位论文，2013.

[17] 王岩.ACTION公司工作分析研究.四川大学硕士学位论文，2004.

[18] 张盛兰.基于胜任力模型的技术研发岗位工作分析.湖南工业大学硕士学位论文，2015.

[19] 张奇.4C公司内的人力资源信息管理员工作分析研究.首都经济贸易大学硕士学位论文，2014.

[20] 戴昌钧，傅磊.职务分析问卷（PAQ）的知识化改造.现代管理科学.南京：现代管理科学杂志社，2003(12)：7-8.

[21] 刘鹏.工作分析理论与实践研究：以RK公司为例.北京交通大学硕士学位论文，2010.

[22] 叶伟惠.浦发银行A分行人力资源管理研究.兰州交通大学硕士学位论文，2014.

[23] 朱国锋.船长胜任力职务分析问卷的编制.中国航海.上海：中国航海杂志社，2005(2)：22-27.

[24] 欧阳杰，文跃然.工作分析怎样走出困局.企业管理.北京：企业管理出版社，2010(4)：20-23.

［25］王杨. 工作分析、工作评价及其应用研究. 武汉科技大学硕士学位论文，2005.

［26］刘莹. 东软集团南海培训公司职位体系设计与应用. 中南大学硕士学位论文，2013.

［27］Lopez F M，Kesselman G A，Lopez F E. An empirical test of a trait-oriented job analysis technique. Personnel Psychology，1981,34(3)：479 - 502.

［28］Levine E L，Ash R A，Hall H，& Sistrunk，F. et al. Evaluation of job analysis methods by experienced job analysts. Academy of Management Journal，1983,26(2)：339 - 348.

［29］Goeters K M. Job analysis methods and the assessment of airline pilot's occupational requirement. International Summer School on Aviation，2003.

［30］Siddique C M. Job analysis：a strategic human resource management practice. The International Journal of Human Resource Management，2004，15(1)：219 - 244.

［31］Tornow W W，Pinto P R. The development of a managerial job taxonomy：a system for describing，classifying，and evaluating executive positions. Journal of Applied Psychology，1976,61(4)：410 - 418.

［32］Mccormick E J，Jeanneret P R，Mecham R C. A study of job characteristics and job dimensions based on the position analysis questionnaire. Journal of Applied Psychology，1972,56(4)：347 - 368.

［33］Green S B，Stutzman T. An evaluation of methods to select respondents to structured job-analysis questionnaires. Personnel Psychology，1986,39(3)：543 - 564.

［34］Singh P. Job analysis for a changing workplace. Human Resource Management Review，2008,18(2)：87 - 99.

［35］Neubert J C，Mainert J. The assessment of 21st century skills in industrial and organizational psychology：complex and collaborative problem solving. Industrial & Organizational Psychology，2015，8(2)：1 - 31.

［36］Sliedregt T V，Voskuijl O F，Thierry Hk . Job evaluation systems and pay grade structures：do they match?. The International Journal of Human Resource Management，2001,12(8)：1313 - 1324.

［37］Schneider B，Konz A M. Strategic job analysis. Human Resource Management，1989，28(1)：51 - 63.

［38］Sanchez J I，Levine E L. The rise and fall of job analysis and the future of work analysis. Annual Review of Psychology，2012，63(63)：397.

［39］Morgeson F P. Pay attention! the liabilities of respondent experience and carelessness when making job analysis judgments. Journal of Management，2014,42(1)：1904 - 1933.